ABITUR-TRAINING

Geographie
NRW

de Lange · Erdmann · Eßer · Koch
Neumann · Philipp · Schweins

D1731014

STARK

© 2021 Stark Verlag GmbH

www.stark-verlag.de

Inhalt

Autorinnen und Autoren

KOCH, RAINER: *Herausgeber und Autor folgender Seiten:* S. 99–105, 119–135, 139–142, 149–150, 183–188, 192–196, 206–214, 244–263, 264–269, 312

DE LANGE, DR. NORBERT: S. 226–243

ERDMANN, NINA: S. 106–117, 190–192, 202 f.

EßER, DR. JOSEF: S. 24–35, 86 f., 95 f., 136–138, 170–179, 272–284, 289–307, 313 f.

NEUMANN, JÜRGEN: S. 3 f., 7 f., 12–15, 18–22, 36–39, 75 f., 146–148, 151–169, 180–183, 188 f., 197–202, 204, 285–288, 309, 311

PHILIPP, DR. ANKE: S. 2 f., 5–7, 9–12, 15–17, 22–24, 40–74, 215–225, 263 f.

SCHWEINS, ULRICH: S. 78–86, 88–94, 96–98, 117–119, 143, 310

Vorwort

Liebe Schülerinnen und Schüler,

Sie werden in absehbarer Zeit die schriftliche oder mündliche Abiturprüfung im Fach Geographie ablegen. Dieser Trainingsband wird Ihnen dabei helfen, sich erfolgreich darauf vorzubereiten.

Die **fünf Kapitel** enthalten alle wesentlichen Aussagen zu den **fünf Inhaltsfeldern des Kernlehrplans**, die in der Qualifikationsphase behandelt werden müssen. Zudem werden in diesem Band sämtliche **Vorgaben der Abiturprüfungen ab 2022** berücksichtigt, sodass Sie alle geforderten Kompetenzen trainieren können.

Fachspezifische Materialien (Karten, Grafiken, Tabellen, Luftbilder, Fotos, Schemata, Modelle) unterstreichen die Sachaussagen und belegen diese anhand aktueller Daten. In **blauen Kästen** finden Sie glossarähnliche Definitionen zu den jeweiligen Fachbegriffen; deren exakte Verwendung ist für Sie im Zusammenhang mit der Bewertung Ihrer Darstellungsleistung wichtig.

Anhand von **Kompetenzcheck-Aufgaben** können Sie sich vergewissern, ob Sie die Aussagen und Informationen des jeweiligen Abschnittes richtig erfasst und die geforderten Kompetenzen erworben haben. Mithilfe der **abiturähnlichen Teilaufgaben** am Ende jedes Kapitels inkl. Lösungen können Sie Ihre Sach-, Methoden- und Urteilskompetenz überprüfen.

Über den **Online-Code** erhalten Sie Zugang zu den **digitalen Zusätzen** zu diesem Trainingsbuch: Hier finden Sie neben **interaktiven Aufgaben** zu wichtigen prüfungsrelevanten Themenbereichen auch ein **Glossar** sowie **Lernvideos** zu den Themen Karten-, Diagramm- und Bildinterpretation.

Das Autorenteam und der Verlag wünschen Ihnen bei Ihrer Abiturvorbereitung viel Erfolg!

Abitur-Wegweiser

Die fünf Hauptkapitel dieses Trainingsban-
des sind exakt auf das Zentralabitur in NRW
abgestimmt und berücksichtigen sämtliche
inhaltlichen Schwerpunkte ab 2022.
Egal, ob Sie kurz vor der Prüfung die gesamten abiturrelevanten Inhalte wieder-
holen oder gezielt einzelne Wissenslücken

schließen möchten – auf Ihrem Weg zum Abitur sind Sie mit diesem Buch gut
gerüstet! Zur leichteren Orientierung werden im Folgenden die Bezüge der
Trainingsband-Kapitel zu den offiziellen Vorgaben aufgezeigt.

**Inhaltsfeld 3: „Landwirtschaftliche Strukturen in verschiedenen Klima-
und Vegetationszonen"**

NRW-Vorgaben für das Abitur ab 2022	Hier finden Sie sie im Buch
Landwirtschaftliche Produktion in den Tropen vor dem Hintergrund weltwirtschaftlicher Prozesse	– Landwirtschaftliche Produktion in den Tropen – zwischen Subsistenz- und Plantagenwirtschaft (S. 2–8) – Die agrare Nutzung der Tropen unter dem Einfluss weltwirtschaftlicher Prozesse und Strukturen (S. 9–13) – Gefährdung des tropischen Regenwaldes aufgrund menschlicher Eingriffe (S. 36–39)
Intensivierung der landwirtschaftlichen Produktion in der gemäßigten Zone und in den Subtropen	– Kennzeichen des landwirtschaftlichen Strukturwandels (S. 14–24) – Überwindung der klimatischen Trockengrenze – Formen der Bewässerungslandwirtschaft (S. 24–35)
Landwirtschaft im Spannungsfeld zwischen Ressourcengefährdung und Nachhaltigkeit	– Bodenversalzung und Bodendegradierung als Folgen einer unangepassten landwirtschaftlichen Nutzung (S. 40–47) – Zunahme von Nutzungskonkurrenzen vor dem Hintergrund des steigenden Bedarfs an Agrargütern (S. 48–57) – Ökologische Landwirtschaft und Nachhaltigkeit (S. 58–74)

Inhaltsfeld 4: Bedeutungswandel von Standortfaktoren

NRW-Vorgaben für das Abitur ab 2022	Hier finden Sie sie im Buch
Fokus 2022: Modell des Produktlebenszyklus in seiner räumlichen Dimension **Fokus 2023:** Veränderung von Raumstrukturen im Kontext von Digitalisierung (Standortfaktor digitale Infrastruktur, Onlinehandel, Verlagerung von Arbeitsplätzen, digital vernetzte Güter- und Personenverkehre, Veränderung von Pendlerströmen)	
Strukturwandel industriell geprägter Räume	– Wandel von Standortfaktoren (S. 78–87) – Entstehung und Strukturwandel industriell geprägter Räume (S. 88–94) – Deindustrialisierungsprozesse sowie wirtschaftliche und gesellschaftliche Veränderungen (S. 95–98) – Strategien zur Überwindung von Strukturkrisen (S. 99–102)
Herausbildung von Wachstumsregionen	– Kennzeichen und Bedeutung von Wachstumsregionen (S. 103–105) – Moderne Produktions- und Logistikverfahren (S. 106–119) – Veränderung von lokalen, regionalen und globalen Standortgefügen im Zuge der Globalisierung (S. 119–135) – Infrastrukturelle Voraussetzungen für die Entwicklung neuer wirtschaftlicher Organisationsformen (S. 136–142)

Inhaltsfeld 5: Stadtentwicklung und Stadtstrukturen

NRW-Vorgaben für das Abitur ab 2022	Hier finden Sie sie im Buch
Fokus 2022/2023: Verlaufsmodell Gentrifizierung **Fokus 2023:** Veränderung von Raumstrukturen im Kontext von Digitalisierung (Standortfaktor digitale Infrastruktur, Onlinehandel, Verlagerung von Arbeitsplätzen, digital vernetzte Güter- und Personenverkehre, Veränderung von Pendlerströmen)	
Merkmale, innere Differenzierung und Wandel von Städten	– Siedlungsentwicklung (S.146–150) – Genese städtischer Strukturen – Stadtentwicklungsmodelle (S. 151–167) – Einfluss von Suburbanisierungs- und Segregationsprozessen auf gegenwärtige Stadtstrukturen (S. 167–169) – Entstehung tertiärwirtschaftlich geprägter städtischer Teilräume (S. 170–175) – Verflechtung von Orten verschiedener Zentralitätsstufen (S. 180–183) – Lokale Fragmentierung und Polarisierung – Auswirkungen der Globalisierung auf die Stadtentwicklung (S. 190–192)
Metropolisierung und Marginalisierung als Elemente eines weltweiten Verstädterungsprozesses	– Metropolisierung und Marginalisierung (S. 183–189)
Demographischer und sozialer Wandel als Herausforderung für zukunftsorientierte Stadtentwicklung	– Großprojekte als Impulse für die Revitalisierung von Innenstädten (S. 176–179) – Städtebauförderung zu Beginn des 21. Jahrhunderts (S. 192–196) – Leitbilder der Stadtentwicklung früher und heute (S. 197–203)

Inhaltsfeld 6: Sozioökonomische Entwicklungsstände von Räumen

NRW-Vorgaben für das Abitur ab 2022	Hier finden Sie sie im Buch
Merkmale und Ursachen räumlicher Disparitäten	– Unterscheidung der Entwicklungsstände von Ländern (S. 206–214) – Natürliche Ressourcen – ihre ungleiche Verteilung und Nutzung (S. 215–225) – Auswirkungen internationaler Migration auf Herkunfts- und Zielgebiete (S. 239–243) – Regionale, nationale und internationale Disparitäten (S. 244–251)
Demographische Prozesse in ihrer Bedeutung für die Tragfähigkeit von Räumen	– Die demographische Entwicklung in Industrie- und Entwicklungsländern (S. 226–239)
Strategien und Instrumente zur Reduzierung regionaler, nationaler und globaler Disparitäten	– Grundlagen und Steuerungselemente der Raumplanung und Raumentwicklung (S. 252–263) – Nachhaltige Entwicklung (S. 263–268)

Inhaltsfeld 7: Dienstleistungen in ihrer Bedeutung für Wirtschafts- und Beschäftigungsstrukturen

NRW-Vorgaben für das Abitur ab 2022	Hier finden Sie sie im Buch
Entwicklung von Wirtschafts- und Beschäftigungsstrukturen im Prozess der Tertiärisierung	– Vielfalt des tertiären Sektors (S. 272–277) – Einfluss sozioökonomischer und technischer Veränderungen auf den Tertiärisierungsprozess (S. 278–284) – Global Citys als Ergebnis der globalen Wirtschaftsentwicklung (S. 285–288)
Wirtschaftsfaktor Tourismus in seiner Bedeutung für unterschiedlich entwickelte Räume	– Tourismusregionen im Wandel (S. 289–295) – Entwicklung einer touristischen Destination (S. 296–302) – Folgen unterschiedlicher Formen des Tourismus im Zusammenhang mit Konzepten der Nachhaltigkeit (S. 302–305)

Landwirtschaftliche Strukturen in verschiedenen Klima- und Vegetationszonen

Moderne Kreisberegnungsanlage in Colorado. Diese Art der Bewässerung verbraucht relativ wenig Wasser und reduziert die Evaporation.

1 Landwirtschaftliche Produktion in den Tropen – zwischen Subsistenz- und Plantagenwirtschaft

Aufgrund der naturräumlichen Bedingungen haben sich in den verschiedenen Klima- und Vegetationszonen ökologisch angepasste Nutzungsformen entwickelt, die der Selbstversorgung der einheimischen Bevölkerung dienen. Im Zuge der Nachfrage auf dem Weltmarkt nach agrarischen Gütern und vor dem Hintergrund der wachsenden Weltbevölkerung gewinnen jedoch industrialisierte Formen der Nahrungsmittelerzeugung auch in den Tropen eine immer größere Bedeutung.

1.1 Subsistenzwirtschaft

Subsistenzwirtschaft

Subsistenzwirtschaft ist eine Wirtschaftsweise, bei der die Produkte primär für den Eigenbedarf der Landwirte und ihrer Familien angebaut, gelagert und zur Verwendung verarbeitet werden. Subsistenzwirtschaft umfasst auch die Erträge aus Jagen und Sammeln. Sie stellt ein geschlossenes, autarkes System dar, in dem ohne Marktorientierung und Gewinn und nicht arbeitsteilig produziert wird. Da es Subsistenz in Reinform kaum mehr gibt, wird in einem weiteren Sinne auch bei einem Marktanteil von bis zu 25 % des Ertrages noch von Subsistenzwirtschaft gesprochen.

In den Entwicklungsländern ist die Produktion von Nahrungsmitteln für die Eigenversorgung bis heute unverzichtbar für die Existenzsicherung der Bäuerinnen und Bauern. Sie umfasst in Lateinamerika noch 30–40 %, in Afrika über 50 % der Agrarproduktion, während sie in Industrieländern nur noch eine untergeordnete Rolle spielt.

Die klassische Subsistenzwirtschaft reicht jedoch angesichts der zunehmenden Bevölkerungsdichte, des gewachsenen Bedarfs und sich verknappender Ressourcen nicht mehr aus, um die grundlegenden Bedürfnisse zu decken. Ein großer Teil der Landbevölkerung betreibt deshalb ein System der „Mischproduktion": Das Familieneinkommen setzt sich in wechselnden Anteilen aus der Produktion für den Eigenbedarf, Verkaufserlösen landwirtschaftlicher Produkte und zusätzlichen Einkommen aus der Lohnarbeit einzelner Familienangehöriger zusammen. Man spricht in diesem Zusammenhang auch von **Livelihood-Systemen**. In der typischen Arbeitsteilung der Livelihood-Systeme ist die Frau für den Subsistenzbereich, d. h. den Anbau von **Foodcrops**, zuständig, während der Mann **Cashcrops** auf eigenem Feld oder in Lohnarbeit anbaut.

Eine Vietnamesin bei der Arbeit auf einem Reisfeld

So kommt den Frauen in Entwicklungsländern eine besondere Bedeutung bei der Ernährungssicherung zu.

Mit dem Anteil der Cashcrop-Produktion steigt die Anfälligkeit gegenüber Preis- und Nachfrageschwankungen und das wirtschaftliche Risiko von Missernten nimmt zu. Demgegenüber ist es für eine Absicherung der Existenz über die Subsistenz wichtig, die Produktion zu diversifizieren. Einnahmen durch Überschüsse werden jedoch zur Deckung des Bedarfs in anderen Bereichen benötigt und können nicht reinvestiert werden. Die Bauern befinden sich also in einem Konflikt zwischen den Erfordernissen der Subsistenzwirtschaft und den Produktionsanforderungen auf dem Markt.

Shifting Cultivation

Die traditionelle Form der Landwirtschaft in den Tropen ist der **Brandrodungswanderfeldbau (Shifting Cultivation)**, der der Selbstversorgung mit **Foodcrops** dient **(Subsistenzwirtschaft)**. Allerdings ist dessen Bedeutung zurückgegangen: Sowohl in Südostasien als auch in Lateinamerika wird er vorwiegend nur noch in schwer zugänglichen Randlagen betrieben, während in Afrika sein Anteil auf noch 20 % geschätzt wird.

Beim Brandrodungswanderfeldbau handelt es sich um eine **extensive Landwechselwirtschaft**. Ist aufgrund von Nährstoffarmut ein Boden nicht weiter zu bewirtschaften, wird ein neues Areal gerodet, was in der Regel alle ein bis vier Jahre notwendig ist. Das gerodete Holz wird abgebrannt, wobei Nährstoffe freigesetzt werden (Aschedünger) und eine Anhebung des pH-Werts erfolgt. Nach der Nutzung durch Anbau von z. B. Trockenreis oder Maniok benötigt der Wald einige Jahre der Brache, um sich als Sekundärwald wieder anzusiedeln und damit die Bodenfruchtbarkeit wiederherzustellen.

Shifting Cultivation erfordert einen **hohen Arbeits-**, aber nur einen **geringen Kapitaleinsatz**. Bei hohem Flächenverbrauch wird nur ein geringer Ertrag erzielt. Wurden bisher fast ausschließlich Nutzpflanzen für den Eigenbedarf angebaut (z. B. Hirse, Knollenfrüchte), gewinnen zunehmend auch Marktfrüchte (z. B. Kaffee, Kakao) an Bedeutung.

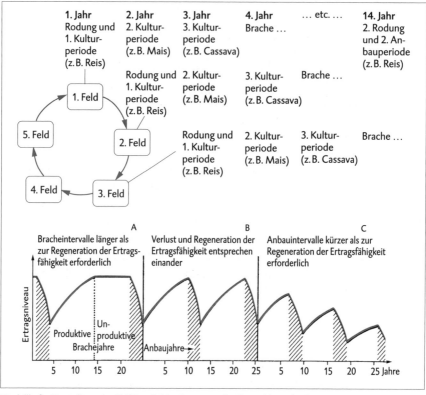

Modellhafte Darstellung der Shifting Cultivation sowie der Entwicklung der Ernteerträge

Ecofarming

Um dem Nahrungsmangel durch die Bevölkerungszunahme zu begegnen, entwickelte man das **Ecofarming**, eine Bewirtschaftungsmethode, die eine Intensivierung der Landwirtschaft mit einem schonenden Umgang der Naturressourcen vereint. Vorrangig wird auf den Einsatz von Mischkulturen aus Baum- bzw. Strauchpflanzungen (z. B. Kaffee, Palmöl) und einjährigen Pflanzen (z. B. Maniok, Yams) gesetzt, um den Stockwerkbau des Regenwaldes nachzuahmen. Auf Kleinflächen wird der Anbau um Viehhaltung und Holzproduktion ergänzt. Es entsteht ein **integriertes Landnutzungssystem**, bei dem die Bodenfruchtbarkeit erhalten bleibt und ein teurer Einsatz von Mineraldünger und Pestiziden vermieden wird.

Die Stärken kleinbäuerlicher Landwirtschaft

Die gravierenden ökologischen Folgen der industriellen Landwirtschaft und die erkennbaren Schwächen des freien Markts für die Ernährungssicherung haben ein Umdenken bezüglich der Einschätzung kleinbäuerlicher Landwirtschaft eingeleitet. In einer ganzheitlichen Sichtweise muss neben der wirtschaftlichen Funktion auch die Bedeutung der Landwirtschaft in ökologischer und sozialer Hinsicht berücksichtigt werden. Sie dient nicht nur der Nahrungsmittelproduktion, sondern ist multifunktional (vgl. folgende Abb.).

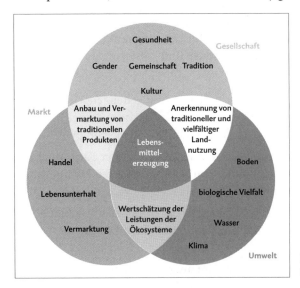

Die Multifunktionalität
der Landwirtschaft

Vor dem Hintergrund der **Multifunktionalität der Landwirtschaft** und angesichts der Anforderungen an die Nachhaltigkeit der landwirtschaftlichen Produktion werden die Stärken der kleinbäuerlichen Landwirtschaft hervorgehoben. Viele Experten sehen heute kleinbäuerliche Strukturen v. a. in Asien, Afrika und Lateinamerika als die **wichtigsten Garanten für eine sozial, wirtschaftlich und ökologisch nachhaltige Lebensmittelversorgung** der künftigen Weltbevölkerung an. Hierfür sprechen folgende Argumente:

- Die höhere Arbeitsintensität kleinbäuerlicher Produktion führt dazu, dass mehr Menschen in der Landwirtschaft eine Existenz finden können.
- Über verbesserte Anbaumethoden, basierend auf meist einfachen Technologien und traditionellen Kenntnissen, sind deutliche Produktivitätssteigerungen auch ohne große Investitionen möglich.

- Kleinbauern wirtschaften umweltschonender, insbesondere wenn sie an ihren traditionellen Methoden festhalten können, die an die naturräumlichen Besonderheiten des jeweiligen Standortes angepasst sind. Besondere Chancen bietet auch das **Ecofarming** (vgl. S. 4).

Die Voraussetzungen für eine nachhaltige Entwicklung der kleinbäuerlichen Landwirtschaft sind u. a.

- Rechtssicherheit bezüglich des Landbesitzes,
- angemessene Preise,
- Zugang zu Wasser, Dünger und Saatgut,
- eine Verbesserung der Infrastruktur, v. a. für Lagerung und Transport,
- faire Kredite für grundlegende Investitionen und
- Versicherungen gegen Missernten.

Kleinbauern in Schwellen- und Entwicklungsländern gelten jedoch häufig als **Verlierer im Globalisierungsprozess.** Die vielfach beschworenen Chancen können sie meist nicht nutzen. Die Ursachen hierfür sind vielfältig:

- Die Öffnung und Deregulierung der Binnenmärkte bringt Kleinbauern in eine Konkurrenzsituation mit billigen, oft subventionierten Nahrungsmittelimporten aus den USA und Europa, der sie nicht gewachsen sind.

- Die zunehmende Flexibilität der Finanzmärkte erhöht die Instabilität von Wechselkursen, Preisen und Zinsen, was die Marktrisiken für die Bauern steigen lässt.

- Ihre Integration in den Markt, die zur Nutzung der sich bietenden Entwicklungschancen nötig wäre, scheitert hingegen häufig an Anforderungen hinsichtlich Qualität und Termintreue, die sie nicht erfüllen können.

- Durch Staatsabbau und Privatisierung, die im Rahmen von Strukturanpassungsprogrammen der Weltbank und des Internationalen Währungsfonds in den 1980er- und 1990er-Jahren in vielen verschuldeten Entwicklungsländern durchgeführt wurden, verschlechterte sich der Zugang der ländlichen Bevölkerung zu landwirtschaftlichen Produktionsmitteln.

- Ohne staatliche Einflussnahme unterliegen die Preise für Agrarprodukte saisonalen und regionalen Schwankungen, die kleinbäuerliche Betriebe durch fehlende Möglichkeiten zur Lagerhaltung kaum ausgleichen können.

- Kleinbauern haben aufgrund von Informationsdefiziten häufig keinen Marktüberblick und aufgrund ihrer geringen Produktionsmengen keine Verhandlungsmacht. Sie haben es daher schwer, ihre Interessen gegenüber Vertragspartnern und Zwischenhändlern durchzusetzen und faire Preise zu erzielen.

• Die Förderung der Landwirtschaft ist von vielen Entwicklungsländern über lange Jahre gegenüber anderen Wirtschaftsbereichen vernachlässigt worden. Bei privaten und öffentlichen Investitionen in die Landwirtschaft lag der Fokus auf exportorientierten, an den Weltmarkt angebundenen Bereichen der Landwirtschaft, z. B. Produktion von Cashcrops wie Soja oder Zuckerrohr.

1.2 Plantagenwirtschaft

Neben der traditionellen kleinbäuerlichen agrarischen Nutzung spielen **Plantagen** bei der Produktion tropischer Nahrungsmittel wie auch bei pflanzlichen Rohstoffen eine große Rolle. Plantagen sind landwirtschaftliche Großbetriebe der Tropen und Subtropen. Aufgrund ihrer Arbeitsintensität wurden bis in das 19. Jh. Sklaven, später ausländische Kontraktarbeiter beschäftigt. Heutzutage bieten Plantagen Saisonkräften wie auch zahlreichen Festangestellten einen Arbeitsplatz.

Merkmale von Plantagen
• Intensive Wirtschaftsweise bei ausgedehnten Monokulturen
• Spezialisierte Erzeugung von meistens einem Anbauprodukt
• Anbau mehrjähriger Nutzpflanzen und Dauerkulturen
• Großbetriebe mit meist einige Tausend Hektar großen landwirtschaftlichen Flächen
• Hoher Einsatz von Technik, Arbeit und Kapital mit hohem Rationalisierungsgrad
• Hohe Erträge durch Einsatz von Düngemitteln und Pestiziden
• Massenproduktion mit einheitlichem Standard und hoher Qualität
• Fabrikmäßige Aufarbeitung und Vermarktung durch eigene Infrastruktur
• Agroindustrielle Betriebe, Eigentümer meist Kapitalgesellschaften oder ausländische Konzerne (vgl. S. 15 ff.)
• Häufig vertikale Integration in das Agrobusiness internationaler Lebensmittelkonzerne

Die agrarische Produktion in Plantagen erfolgt auf ausgedehnten Anbauflächen, wobei mehrjährige Nutzpflanzen und Dauerkulturen als **Monokultur** überwiegen. Traditionell werden Kaffee, Kakao, Bananen und Zuckerrohr sowie Kautschuk und Palmöl angebaut, in neuerer Zeit gewinnt der Anbau von Schnittblumen an Bedeutung. Die Produktion ist auf den Weltmarkt ausgerichtet, was zur Bezeichnung **Cashcrops** geführt hat, da dieser Export Devisen bringt.

Allerdings führt die Zunahme der Plantagenwirtschaft auch zu Konflikten. Die Ausweitung der Flächen behindert den Anbau von Foodcrops für die einheimische Bevölkerung. Dies liegt z. B. an der zunehmenden Nachfrage nach Ölpalmen und Zuckerrohr – Basis für Agrartreibstoffe, die in den Industrieländern aufgrund der Verteuerung fossiler Energieträger sowie des Ausstoßes von Treibhausgasen zunehmend attraktiver werden. In der Folge müssen Nahrungsmittel für die einheimische Bevölkerung importiert werden. Ein weiteres Problem ist der hohe Einsatz von Pestiziden und Herbiziden, da Monokulturen anfällig für Schädlings- und Pilzbefall sind. Die Pflanzenschutzmittel lagern sich im Boden ab und belasten das Grundwasser.

Hinzu kommt die Abhängigkeit vom schwankenden Weltmarktpreis. Außerdem gehen die Gewinne an die – in der Regel europäischen und nordamerikanischen – Plantagenbesitzer und nicht an die lokale Wirtschaft. Der Abfluss des Kapitals behindert den Aufbau von heimischen Wirtschaftsstrukturen und bremst die allgemeine Entwicklung.

Ananasplantage in Thailand

Kompetenzcheck

– Erläutern Sie die verschiedenen landwirtschaftlichen Nutzungsformen in den Tropen.
– Stellen Sie Vor- und Nachteile der Plantagenwirtschaft einander gegenüber.
– Erklären Sie, inwiefern die Landwirtschaft als „multifunktional" bezeichnet werden kann.

2 Die agrare Nutzung der Tropen unter dem Einfluss weltwirtschaftlicher Prozesse und Strukturen

2.1 Weltwirtschaftliche Einflüsse auf die Landwirtschaft in den Tropen

Die mit der Globalisierung einhergehende Intensivierung der Verflechtungen führt dazu, dass sich weltwirtschaftliche Prozesse viel schneller und deutlicher in den einzelnen Regionen der Welt abbilden. Dies gilt auch für die agrare Nutzung der Tropen: Nachfrageveränderungen, wie sie sich z. B. durch die verstärkte Nutzung von Agrartreibstoffen, die Veränderung von Ernährungsgewohnheiten (vgl. S. 50 ff.) oder auch Krisen ergeben, zeigen ihre Auswirkungen rascher und unmittelbarer. Hierbei kommt dem Handel eine Schlüsselfunktion zu.

Im Zuge des allgemeinen Globalisierungsprozesses ist auch der **weltweite Handel mit Nahrungsmitteln und anderen Agrargütern** in der Vergangenheit stark gewachsen. Der Gesamtwert der international gehandelten Waren aus diesem Bereich hat sich in den vergangenen 50 Jahren verfünffacht und es ist davon auszugehen, dass sich dieser Wachstumsprozess fortsetzen wird. Die Strukturen und die Muster des Handels variieren jedoch erheblich, je nachdem, welche Produkte und Regionen man betrachtet. Generell haben die hoch entwickelten Länder den größten Anteil an diesem Wachstum (vgl. folgende Abb.).

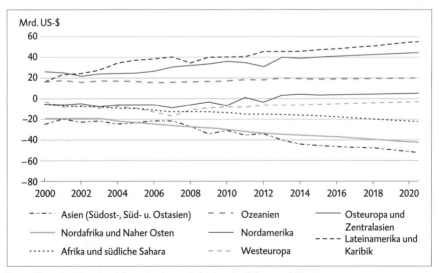

Entwicklung des Nettohandels mit landwirtschaftlichen Produkten nach Regionen

Die Teilnahme am Handel mit Agrargütern wird allgemein als Voraussetzung für das wirtschaftliche Wachstum und die Ernährungssicherung angesehen und von den meisten Ländern angestrebt. Die Beseitigung von Handelshemmnissen und die Ausgestaltung der Rahmenbedingungen sollten jedoch mit Bedacht erfolgen, denn der Handel hat nicht nur positive Auswirkungen auf die agrare Nutzung der Tropen und anderer Räume.

Die Möglichkeit, Produkte für den **Export auf dem Weltmarkt** anzubieten, schafft neue Einnahmequellen. **Cashcrops** führen jedoch in der Konkurrenz um Anbauflächen häufig zur **Verdrängung** von Produkten für die Ernährung der lokalen Bevölkerung (Foodcrops). Damit sie auf dem globalen Markt konkurrenzfähig sind, erfolgt die Produktion mit den Mitteln der industrialisierten Landwirtschaft in Monokulturen unter einem hohen Einsatz von Technik, Mineraldüngern und Pestiziden (vgl. S. 15 ff.). Diese kapitalintensive Form der Landwirtschaft liegt häufig in den Händen großer, in der Regel **international agierender Firmen**, deren Gewinne oft zu weiten Teilen ins Ausland abfließen, während die negativen ökologischen Folgen im Land bewältigt werden müssen.

Der **Import von Agrargütern** hilft, Lücken in der heimischen Versorgung zu schließen, schafft jedoch auch Abhängigkeiten, die sich im Falle von Preissteigerungen auf dem Weltmarkt ausgesprochen negativ auf die Versorgungslage und die Handelsbilanz auswirken können. Sehr deutlich wurde dies in der Nahrungsmittelkrise 2008, die auf die Wirtschafts- und Finanzkrise folgte. Subventionierte Billigwaren aus dem Ausland gefährden zudem die heimischen Anbieter.

2.2 Exportorientierte Landwirtschaft in den Tropen: Das Beispiel der Blumenproduktion in Kenia

Die Entwicklungen der agrarischen Nutzung in den Tropen im Wechselspiel weltwirtschaftlicher Rahmenbedingungen sowie regionaler und lokaler Besonderheiten kommen am Beispiel der kenianischen Blumenindustrie prägnant zum Ausdruck.

Blumen stellen in Kenia kein Kulturgut dar. Die wichtigsten Blumenmärkte der Welt liegen Tausende von Kilometern entfernt. Dass das Land sich trotzdem zu einem der weltweit größten Schnittblumenexporteure entwickelt hat (vgl. Abb. S. 11), hängt von einer Reihe von **günstigen Standortfaktoren** ab, die dazu geführt haben, dass die Produktion auf dem Weltmarkt konkurrenzfähig ist:

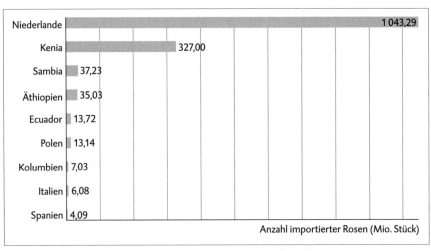

Die wichtigsten Herkunftsländer für Rosenimporte nach Deutschland, Stand 2019

- **Infrastruktur für Transport und Logistik:** u. a. gute Erreichbarkeit des internationalen Flughafens Nairobi (wichtig für die leicht verderbliche Ware Blumen)
- **Klimatische und hydrologische Voraussetzungen:** tropisches Tageszeitenklima bietet ideale Anbauvoraussetzungen für ganzjährigen Anbau und gute Qualität
- **Arbeitskräfte:** Vorhandensein von genügend Arbeitskräften, die zu geringen Löhnen arbeiten (v. a. Frauen)
- **Wirtschaftspolitische Rahmenbedingungen:** Erhöhung der Attraktivität des Standorts für ausländische Investoren durch staatliche Aktivitäten, u. a. Verzicht auf Einfuhrzölle für Saatgut, Agrarchemikalien und andere Produktionsgüter (Gerätschaften und Bewässerungseinrichtungen); Einrichtung von Wirtschaftssonderzonen; günstige Konditionen für den Flächenerwerb; Entgegenkommen bei Formalitäten wie der Erteilung einer Arbeitserlaubnis für ausländische Experten

Von den ca. 220 kenianischen Blumenplantagen liegen rund 70 am Naivasha-See. Sie verfügen insgesamt über eine Anbaufläche von mehr als 2 000 ha. Dem wirtschaftlichen Erfolg der Schnittblumenerzeugung in Kenia stehen jedoch **ökologische und soziale Nachteile** gegenüber. In der Konzentration dieser industrieähnlichen Form des intensiven Anbaus am Naivasha-See treten sie besonders deutlich zutage:

- Die Entnahme von Wasser aus dem Naivasha-See für die Bewässerung der Schnittblumenkulturen, aber auch für andere landwirtschaftliche Zwecke und für den gestiegenen Bedarf der Bevölkerung lässt den Wasserspiegel absinken. Abwässer tragen Reste der eingesetzten Düngemittel und Pestizide in das Gewässer ein und gefährden das sensible Ökosystem durch **Eutrophierung** und **Vergiftung**. Der Fischbestand hat sich stark verringert, wodurch die ansässigen Fischer ihre Lebensgrundlage verlieren.

- Durch die zunehmende Besiedelung und Privatisierung der Uferzone entstehen **Nutzungskonflikte:** Nomaden sind auf einen Zugang zum See angewiesen, den sie als Viehtränke nutzen. Sie beklagen zudem Erkrankungen der Tiere, die sie auf die sinkende Wasserqualität zurückführen.

- Die **Arbeitsmigration** in die Anbauregion verschärft die ökologischen und sozialen Probleme, denn aufgrund fehlender Infrastruktur kommt es zur Entstehung von Slums im Umfeld der Gewächshäuser.

- In den Produktionsstätten leiden die Arbeiterinnen und Arbeiter unter einer 46-Stunden-Woche mit **schwierigen Arbeitsbedingungen** (Einsatz von Pestiziden, die in Europa nicht mehr zugelassen sind; Löhne z. T. unterhalb des Existenzniveaus; unzureichender Schutz von Arbeitnehmerrechten).

Insgesamt hat die tropische Blumenproduktion rund 200 000 Arbeitsplätze geschaffen. Doch viele der am Beispiel Kenias aufgezeigten Probleme lassen sich in ähnlicher Form auch in anderen Produktionsräumen der Blumenindustrie längs des Äquators wiederfinden.

Das schlechte Image der Blumen aus Kenia hat dazu geführt, dass am Naivasha-See in den letzten Jahren vielversprechende Maßnahmen zu einem sozial- und umweltverträglicheren Anbau ergriffen wurden. Eine wichtige Rolle bei der Aufklärung der Verbraucher in den Export-Zielländern und bei der Verbesserung der Standards spielt der faire Handel (vgl. S. 63 ff.). In Deutschland trägt bereits fast jede vierte verkaufte Rose ein **Fairtrade**-Siegel, was den wachsenden Einfluss dieser Bewegung demonstriert.

2.3 Agrarkolonisation: Produktion für den lokalen und globalen Agrarmarkt

Im Gegensatz zur rückläufigen Shifting Cultivation gewinnt die staatlich gelenkte **Agrarkolonisation** zunehmend an Bedeutung. Dabei kommt es zur Ansiedlung von Menschen in bisher ungenutzten, peripheren Gebieten. Ein Ziel ist die Erweiterung und Sicherung der Grundnahrungsmittelversorgung durch

Erschließung von Landreserven, Intensivierung der Nahrungsmittelproduktion sowie Förderung moderner Anbaumethoden und Vertriebssysteme. Dies ist notwendig, da aufgrund des raschen Bevölkerungswachstums, der geringeren Erträge der traditionellen Landwirtschaft, der ungünstigen Besitzverhältnisse sowie der enormen Verstädterung Engpässe in der Versorgung auftreten. Außerdem geht es auch um wirtschaftliche, politische und strategische Interessen. So sollen territoriale Ansprüche gesichert, Rohstoffe erschlossen sowie soziale und räumliche Disparitäten abgebaut werden.

Regionale Beispiele für Agrarkolonisation

- **Brasilien:** Kolonisation längs der **Transamazônica** sowie in der Provinz Rondônia
- **Indonesien:** als **Transmigrasi** bezeichnete Umsiedlung von Java auf umliegende Inseln
- weitere Rodungskolonisationen z. B. in Westafrika, Thailand und Malaysia

Auf Grundlage der staatlichen Erschließungsmaßnahmen (z. B. Straßenbau) können die Neusiedler in den Urwald vordringen und das ihnen zugewiesene Areal landwirtschaftlich nutzen. In der Regel wird der Wald niedergebrannt, wodurch es zu großflächigen Zerstörungen des tropischen Regenwaldes kommt. Im Gegensatz zur traditionellen Landwechselwirtschaft erfolgt nunmehr eine permanente Pflanzenerzeugung und Viehhaltung mit marktwirtschaftlich ausgerichteten Vertriebsstrukturen.

Problematisch ist, vorwiegend in Lateinamerika, dass Kleinbauern zunehmend von Großgrundbesitzern verdrängt werden, die auf den von der mehrjährigen agrarischen Nutzung ausgelaugten ehemaligen Waldböden nun intensive Landwirtschaft betreiben. Anbauprodukte sind dabei Dauerkulturen wie Kaffee und Kakao, aber auch die Rinderhaltung expandiert und nimmt an Bedeutung zu. So wechselt die Landnutzung von der auf die Eigenversorgung ausgerichteten agrarischen Nutzung hin zum Anbau in Großbetrieben, die auf die Vermarktung der Produkte und den weltweiten Export ausgerichtet sind.

Kompetenzcheck

- Fassen Sie zusammen, wie sich der globale Handel mit Agrargütern in den letzten Jahrzehnten entwickelt hat; nennen Sie Gründe für die regional unterschiedlichen Entwicklungen.
- Nennen Sie Gründe und Ziele von Agrarkolonisationen.

3 Kennzeichen des landwirtschaftlichen Strukturwandels

3.1 Intensivierung, Mechanisierung und Spezialisierung

Mit dem Ziel einer agrarischen Nutzung ist eine Flächenexpansion global nur noch in ökologisch labilen, klimatisch unsicheren und in Bezug auf die Bodenqualität ungünstigen Grenzräumen zur Anökumene möglich. Gleichwohl sind Produktionssteigerungen und Gewinnmaximierung auch im primären Sektor wesentliche ökonomische Ziele. Deshalb kommt der **Intensivierung** der Landwirtschaft eine bedeutende Rolle zu. Hierunter versteht man im Ackerbau die Erhöhung der Hektarerträge auf bereits kultivierten Flächen, die u. a. durch **Mechanisierung** und **Spezialisierung** erreicht werden kann. Zudem spielen die züchterische Verbesserung von Pflanzen, der Einsatz von Dünge- und Pflanzenschutzmitteln sowie zunehmend Erkenntnisse der Bio- und Gentechnologie eine zentrale Rolle. Bei der Viehzucht ist der Wandel von einer extensiven Viehhaltung hin zu einer intensiven Massentierhaltung mit der Mechanisierung, Spezialisierung und **Automatisierung** verbunden. In Legehennenbatterien werden z. B. bis zu 250 000 Hühner gehalten, Großbetriebe der Schweineproduktion umfassen bis zu 10 000 Tiere. Hier, wie auch bei der modernen Kälber- und Rindermast sowie bei der Milchproduktion, erfolgt die Fütterung computergesteuert. Auf der Basis der natürlichen Gunstfaktoren für die landwirtschaftliche Produktion haben sich somit in heutiger Zeit eng begrenzte **agrarische Intensivgebiete** entwickelt, die ökonomisch höchst effizient arbeiten.

Allerdings sind mit der Intensivierung auch sozioökonomisch und ökologisch bedenkliche Folgen verbunden. Viele Menschen verlassen den ländlichen Raum, da nicht mehr genügend Arbeitsplätze zur Verfügung stehen. Der Anbau in Monokulturen führt zu einer Verarmung von Fauna und Flora. Außerdem reichern Dünge- und Pflanzenschutzmittel den Boden mit Schadstoffen an. Der Einsatz schwerer landwirtschaftlicher Maschinen führt zur Bodenverdichtung, was Staunässe und Erosion zur Folge hat. Bei der **spezialisierten Tierproduktion** werden die nicht artgerechte Stallhaltung, der Einsatz von Medikamenten gegen Krankheiten wie auch der mögliche Qualitätsverlust der Nahrungsmittel im Vergleich zur herkömmlichen Viehhaltung kritisiert. Außerdem ist die Entsorgung der Gülle problematisch, da sie aufgrund der großen Menge nicht mehr vollständig auf den Feldern ausgebracht werden kann.

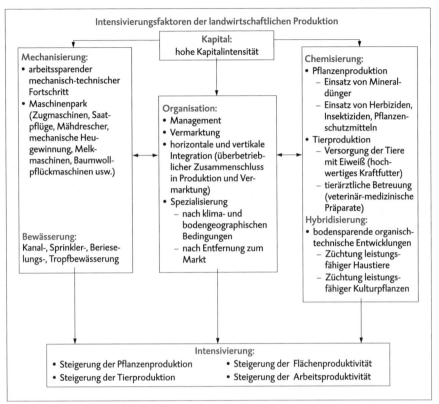

Intensivierung in der Landwirtschaft

3.2   Merkmale des Agrobusiness

Im Rahmen der wirtschaftlichen Verflechtung der landwirtschaftlichen Produktion mit ihren vor- und nachgelagerten Bereichen verstärkt sich die Tendenz in der Landwirtschaft, Lebensmittel industriell zu erzeugen. Charakteristische Kennzeichen für diese Entwicklung sind neben der Mechanisierung und Rationalisierung die zunehmende Technisierung und die gentechnische Weiterentwicklung des Saatguts. Dieser Prozess bringt eine stetige Erhöhung des Kapitalbedarfs landwirtschaftlicher Betriebe mit sich. Diese **Kapitalisierung der Agrarproduktion** begünstigt große, kapitalkräftige Unternehmen und trägt dazu bei, dass das **Agrobusiness** auch interessant für Investoren aus dem nicht-agrarischen Bereich wird.

Agrobusiness

Das **Agrobusiness** (oft auch **Agribusiness**) ist als System zu verstehen, das alle direkt und indirekt an der Produktion und am Absatz von Agrarprodukten und Lebensmitteln beteiligten Unternehmen einbezieht, also Landwirtschaft einschließlich vor- und nachgelagerter Unternehmen.

Vorgelagerte Unternehmen stellen z. B. Düngemittel, Maschinen oder Saatgut her, nachgelagerte Unternehmen verarbeiten und vermarkten die landwirtschaftlichen Produkte. Betrachtet man nicht den gesamten Wirtschaftssektor, sondern räumlich oder sektoral abgegrenzte Teilsysteme, z. B. eine bestimmte Anbauregion oder die Produktion, Verarbeitung und Vermarktung von Fleisch, so spricht man auch von agroindustriellen Produktionskomplexen.

Charakteristische **Merkmale der Wirtschaftsweise** im Agrobusiness sind:

- Produktion nach industriellen Maßstäben,
- hoher Kapitaleinsatz,
- geringer Arbeitskräfteeinsatz und
- hohe Produktivität.

Die Erzeugnisse werden zunehmend auf die Erfordernisse der nachgelagerten Sektoren abgestimmt. So verlangt der durch große Supermärkte und Warenhausketten dominierte Einzelhandel beispielsweise standardisierte Ware in bestimmten Qualitäten und Mengen und übt einen großen Einfluss auf die Preise und damit indirekt auf die Produktionsbedingungen aus.

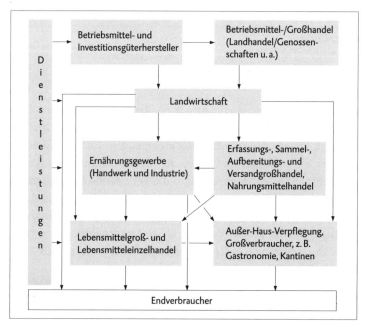

Elemente des Agrobusiness

In der Entstehung und dem Wachstum **agroindustrieller Produktionskomplexe** finden besonders die Konzentrationsprozesse ihre Fortführung, die die Industrialisierung der Landwirtschaft geprägt haben und weiterhin prägen (vgl. folgenden blauen Kasten). Die gesamte Lebensmittelproduktion, einschließlich der Verarbeitung und Verteilung über den Handel, konzentriert sich auf eine abnehmende Zahl von Unternehmen mit zunehmend globalem Aktionsradius.

Konzentrationsprozesse in der Landwirtschaft

- **Sektorale Konzentration:** Rückgang der Anzahl der Betriebe in einem Produktionsbereich/Sektor (z. B. Rindermast, Milchproduktion, Maisanbau), Durchschnittsgröße der verbleibenden Betriebe nimmt zu

- **Regionale Konzentration:** Ballung von Unternehmen der verschiedenen Produktions- und Verarbeitungsstufen entlang der gesamten Produktionskette eines Nahrungsmittels auf vergleichsweise kleinem Raum (z. B. Eierproduktion in Südoldenburg)

- **Horizontale Integration:** Zusammenschluss (durch Aufkauf oder vertragliche Bindung) von Betrieben auf derselben Produktionsstufe zu größeren Einheiten; Ziel ist die Einsparung von Kosten und die Steigerung der Konkurrenzfähigkeit

- **Vertikale Integration:** Zusammenschluss von Unternehmen mit vorgelagerten Bereichen (mit Zulieferern → Rückwärtsintegration) und nachgelagerten Bereichen (mit Abnehmern → Vorwärtsintegration) zu größeren Produktionskomplexen

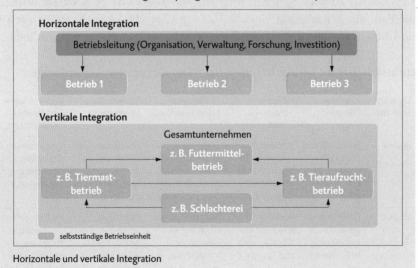

Horizontale und vertikale Integration

3.3 Landwirtschaft in der gemäßigten Zone: Agrarregion Europa

Spezialisierte Marktfrucht- und Viehhaltungsbetriebe findet man überwiegend in den gemäßigten Breiten. In den entsprechenden Klimaregionen Europas und Nordamerikas herrschen v. a. intensive Grünlandwirtschaft sowie landwirtschaftliche Gemischtbetriebe vor. Innerhalb der EU gliedert sich die landwirtschaftliche Nutzfläche in Ackerland (Anteil über zwei Drittel), Dauergrünland (mehr als ein Viertel) und Dauerkulturen.

	Hackfruchtbau	Getreidebau	Futterbau	Sonderkulturen
Beispiele für Kulturpflanzen	Kartoffeln Zuckerrüben Tabak	Weizen Roggen Hafer	Luzerne Silomais Dauergrünland	Obst Gemüse Blumen

Kulturarten in der gemäßigten Klimazone

Bei der anbaubezogenen Ausrichtung der Agrarbetriebe spielen zunehmend ökonomische Rahmenbedingungen eine Rolle: Angebot und Nachfrage wie auch staatliche Regulierungen und technologische Entwicklungen beeinflussen die Landwirtschaft. Gewinnmaximierung und Produktivitätssteigerungen bestimmen heutzutage das Handeln auch in diesem Bereich. So ist in den letzten 20 Jahren die Anzahl der Betriebe in der EU um ca. ein Viertel zurückgegangen. Dies betrifft zu über 80 % Kleinbetriebe, die unter 5 ha groß waren, während die Zahl der Betriebe mit einer Größe von über 100 ha leicht angestiegen ist und diese weit über 50 % der landwirtschaftlichen Nutzfläche bewirtschaften.

Industrialisierte Landwirtschaft hat folgende negative Auswirkungen:

Umweltelemente	intensive Düngung	intensive Schädlingsbekämpfung	Einsatz von schwerem Gerät	frühere Flurbereinigung	größere Viehbestände in Stallhaltung
Boden	Stickstoff- und Phosphatanreicherung, z. T. Überdüngung	Schadstoffanreicherung im Boden, Abbau z. T. erst nach längerer Zeit	Bodenverdichtung unter der Pflugsohle, dadurch u. a. Gefahr von Hangrutschungen	Nivellierung der Sonderbedingungen auf der Ebene der Mikrostandorte	Vergrößerung der Güllemenge → Anreicherung mit Giftstoffen
Wasser	Oberflächengewässer: Eutrophierung, evtl. „Umkippen"; Grundwasser: Nitratbelastung	Rückstandsbelastungen im Oberflächen- und Grundwasser, evtl. auch im Trinkwasser	Staunässeprobleme; Verringerung der Versickerung → größere Hochwassergefahr	Beseitigung lebendiger und natürlicher Gewässerstrukturen, Reduzierung der Selbstreinigungskraft	Probleme durch „Spitzenlasten" bei Entleerung der Güllelager (v. a im Frühjahr und Herbst)

Luft	Ammoniak-belastung	Stoffeinträge und -transporte (durch den Wind) auch in größerer Entfernung	mögliche Ver-größerung von Staubbelas-tungen	Verstärkung von Wind- und Wassererosion (z. B. Beseitigung von Windschutz-hecken)	Verstärken der Luftbelastung und Vermehrung schädlicher Treib-hausgase (Methan)
Land-schaft	Verunkrau-tung (z. B. Brennnesseln) außerhalb der Äcker	Reduzierung der abwechs-lungsreichen Vielgestaltig-keit	Beseitigung der Kleinparzellierung durch Anlage „maschinenge-rechter" Schläge	„Ausräumung" der Landschaft (z. B. durch Be-seitigung von Landschafts-elementen)	Grünlandum-bruch und „Vermaisung" landwirtschaft-licher Nutz-flächen
Pflanzen- und Tier-welt	Verschiebun-gen des Arten-spektrums	Reduzierung der Artenvielfalt; Dezimierung auch der Nützlinge	Reduzierung des Bodenlebens	Reduzierung der Artenvielfalt (z. B. Beseitigung von Hecken und Streuobst-anlagen)	Reduzierung der Artenvielfalt durch intensive Produktion weni-ger Nutzpflan-zenarten

Umweltbelastungen durch Intensivlandwirtschaft in Deutschland

Um diese ökologisch bedenklichen Folgen zu begrenzen, werden in der ökolo-gischen Landwirtschaft innerbetriebliche Abläufe und die Flächennutzung unter Umweltaspekten optimiert (vgl. S. 58 ff.). Dazu zählen auch der Einsatz von Satelliten und Computern bei einer bedarfsgerechten Tierfütterung sowie bei der Düngung und Bewässerung von Anbauflächen.

Treibhausprodukte aus den Niederlanden – ein Beispiel für hoch spezialisierte Agrarproduktion

Ursprünglich war die Landwirtschaft in den Niederlanden an die natürlichen Gegebenheiten (Bodenart, Höhenlage, Wasserhaushalt, Flora und Fauna) an-gepasst. Eine erste Ausweitung erfolgte durch die Verwendung von Kunst-dünger; die größte Veränderung geschah aber seit ca. 1960 durch die völlige Loslösung des Agrarbetriebs von den natürlichen Standortvoraussetzungen. Deutlich wird dies besonders in der Produktion von Blumen, Obst und Ge-müse in klimatisierten Gewächshäusern. Das Zentrum der Glashauskulturen befindet sich im sogenannten Westland südlich von Den Haag. Hier werden die Sonderkulturen auf Steinwolle oder anderem künstlichen Boden gezüch-tet. Steinwolle bietet den Vorteil, eine bessere Dosierung von Wasser und Nährstoffen zu ermöglichen und damit Pflanzenkrankheiten vorzubeugen.

Diese Form der Bodennutzung ist ein Beispiel für die Intensität der Agrar-produktion, denn die Größe der Gewächshausbetriebe beträgt durchschnittlich nur 2 ha. Die Produktionskosten sind hoch. Heizung, Wasserverbrauch und

Belüftung werden durch Computersysteme gesteuert. Düngung und das Entfernen von Unkraut erfolgen maschinell. Gelegentlich werden die Pflanzen unter einer schwarzen, Wärme absorbierenden Plastikfolie gezüchtet, die für das Wachstum förderlich ist und somit hilft, die Erntezeit an die Marktbedürfnisse anzupassen. Im Ablauf eines Jahres lassen sich unterschiedliche Pflanzen anbauen, z. B. Blumen im Frühling, Tomaten und Gurken im Sommer sowie Salat im Herbst und Winter.

Gewächshäuser in den Niederlanden

3.4 Industrialisierte Landwirtschaft in den Subtropen: Agrarregion USA

Die Agrarstruktur der USA hat seit Beginn des 20. Jh. eine deutliche Veränderung erfahren. Die Anzahl der Farmen sank von fast 7 Mio. auf ca. 2 Mio., wobei sich gleichzeitig die durchschnittliche Farmgröße auf ungefähr 180 ha mehr als verdoppelte. Auch die Zahl der in der Landwirtschaft Beschäftigten ging deutlich zurück, ihr Anteil verringerte sich um mehr als 90 % und beträgt nur noch weniger als 1 % aller Beschäftigten.

Mit dem **Farmsterben**, das vorwiegend Betriebe mittlerer Größe betraf, fand eine **sektorale Konzentration** statt, d. h., große Anteile an der Erzeugung eines Produktes entfallen auf nur noch wenige Betriebe. Die Industrialisierung der US-amerikanischen Landwirtschaft ist verbunden mit Spezialisierung, Massenproduktion, dem Einsatz moderner Technik sowie einem hohen

Einsatz von Kapital. Kommen zusätzlich noch neue Unternehmensformen hinzu, die vertikale Strukturen aufweisen, spricht man von **agroindustriellen Betrieben** oder **Agrobusiness** (vgl. S. 15 ff.).

Die enorme Steigerung der Produktion geht auf Entwicklungen in der Vergangenheit zurück:

- **Mechanische Revolution:** Zwischen 1920 und 1950 stieg die Zahl der Traktoren um das Zehnfache auf 3,5 Mio. Der Mechanisierung folgte eine Spezialisierung, da nur große Flächen mit einheitlichen Anbauprodukten ein wirtschaftliches Arbeiten ermöglichen.

- **Revolution durch Hybridzucht:** Seit 1930 hat sich z. B. der Ertrag bei Hybridmais vervierfacht. Mit ausschlaggebend waren auch Entwicklungen neuer, an das Saatgut angepasster Pflanzenschutz- und Düngemittel.

- Dritte Revolution: **Neuerungen in Organisation, Produktion und Vermarktung.** Die **family farm** hat an Bedeutung verloren. An ihre Stelle sind nicht-agrarische Unternehmen getreten, die ihr Kapital in der Landwirtschaft einsetzen.

- Vierte Revolution: Produktionssteigerung durch **Bio- und Gentechnologie,** u. a. Erhöhung der Fotosyntheseleistung von Pflanzen, Embryotransfer in der Nutztierhaltung.

Intensive agrarische Nutzung auf Basis natürlicher Ressourcen: Wasser als Grundlage für den Baumwollanbau

Der **Baumwollanbau** in den USA erreichte im vergangenen Jahrhundert seine größte Ausdehnung im sogenannten **Cotton Belt,** der den „**Alten Süden"** kennzeichnete und von der Atlantikküste bis nach Texas reichte. Zu Beginn war Plantagenwirtschaft vorherrschend, die Anbaufläche lag bei ca. 400 ha/ Plantage. Zunehmend kamen Mineraldünger zum Einsatz, Züchtungserfolge sowie die Ausweitung von Bewässerungsflächen wurden kennzeichnend. Da der Kapitalmangel kleiner Farmen einer notwendigen Mechanisierung (Baumwollpflückmaschine) entgegenstand, weitete sich der Anbau rasch nach Westen bis Kalifornien aus. Der Bau von Kanälen in Kalifornien und die Nutzung des bedeutenden Grundwasserleiters Ogallala Aquifer in den südlichen Great Plains ermöglichten einen Ausbau der Bewässerungslandwirtschaft. Großbetriebe erzielten nun höhere Gewinne als die Farmen im Südosten, wo der Baumwollanbau stark zurückging.

Heutzutage gewinnt der Baumwollanbau im Alten Süden wieder zunehmend an Bedeutung. Sein Anteil an der Gesamtproduktion in den USA ist seit den 1980er-Jahren von knapp 25 % auf über 40 % gestiegen. Ökonomische und ökologische Gründe für diese Entwicklung sind v. a.:

- aus Bodenversalzung im Westen resultierende ökologische Probleme;
- Verknappung und Preissteigerung von Bewässerungswasser im Westen;
- gentechnisch veränderte Baumwollarten, die gegen Schädlinge und Spritzmittel resistent sind;
- zunehmender Einsatz von Bewässerungssystemen, damit verbunden höhere Erträge und größere Ertragssicherheit.

Ein Zentrum des Baumwollanbaus ist **Georgia**. Hier hat sich in den vergangenen 30 Jahren die durchschnittliche Fläche der Farmen mit Baumwollanbau auf ca. 200 ha fast verdreifacht, dabei nahm der Anteil der Baumwoll-Bewässerungsfläche an der gesamten Anbaufläche von rund 15 % auf über ein Drittel zu.

Jahr	Anbaufläche (1 000 ha)	Produktion (1 000 Ballen)	Jahr	Anbaufläche (1 000 ha)	Produktion (1 000 Ballen)
1920	1 753	1 415	1980	65	86
1930	1 387	1 592	1990	142	405
1940	783	1 010	2000	546	1 663
1950	417	490	2010	536	2 300
1960	264	504	2012	522	2 910
1970	152	292	2019	558	2 740

Entwicklung der Baumwollanbaufläche und -produktion in Georgia

Entstehung und Entwicklung des Agrobusiness in den USA am Beispiel der Rindfleischproduktion

In den USA zeigten sich die Konturen des Agrobusiness sehr früh; sie sind besonders ausgeprägt entwickelt. So ist das System der Rindermast in sogenannten **Feedlots** zum Sinnbild des US-amerikanischen Agrobusiness geworden. Feedlots sind Betriebe mit riesigen Freiluftpferchen, in denen die Tiere, überwiegend Rinder, zu Tausenden gehalten werden. Rinder können hier durch energiereiches Futter, das zu 70–90 % aus Getreide und Proteinkonzentraten besteht, in durchschnittlich 140 Tagen bis zur Schlachtreife gemästet werden. Die größten Feedlots haben über 100 000 Mastplätze. Der Wandel von der traditionellen **extensiven Weidewirtschaft** zur **intensiven Rindermast** setzte in der Mitte der 1950er-Jahre ein, ausgelöst durch einen schnellen Anstieg des Pro-Kopf-Verbrauchs von Rindfleisch aufgrund sich wandelnder Essgewohnheiten und eine zusätzliche Nachfragesteigerung durch das Bevölkerungswachstum.

Innerhalb von zwei Jahrzehnten entstand in den Staaten des Mittelwestens, Kansas, Nebraska, Oklahoma und Texas, eine neue **regionale Konzentration** der Rindfleischproduktion. Bezieht man Colorado mit ein, so wurden Ende der 1990er-Jahre 85 % der US-amerikanischen Rinder in diesem Raum gemästet.

Die regionale Konzentration ging mit einer **sektoralen Konzentration** einher. Die Zahl der kleinen Mastbetriebe nahm stark ab. 5 % der Feedlots haben mehr als 1 000 Plätze, doch vermarkten sie zusammen 80–85 % der Rinder. Auf die großen Feedlots mit über 32 000 Mastplätzen entfallen 40 % der Produktion schlachtreifer Rinder.

Feedlot in den USA

Der Konzentrationsprozess hält an und ist von einer Zunahme der **vertikalen Integration** (vgl. S. 17) unter Einbeziehung der Kälberproduktion, der Schlachtung und der Fleischverarbeitung geprägt. Gegenwärtig wird der US-amerikanische Fleischmarkt von vier großen Unternehmen beherrscht. Die sogenannte Vormast der Kälber auf ein bestimmtes Ausgangsgewicht wird häufig von kleineren Vertragsfarmern (**Vertragslandwirtschaft**) durchgeführt.

Die agroindustrielle Rindermast beruht auf der Verfügbarkeit energiereicher Futtermittel, die in großen **Monokulturen** angebaut werden. In den USA hat sich für die Erzeugung der Hauptfutterpflanzen Mais und Soja der Anbau **gentechnisch veränderter Sorten** durchgesetzt. Sie sind z. B. immun gegen das **Herbizid** Roundup mit dem Wirkstoff Glyphosat. Dieses Herbizid kann dann auf bereits bestellten Feldern gegen Unkräuter eingesetzt werden, ohne dass die Kulturpflanzen Schaden nehmen. Das gentechnisch veränderte Saatgut wird vom (seit 2018 zum deutschen Bayer-Konzern gehörenden) US-Konzern Monsanto produziert, der auch das Patent am Pflanzenschutzmittel Roundup hält. Dies ist ein Beispiel für die Entwicklung und Vermarktung eines **Technologiepakets**, mit dessen Hilfe führende Agrobusiness-Unternehmen eine zunehmende Kontrolle über die Wertschöpfungskette erlangen. Rund 80 % der Maisernte und mehr als 90 % der Sojabohnen in den USA tragen Monsanto-Patente.

	Soja	Mais	Baumwolle	Zuckerrübe	Raps	Alfalfa
Fläche in Mio. ha	31,9	34,2	4,7	0,45	0,8	1,2
Anteil in %	94	92	96	95	90	13
Gesamtfläche 2020	73,1 Mio. ha					

USA: Anbau von gentechnisch veränderten Pflanzen 2020

Prägnante Beispiele für Räume mit einer besonders hohen regionalen bzw. sektoralen Konzentration im Bereich der Agrarproduktion in Europa finden sich in der südspanischen Provinz Almería (Gemüseanbau), in Dänemark (Schweinefleischproduktion) oder in der niedersächsischen Region Südoldenburg (Geflügelhaltung).

Kompetenzcheck

– Kennzeichnen Sie die Merkmale der Intensiv-Landwirtschaft.
– Charakterisieren Sie den Begriff „vertikale Integration" im Unterschied zur „horizontalen Integration".

4 Überwindung der klimatischen Trockengrenze – Formen der Bewässerungslandwirtschaft

4.1 Landwirtschaftliche Intensivierung durch unterschiedliche Bewässerungssysteme

Die wichtigste Methode zur grundsätzlichen Ermöglichung und zur Erhöhung der landwirtschaftlichen Produktivität in Trockengebieten ist die **Bewässerung**, d. h. die künstliche Zufuhr von Wasser zum Ausgleich eines Niederschlagsdefizits, zur Zufuhr von im Wasser enthaltenen Nährstoffen und zur Ermöglichung konstanterer Bodentemperaturen. Um 2015 wurden 20 % der Weltagrarfläche bewässert; von hier stammten rund 40 % der global erzeugten

Nahrungsmittel. Aktuell nimmt der Anteil der bewässerten Flächen um jährlich 1,4 % zu. Mehr als zwei Drittel der Bewässerungsflächen liegen in den Subtropen, v. a. im Nahen Osten und in Süd- und Ostasien. China, Pakistan, Bangladesch und Südkorea bewässern mehr als die Hälfte ihrer landwirtschaftlichen Fläche, Indien 35 %. Grund ist hier der Nassreisanbau, der je produziertem Kilogramm bis zu 5 000 l Wasser benötigt – so viel, dass die chinesische Regierung in der Region um Peking den Reisanbau verboten hat, nachdem der Grundwasserspiegel um mehr als drei Meter abgesunken war.

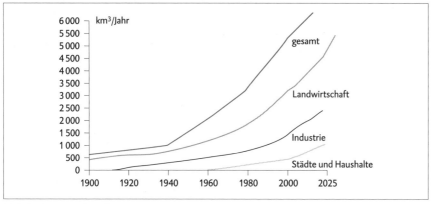

Globaler Wasserverbrauch

Die Landwirtschaft ist mit 69 % der mit Abstand größte Wasserverbraucher, gefolgt von der Industrie (19 %) und den Privathaushalten (12 %). Dieser Prozentanteil der Landwirtschaft schwankt jedoch in Abhängigkeit von den klimatischen Gegebenheiten und dem Stand der Technik stark. So liegt er in vielen europäischen Ländern unter 25 %, in den Ländern Nordafrikas und Zentralasiens nahe, in Mexiko und China über 90 %. Um in Marokko 1 kg Getreide anzubauen, sind etwa 2,7 m³ Wasser nötig, in Mitteleuropa 0,52 m³.

Neben der Erhöhung der Flächenerträge (auf bis zum Fünffachen gegenüber dem Trockenfeldbau) gibt es weitere **Vorteile der Bewässerung:**

- die Möglichkeit zum Dauerfeldbau bis hin zu mehreren Ernten pro Jahr,
- die Chance, auch bei geringem Landbesitz eine bäuerliche Existenz zu sichern,
- die Möglichkeit zum Anbau von Pflanzen mit höherem Wasserbedarf, höherem Marktwert und höherem Ertrag,
- eine geringere Zahl von Missernten (Folge der hohen Niederschlagsvariabilität) und damit
- die Möglichkeit, Nahrungsmittelimporte zu reduzieren oder gar Nahrungsmittel zu exportieren.

In zahlreichen Ländern steigt die bewässerte Fläche aus diesen Gründen z. T. deutlich an; seltener bleibt sie konstant oder geht ihr Umfang aus Kosten- oder Rentabilitätsgründen gar zurück (vgl. folgende Tabelle).

Australien	1 832 (1990)	2 400 (2000)	2 244 (2017)
Botswana	1,5 (1991)	1,3 (2002)	3,8 (2017)
Frankreich	1 600 (1975)	1 600 (1997)	1 367 (2017)
Griechenland	933 (1990)	1 163 (1997)	1 075 (2017)
Indien	47 430 (1991)	58 130 (2001)	68 320 (2018)
Italien	2 400 (1975)	2 453 (2000)	2 550 (2017)
Kuwait	5 (1994)	8 (2006)	15 (2017)
Mexiko	5 697 (1995)	5 967 (2009)	6 808 (2017)
Niger	19 (19979)	18 (2011)	14 (2017)
Rumänien	89 (2005)	173 (2004)	240 (2017)
Spanien	2 434 (1990)	3 236 (2000)	3 120 (2016)
Tunesien	308 (1992)	367 (2000)	425 (2017)
Ungarn	156 (1977)	67 (2000)	121 (2017)
USA	23 200 (1990)	25 023 (2000)	2 100 (2017)

Entwicklung der Bewässerungsfläche in ausgewählten Ländern (in 1 000 ha)

Die Form der Bewässerung hängt v. a. vom **technischen Entwicklungsstand**, von den **agrarsozialen Strukturen** (z. B. dem Organisationsgrad des Gemeinwesens) sowie von der **Herkunft des verfügbaren Wassers** ab; dieses kann aus einem Fluss, einem See, aus Grund- oder aus fossilem Tiefenwasser stammen. Derartiges in **Aquiferen** angereichertes Tiefenwasser ist in früheren – feuchteren – geologischen Epochen entstanden und selbst mittelfristig nicht erneuerbar. Verwendet wird ferner in Stauseen oder Zisternen gestautes Regenwasser, aufbereitetes Abwasser oder entsalztes Meerwasser. Ähnlich vielfältig sind die angewendeten **Bewässerungsverfahren** (vgl. S. 27).

Da rund zwei Drittel des Weltwasserverbrauchs auf die Landwirtschaft entfallen, liegen im Bereich der Bewässerungslandwirtschaft die größten Einsparpotenziale: In Israel hat der Agrarsektor durch Konzentration auf die hocheffiziente Tröpfchenbewässerung einen **Wassernutzungsgrad** von über 95 % erreicht – bei gleichzeitiger Verdopplung der Nahrungsmittelproduktion in nur drei Jahrzehnten. In keinem Land des Mittelmeerraumes hat die Bewässerung eine so große wirtschaftliche Bedeutung. Allerdings erhöht sich der Energiebedarf für den Einsatz moderner Bewässerungsverfahren deutlich.

Nassfeldbau		Aufstauen des Niederschlagswassers mittels Terrassen oder Dämmen, z. B. zum Reisanbau (in Monsungebieten)
Künstliche Bewässerung	Überflutungsbewässerung	Überflutung eingeebneter, umdämmter Felder; das Wasser versickert im Boden Sonderform **Terrassenbewässerung:** Weiterleitung des Wassers von der obersten zur untersten Terrasse
	Furchenbewässerung	Einleitung von Wasser in Furchen, die die mit Pflanzen bewachsenen Dämme trennen. Sonderformen: – **Berieselung** – fließendes Wasser auf leicht geneigten Feldern – **Konturfurchenbewässerung** mittels isohypsenparalleler Rillen – **Rillenbewässerung** mittels schmaler, in Hangneigung verlaufender Rillen
	Tröpfchenbewässerung	Bewässerung mittels oberirdisch auf dem Boden verlegter perforierter Schläuche, aus denen z. T. computergestützt dosiert Wasser austritt; oder unterirdisch: Unterflurbewässerung
	Beregnung	Wasserzufuhr mittels stationärer oder mobiler Sprühanlagen: – bei einer bewässerten Fläche mit bis zu 60 m Durchmesser: **Sprinkler** mit großen Verdunstungsverlusten durch das Sprühen – bei sehr großen Fahrgestellen mit einem Radius von bis zu 800 m um eine zentrale Pumpstelle: **Karussellbewässerung** (vgl. S. 1) – moderne Form: **Linear-move-System** – rechteckige Form; Wasser fällt aus geringem Abstand gezielt auf die Pflanzen herab; Folge: geringere Verdunstungsverluste

Wichtige Bewässerungsverfahren im Überblick

4.2 Traditionelle Bewässerungsregionen: Beispiele Vorderasien und Nordafrika

Die bekanntesten Regionen, die ihren Wohlstand traditionellen Bewässerungstechniken verdanken, sind in Nordafrika und Vorderasien zu finden. Die Oasen entlang der **Fremdlingsflüsse Nil, Euphrat und Tigris** gehören zu den ältesten **Flussoasen** der Erde: Seit der Frühzeit bis ins 20. Jh. erfolgte die Bewässerung meist durch einfache Überflutung z. B. mit von der Strömung angetriebenen Wasserrädern oder Wasserhebeschnecken („archimedische Schnecke"). Heute wird vielfach eine hoch technisierte großflächige Bewässerung praktiziert. So werden in **Ostanatolien** an Euphrat und Tigris seit 1975 dank der Errichtung von insgesamt 21 Staudämmen 1,86 Mio. ha landwirtschaftlicher Nutzfläche bewässert. Der Euphrat-abwärts gelegene syrische Assad-Stausee sollte laut Plan dauerhaft die Bewässerung von über 800 000 ha ermöglichen, doch aufgrund des türkischen Atatürk- und Keban-Staudammes kann der See oft nicht vollständig gefüllt werden. Deshalb wird die geplante Energieerzeugung ebenso wenig erreicht wie die geplante Bewässerungsfläche. Der Bau der Talsperre führte 1974/1975 fast zu einem Krieg mit dem Irak, der sich von der Wasserzufuhr abgeschnitten fühlte. Der Sechs-Tage-Krieg zwischen Syrien/Jordanien und Israel war auch ein Krieg um (das Jordan-)Wasser. Trotz einiger inzwischen bestehender Absprachen zwischen den Anliegerstaaten bleibt die Wassernutzung im Vorderen Orient ein politisches Problem.

Am **Nil** wurde 1971 der 111 m hohe **Assuan-Damm** fertiggestellt: Über 430 000 ha neuen Ackerlandes wurden erschlossen. Die im Spätsommer und Frühherbst anfallenden Wassermengen der Nilschwemme konnten nun im Nasser-See (ca. 500 km lang, 5 500 km² Fläche) gespeichert und ganzjährig zur Bewässerung genutzt werden. Neben den agrarischen Zielen wurden auch industrielle und infrastrukturelle Ziele verfolgt: Verhinderung von Überschwemmungen, Förderung der Binnenfischerei, Verbesserung der Nilschifffahrt, Energieerzeugung und Reduktion der Erdölimporte sowie Sicherung des Brauch- und Trinkwasserangebots für private Haushalte, Industrie und Tourismus. Doch im Zentrum standen die Ausweitung der Kulturfläche abseits des engen Niltals und die Steigerung der Nahrungsmittelproduktion (mehrere Ernten durch ganzjährige Bewässerung) bis hin zum angestrebten Export von Reis.

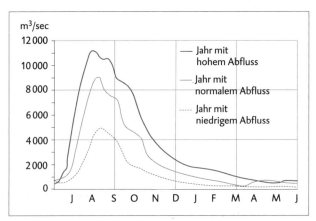

Saisonale und jährliche Schwankung des Nilabflusses bei Assuan

Wurden 430 000 ha neuen Ackerlandes erschlossen, ging parallel dazu beinahe die doppelte Fläche durch unzulängliche Bewässerungsmethoden (Versalzung, Vernässung) verloren. Hinzu kamen Probleme aufgrund der ausbleibenden natürlichen Düngung durch das jährliche Nilhochwasser, das vor dem Bau des Assuan-Damms das Niltal überflutete, mit der Folge, Mineraldünger einsetzen zu müssen; ferner die zunehmende Erosion und die Ausbreitung der gefährlichen Bilharziose.

Die auf Neuland eingerichteten kleinbäuerlichen Betriebe wirtschafteten rasch rentabel – v. a. bei einer marktorientierten stadtnahen Landwirtschaft und hinreichendem Kapital, etwa demjenigen heimgekehrter Gastarbeiter. Hingegen wurde in den jeweils etwa 2 500 ha großen Staatsfarmen zunächst keine Rentabilität erreicht, obwohl aus den USA modernste Radialbewässerungstechnik importiert worden war. Auch wurde das Ziel verfehlt, die wachsende ägyptische Bevölkerung mit Nahrungsmitteln zu versorgen (vgl. folgende Abb.). Erst seit der Privatisierung der Staatsfarmen verläuft die Entwicklung auch hier positiver.

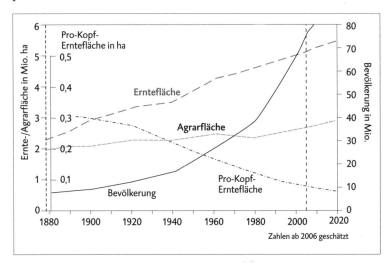

Ägypten: landwirtschaftliche Nutzfläche, Erntefläche, Bevölkerungswachstum

Beinahe ebenso alt wie die Bewässerung in Flussoasen ist im Vorderen Orient und in Nordafrika diejenige durch **Water Harvesting**. Hierbei wird an Hängen abfließendes Regenwasser auf Ackerterrassenflächen geleitet, die durch kleine Dämme voneinander getrennt sind. In den Oasen wird diese Technik oft ergänzt durch die Nutzung von Brunnenwasser oder artesischem Wasser.

Möglich ist auch die Verwendung von Wasser, das in Schotterflächen und Schuttfächern versickert ist und über größere Distanzen in Kanälen (Foggara,

Karez, Quanat) herangeführt wird. In den Wüstenoasen ist Wasser so kostbar, dass sich vielfach komplizierte Verteilungssysteme, ein **Stockwerkanbau** mit einem Schwerpunkt auf der Erzeugung von Dattelpalmen sowie **Teilpacht-systeme** entwickelt haben. Hierbei bildet Wasser einen gleichwertigen Pro-duktionsfaktor neben Boden, Arbeitskraft und Kapital (Dünger, Arbeitsgerät).

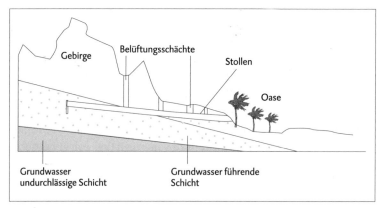

Foggara

4.3 Staudämme und Kanäle: Beispiel Süd- und Zentralasien

Staudämme und Kanäle ermöglichen auch in extremen Trockengebieten eine agrarische Nutzung und bieten den hier lebenden Menschen vielfältige Chancen. Doch zunehmend gelten solche Großprojekte als zu teuer, ökologisch bedenk-lich und damit letztlich als nicht rentabel:

Das seit den 1960er-Jahren errichtete Staudammprojekt im zentralindi-schen Bundesstaat **Madhya Pradesh** staut die Narmada und ihre Nebenflüsse in 32 großen, 135 mittelgroßen und über 3 000 kleinen Seen, um dem perio-dischen Wassermangel der Landwirtschaft im westlich gelegenen Bundesstaat **Gujarat** entgegenzuwirken. Das Wasser kommt neben Industriebetrieben, die inzwischen als die eigentlichen Verursacher der Wasserknappheit gelten, v. a. Cashcrop-Feldern (Zuckerrohr) zugute, während sich die Wasserversorgung für Kleinbauern verschlechtert hat, da lokale Bewässerungstechniken nicht weiter verfolgt worden sind. Hunderttausende von Kleinbauern – allein 250 000 durch den größten Stausee – wurden von ihren Feldern vertrieben, „umgesiedelt" und erhielten vielfach nicht-kultivierbares Land als Ausgleich. Sie wurden zu Tagelöhnern und wanderten in die Slums der großen Städte ab. Mehr als 1,5 Mio. ha Wald wurden durch die Stauseen überflutet, mindestens ebenso viel fruchtbares Ackerland. 80 % der Staudämme arbeiten nicht renta-bel: Die Speisung der Bewässerungsanlagen durch sie verursacht Kosten von rund 2 000 €/ha, wobei die rascher als erwartet eintretende Verschlammung die den Berechnungen zugrunde gelegte Lebensdauer der Stauseen verkürzt. Alle indischen Großstaudammprojekte (über 4 500) tragen gerade einmal 10 % zur Getreideproduktion des Landes bei – erheblich weniger als die traditionell aus Stauteichen (Tanks) bewässerten Flächen. Deutliche Produktivitätssteigerungen sind nicht zu erwarten.

Die wohl größte Katastrophe durch eine unangepasste Bewässerung ist am **Aralsee** eingetreten, der noch in den 1960er-Jahren mit einer Größe von 68 000 km^2 der viertgrößte See der Erde war.

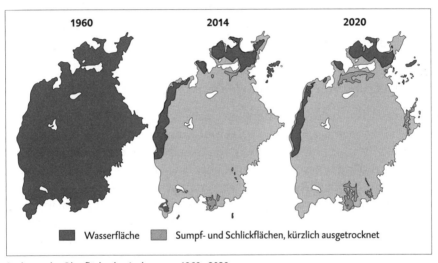

Rückgang der Oberfläche des Aralsees von 1960–2020

Zur Realisierung von Stalins Plan, südlich dieses Sees inmitten einer Wüste auf 7,9 Mio. ha riesige Reis- und Baumwollfelder entstehen zu lassen, begann man 1956 den Bau des Karakum-Kanals. Dieser leitet über eine Strecke von 1 400 km Wasser aus den beiden Zuflüssen des Aralsees, dem Syrdarja und dem Amudarja, die aus den zentralasiatischen Hochgebirgen gespeist werden, zu den Baumwollfeldern. Seither hat der See zwei Drittel seiner Fläche und 92 % seines Volumens verloren. Seine Tiefe sank von 53 auf 30 m, während der Salzgehalt von 10 auf über 100 g/l anstieg. Seit 2005 wächst aufgrund eines Dammbaus der nördliche Bereich des Aralsees wieder. Wissenschaftler halten es jedoch für unwahrscheinlich, dass sich der Südostteil des Sees, der inzwischen zu weiten Teilen ausgetrocknet ist (vgl. Abb. S.31), je wieder erholt.

Tausende Fischer, die früher jährlich 45 000 t Fisch fingen, sowie 30 000 Menschen, die in der Fisch verarbeitenden Industrie tätig waren, haben ihre Existenz verloren. Zudem beeinträchtigen Salzverwehungen vom trocken gefallenen Seeboden den Anbau von Baumwolle, Reis, Obst und Gemüse.

Da Monokulturen (Reisanbauflächen mit mehr als 300 000 ha, Baumwollanbauflächen mit mehr als 3 Mio. ha) besonders anfällig für Schädlinge sind, wurden Hunderttausende Tonnen von Pestiziden sowie zur Steigerung des Ertrags Kunstdünger und Entlaubungsmittel (Agent Orange) eingesetzt, damit die Baumwollernte maschinell erfolgen kann. Diese chemischen Stoffe gelangten ins Grund- und über die Drainage ins Flusswasser und somit in die Nahrungskette der Menschen. Die Säuglingssterblichkeit in der Region um den Aralsee ist hoch und Totgeburten sowie Missbildungen sind auffallend häufig. Die Sterblichkeitsrate v. a. aufgrund von Krebs, Leber- und Nierenerkrankungen hat sich in nur wenigen Jahrzehnten mehr als verzehnfacht.

4.4 Nutzung von fossilem Grundwasser: Beispiel Australien

Ehemals nicht nutzbare **Aquifere** mit fossilem Wasser werden heute in zahlreichen Regionen der Erde durch **Tiefbohrungen** erschlossen. In absehbarer Zeit kann hier mit einer Neubildung von Grundwasser jedoch nicht gerechnet werden, sodass die Vorräte über kurz oder lang erschöpft sind. **Absinkende Grundwasserspiegel** sind bereits vielerorts nachgewiesen.

Zu den größten und ökologisch fragwürdigsten Bewässerungsprojekten mit fossilem Wasser gehört der Bau des „Großen künstlichen Flusses" in **Libyen**. Rohrsysteme mit 4 m Durchmesser leiten fossiles Grundwasser unter den nordsaharischen Wüstenbecken bis zu 800 km nordwärts zur dicht besiedelten Mittelmeerküste zwischen Tripolis und Bengasi. Dort werden bis zu 200 000 ha bewässert (zeitweise waren 400 000 ha im Gespräch), wodurch die Versorgung der rasch wachsenden Bevölkerung (derzeit etwa 1,9 %/Jahr) mit Grundnahrungsmitteln sichergestellt werden soll.

In **Australien** sind fast 9 000 **artesische Brunnen** in insgesamt zwanzig artesischen Becken in Betrieb. Die in den Aquiferen in porösem Stein eingelagerten Wassermengen stehen unter hohem Druck und kommen, wenn sie angebohrt werden, ohne Pumpe an die Oberfläche. Bereits den Aborigines war dies bekannt.

Mit der Zunahme der Brunnenbohrungen verringerte sich der Druck in den artesischen Becken und die Wasserförderung ließ nach. Aus diesem Grund benötigt heute rund ein Drittel aller Bohrlöcher Pumpen zur Wasserförderung: Die fossile Grundwasserbasis wird trotz eines gewissen Zuflusses aus den ostaustralischen Gebirgen kleiner – täglich um etwa 1,5 Mio. m^3.

Der hohe Mineralgehalt des artesischen Wassers – es ist für den Menschen ungenießbar und wird auch nur selten zur Bewässerung eingesetzt, ist jedoch als Viehtränke wichtig für Schaf- und Rinderfarmen – führt zu einer Hügelbildung um die Quellen. Vielfach liegen diese „Hügelquellen" im Zentrum kleiner grüner Oasen.

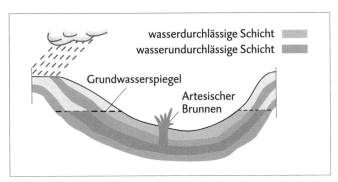

wasserdurchlässige Schicht
wasserundurchlässige Schicht
Grundwasserspiegel
Artesischer Brunnen

Artesischer Brunnen

4.5 Bewässerung außerhalb von Trockengebieten

Auch jenseits der Trockengrenze wird zum Zweck der **Produktionssteigerung** bewässert – manchmal intensiver als in technisch unterentwickelten oder extrem wasserarmen Trockengebieten. Auffällig ist das Ausmaß der Bewässerung in Staaten wie Indonesien, den Philippinen, Japan, Neuseeland, Frankreich, den Niederlanden oder Großbritannien, deren Klima nicht arid ist (vgl. Abb. S. 34).

Das **feuchttropische Südostasien** zählt wegen seiner hohen Bevölkerungsdichte sogar zu den wichtigsten Bewässerungsgebieten der Erde überhaupt: Nassreis ist hier die Kulturpflanze schlechthin, die ohne Düngung und spezielle Fruchtfolge jahrhundertelang auf derselben Fläche angebaut werden kann. Beim jahrtausendealten traditionellen Terrassenanbau stammt das Wasser häufig aus Gebirgsbächen. Es kann aber auch Regenwasser genutzt werden, das auf höher gelegenen Feldern gesammelt wird. In Europa und den USA wird Wasser mithilfe von Pumpen zu den Reisfeldern befördert.

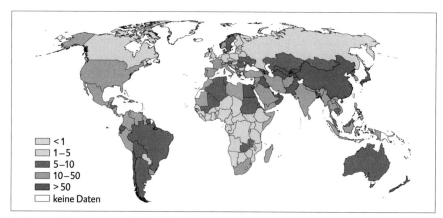

Bewässerte Flächen weltweit, Stand 2015

In den (semi-)humiden Außertropen erlaubte Bewässerung zunächst den Anbau anspruchsvoller, aber finanziell attraktiver Nutzpflanzen im Rahmen einer Fruchtfolge, z. B. Zuckerrüben neben Getreide und Kartoffeln an der Peripherie der Great Plains. Besonders groß sind die Ertragssteigerungen durch eine zusätzliche Bewässerung bei Weizen und Gerste, die nahe der Trockengrenze nur Minimalerträge erzielen.

Beregnet werden in humiden Gebieten heute vielfach Getreide und Hackfrüchte, z. B. Zuckerrüben in den westdeutschen Börden, doch werden auch modernere Verfahren eingesetzt, z. B. Tröpfchenbewässerung im Rahmen des Maisanbaus in Kansas. Mittels Tröpfchenbewässerung werden auch Weinberge mit Wasser versorgt, wenn geringe Mächtigkeit und geringe Wasserspeicherkapazität der Böden bei den Reben zu Wasserstress und Ertragseinbußen führen könnten (Österreich, Deutschland).

Eine zusätzliche Bewässerung kann auch dazu dienen, mehrere Ernten pro Jahr zu ermöglichen. So sind die Pfälzer Bauern unter den deutschen Gemüseproduzenten nicht nur die ersten am Markt, was sie der geschützten Lage der pfälzischen Anbaugebiete in der Oberrheinischen Tiefebene mit mittleren Jahrestemperaturen von 10 °C verdanken: Wenn bewässert wird, hat

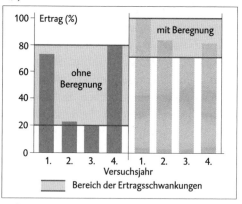

Einfluss der Bewässerung auf Ertragshöhe und Ertragsschwankungen bei Spätweißkohl

das Pfälzer Gemüse dank der milden Witterung fast ganzjährig, acht bis neun Monate, Pflanz- und Erntezeit.

In **Gewächshäusern** müssen neben Vorrichtungen zur Isolierung, Beschattung, Belüftung und CO_2-Düngung in der Regel auch Einrichtungen zur **Beregnung** vorhanden sein. In geschlossenen Gewächshäusern wird der kondensierte Wasserdampf gesammelt und das Wasser wieder zur Bewässerung eingesetzt. Das geschlossene System verhindert zudem das Entweichen von CO_2, das die Pflanzen zur Fotosynthese benötigen. Mit einer erhöhten CO_2-Konzentration werden deutlich höhere Erträge erzielt. Durch das abgeschlossene System ist es auch unwahrscheinlich, dass Krankheiten oder Schädlinge eindringen.

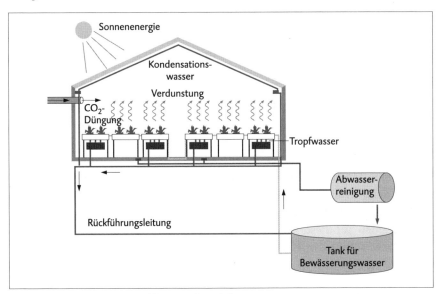

Wassermanagement in einem geschlossenen Gewächshaus

Kompetenzcheck

– Kennzeichnen Sie verschiedene Bewässerungsverfahren.
– Erläutern Sie Möglichkeiten und Vorteile der Bewässerung in ariden und nicht-ariden Gebieten.

5 Gefährdung des tropischen Regenwaldes aufgrund menschlicher Eingriffe

5.1 Merkmale des tropischen Regenwaldes

Die natürlichen Grundlagen der Tropen werden vorrangig vom Klima bestimmt. Böden, Wasserhaushalt und Vegetation bilden daher klimabedingte und somit auch tropenspezifische Formen aus.

Hauptvegetationsform der immerfeuchten Tropen ist **immergrüner tropischer Regenwald**. Dessen hervorstechendes Kennzeichen ist die ungeheure **Artenvielfalt** sowie eine außergewöhnliche Formenvielfalt der Pflanzen. In der Regel findet man auf 10 000 km² 1 500 bis 5 000 verschiedene Arten. Pro Hektar treten z. B. 50 bis 200 verschiedene Baumarten auf.

Die **Böden** der immerfeuchten Tropen sind allerdings weitgehend verarmt. Man findet vorrangig außerordentlich **mineralstoffarme, tiefgründig verwitterte Böden**, deren Mächtigkeit nicht selten über 20 m beträgt.

Trotz dieser ungünstigen Bedingungen stellt der tropische Regenwald die üppigste und produktivste aller natürlichen Waldformen der Erde dar. Denn die abgestorbene Biomasse, die hier ständig in großen Mengen entsteht, wird im feucht-heißen Klima des Regenwalds durch Kleinstlebewesen und Mikroorganismen innerhalb weniger Monate komplett zersetzt. Die in der Biomasse enthaltenen Mineralstoffe werden nicht im Boden (wie etwa in den Wäldern der mittleren Breiten) gespeichert, sondern über **Wurzelpilze**, sogenannte Mykorrhizae, sofort wieder den Pflanzen zugeführt. Fast 99 % der Mineralstoffe werden auf diese Art und Weise im sogenannten **kurzgeschlossenen Nähr- bzw. Mineralstoffkreislauf** sofort in die Biomasse rückgeführt.

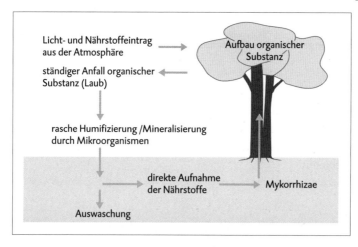

Licht- und Nährstoffeintrag aus der Atmosphäre

Aufbau organischer Substanz

ständiger Anfall organischer Substanz (Laub)

rasche Humifizierung /Mineralisierung durch Mikroorganismen

direkte Aufnahme der Nährstoffe

Mykorrhizae

Auswaschung

Modell des kurzgeschlossenen Nährstoffkreislaufs im tropischen Regenwald

Da im tropischen Regenwald der größte Teil der Mineralstoffe in der lebenden Biomasse gebunden ist und der Boden aufgrund des geringen Restmineralgehalts kaum Nährstoffe enthält, ist die Nährstoffversorgung nur durch die in der 30 cm dicken Humusschicht wachsenden Wurzelpilze gewährleistet. Deshalb haben die Bäume des Regenwalds sehr weitreichende und flache Wurzeln.

5.2 Eingriffe des Menschen

Der tropische Regenwald ist bei einem geschlossenen Mineralstoffkreislauf ideal gegen Nährstoffverluste abgesichert, lebt sozusagen aus sich selbst. Wird der Wald gerodet, verliert er hierdurch alle im oberirdischen Ökosystem gespeicherten Mineralstoffe. Bei **Brandrodung** werden dem Boden mit der Asche zwar zunächst viele freigesetzte Mineralstoffe zugeführt; da die Böden aber kaum Mineral

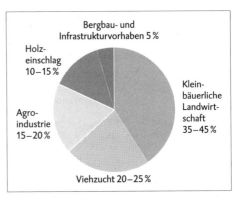

Ursachen der Regenwaldvernichtung

stoffe speichern können, lagern sich diese auf der oberflächlichen Humusschicht ab. Weil die Humussubstanz nicht mehr durch das Blätterdach geschützt wird, trifft die Sonnenstrahlung direkt auf die Erdoberfläche. Der bisher durchfeuchtete **Oberboden trocknet aus und verkrustet.** Auch die kräftigen und hohen Niederschläge gelangen nun ungehindert auf die Erdoberfläche, zerstören die Bodenstrukturen und führen zu **Bodenerosion.** Damit wird der geschlossene Mineralstoffkreislauf an seiner entscheidenden Stelle unterbrochen. Die tropischen **Starkregen** können die freigesetzten **Mineralstoffe ungehindert wegspülen.** Dadurch verarmt der Boden sehr schnell an Mineralstoffen, sodass der zerstörte Wald nur noch eingeschränkt oder gar nicht mehr zur Regeneration fähig ist. Je nach Intensität und Häufigkeit der Rodungen entstehen zuerst artenärmere Sekundärwälder, später savannenartige Graslandschaften bis hin zu verödeten und versandeten Flächen. Da auf solchen Flächen eine Wiederaufforstung nicht mehr möglich ist, geht der tropische Regenwald unwiederbringlich verloren.

Die Rodung vermindert auch das Wasserrückhaltevermögen des tropischen Regenwaldes. Der freiliegende Oberboden kann nur noch wenig Feuchtigkeit speichern und trocknet aus. Der **Grundwasserspiegel sinkt ab.** Die tropischen

Starkregen prallen direkt auf die Bodenoberfläche und das Regenwasser mit der Bodenkrume fließt oberflächlich direkt in Bäche und Flüsse ab. An den Unterläufen der Flüsse hingegen kommt es durch die hohe Sedimentfracht zur Verschlammung der Täler, zur Erhöhung des Flussbettes und infolge von Starkregen zu häufigeren und stärkeren **Überschwemmungen**.

Wenn der Wald gerodet ist, verdunstet das Wasser auf den entwaldeten und aufgeheizten Flächen sehr schnell. Als Folge **verringern sich** in den großflächigen Rodungsgebieten die **Bodenfeuchte** um 60 %, die **Verdunstung** um etwa 30 % und die **Niederschläge** um etwa 30 %. Wassermangel und Dürreperioden sind die Folge. Zudem ist in gerodeten Gebieten ein **Temperaturanstieg** um 3 °C zu registrieren.

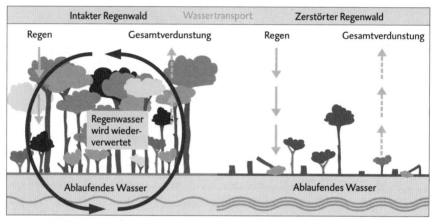

Wasserkreislauf im Regenwald vor und nach der Abholzung

Die Biomasse der tropischen Wälder stellt neben den Böden den größten **Speicher für Kohlenstoffdioxid** (CO_2) dar. Allein in der Biomasse der Regenwälder Amazoniens steckt so viel Kohlenstoff, wie die gesamte Menschheit in zehn Jahren verbrennt. Mithilfe von Sonnenlicht und Wasser entziehen die Regenwälder der Luft nahezu zwei Mrd. t CO_2 im Jahr und wandeln es in Sauerstoff um. Werden sie gerodet, reduziert sich dieser Speicher. Geschieht dies durch Brandrodung, gelangt zudem zusätzliches CO_2 in die Luft, das den **Treibhauseffekt** verstärkt.

5.3 Maßnahmen zum Schutz des Regenwaldes

Wichtige Ansätze zum Schutz tropischer Wälder gehen auf die **Agenda 21** zurück. In diesem entwicklungs- und umweltpolitischen Aktionsprogramm für das 21. Jh. wurde auf der „Konferenz für Umwelt und Entwicklung der Vereinten Nationen" (UNCED) in Rio de Janeiro (1992) ein Leitpapier zur **nachhaltigen Entwicklung** der tropischen Regenwaldgebiete beschlossen. Doch deren Umsetzungsvorschläge wie z. B. der „Tropenwaldaktionsplan" sind allesamt unverbindlich und haben deshalb bisher keine spürbaren Erfolge für den Schutz der Regenwälder gebracht. In den meisten Entwicklungsländern ist der Schutz von Primärwäldern politisch nicht relevant und daher eine ökologische Waldbewirtschaftung derzeit nicht durchführbar. Holzprodukte aus Raubbau werden weiter weltweit gehandelt und verkauft, denn es fehlt an gesetzlichen Maßnahmen und den notwendigen Kontrollen, um Geschäfte mit illegalem Holz zu sanktionieren.

Zahlreiche Organisationen und Privatpersonen haben es sich zur Aufgabe gemacht, den Regenwald zu schützen und dem Raubbau entgegenzuwirken. Auch auf staatlicher Ebene werden Vereinbarungen getroffen, z. B. der 2019 beschlossene „Leticia-Pakt für den Amazonas".

Wichtige **Maßnahmen zum Erhalt des tropischen** Regenwaldes sind:
- die Ausweisung von Schutzgebieten, in denen die wirtschaftliche Nutzung stark eingeschränkt ist,
- die Sicherung angepasster Nutzung der Regenwälder durch Ausweisung von Sammlerreservaten zur Gewinnung z. B. von Heilpflanzen, Kautschuk, Paranuss, Baumölen und -harzen,
- der Erlass von Gesetzen zur Kontrolle und Bekämpfung von Waldbränden,
- ein Forstmanagement mit nachhaltigem Holzeinschlag, d. h., dass nicht mehr Holz aus dem Wald entnommen werden darf, als auf natürliche Weise wieder nachwachsen kann. Zudem werden Konzessionen zur Waldnutzung mit der Auflage verbunden, vernichtete Wälder aufzuforsten,
- Verwendung von Holz mit „Forest Stewardship Council"-Zertifikat (FSC) als Nachweis für Holz aus einer ökologisch und sozial vertretbaren, nachhaltigen Forstwirtschaft.

Kompetenzcheck

- Kennzeichnen Sie das Naturpotenzial des tropischen Regenwaldes.
- Erläutern Sie die Gefährdung des tropischen Regenwaldes aufgrund der Eingriffe des Menschen.
- Erklären Sie, warum man den Nähr- bzw. Mineralstoffkreislauf im tropischen Regenwald als „kurzgeschlossen" bezeichnet.

6 Bodenversalzung und Bodendegradierung als Folgen einer unangepassten landwirtschaftlichen Nutzung

6.1 Ökologische und wirtschaftliche Bedeutung von Böden und ihre Gefährdung

Als **Boden** bezeichnet man die oberste Verwitterungsschicht der Erdkruste. Sie besteht aus mineralischen und organischen Bestandteilen, die in ihrer spezifischen Zusammensetzung und Struktur Bodenhorizonte ausbilden, ist von Wasser und Luft durchdrungen und Lebensraum für Bodenorganismen.

Böden haben eine zentrale Rolle im globalen Ökosystem und übernehmen wichtige **Funktionen:** U. a. halten sie Wasser und Stoffe zurück, filtern diese und geben sie wieder ab (Regelungs- und Speicherfunktion); sie sind Lebensgrundlage und Lebensraum für Pflanzen, Tiere, Mikroorganismen und Menschen (Lebensgrundlage- und Lebensraumfunktion), sind die Basis für Land-/Forstwirtschaft und Bergbau und stellen Flächen für Siedlungen und Verkehr bereit (Nutzungsfunktion).

Menschliche Einwirkungen beeinträchtigen und gefährden Böden und damit deren lebensbedeutsame Funktionen auf vielfältige Weise. 2018 betrug der Anteil der bereits geschädigten Landfläche bereits mehr als 75 %. Bis 2050 könnten über 90 % der Böden degradiert sein, insbesondere durch Erosion, Versalzung, Verdichtung, Versauerung und chemische Verschmutzung. Die Einwirkungen durch die Landwirtschaft sind flächenmäßig am gravierendsten. Fruchtbare landwirtschaftliche Böden gehen darüber hinaus durch Verstädterung, Rohstoffgewinnung und den Klimawandel verloren.

Bodendegradierung / -degradation:
Umfasst eine Verschlechterung der Strukturen und Funktionen von Böden durch natürliche und anthropogene Einflüsse. Teilweise wird der Begriff Bodendegradation synonym verwendet. Genau genommen handelt es sich bei Degradationen um erfolgte Schädigungen, während die Degradierung den Prozess der Verschlechterung bezeichnet.

Intensivie-rung	Bereich	Verbreitung (Schwerpunkte)	Umweltfolgen
Intensivie-rung des Anbaus	Steigerung der Erntehäufigkeit	weltweit	Reduktion der Bodenqualität und -erholung (Bodener-müdung)
	Monokulturen	Entwicklungs- und Schwellenländer	Reduktion der Bodengesund-heit, Pestizidrückstände
Nährstoff-eintrag	Überdüngung	weltweit	Bodenversauerung, Wasser-verschmutzung, Treibhaus-gas-Emissionen, Nitrat-Anreicherungen
Bewässe-rung	Nassreisanbau	Entwicklungsländer, Asien	Wassermangel, Methan-Emissionen (Treibhausgas)
	Trockenfeldbau	aride und semiaride Räume	Versalzung, Wassermangel
Erhöhung des Vieh-bestandes	Überweidung	Entwicklungsländer	Bodendegradierung, Verlust der Wasserspeicherkapa-zität, Kohlenstoffverluste
	Agroindustrielle Viehzucht	Industrieländer	Wasserverschmutzung, Rückstände von Arznei-mitteln, v. a. Antibiotika
Rodung, Trocken-legung	Entwaldung, Rückgang von Feuchtgebieten	Entwicklungs- und Schwellenländer	Rückgang der Biodiversität, Kohlenstoffverluste

Gefahren für die Bodenfunktionen durch die Intensivierung der Landnutzung

6.2 Bodendegradierung durch unsachgemäße Bewässerungsland-wirtschaft: Das Beispiel Versalzung

Die Gefährdung des Bodens durch die landwirtschaftliche Nutzung geht vor allem von der Umwandlung natürlicher Böden in Ackerböden, einer Nut-zungsintensivierung und einer unsachgemäßen Nutzung aus.

Geschätzte 760 000 Quadratkilometer sind weltweit von **Versalzung** be-troffen – ein Gebiet größer als die Ackerfläche Brasiliens.

- **Primäre Versalzung** – erkennbar an Salzseen, Salzsümpfen oder Salzpfan-nen – ist ein Kennzeichen arider Räume. Häufig beruht die Ansammlung von Salz im Boden auf dort vorhandenen marinen Sedimenten, deren Salz-gehalt nicht ausgewaschen wird (sogenannte „dryland salinity"), z. B. im Murray-Darling-Becken in Südostaustralien.
- **Sekundäre Versalzung** hingegen ist eine direkte Folge einer fehlerhaften Landwirtschaft und Bewässerung.

Folgen einer fehlerhaften Bewässerung

- **Versalzung:** meist unumkehrbarer Anstieg der Salzkonzentration im Boden infolge kapillaren Wasseraufstiegs, der Verwendung mehr oder minder salzhaltigen Bewässerungswassers, zu geringer Wassermenge und unzulänglicher Entwässerung
  - → Entstehung typischer **Salzböden:** Solontschak, Solonez, Solod
  - → landwirtschaftlich kaum mehr nutzbar, da den Pflanzen infolge des hohen **Bodenwasserpotenzials** die Wasseraufnahme osmotisch nicht mehr möglich ist und die Salze toxisch wirken
- **Verschlämmung:** Verstopfung der Bodenporen durch eingeschwemmte Feinsubstanzen
  - → sinkende Wasseraufnahmefähigkeit des Bodens
- **Vernässung:** Anstieg des Grundwasserspiegels als Folge des Einbringens großer Wassermengen ohne hinreichende Drainage
  - → Entstehung gleyähnlicher Böden
- **Versauerung:** Auswaschung der Kationen durch Bewässerungswasser
  - → Absenkung des pH-Werts

Nach Schätzungen liegt die durch unangepasste Bewässerungstechniken von **Bodendegradierung** betroffene (= versalzte, vernässte und versauerte) Ackerfläche bei 1–1,5 Mio. ha/Jahr. Eine **nachhaltige Bewässerung** erfordert

- beträchtliche finanzielle Mittel für Anschaffung und Betrieb (Arbeitskräfte) der Anlagen,
- ökologische Kenntnisse zur Vermeidung von Versalzung, Verschlämmung, Vernässung und/oder Versauerung der Böden,
- den gleichzeitigen Betrieb von Entwässerungssystemen (Drainage) zur Ableitung überschüssigen Wassers sowie
- eine Zusammenarbeit aller Beteiligten – nicht nur auf lokaler, sondern auch auf zwischenstaatlicher Ebene, damit Wasserkonflikte vermieden werden.

In vielen Staaten, z. B. in Spanien, wird das Bewässerungswasser subventioniert oder weitgehend kostenlos zur Verfügung gestellt. In der australischen Murray-Darling-Region konnte durch eine Erhöhung der Preise für Wasserlizenzen eine deutlich effizientere Nutzung erreicht und der Verbrauch durch Investitionen in wassersparende Technologien gesenkt werden. Umweltschützer fordern zudem, das in den Nahrungsmitteln enthaltene „virtuelle Wasser" (vgl. S. 70 f.) in die Preisgestaltung einzubeziehen.

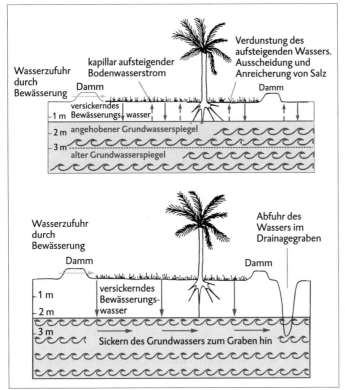

Bodenversalzung durch Bewässerung (oben), Entwässerung mit Drainagegraben (unten)

6.3 Maßnahmen gegen die Bodendegradierung in der Landwirtschaft

Verhinderung von Bodenerosion

Bodenerosion wird **durch Wind und Wasser** verursacht und geht über natürliche Abtragungsprozesse hinaus. Ackerböden sind durch die Entfernung der natürlichen Pflanzendecke und die bodenbearbeitenden Maßnahmen besonders erosionsanfällig. Auch Weideland verliert einen Teil seines natürlichen Erosionsschutzes, wenn die Weidetiere die Pflanzendecke bei Überweidung durch Fraß und Trittschäden ausdünnen oder gar zerstören.

Landwirtschaftliche **Maßnahmen zur Verringerung** der Gefährdung durch Wind- und Wassererosion sind zu einem großen Teil deckungsgleich:

- Minimierung der Zeitspannen ohne Bodenbedeckung, unter anderem durch Fruchtfolgegestaltung, Zwischenfrüchte, Untersaaten und den Auftrag von Strohmulch, Mulchsaat (Aussaat ohne vorheriges Pflügen auf die Reste der vorherigen Kultur),

- Aufbau und Erhalt eines stabilen Bodengefüges durch Förderung der biologischen Aktivität sowie durch Kalkung u. Ä.,
- Anlage von Erosionsschutzstreifen z. B. in Form von Gehölzen,
- Anlage von Terrassen für den Erosionsschutz; da Wassererosion vom Gefälle und von der Abflussmenge abhängt, ist hier die hangparallele Bodenbearbeitung wichtig,
- Vermeidung von Bodenverdichtung, damit ein möglichst hoher Anteil des Wassers versickern kann und nicht oberflächlich abfließt.

Der Schutz vor Bodenerosion vermeidet nicht nur ein Abtragen fruchtbaren Bodens und schützt diesen somit selbst. Vielmehr wird gleichzeitig ein Schutz der Fließgewässer vor erhöhten Schlammfrachten und damit auch vor Schadstoff- und übermäßigem Nährstoffeintrag erreicht.

Aus technischer Sicht gilt die Bodenerosion auf Agrarflächen heute als beherrschbar bzw. vermeidbar. Da sich Erosionsschäden häufig erst mit Verzögerung wirtschaftlich niederschlagen und Bodenschutzmaßnahmen mittelbar auszahlen, nehmen jedoch viele Landwirte den Erosionsschutz nicht ernst genug und müssen erst von der Notwendigkeit überzeugt werden.

Vermeiden von Bodenverdichtung

Bodenverdichtung entsteht vor allem durch **mechanische Belastungen** des Bodens, z. B. durch die Bearbeitung mit schweren Maschinen. Die Bodenpartikel werden zusammengedrückt und Poren kollabieren. Durch die Verfestigung des Bodens wird das Wurzelwachstum gehemmt. Die Leitfähigkeit für Wasser und Luft geht zurück und es kommt zu Vernässung und Sauerstoffmangel mit schädlichen Folgen für das Bodenleben und das Pflanzenwachstum: Lässt die biologische Aktivität im Boden nach, werden Pflanzennährstoffe schlechter festgehalten und umgesetzt. In der Folge steigt die Nährstoffauswaschung.

Gegen Bodenverdichtung wirken vor allem **vorbeugende Maßnahmen im Bereich der Technik**, die zu einer Verringerung des Auflagedrucks durch eine bessere Gewichtsverteilung bei der maschinellen Bearbeitung der Flächen führen. Über eine gute Planung der Arbeitsgänge lässt sich zudem die Zahl der Befahrungen minimieren.

Maßnahmen gegen Bodenversauerung

Die Bodenversauerung, d. h. die Verringerung des pH-Werts des Bodens, betrifft nicht nur Ackerland, sondern auch Waldböden und Graslandschaften.

In stark versauerten Böden ist die Verfügbarkeit von Nährstoffen, vor allem von Phosphat, eingeschränkt und die Konzentration toxischer Metalle in der

Bodenlösung erhöht. Auch das Leben von Mikroorganismen im Boden wird geschädigt, was die Bodenfruchtbarkeit zusätzlich senkt. Die Ursachen sind vielfältig, variieren räumlich stark und liegen nur zu einem Teil in der Art und Weise der landwirtschaftlichen Nutzung begründet.

In den Industrieländern wirkt man ihr durch den **Einsatz von Kalk** in der Regel erfolgreich entgegen, doch in den Schwellen- und Entwicklungsländern besteht diese Möglichkeit aufgrund finanzieller Einschränkungen, fehlender Verfügbarkeit oder Unkenntnis häufig nicht. Neben dem Ausbringen von Kalk stellt eine Umstellung der **Stickstoffdüngung** eine entscheidende Maßnahme gegen die zunehmende Versauerung dar.

6.4 Desertifikation

Am Beispiel der Desertifikation als besonders gravierender Form der Bodenschädigung wird die Vernetzung natürlicher Voraussetzungen und anthropogener Einflüsse deutlich.

Desertifikation

„Desertifikation bedeutet Landverödung in ariden, semiariden und trockenen subhumiden Gebieten infolge verschiedener Faktoren, einschließlich Klimaschwankungen und menschlicher Tätigkeiten."

United Nations Convention to Combat Desertification, Art. 1 a

Man versteht unter **Desertifikation** also nicht einfach den Verlust von Land an die Wüste, beispielsweise durch das Vordringen von Sanddünen. Die Ableitung des Begriffs vom lateinischen „desertus facere" hebt im Unterschied zu ähnlichen Begriffen wie „Wüstenbildung" oder „Wüstenausbreitung" die anthropogenen Ursachen hervor. Bodendegradierung durch Faktoren wie die Vernichtung der Vegetationsdecke, Verdichtung der Bodenstruktur, Versalzung oder Erosion führt nicht zwangsläufig zu Desertifikation. Dies ist nur dann der Fall, wenn die Regenerationsfähigkeit des Bodens und somit die natürliche und ökonomische Produktivität des Ökosystems dauerhaft gestört wird. In Trockengebieten ist die Gefahr der Degradierung aufgrund geringer, oftmals unregelmäßiger Niederschläge und einer in der Regel nur dünnen fruchtbaren Bodenschicht besonders hoch. Je nach Intensität und Dauer können unterschiedliche **Desertifikationsgrade** – von leicht bis irreversibel – auftreten.

Desertifikationsschema

Verbreitung der Desertifikation

Desertifikation ist ein Problem, das **nahezu alle Kontinente** betrifft. Etwa 70 % aller **Trockengebiete** gelten als desertifikationsgefährdet. Betroffen sind derzeit 36 Mio. km², das entspricht einer Fläche, die dreieinhalb Mal so groß wie Europa ist. Jedes Jahr entstehen weitere 70 000 km² Wüstenfläche. Unter den insgesamt 169 Ländern, die mit Desertifikation zu kämpfen haben, sind die 50 am wenigsten entwickelten Länder (LDCs) besonders stark betroffen. In diesen Ländern nehmen Trockengebiete rund zwei Drittel der Landesfläche ein. Aber auch in vielen Schwellenländern ist Desertifikation ein gravierendes Problem, z. B. in China, Argentinien, Brasilien, Mexiko und in den zentralasiatischen Transformationsländern. Im Süden der USA und in einigen Mittelmeeranrainerstaaten gibt es ebenfalls große Desertifikationsprobleme.

Maßnahmen gegen die Desertifikation

Bekämpfung von Desertifikation erfordert gleichzeitig Armutsbekämpfung und eine strukturelle ländliche Entwicklung. Die unten aufgelisteten Maßnahmen sind daher immer integrativ einzusetzen, wenn sie nachhaltig wirksam sein sollen. Zudem haben Projekte gegen die Desertifikation nur dann Aussicht auf dauerhaften Erfolg, wenn sie von der lokalen Bevölkerung mitgetragen werden (Bottom-up-Ansatz).

Maßnahmen gegen die Desertifikation

- Erosionsschutz der Böden, z. B. durch Trockensteinmauern oder Pflanzhügel
- Wiederaufforstungsprogramme
- Anpassung des Viehbestandes an das naturräumliche Potenzial
- Einführung landwirtschaftlicher Nutzpflanzen mit hoher Trockenheitstoleranz
- Einführung angepasster Bewässerungstechnologien
- Einführung brennholzsparender Methoden für das Kochen
- Unterstützung der Bevölkerung bei der gemeinsamen Landnutzungsplanung sowie bei der Vermarktung ihrer Waren und Produkte
- Rechtliche Absicherung des Landbesitzes bzw. längere Pachtverhältnisse
- Erweiterung der politischen Mitgestaltungsmöglichkeiten

Freiwillige bei Erosionsschutzmaßnahmen in der Provinz Gansu, Nordwest-China

Kompetenzcheck

- Erläutern Sie mögliche Folgen einer unsachgemäßen Bewässerung für Böden.
- Nennen Sie Maßnahmen des Erosionsschutzes in der Landwirtschaft.
- Erläutern Sie Beispiele für agrartechnische und wirtschaftliche Maßnahmen mit dem Ziel nachhaltiger Desertifikationsbekämpfung.

7 Zunahme von Nutzungskonkurrenzen vor dem Hintergrund des steigenden Bedarfs an Agrargütern

7.1 Der Tragfähigkeitsbegriff

Wie lange sich das wirtschaftliche Wachstum und die damit verbundene Zunahme im Ressourcenverbrauch fortsetzen lässt, hängt neben der Verfügbarkeit nicht-regenerativer Rohstoffe auch ganz wesentlich von der **Biokapazität** des globalen Ökosystems ab. Hierunter versteht man die Kapazität der Erde zur Bereitstellung biotischer Ressourcen und zur Absorption der Abfallstoffe und Emissionen, die mit der Ressourcennutzung einhergehen. Die Biokapazität spielt eine wichtige Rolle bei der Ermittlung und Bewertung des ökologischen Fußabdrucks (vgl. S. 71 ff.).

Die Frage nach der Biokapazität ist eng verknüpft mit dem wesentlich älteren Konzept der **Tragfähigkeit**. Es wird auf einen Aufsatz des Briten Thomas R. Malthus von 1798 zurückgeführt (vgl. S. 238).

Tragfähigkeit

In der **ursprünglichen Auffassung** des Begriffes bemisst sich die Tragfähigkeit eines Raumes an der maximalen Anzahl von Menschen, die unter den dort herrschenden physisch-geographischen Voraussetzungen ernährt werden können.

Je nach Betrachtungsweise unterscheidet man heute u. a. folgende Formen:
- Die **agrare Tragfähigkeit** ist dann nicht überschritten, wenn eine Agrargesellschaft mit einem bestimmten Kultur- oder Zivilisationsstand dauerhaft existieren kann, ohne die natürlichen Lebensgrundlagen zu zerstören.
- Die **potenzielle Tragfähigkeit** ergibt sich, wenn die bestmögliche Agrartechnik eingesetzt wird.
- Bei der **sozialen Tragfähigkeit** berücksichtigt man die Verteilungsmechanismen einer Gesellschaft und das Maß der Teilhabe des Einzelnen am gesellschaftlichen Reichtum.
- Die **ökologische Tragfähigkeit** bezieht sich auf den Gesamtbestand der für das Leben der Menschen benötigten natürlichen Ressourcen.

7.2 Strukturen und Trends in der globalen Landwirtschaft

Steigerung der landwirtschaftlichen Produktion

In der Vergangenheit wurden beträchtliche Steigerungen in der landwirtschaftlichen Produktion erzielt (vgl. Tabelle S. 49). In der Zukunft ergeben sich hinsichtlich weiterer Steigerungen jedoch Schwierigkeiten, bedingt durch folgende Faktoren:

- Schrumpfung der landwirtschaftlichen Nutzfläche durch Klimaveränderungen und Desertifikationserscheinungen (vgl. S. 45 ff.),
- geringe und ökologisch bedenkliche Ausdehnungsmöglichkeiten der landwirtschaftlichen Nutzfläche wie durch Rodungen im tropischen Regenwald (vgl. S. 37 f.),
- zunehmende Wasserknappheit,
- Flächenkonkurrenz der Lebensmittelproduktion mit der Bioenergieerzeugung (vgl. S. 51 ff.),
- Veränderung der Konsummuster, u. a. gekennzeichnet durch stärkere Nachfrage nach Fleisch mit entsprechend höherem Flächenbedarf für Futtermittel.

	1961/63 bis 2005/07	2005/07 bis 2050 (Berechnung)
Welt		
Gesamte landwirtschaftliche Produktion	148 %	70 %
Gesamte pflanzliche Produktion	157 %	66 %
Tierische Produktion	136 %	76 %
Entwicklungsländer		
Gesamte landwirtschaftliche Produktion	255 %	97 %
Gesamte pflanzliche Produktion	242 %	82 %
Tierische Produktion	284 %	117 %
Industrieländer		
Gesamte landwirtschaftliche Produktion	63 %	23 %
Gesamte pflanzliche Produktion	64 %	30 %
Tierische Produktion	62 %	17 %

Zunahme der landwirtschaftlichen Produktion in Vergangenheit und Zukunft (Berechnung auf Basis des Produktionswerts bei konstanten Weltmarktpreisen der Jahre 1989–91 in US-$)

Strukturelle Unterschiede

Etwa 3,37 Mrd. Menschen oder 45 % der Weltbevölkerung leben in ländlichen Gebieten. Nach FAO-Schätzungen sind weltweit knapp 2,5 Mrd. Menschen vorwiegend in der Landwirtschaft tätig. In den Industriestaaten ist ihr Anteil an den Erwerbstätigen mittlerweile verschwindend gering (Deutschland ca. 1,3 %). Obwohl ihr Anteil auch in den Entwicklungsländern rückläufig ist, beträgt er dort noch bis zu 60 %, in Einzelfällen auch bis zu 85 %.

Die Landwirtschaft in den Industrieländern befindet sich in einem seit Jahrzehnten anhaltenden **Konzentrationsprozess**. Die Durchschnittsgröße der Betriebe in Europa und Nordamerika ist beträchtlich gestiegen, ihre Zahl ist

hingegen weiter rückläufig. In Asien, Lateinamerika und in einigen dicht besiedelten Regionen Afrikas ist die durchschnittliche Größe der Betriebe in den
letzten drei Jahrzehnten gesunken. Weltweit gibt es etwa 475 Mio. Kleinbetriebe unter 2 ha; viele dieser Betriebe, insbesondere in Asien und Afrika,
haben jedoch noch erheblich kleinere Flächen (vgl. folgende Tabelle).

Region	Durchschnittliche Betriebsgröße (ha)	Betriebe < 2 ha (in %)	
Mittelamerika	10,7	63	
Ostasien	1,0	79	
Europa	32,3	30	
Südamerika	111,7	36	
Südasien	1,4	78	
Südostasien	1,8	57	Durchschnittsgrößen
Afrika südl. d. Sahara	2,4	69	landwirtschaftlicher
USA	178,4	4	Betriebe und Anteil der
Westasien und Nordafrika	4,9	65	Betriebe unter 2 ha weltweit, Stand 2010

International ist damit eine **strukturelle Disparität** zwischen technisierten,
marktorientierten Unternehmen in den Industrieländern und diversifizierten
und partiell für den Eigenbedarf produzierenden kleinbäuerlichen Betrieben in
den Entwicklungsländern erkennbar, in denen mit einfachen, häufig traditionellen Mitteln gewirtschaftet wird. Diese Disparität ist jedoch auch für die
Struktur der Landwirtschaft innerhalb vieler Entwicklungs- und Schwellenländer charakteristisch. Dort hat sich, oft ausgehend von der Plantagenwirtschaft
(vgl. S. 7 f.), neben der überkommenen kleinbäuerlichen eine sehr produktive
agroindustrielle Struktur entwickelt.

7.3 Veränderungen in der Nachfrage nach landwirtschaftlichen Produkten und daraus resultierende Nutzungskonkurrenzen

Die weltweite Nachfrage nach landwirtschaftlichen Produkten steigt aufgrund
des Bevölkerungswachstums, des Wohlstandswachstums, der damit ver-
knüpften Veränderungen in den Konsum- und Ernährungsgewohnheiten sowie durch den Umstieg auf nachwachsende Rohstoffe (vgl. folgende Kapitel).
Durch die Inanspruchnahme von Flächen für Siedlungszwecke, den Klimawandel und das Fortschreiten der Bodendegradierung wächst der Druck auf
den Boden als Produktionsmittel zusätzlich. Die zur Verfügung stehende Flä-

che ist nur begrenzt erweiterbar, sodass ein Großteil des zu erwartenden Mehrbedarfs über eine **Steigerung der Nutzungseffizienz** zu erzielen sein wird. Unter diesen Voraussetzungen ergeben sich **Nutzungskonkurrenzen** um die landwirtschaftlichen Produktionsmittel Boden und Wasser sowie gesellschaftliche und technologische Auseinandersetzungen um ein möglichst effizientes und nachhaltiges System der Bodennutzung.

Damit eine angemessene Ernährungsgrundlage bei wachsenden Ansprüchen und unter den sich abzeichnenden Risiken durch den Klimawandel gesichert ist, müsste die weltweite Nahrungsmittelproduktion nach Berechnungen der FAO bis 2050 um ca. 60 % zunehmen. Wie diese Steigerung zu erreichen ist, wird kontrovers diskutiert. Aus einer Fülle unterschiedlicher Ansätze lassen sich zwei Grundpositionen herauskristallisieren: die (bio)technologisch ausgerichtete Weiterentwicklung der **konventionellen Landwirtschaft** durch verschiedene Modernisierungs- und Intensivierungsmaßnahmen einerseits (vgl. folgende Kapitel) sowie eine grundlegende ökologische und soziale Neuorientierung der Landwirtschaft unter Ausrichtung an den Prinzipien der **Nachhaltigkeit** andererseits (vgl. S. 58 ff.).

„Konkurrenz zwischen Teller und Tank"

Im Zuge der verstärkten Suche nach Alternativen zu fossilen Energiequellen konkurriert die Erzeugung sogenannter **Energiepflanzen** mit der Nahrungsmittelerzeugung um die Agrarflächen. Bildlich gesprochen handelt es sich um eine „Konkurrenz zwischen Teller und Tank". Hierbei spielen Pflanzen, die die Produktion von **Agrartreibstoffen** ermöglichen, die quantitativ wichtigste Rolle.

	Basis	Verwendung
Bioethanol	Zuckerrohr, Mais, Weizen oder andere Agrarprodukte	Beimischung in unterschiedlichen Anteilen zu Treibstoffen für Kraftfahrzeuge auf fossiler Basis; Bioethanol macht über 80 % der weltweiten Produktion von biogenen Kraftstoffen aus
Biodiesel	pflanzliche Öle, v. a. Rapsöl, Palmöl, Sojaöl	wie konventioneller erdölbasierter Dieselkraftstoff (Petrodiesel); in jedem Verhältnis mit diesem mischbar; erfolgreiche Versuche zur Mischung mit konventionellem Kerosin und Heizöl
Pflanzenöl-Kraftstoff	besteht aus reinem Pflanzenöl, z. B. Rapsöl	wie Petrodiesel, jedoch spezielle Anpassung der Motoren nötig, insgesamt unbedeutend

Die wichtigsten Agrartreibstoffe

Der Anbau von Pflanzen für die Energiegewinnung hat in den letzten Jahren sehr stark zugenommen und wird nach Schätzungen der OECD auch weiter stark wachsen. Von 2006 bis 2017 stieg die Produktion von Biodiesel von 7,1 Mrd. Liter auf geschätzte 39,4 Mrd. Liter, die Produktion von Bioethanol erhöhte sich im selben Zeitraum von 53,8 auf 123,6 Mrd. Liter. Inzwischen werden nach FAO-Schätzungen 5 % der weltweiten Agrarfläche für den Anbau von Energiepflanzen wie Getreide, Ölpflanzen und Zuckerrohr oder Zuckerrüben genutzt.

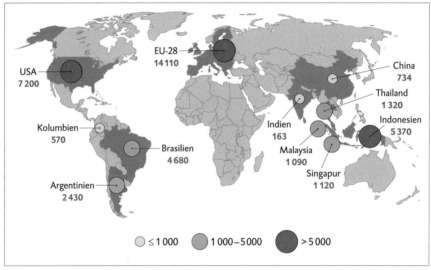

Biodieselerzeugung in den bedeutendsten Produktionsländern (in 1 000 t), Stand 2018

Positive Aspekte der Nutzung von Agrartreibstoffen:
- Gelten als klimafreundlich oder zumindest klimaneutral, da bei ihrer Verbrennung nicht mehr CO_2 freigesetzt wird, als zuvor durch die Fotosynthese der pflanzlichen Basis aus der Atmosphäre entnommen wurde
- Wegen des Nachwachsens der pflanzlichen Basis dieser Treibstoffe ein erneuerbarer Energieträger
- Können großflächig in vielen Ländern und unter unterschiedlichen klimatischen Bedingungen erzeugt werden; dadurch Verminderung der Abhängigkeit dieser Länder von Erdöl/Erdgas erzeugenden Staaten
- Senkung der Importkosten für Erdöl
- Schaffen neue Exportmöglichkeiten und Einnahmequellen (wichtig v. a. für Entwicklungsländer)

- Möglichkeit, die anfallenden pflanzlichen Nebenprodukte (Rückstände der Destillation, Schrot) als Futtermittel zu verwenden
- In vielen Staaten Förderung durch Steueranreize und Beimischungsquoten

Inzwischen werden jedoch auch die Nachteile einer solchen Politik immer deutlicher und es gibt Bestrebungen, die Nutzung der Agrartreibstoffe zu begrenzen bzw. ihre Förderung einzustellen. Viele Umweltverbände und Entwicklungshilfeorganisationen kritisieren sie sehr nachdrücklich; die UN-Landwirtschaftsorganisation und die Weltbank empfehlen sogar, alle staatlichen Anreize für Agrartreibstoffe zu beenden.

Negative Aspekte der Nutzung von Agrartreibstoffen:
- Stehen in Flächenkonkurrenz zu der Erzeugung von Nahrungsmitteln
- Erzeugnisse wie Mais, Weizen oder Soja werden dem Weltmarkt für Nahrungsmittel entzogen, was dort zu Preissteigerungen und in der Folge zu Unterernährung und Hunger in Entwicklungsländern führt
- Preissteigerungen erhöhen die Gefahr von Landgrabbing durch ausländische Investoren (vgl. S. 56 f.)
- Anbau vielfach auf gerodeten Waldflächen, trockengelegten Feuchtgebieten oder anderen naturnahen Gebieten mit gravierenden ökologischen Folgen (vgl. Palmölplantagen in Indonesien)
- Anbau in der Regel in großflächigen Monokulturen, schadet Umwelt und Anwohnern, schafft relativ wenig Arbeitsplätze für die lokale Bevölkerung
- Fraglicher Nutzen für das Weltklima: Verschlechterung der CO_2-Bilanz durch energieintensiven Anbau (Stickstoffdüngung, Schädlingsbekämpfung, Transport, Raffination) sowie durch Freisetzung von CO_2 aufgrund von Rodungen und des Umbrechens von Grünland

Konkurrenz zwischen „Teller und Trog"

Der Bedarf an Agrarprodukten steigt nicht nur durch die wachsende Weltbevölkerung und die Substitution von fossilen durch biogene Energieträger, sondern auch durch die **Veränderung von Ernährungsgewohnheiten**. Die **Steigerung des Fleischkonsums**, die in den Industrieländern Ausdruck des Wohlstandswachstums war und inzwischen ihr Maximum erreicht hat, ist in ähnlicher Weise in den Schwellenländern zu beobachten. So hat sich z. B. der Fleischverbrauch in China seit Beginn der 1990er-Jahre mehr als verdoppelt.

Mehr als zwei Drittel der weltweiten Agrarfläche sind Weideland. Können die Tiere Gras und Pflanzen fressen, die sich zur direkten menschlichen Ernährung nicht eignen, stellen sie keine Nahrungsmittelkonkurrenz dar, sondern erhöhen das Lebensmittelangebot. In (klein-)bäuerlichen Mischbetrieben liefern sie Dünger, arbeiten in vielen Teilen der Erde häufig noch als Zug- und Transporttiere, verwerten Abfall und steigern insgesamt die Ertrags- und Ernährungssicherheit der Besitzer.

Die Zunahme des Fleischkonsums ist jedoch besonders flächenintensiv, denn die Erzeugung von Fleisch und anderen tierischen Produkten wie Milch und Eier erfordert einen erheblichen Energieaufwand in Form von pflanzlichen Futtermitteln. Die Umwandlungsrate von pflanzlichen in tierische Kalorien schwankt zwischen 2 : 1 bei Geflügelfleisch, 3 : 1 bei Schweinefleisch, Zuchtfischen, Milch und Eiern und 7 : 1 bei Rindfleisch. Nutzt man also die zur Verfügung stehenden Agrarflächen für die Erzeugung tierischer Nahrungsmittel, wächst der Flächenaufwand um ein Mehrfaches gegenüber der Erzeugung pflanzlicher Nahrungsmittel.

	Acker	Grünland	Gesamt
Tierische Lebensmittel: Flächenbedarf für die Erzeugung von 1 000 kcal			
Rindfleisch	5,3 m^2	25,0 m^2	31,2 m^2
Hähnchenfleisch	9,0 m^2	0,0 m^2	9,0 m^2
Schweinefleisch	7,3 m^2	0,0 m^2	7,3 m^2
Eier	6,0 m^2	0,0 m^2	6,0 m^2
Pflanzliche Lebensmittel: Flächenbedarf für die Erzeugung von 1 000 kcal			
Ölsaaten	3,2 m^2	0,0 m^2	3,2 m^2
Obst	0,0 m^2	2,3 m^2	2,3 m^2
Hülsenfrüchte	2,2 m^2	0,0 m^2	2,2 m^2
Gemüse	1,7 m^2	0,0 m^2	1,7 m^2
Getreide	1,1 m^2	0,0 m^2	1,1 m^2
Zucker	0,6 m^2	0,0 m^2	0,6 m^2

Flächenbedarf für die Lebensmittelerzeugung in Industrienationen

Moderne Mastbetriebe, in denen die Tiere in kürzester Zeit zur Schlachtreife geführt werden sollen, müssen Kraftfutter zufüttern. Auf diese Weise beeinflusst die Fleischproduktion der Industrieländer ähnlich wie auch die Nachfrage nach Agrartreibstoffen die Exportmöglichkeiten der Schwellen- und Entwicklungsländer und damit die Nutzung der Agrarflächen.

Eines der prägnantesten Beispiele hierfür stellt der Sojaanbau dar: In Deutschland können zwar rund 90 % des Futtermittelbedarfs aus eigener Erzeugung gedeckt werden. Für die Eiweißversorgung von Masttieren und

Milchvieh ist man jedoch auf Zukauf aus dem Ausland angewiesen. Soja spielt hierfür aufgrund der besonders günstigen Nährstoffzusammensetzung mit 75 % eine dominante Rolle. Nur 6 % der Sojaernte werden direkt für die menschliche Ernährung eingesetzt; der Großteil fließt in die Futtermittelindustrie, kleinere Anteile gelangen als Sojaöl in die Kosmetikindustrie und in die Kraftstoffproduktion.

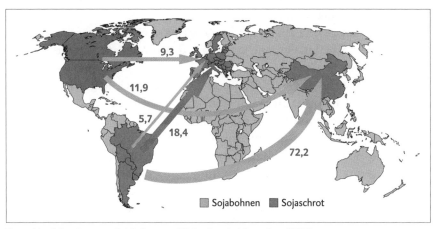

Haupt-Handelsströme von Sojabohnen und Sojaschrot in Mio. t, Stand 2018

Der Sojaanbau wird vor allem aus **ökologischen Gründen** sehr kritisch gesehen. Die Ausweitung der Anbauflächen führt zum Verlust natürlicher oder naturnaher Wälder, Graslandschaften und Feuchtgebiete mit negativen Folgen für die Biodiversität der betroffenen Regionen. Der moderne Sojaanbau erfolgt in ausgedehnten Monokulturen unter hohem Einsatz von mineralischen Düngern und chemischen Pestiziden sowie gentechnisch verändertem Saatgut. Darüber hinaus führt die Ausdehnung der Sojaanbauflächen in großem Maßstab zur Verdrängung kleinbäuerlicher Mischbetriebe, deren Flächenproduktivität mit der hoch technisierten Anbauweise wirtschaftlich nicht konkurrieren kann.

Brasilien: Der Sojaanbau verdrängt den tropischen Regenwald

7.4 Landgrabbing

In den letzten Jahren ist bei Investoren aus Industrie- und Schwellenländern ein **steigendes Interesse an Landbesitz und finanziellen Beteiligungen an der Landwirtschaft in Drittländern** – häufig Entwicklungsländern – zu beobachten. Hierbei handelt es sich sowohl um Ackerflächen als auch um Flächen, die z. B. von naturbelassenen Flächen oder Weideflächen in Ackerflächen umgewandelt werden.

Gingen derartige Investitionen in der Vergangenheit vor allem von **Konzernen** aus, die Cashcrops für den Export auf dem Weltmarkt anbauen ließen, sind die Akteure inzwischen vielfältiger und umfassen neben **privaten Investoren** auf der Suche nach lukrativen Kapitalanlagen auch **Regierungen bzw. staatliche und halbstaatliche Firmen**, die im Sinne der Ernährungssicherung und Ressourcenversorgung des eigenen Landes handeln. Zu den Käufern dieser Gruppe gehören relativ finanzkräftige Staaten, die aufgrund ihrer naturräumlichen Ausstattung keine Eigenversorgung der zum Teil rasch wachsenden Bevölkerung leisten können, wie China, Indien oder die Golfstaaten.

Angebaut werden neben **Energiepflanzen** vermehrt **Grundnahrungsmittel** wie Weizen, Reis und Mais und Pflanzen für die Tierfutterherstellung. Trotz der unsicheren Datenbasis zu dieser Entwicklung ist erkennbar, dass sich diese Investitionstätigkeiten vor allem in Ländern Asiens und Afrikas vollziehen, aber auch in Brasilien, Kolumbien und zunehmend auch in der Russischen Föderation, der Ukraine sowie in EU-Staaten wie Rumänien.

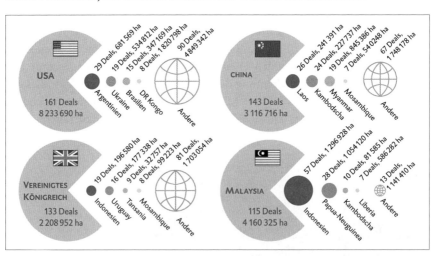

Landgrabbing: Die vier Hauptinvestoren sowie Anzahl und Größe der Investitionen in den Zielländern, 2000–2018

Kritiker bemängeln, dass positive Wirkungen meist nicht gegeben sind. Besonders problematisch stellt sich die Art und Weise der Landübernahme dar: Da der Landbesitz in vielen Staaten nicht dokumentiert und nur unzureichend gesetzlich geregelt ist, kommt es vielfach zur **Verdrängung von Kleinbauern und Viehzüchtern**, die ihre Nutzungs- oder Besitzrechte (Besitztitel) aufgrund fehlender Papiere, unzureichender juristischer Kenntnisse und institutioneller Möglichkeiten nicht geltend machen können. Für diese Form der illegitimen bis illegalen Form der Landnahme hat sich der englische Begriff des „**Landgrabbings**" auch im deutschen Sprachraum durchgesetzt. Es liegt auf der Hand, dass Landgrabbing mit gravierenden Folgen für die betroffenen Menschen verbunden ist, die ihrer Lebensgrundlage beraubt werden, und für die Staaten, in denen sie leben:

* Nach und neben Konflikten kommt es zu teils gewaltsamer Vertreibung und Landflucht mit negativen Folgen für Quell- und Zielgebiete.
* Die betroffenen Staaten verlieren oft unverzichtbare Flächen für die Ernährungssicherung der eigenen Bevölkerung.
* In Staaten mit einem schwach ausgeprägten Rechtssystem fördert die Beteiligung der einheimischen Eliten an den Geschäften mit Land Vetternwirtschaft, Korruption und die Vertiefung der sozialen Kluft.
* Die Nutzung der Flächen für die intensive Landwirtschaft in Monokulturen geht mit der Verringerung der Biodiversität und Umweltbelastungen durch den Mineraldünger- und Pestizideinsatz einher. Teilweise kommen auch gentechnisch veränderte Nutzpflanzen zum Anbau.
* Der stark mechanisierte Anbau schafft nur wenige Arbeitsplätze. Ein Ausgleich für die verloren gegangenen traditionellen Möglichkeiten des Lebensunterhalts wird nicht geschaffen.
* Die Abdrängung der kleinbäuerlichen Bevölkerung in die Lohnarbeit ist aufgrund des geringen Lohnniveaus, fehlender Arbeitsverträge und schlechter Arbeitsbedingungen in vielen Ländern sehr problematisch.
* Landkäufe erschweren häufig den Zugang zu Wasserquellen oder Waldzonen für das Sammeln von Nahrung und Naturheilmitteln.

Kompetenzcheck

– Erklären Sie, weshalb man v. a. in Entwicklungsländern von einer „Konkurrenz zwischen Teller und Tank" sprechen kann.
– Nennen Sie die wichtigsten Ursachen und Folgen von Landgrabbing.

8 Ökologische Landwirtschaft und Nachhaltigkeit

8.1 Merkmale der ökologischen Landwirtschaft

Ökologische Landwirtschaft (auch ökologischer Landbau) ist eines von mehreren Konzepten der **nachhaltigen Landwirtschaft**. Dieses Konzept zeigt einen möglichen Weg auf, wie bäuerliche Landwirtschaft in der Balance zwischen den Erfordernissen des Marktes und dem Anspruch des Natur- und Umweltschutzes auch (oder gerade?) erfolgreich wirtschaften und in Konkurrenz zur vorherrschenden agroindustriellen Landwirtschaft bestehen kann.

Weltweit wurden im Jahr 2018 von 2,8 Mio. Betrieben nur knapp 72 Mio. ha landwirtschaftlicher Nutzfläche ökologisch bewirtschaftet, das ist ein Anteil von knapp 2 %. Hinzu kommen weitere Flächen (35,1 Mio. ha) aus den Bereichen Forstwirtschaft und Aquakultur sowie Flächen, die für die Wildsammlung genutzt werden. Gegenüber der konventionellen Landwirtschaft sind diese Zahlen noch gering, doch wird die Bedeutung dieser rasch zunehmenden Wirtschaftsweise für die Ernährungssicherung unter Erhalt der natürlichen Ressourcen immer deutlicher.

In einer ganzheitlichen Sichtweise wird der **Betrieb als Organismus oder Ökosystem** verstanden. Die Eingriffe des wirtschaftenden Menschen in dieses System sollen so schonend wie möglich sein. Angestrebt ist ein **geschlossener Betriebskreislauf**, in den möglichst wenig fremde Stoffe von außen zugeführt werden.

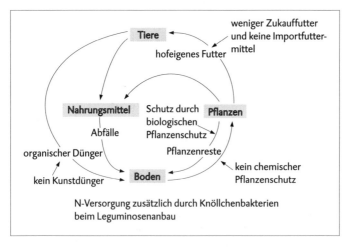

Kreislaufwirtschaft im ökologischen Landbau

Aus diesem Prinzip leiten sich eine Reihe charakteristischer Merkmale der ökologischen Landwirtschaft ab:

- Verzicht auf den Einsatz von Kunstdüngern, stattdessen Einsatz organischer Düngemittel, v. a. aus der Viehhaltung;
- eigene Futtererzeugung, Ausrichtung des Tierbestands nach Art und Zahl der zur Verfügung stehenden landwirtschaftlichen Nutzfläche;
- Verzicht auf den Einsatz chemischer Pflanzenschutzmittel, stattdessen Pflanzenschutz über anbautechnische und biologische Maßnahmen wie die **Untersaat** zur Verdrängung von Ackerunkräutern, mechanische Unkrautbekämpfung, gezielte Förderung von Nützlingen;
- Erhalt und Verbesserung der Bodenfruchtbarkeit durch Nutzung **stickstoffbindender Hülsenfrüchtler (Leguminosen)**, ausgewogene **Fruchtfolge** und Abdecken des Bodens mit **Mulch**, schonende Bodenbearbeitung;
- Rückbesinnung auf regional angepasste Haustierrassen und Pflanzensorten;
- Förderung der Tiergesundheit durch artgerechte Haltung und Naturheilmittel;
- strikte Ablehnung von Gentechnik in der Tier- und Pflanzenzucht.

Abgrenzung zu ähnlichen Anbauformen

- **Biologische/ökologische Landwirtschaft:** Mit den Begriffen „biologisch" bzw. „bio" und „ökologisch" bzw. „öko" dürfen nur jene Produkte gekennzeichnet werden, die die Vorschriften der EU-Verordnung ökologischer Landbau und ihre Durchführungsbestimmungen erfüllen. Die Begriffe „biologisch" und „ökologisch" werden synonym verwendet.

- **Integrierte Landwirtschaft:** Konventionelle Landwirtschaft, in der bestimmte Methoden des ökologischen Landbaus, wie die Anpassung der Bewirtschaftungsmaßnahmen an den natürlichen Standort, der Bodenschutz und die Vermeidung von Umweltbelastungen, aufgegriffen werden, wobei jedoch auf die ertragssteigernden Wirkungen der modernen Agrotechnik, insbesondere des chemischen Pflanzenschutzes oder des Kunstdüngereinsatzes, nicht generell verzichtet wird.

- **Nachhaltige Landwirtschaft:** Landwirtschaft, die den drei Nachhaltigkeitsdimensionen „Ökologie", „Ökonomie" und „Soziales" (vgl. S. 264) gerecht wird. Vielfältig verwendeter Begriff mit unterschiedlichen Inhaltsschwerpunkten.

- **Ecofarming:** Sammelbegriff für agrarökologische Systeme der Landnutzung in den Tropen, die als Antwort auf die Übernutzung und Degradierung der naturräumlichen Grundlagen entwickelt wurden (vgl. S. 4); Ecofarming weist viele Merkmale der ökologischen Landwirtschaft auf.

8.2 Entwicklung und Verbreitung des ökologischen Landbaus

Ökologischer Landbau in Deutschland

Die Ursprünge des ökologischen Landbaus in Deutschland liegen in den 1920er-Jahren, doch erst in den 1970er-Jahren gewann er tatsächlich an Bedeutung. Mit Beginn der 1990er-Jahre hat die Entwicklung des ökologischen Landbaus deutlich an Dynamik gewonnen. Sie ist eng verknüpft mit der Zunahme des Umwelt- und Gesundheitsbewusstseins der Bevölkerung, aus der eine gestiegene Nachfrage resultiert, welche sich wiederum förderlich auf die nachgelagerten Bereiche der Verarbeitung und Vermarktung auswirkt.

2019 gab es in Deutschland 34 110 Betriebe, die nach den EU-weiten Regelungen des ökologischen Landbaus wirtschafteten, das entspricht 12,9 % aller Betriebe. Zusammen bewirtschaften die Betriebe des deutschen ökologischen Landbaus mit 1 613 834 ha rund 9,7 % der gesamten landwirtschaftlichen Nutzfläche. Über die Hälfte (54 %) der von Betrieben des ökologischen Landbaus bewirtschafteten Flächen wird als Grünland genutzt, 43 % sind Ackerland und der Rest entfällt auf Dauerkulturen und Streuobstflächen.

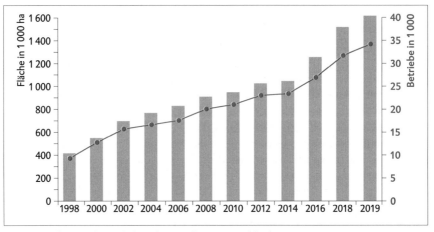

Entwicklung der Betriebe im ökologischen Landbau in Deutschland

Die weltweite Verbreitung des ökologischen Landbaus

Ökologischer Landbau wird in fast allen Staaten der Erde betrieben, wenn auch in unterschiedlicher Form und Intensität. Den größten Anteil an der weltweiten ökologischen Nutzung haben Wiesen und Weiden mit 48,2 von insgesamt 71,5 Mio. ha (2018). Entsprechend sind die Regionen, in denen die extensive Weidewirtschaft eine große Rolle spielt, auch die Länder und Regionen, die eine hohe ökologisch bewirtschaftete Gesamtfläche aufweisen, z. B. Australien

(35,6 Mio. ha) und Lateinamerika (8 Mio. ha). Insgesamt werden damit aber lediglich **1,5 % der Weltagrarfläche** ökologisch bewirtschaftet. Die höchste Anzahl ökologisch wirtschaftender Betriebe gab es 2017 in Indien (835 200), in weitem Abstand gefolgt von Uganda (210 325) und Mexiko (210 000).

In **Europa** gab es im Jahr 2018 fast 420 000 ökologisch wirtschaftende Betriebe, die zusammen eine Fläche von 15,6 Mio. ha bestellten; das entspricht 3,1 % der landwirtschaftlichen Nutzfläche Europas und 22,8 % der globalen Ökolandwirtschaftsfläche. Die Länder mit der größten Gesamtfläche sind Spanien, Italien und Frankreich, die höchsten Flächenanteile (relativ) weisen Liechtenstein, Österreich und die Schweiz auf. Deutschland liegt im Mittelfeld. Hier nahm die ökologisch bewirtschaftete Fläche zwischen 2015–2020 um fast 50 % zu.

Der europäische Umsatz von Produkten aus ökologischer Landwirtschaft belief sich im Jahr 2018 auf ca. 40,7 Mrd. €. Die höchsten Pro-Kopf-Umsätze wurden in der Schweiz bzw. in Dänemark (312 €), Schweden (226 €) und Luxemburg (222 €) erzielt; der europäische Durchschnittswert lag bei ca. 50 €. Mit einem Pro-Kopf-Umsatz von 132 € wurde jedoch im bevölkerungsreichen Deutschland 2019 mit weitem Abstand der höchste europäische Gesamtumsatz erreicht (11,97 Mrd. €). Deutschland ist somit der bedeutendste Markt für ökologisch erzeugte Produkte in Europa.

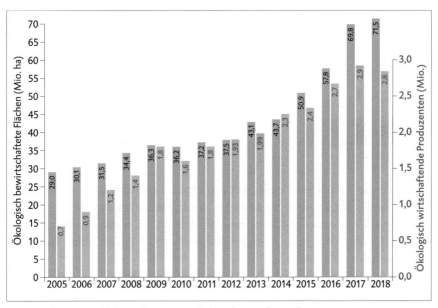

Flächengröße und Anzahl der Produzenten im ökologischen Landbau weltweit

8.3 Möglichkeiten und Grenzen des ökologischen Landbaus

Die Diskussion um die Absicherung des Ernährungspotenzials auf der Basis ökologischen Landbaus ist stark von einem grundlegenden Richtungsstreit zwischen Anhängern der konventionellen und Anhängern der ökologischen Landwirtschaft geprägt, in dem jeweils unterschiedliche Wertvorstellungen und wirtschaftliche Perspektiven zum Ausdruck kommen.

Grundvoraussetzung für die Zukunftsfähigkeit der ökologischen Landwirtschaft ist die **wirtschaftliche Rentabilität**. Im Vergleich zu konventionell wirtschaftenden Betrieben erzielen ökologisch wirtschaftende Betriebe in Deutschland deutlich niedrigere Erträge. Die Erntemengen bei Weizen sind beispielsweise nur halb so hoch, der Unterschied bei Kartoffeln beträgt 40 %, die Milchleistung ist um ein Fünftel niedriger. Zudem können im Verhältnis zur Betriebsfläche weniger als halb so viele Tiere gehalten werden. Die Arbeitsintensität ist im ökologischen Anbau höher. Im Vergleich zu konventionellen Betrieben weisen ökologisch wirtschaftende Betriebe einen deutlich höheren Arbeitskräftebesatz auf und müssen damit durchschnittlich doppelt so hohe Personalaufwendungen leisten. Auf der anderen Seite haben sie sehr niedrige Aufwendungen für Dünge- und Pflanzenschutzmittel. Dass ökologisch wirtschaftende Betriebe trotzdem in den meisten Jahren höhere Gewinne erzielen als vergleichbare konventionell geführte Höfe, liegt zum einen an den deutlich höheren Preisen, die sie für ihre Produkte erzielen können, und zum anderen an höheren Zuschüssen.

Ausgewählte Produkte		Preise im Wirtschaftsjahr 2019/2020	
		aus ökologischer Erzeugung	aus konventioneller Erzeugung
Weizen	(Cent/kg)	40	16
Milch	(Cent/kg)	47	33

Preisunterschiede zwischen ökologisch und konventionell erzeugten landwirtschaftlichen Produkten in Deutschland

Damit ist die Rentabilität nicht nur prinzipiell gegeben, sondern liegt sogar noch über der konventioneller Betriebe. In einer umfassenden Wirtschaftlichkeitsstudie konnte nachgewiesen werden, dass die finanzielle Leistungsfähigkeit der ökologisch wirtschaftenden Betriebe auch weltweit höher ist als die der konventionellen Betriebe.

Geht man allein vom statistischen Ertragsunterschied aus, würde man bei einer Umstellung der gesamten Landwirtschaft auf eine ökologische Wirtschaftsweise 18 % mehr Fläche benötigen, um dieselben Erntemengen zu erzielen. Der Flächenbedarf der Landwirtschaft wäre höher und müsste auf Kosten bislang naturbelassener Flächen realisiert werden – wenn er denn zukünftig überhaupt gedeckt werden könnte. Ungeklärt ist auch die Frage, wie die Mehrkosten sich auf die Verfügbarkeit von Nahrungsmitteln für die ärmere Bevölkerung auswirken würden. Auf der anderen Seite könnte die bodenschonendere Wirtschaftsweise in der ökologischen Landwirtschaft längerfristig Ertragsverluste, wie sie in der konventionellen Landwirtschaft durch Bodendegradierung auftreten, vermeiden.

Der potenzielle Beitrag der ökologischen Landwirtschaft zur Ernährungssicherung darf also nicht allein in Produktionsmengen gemessen werden. Ihr Potenzial erschließt sich nur in ganzheitlicher Betrachtung ihrer multifunktionalen Wirkungsmechanismen in den Bereichen Ökologie, Ökonomie und Gesellschaft. Zudem muss berücksichtigt werden, dass die größten Probleme bei der Ernährungssicherung in ländlichen Regionen der Entwicklungsländer liegen, wo die Bauern vielfach an marginalen Standorten wirtschaften. Unter diesen Bedingungen erweist sich die ökologische Landwirtschaft als besonders vorteilhaft. Die im Vergleich höhere Arbeitsintensität stellt sich hier zudem weniger nachteilig dar.

Das weltweite Wachstum des ökologischen Landbaus insbesondere in den Entwicklungsländern lässt erkennen, dass eine Veränderung in der Einschätzung seiner Möglichkeiten eingetreten ist und Erfolge bei der Umstellung zu verbuchen sind. Mittlerweile hat sich dieses Konzept auch innerhalb der Entwicklungspolitik etabliert und wird sowohl von der europäischen Entwicklungszusammenarbeit als auch von Einrichtungen der UN gefördert.

In Entwicklungsländern sind darüber hinaus lokale Formen der ökologischen Landwirtschaft völlig unabhängig von der Ökolandwirtschaftsbewegung der Industriestaaten entstanden. Sie beruhen auf lokalem Ökosystemwissen und haben häufig sogenannte „indigene", d. h. traditionelle einheimische Anbausysteme zur Grundlage, z. B. Ecofarming (vgl. S. 4).

8.4   Fairer Handel

Das Konzept des Fairen Handels

Die Landwirtschaft ist die Erwerbs- und Existenzgrundlage von Millionen von Menschen, der größte Beschäftigungszweig der Welt und entscheidender Wirtschaftsfaktor vieler Entwicklungsländer. Auf dem Weltmarkt sind Kleinbauern und -produzenten aus Entwicklungsländern besonders benachteiligt. Da sie nur geringe Mengen auf dem Markt anbieten können und auf lokale Absatzwege beschränkt sind, müssen sie ihre Waren zu niedrigen Preisen an Zwischenhändler verkaufen. Vom tatsächlichen Weltmarktpreis erhalten sie häufig nur einen Bruchteil, der für die Produktions- und Lebenshaltungskosten insbesondere in Zeiten steigender Preise für Düngemittel, Transport und Nahrung oft nicht ausreicht und keine Spielräume für Investitionen in Verbesserungsmaßnahmen bietet. Auch Plantagenarbeiter leiden unter dem Druck des Weltmarkts und schwankenden Preisen. Fehlende Erlöse gleichen die Betreiber der Plantagen über das Lohnniveau der Beschäftigten aus. Viele arbeiten in ungesicherten Arbeitsverhältnissen, ohne soziale Absicherung und unter gesundheitlich unzumutbaren Bedingungen. Die Folgen reichen von Verschuldung über Arbeitslosigkeit bis zu Verelendung.

Mit dem Konzept des **Fairen Handels** versucht man, dieser vielschichtigen Problematik zu begegnen. Kern des Konzepts sind **garantierte Mindestpreise**, die über dem Weltmarktniveau liegen und den Produzenten ein stabiles und angemessenes Einkommen bieten. Liegt der Weltmarktpreis über dem Garantiepreis-Niveau, so wird der höhere Preis bezahlt. Der erhöhte Einkaufspreis wird von den Verbrauchern über die Zahlung entsprechend höherer Endpreise für **fair gehandelte Produkte** ermöglicht. Das Funktionieren des Konzepts des Fairen Handels setzt eine gute Information und ein Verantwortungsbewusstsein der Käuferinnen und Käufer gegenüber den Produzenten in Übersee voraus.

Der Faire Handel soll nicht nur die Einkommenssituation und die Lebensbedingungen der Produzenten verbessern, sondern auch strukturelle Verbesserungen in den Erzeugerländern sowie im Bereich der weltweiten Handelsbeziehungen initiieren. So wird beispielsweise der Zusammenschluss zu Genossenschaften oder Kooperativen gefördert, die groß genug sind, um direkt mit den Importeuren zu verhandeln.

	Preis (in €)	Anteil am Preis (in %)
Handelspartner (Kleinbauern-Organisationen)	1,15	245
Import und Verarbeitung	0,36	8
Steuern und Lizenzen (Kaffeesteuer, Mehrwertsteuer, Grüner Punkt)	0,87	18
GEPA (Vertrieb, Personal, Raum)	1,19	25
Groß- und Einzelhandel	1,22	25
Endverbraucherpreis	4,79	100

Preisgestaltung im Fairen Handel am Beispiel des Café Orgánico der GEPA, Stand 2020

Prinzipien und Standards des Fairen Handels

Die World Fair Trade Organization (WFTO), das größte globale Netzwerk der Fairhandels-Organisationen, vertritt Prinzipien, die weltweit für alle angeschlossenen Organisationen des Fairen Handels gültig sind. Sie sollen sicherstellen, dass die Produktionsweise und der Handel verantwortungsvoll im Hinblick auf soziale, ökonomische und ökologische Belange erfolgen.

Für den Erfolg des Fairen Handels haben sich Zertifizierungssysteme mit verbindlichen Standards für die Produktion und den Handel, verbunden mit der Vergabe eines **Produktsiegels**, als förderlich erwiesen. Eines der bekanntesten ist das weltweit verbreitete Fairtrade-Siegel. Es wurde 2002 eingeführt und hat nach und nach die unterschiedlichen nationalen Labels ersetzt. Der Begriff **Fairtrade** (in einem Wort geschrieben) bezieht sich ausschließlich auf die angeschlossenen Verbände und ihre Unternehmungen.

Die Fairtrade Labelling Organizations International (FLO-I e.V., seit 2011 unter dem Namen Fairtrade International) hat spezielle Standards für Kleinbauern-Organisationen, für Vertragsanbau sowie für Arbeiter und Arbeiterinnen auf Plantagen entwickelt. Die Kleinbauern-Organisationen müssen z.B. demokratisch organisiert sein. Der Erlös muss gleichberechtigt unter den Mitgliedern verteilt werden. Jedem Mitglied muss es möglich sein, an Entscheidungsprozessen innerhalb der Organisation mitzuwirken.

Das Fairtrade-Siegel

Über den Fairen Handel erhalten die Kooperativen zusätzlich zum Geld für ihre Produkte eine **Fairtrade-Prämie** für Investitionen in ihre wirtschaftliche und soziale Zukunft. Solche Investitionen können beispielsweise in den Kauf von Maschinen, die Trinkwasserversorgung, den Bau von Schulen oder die Altersversorgung der Mitglieder getätigt werden.

Auf Plantagen geht es den Fairtrade-Organisationen darum, durch die Standards soziale Rechte und die Sicherheit der Beschäftigten am Arbeitsplatz zu fördern. Hierzu gehören neben dem Verbot von Zwangs- und Kinderarbeit Löhne, die sich am regionalen Durchschnitt oder an gesetzlichen Vorschriften für Mindestlöhne orientieren. Auf der Plantage muss eine eigenständige, unabhängige Vertretung der Beschäftigten zugelassen sein, die gemeinsam mit dem Management für die Verwaltung der Fairtrade-Prämie verantwortlich ist.

Ökonomie	Soziales	Ökologie
Stabile Mindestpreise	geregelte Arbeits- bedingungen	Umweltschonender Anbau
Fairtrade-Prämie	Organisation in demokra- tischen Gemeinschaften	Verbot gefährlicher Pestizide
Transparente Handelsbeziehungen	Keine ausbeuterische Kinderarbeit	Ausschluss gentechnisch veränderter Organismen
Vorfinanzierung	Diskriminierungsverbot	Förderung des Bio-Anbaus und Bio-Aufschlag
Nachweis über Waren- und Geldfluss	Versammlungsfreiheit	Schutz von Ressourcen

Standards im Fairen Handel gemäß Fairtrade International (Auszug)

Fairer Handel und ökologischer Landbau

Fair gehandelte Produkte müssen nicht zwangsläufig ökologisch angebaut werden. Der Umweltschutz gehört jedoch zu den zentralen WFTO-Prinzipien. Produzenten, die ihre Produkte über Mitgliedsorganisationen vermarkten, sind beispielsweise aufgefordert, den Energieverbrauch so gering wie möglich zu halten, erneuerbare Energien einzusetzen und ihre Treibhausgasemissionen zu minimieren. Beim Pflanzenschutz sollen Pestizide vermieden und ökologische Methoden bevorzugt werden. Dieses Prinzip findet seinen Ausdruck in den verbindlichen Standards der Labelling-Organisationen. Die FLO fördert den Anbau von ökologischen Produkten darüber hinaus durch höhere Fairtrade-Mindestpreise. Inzwischen werden über 70 % der Lebensmittel im Fairen Handel ökologisch und nachhaltig produziert, was zeigt, dass die richtungsweisenden Standards und Anreize wirksam sind.

Entwicklung und Bedeutung des Fairen Handels

Am Anfang der Bewegung des Fairen Handels standen die von privaten Initiativen, Kirchen oder NGOs (Non-Governmental Organizations, Nichtregierungsorganisationen) getragenen Weltläden, die seit Ende der 1960er-Jahre zunehmende Verbreitung in den Industrieländern fanden und zunächst ausschließlich handwerkliche Produkte vertrieben. In den 1980er- und 1990er-Jahren entwickelte sich schrittweise ein organisiertes Netzwerk aus Produzentenverbänden, Importeuren und Weltläden auf nationaler, europäischer und globaler Ebene. Von besonderer strategischer Bedeutung war die Entwicklung von Siegeln, die mit einer Standardisierung, Zertifizierung und der Einführung systematischer Kontrollen einherging.

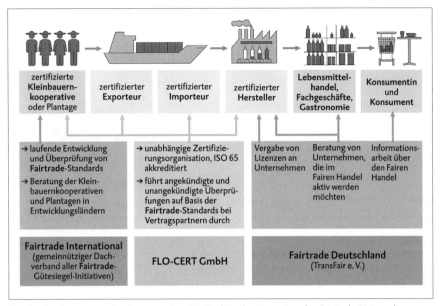

Von den Produzenten zu den Konsumenten: Die Struktur des internationalen Fairtrade-Netzwerks

2019 arbeiteten 1 707 **Kleinbauernorganisationen** und **Plantagen** weltweit nach den Fairtrade-Standards. Sie repräsentieren über 1,7 Mio. Kleinbauern, Arbeiterinnen und Arbeiter in 75 Ländern. Rechnet man deren Familien hinzu, so profitieren schätzungsweise 6 Mio. Menschen direkt vom Fairen Handel.

Fair gehandelte Produkte werden in über 130 Ländern vertrieben. Für die Verbreitung der fair gehandelten Produkte war ihre Aufnahme in das Angebot der großen Supermarktketten sehr wichtig. Zunehmende Bedeutung gewinnt auch der Bereich der Gästebewirtung. Umfragen zufolge genießen fair gehandelte Produkte ein hohes Vertrauen bei den Verbrauchern. Den Käufern geht es bei ihrer Kaufentscheidung vorrangig um ethische und soziale Gründe; daneben schätzen sie jedoch auch die Qualität der Waren.

In den letzten 15 Jahren hat der Faire Handel eine besonders starke Aufwärtsentwicklung erfahren. Zwischen 2004 und 2018 hat sich der Verkaufserlös der mit einem anerkannten Siegel ausgewiesenen Fairhandelswaren von 832 Mio. € auf rund 9,8 Mrd. € mehr als verzehnfacht. Auch in Deutschland boomt der Faire Handel: Der Anteil der Menschen, die Fairtrade-Produkte kaufen, ist zwischen 2009 (44,1 %) und 2018 (68,7 %) um gut die Hälfte gestiegen.

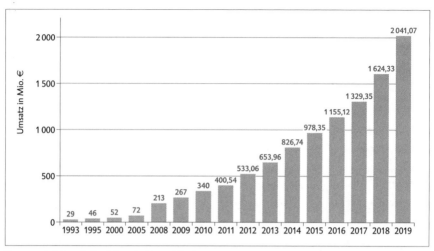

Umsatz mit Fairtrade-Produkten in Deutschland

Im Jahr 2019 konsumierten die deutschen Verbraucher Produkte im Wert von 2,04 Mrd. €. Das entspricht einem Jahreswachstum von 26 % und einer Verdoppelung innerhalb der letzten vier Jahre.

Die positive Entwicklung darf jedoch nicht darüber hinwegtäuschen, dass der Faire Handel weiterhin ein **Nischendasein** führt: Gerade einmal ein Prozent aller in Deutschland gehandelten Lebensmittel trägt ein Fairtrade-Siegel. Auch fair gehandelter Kaffee als das am häufigsten gekaufte Produkt hat nur einen Marktanteil von 4,5 %. In Großbritannien hingegen werden bei einzelnen Produkten Anteile von 25–30 % erreicht, und in der Schweiz stammt bereits jede zweite Banane (2018: 53 %) aus dem Fairen Handel. Dies zeigt, dass Steigerungen möglich und realistisch sind.

Insgesamt lässt sich festhalten, dass der Faire Handel aufgrund seines geringen Umfangs keine alleinige Lösung für die Probleme ländlicher Entwicklung ist. Er stellt jedoch einen wirksamen und kosteneffizienten **Ansatz zur Armutsbekämpfung** dar, der sich auf vielfältige Weise positiv auswirkt, angefangen von den Produzenten und deren Familien bis hin zu einer gerechteren weltweiten Entwicklung. Der Faire Handel zeigt darüber hinaus, dass Veränderungen in den Wertvorstellungen der Konsumenten über deren Kaufverhalten durchaus zu Verbesserungen der Produktionsbedingungen führen können. In einer globalisierten Welt beeinflussen somit Kaufentscheidungen hierzulande die Nachhaltigkeit und die Lebensqualität in weit entfernten Erzeugerländern.

8.5 Ökobilanzierung als Grundlage für nachhaltiges Wirtschaften und Konsumieren

Die Ökobilanz

Die Globalisierung von Produktion, Handel und Konsum führt dazu, dass die Industrieländer zunehmend Ressourcen aus anderen Regionen dieser Welt in Anspruch nehmen. Zur Erfassung der Umweltauswirkungen eines Produkts wurden international anerkannte und standardisierte Verfahren zur Aufstellung von **Ökobilanzen** entwickelt. Hierzu wird, soweit die Datenlage es zulässt, der gesamte Lebenslauf eines Produkts von der Rohstoffgewinnung über Herstellung und Nutzung bis zur Entsorgung (Recycling, Müllverbrennung, Deponierung, Kompostierung) analysiert. Vorprodukte oder Dienstleistungen, teils auch Hilfs- und Betriebsstoffe sowie alle Transporte werden in die Bilanz einbezogen. Mit den Ergebnissen können Produktionsprozesse in Bezug auf die **Material- oder Energieeffizienz** optimiert und Emissionen vermieden werden.

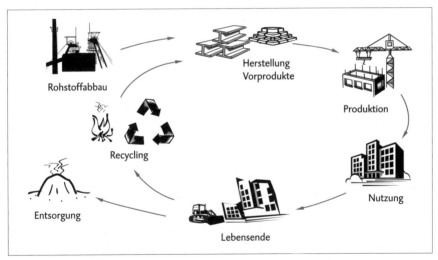

Lebenslauf eines Produkts

Die umweltrelevanten Stoff- und Energieströme werden in einem ersten Schritt quantitativ erfasst und in einem zweiten hinsichtlich ihrer qualitativen Wirkung auf die Umwelt kategorisiert und gewichtet. Alle Emissionen beispielsweise, die auf das Klima wirken, werden der Kategorie „Treibhauseffekt" zugeordnet. Handelt es sich um Kohlenstoffdioxid (CO_2), so ist die Gewichtung geringer als bei Stickstoffdioxid (NO_2), dessen Klimawirksamkeit um ein Vielfaches höher ist. Als Einheit für die Messung der Umweltauswirkung verwendet man häufig sogenannte **Umweltbelastungspunkte:** Je niedriger die Punktzahl, desto geringer die Umweltbelastung. Beispielsweise werden bei der Berechnung der Umweltbelastungspunkte verschiedener Trinkbecher (vgl. folgende Tabelle) Verpackung, Transport, Entsorgung und ggf. Abwasch berücksichtigt.

Trinkbecher mit 300 ml Inhalt	Gewicht	Einweg/Mehrweg	Wie oft gebraucht?	Umweltbelastungspunkte
Kunststoff (PP)	35 g	Mehrweg	50 ×	11
nachwachsende Rohstoffe	6,8 g	Einweg Entsorgung auf dem Kompost	1 ×	47
Kunststoff (PET)	7 g	Einweg	1 ×	42
Karton	7,5 g	Einweg	1 ×	31
Glas	200 g	Mehrweg	450 ×	12
Kunststoff (PS)	11 g	Einweg	1 ×	63

PP: Polypropylen   PET: Polyethylenterephthalat   PS: Polystyrol

Trinkbecher im ökologischen Vergleich

Virtuelles Wasser und Wasserfußabdruck

Ein modernes Konzept zur Erfassung des tatsächlichen Wasserverbrauchs ist der **Wasserfußabdruck**. Ihm liegt zugrunde, dass ein Großteil des von Einzelpersonen, Unternehmen oder Nationen verbrauchten Wassers in den Produkten verborgen ist, die konsumiert oder erzeugt werden. Man spricht in diesem Zusammenhang von verstecktem oder **virtuellem Wasser**. Der Wasserfußabdruck beinhaltet sowohl die direkt verbrauchte Wassermenge als auch das in der Nahrung und für andere Waren verbrauchte virtuelle Wasser. Während der durchschnittliche tägliche Trinkwasserbedarf eines erwachsenen Menschen bei zwei bis vier Litern liegt, werden für die Herstellung der von einer Person täglich konsumierten Lebensmittel 2 000 bis 5 000 Liter Wasser benötigt. Zur Herstellung eines Kilogramms Kartoffeln werden z. B. ca. 105 Liter Wasser gebraucht, für ein Kilogramm Mais etwa 710 Liter und für ein Kilogramm Weizen rund 1 500 Liter. Tierische Lebensmittel haben einen besonders großen Wasserfußabdruck. So werden für die Produktion eines Kilogramms Rindfleisch 13 000–15 000 Liter Wasser benötigt.

Mithilfe des Wasserfußabdrucks werden **globale Verflechtungen** im Bereich des Wasserverbrauchs und damit verknüpfte Missverhältnisse deutlich. Er gibt nicht nur an, wie viel Wasser verbraucht wird, sondern auch, woher dieses Wasser stammt. Man unterscheidet zwischen dem **internen Wasser-**

verbrauch im eigenen Land und dem **externen Wasserverbrauch** im Ausland, der aus dem Import virtuellen Wassers über den Import von Produkten oder Dienstleistungen resultiert. Viele Industrieländer in Zonen mit **Wasserüberschuss** importieren über landwirtschaftliche Produkte und Rohstoffe Wasser aus Ländern mit **Wasserdefiziten.** Deutschland importiert z. B. über Nahrungsmittel und Industriegüter jedes Jahr 106 Mrd. m³ Wasser. Modellrechnungen zufolge konsumiert ein Durchschnittseuropäer täglich 3 m³ an importiertem virtuellem Wasser, was etwa 30-mal mehr ist als der durchschnittliche Tagesverbrauch an Leitungswasser.

1 Blatt Papier	10 l
1 Liter Bier	75 l
1 Ei	135 l
1 Liter Milch	200 l
1 Kilogramm Reis	3 000 l
1 T-Shirt	4 000 l
1 Jeans	11 000 l
1 Kilogramm Rindfleisch	15 500 l
1 PC	20 000 l

Beispiele für „versteckten" Wasserverbrauch

Der ökologische Fußabdruck

Der ökologische Fußabdruck (engl. Ecological Footprint) gehört zu den bekanntesten **Messgrößen für Nachhaltigkeit.** Er stützt sich auf **Massenflussanalysen,** geht jedoch darüber hinaus, indem der Ressourcenbedarf bzw. -anspruch der Menschen mit dem Naturangebot verglichen wird.

Der Mensch entnimmt der Natur, abhängig von seinem Lebensstil, eine bestimmte Menge Ressourcen wie Lebensmittel, Holz, Energie etc. und gibt Emissionen und Abfälle zurück. Man spricht in diesem Zusammenhang von „Naturbedarf" oder „Umweltverbrauch". Im ökologischen Fußabdruck fließen rechnerisch alle benötigten Flächen zusammen, die für die Deckung dieses Bedarfs notwendig sind. Hierzu gehören Flächen, die zur Produktion von Nahrung und Kleidung oder zur Energiegewinnung in Anspruch genommen werden, weiterhin Siedlungs- und Verkehrsflächen, aber z. B. auch die Flächen, die zum biologischen Abbau des erzeugten Mülls oder zum Binden des freigesetzten Kohlenstoffdioxids benötigt werden. Der ökologische Fußabdruck kann für einen einzelnen Menschen, ein Unternehmen, eine Stadt, ein Land oder die ganze Menschheit ermittelt werden.

Eine nachhaltige Entwicklung setzt voraus, dass nur so viele natürliche Ressourcen in Anspruch genommen werden, wie die Natur regenerieren kann. Das Potenzial der Ökosysteme, den Menschen mit Ressourcen zu versorgen und die Abfälle abzubauen, wird **Biokapazität** genannt. Wüsten, Polarregionen und offene Ozeane mit geringer Bedeutung für den weltweiten Fischfang werden bei der Ermittlung der Biokapazität nicht mitgerechnet. Sowohl der Verbrauch von Ressourcen (= ökologischer Fußabdruck) als auch das Angebot an natürlichen Ressourcen (= Biokapazität) werden in sogenannten „**globalen Hektar**" (gha) gemessen. Ein globaler Hektar (= 10 000 m²) entspricht einem Hektar weltweit durchschnittlicher biologischer Produktivität.

Der ökologische Fußabdruck ermöglicht es, Nachfrageseite und Angebotsseite rechnerisch miteinander in Beziehung zu setzen. So wird eine Art „ökologische Buchhaltung" möglich, die Potenziale und Engpässe aufdeckt.

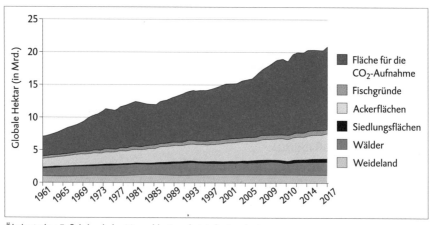

Ökologischer Fußabdruck der Menschheit nach Art der Landnutzung

Ist der ökologische Fußabdruck einer Bevölkerung größer als die Biokapazität, kommt es zu einem **Overshoot** (deutsch: „Überschießen"): Die Bevölkerung verbraucht in einem bestimmten Zeitraum mehr natürliche Ressourcen, als die Ökosysteme zur Verfügung stellen können. Dauerhaft führt dies zur Einschränkung der weiteren Entwicklungsmöglichkeiten und letztlich zur Gefährdung der menschlichen Lebensgrundlagen.

Insgesamt gelten rund 21 % der Erdoberfläche und ca. 5 % der Meeresfläche als biologisch produktiv, stellen also für den Menschen nutzbare Biokapazität in nennenswertem Umfang bereit. Dies entspricht gegenwärtig einer Fläche von 12,2 Mrd. gha. Teilt man diese Fläche auf alle 7,83 Mrd. Menschen (Stand Mitte 2020) gleichmäßig auf, dann ergibt sich ein Wert von 1,6 gha. Jedem

Menschen stehen damit zurzeit rein rechnerisch 16 000 gm^2 (globale Quadrat-meter) pro Jahr zur Deckung seiner Bedürfnisse zur Verfügung, ohne dass die Tragfähigkeit der Erde überschritten wird.

Im Jahr 1961 nutzte die Menschheit erst etwas weniger als die Hälfte der globalen Biokapazität. Aufgrund des raschen Weltbevölkerungswachstums (vgl. S. 226 f.) und des allgemein steigenden Ressourcenverbrauchs (vgl. S. 218 ff.) hat sich der ökologische Fußabdruck seitdem verstärkt. Ein Over-shoot fand erstmals Mitte der 1970er-Jahre statt. Seither baut die Menschheit ein **ökologisches Defizit** auf, dessen Auswirkungen u. a. in Form des Klima-wandels, schrumpfender Waldbestände, des Verlusts an Biodiversität, von Überfischung und Trinkwassermangel immer gravierender zutage treten.

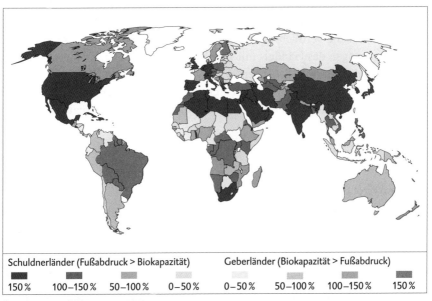

Ökologischer Fußabdruck, Stand 2017

Bereits im Jahr 2012 betrug der ökologische Fußabdruck im Durchschnitt 2,7 gha, was einen Overshoot von 50 % ergibt. Das bedeutet, die Erde braucht rund eineinhalb Jahre, um die erneuerbaren Ressourcen zu regenerieren, die die Menschen innerhalb eines Jahres verbrauchen, und um das dabei erzeugte CO_2 zu absorbieren. Durch die Berechnung des „**Earth Overshoot Day**" lässt sich veranschaulichen, an welchem Tag des Jahres die Menschheit ihr Jahresbud-get an Umweltgütern ausgeschöpft hat und für den Rest des Jahres auf Kosten der Substanz lebt. 2019 war der Earth Overshoot Day bereits der 29. Juli.

Ein Vergleich der Länderdaten zeigt, dass über die Hälfte des ökologischen Fußabdrucks der Menschheit auf den Verbrauch der Biokapazität in nur zehn Ländern zurückzuführen ist, wobei auf China, Indien und die USA annähernd die Hälfte des Verbrauchs der weltweiten Biokapazität entfällt.

Jene Länder, deren ökologischer Fußabdruck die nationale Biokapazität übersteigt, bezeichnet man im Sinne der ökologischen Buchhaltung auch als „Schuldner" (vgl. Abb. S. 73). Bislang war es ihnen möglich, ihr Defizit durch die Übernutzung der eigenen Ökosysteme (z. B. Überweidung und Überfischung), durch den „Export" von Emissionen (z. B. Ausstoß von CO_2, das sich auch außerhalb der Landesgrenze in der Atmosphäre anreichert) und durch den Import von Ressourcen auszugleichen. Während 1961 nur 26 Nationen ein ökologisches Defizit aufwiesen, waren es 2005 bereits 90. Heute leben über 85 % der Weltbevölkerung in ökologischen „Schuldner-Ländern". Der Druck auf die verbliebenen Reserven wächst. Er bildet sich in den enormen Steigerungen des Handels mit Biokapazität ab. Eine Verknappung natürlicher Ressourcen ist für Menschen in Entwicklungsländern früher und stärker spürbar, da sie zum einen meist direkter von den Ökosystemen abhängen und zum anderen nicht über die finanziellen Mittel verfügen, Defizite durch Zukauf auszugleichen.

Kompetenzcheck

- Erläutern Sie, inwiefern in der ökologischen Landwirtschaft im Unterschied zur konventionellen Landwirtschaft von einem „geschlossenen Betriebskreislauf" gesprochen werden kann.
- Erläutern Sie, wie der ökologische Fußabdruck den Umgang mit Ressourcen veranschaulicht.
- Kennzeichnen Sie die Rolle des ökologischen Anbaus innerhalb des Konzepts des Fairen Handels.

Sojaanbau in Brasilien – Entwicklungen und Folgen

ufgabe 1 Lokalisieren Sie die brasilianischen Anbaugebiete für Sojabohnen.

ufgabe 2 Erörtern Sie die Entwicklungen im Sojaanbau Brasiliens.

M 1 Anbaufläche für Soja 1990 und 2020 in den beim Sojaanbau führenden Bundesstaaten Brasiliens

Roraima 0/0,02
Amapá 0/0,02
Maranhão 0,01/0,96
Piauí
Ceará 0/<0,01
Rio Grande do Norte 0/0
Amazonas 0/0
Pará 0/0,61
Paraíba 0/0
0,00/0,76
Pernambuco 0/0
Acre 0/<0,01
0/0,40
Rondônia
Mato Grosso 1,55/10
0,03/0,99
Tocantins
Bahia 0,36/1,62
Alagoas 0/<0,01
Sergipe 0/0
Goiás 1,00/3,55
Distrito Federal 0/0,07
Mato Grosso do Sul 1,29/3,14
Minas Gerais 0,56/1,68
Espírito Santo 0/0
0,56/1,11
Rio de Janeiro 0/0
Paraná 2,27/5,51
São Paulo 0/0
Santa Catarina 0,37/0,66
3,52/5,98
Rio Grande do Sul

Angaben in Mio. ha
1990/2020

Brasilien gesamt:
11,58/37,08

M 2 Futter statt Land

Heute werden drei Viertel der weltweiten Sojaproduktion auf dem amerikanischen Kontinent hergestellt. [...] Allein Brasilien ist für ein Viertel der weltweiten Sojaproduktion verantwortlich. [...] Von dem Geschäft profitieren fast ausschließlich Großunternehmen. Während der Sojaanbau vor Ort oft vom lokalen Agrobusiness und sogenannten Sojakönigen betrieben wird, kontrollieren internationale Großkonzerne den Großteil des Geschäfts. Die Konzerne, die (genmanipuliertes) Saatgut verkaufen, sind häufig dieselben, die auch die für den erfolgreichen Anbau der Monokulturen erforderlichen Pestizide und Herbizide anbieten. [...]

Auf die kleinbäuerliche Landwirtschaft, die Menschen vor Ort und die Umwelt hat der Soja-Boom äußerst negative, teils dramatische Auswirkungen. Das Soja-Modell basiert grundsätzlich auf Monokultur und Mechanisierung der Landwirtschaft. Der Anbau rentiert sich erst im großen Maßstab, da für genmanipulierte Samen, Pestizide und Technik hohe Kosten anfallen. Bauern werden in dem Soja-Modell praktisch überflüssig. Für 500 ha Soja-Anbau reicht eine Person zur Bewirtschaftung des Landes. Die Ausbreitung der Soja-Front hat permanent die erzwungene und teils offen gewaltsame Vertreibung der ländlichen und indigenen Bevölkerung zur Folge. [...]

M 3 Der Preis des grünen Goldes

Sojameer, Grüne Wüste oder Grünes Gold – es gibt viele Metaphern für ein Phänomen, das seit Jahren das Gesicht Südamerikas verändert. Der Sojaanbau explodiert und verschlingt jährlich Tausende Quadratkilometer Land. Im brasilianischen Bundesstaat Mato Grosso, in dem drei Millionen Menschen auf einer Fläche so groß wie Deutschland und Frankreich zusammen leben, tritt dieser Wandel besonders deutlich zutage. Hier, im südlichen Amazonasgebiet, wo einst Regenwald und Savannen dominierten, prägen heute zunehmend Weiden und Ackerflächen die Landschaft. [...]

Der Regenwald wird zunächst in Weideflächen für die Viehzucht umgewandelt. Nach einigen Jahren kaufen Großbetriebe die kleinen Farmen auf und verwandeln die Flächen in ein Meer aus Soja. Damit umgehen die Konzerne das sogenannte Soja-Moratorium, das seit 2006 die Abholzung des Regenwaldes zugunsten des Sojaanbaus verbietet. [...]

Einfach nur den Sojaanbau zu verbieten ist jedoch keine Lösung. Für viele Menschen in Mato Grosso ist die Landwirtschaft die einzige Einnahmequelle. Besonders die Kleinbauern sind auf die Einnahmen angewiesen. Deshalb ist es wichtig, einen Kompromiss zwischen Naturschutz und landwirtschaftlicher Produktion zu finden. [...]

Mit einigen Anpassungen bei den Saatterminen, den verwendeten Sorten oder einer optimierten Düngung ließen sich höhere Erträge auf den Flächen erreichen, ohne den Ressourceneinsatz erheblich zu steigern. Doch das Wissen über die Zusammenhänge ist eine Sache, die Umsetzung ist eine ganz andere. Nur wenn landwirtschaftliche Betriebe Zugang zu Geld, neuen Technologien, Maschinen und Arbeitskräften haben, können sie ihr Land effizient bewirtschaften – so zumindest die Theorie.

Bedeutungswandel von Standortfaktoren

Fördergerüst der Zeche Zollverein Schacht XII in Essen, UNESCO-Weltkulturerbe

1 Wandel von Standortfaktoren als Folge technischen Fortschritts, veränderter Nachfrage und politischer Vorgaben

1.1 Standortentscheidungen im Zusammenhang mit harten und weichen Standortfaktoren

Die räumliche Verteilung der Industrie in einem Land ist nicht zufällig. Industrieunternehmen siedeln sich nur dort an, wo sie ökonomisch vorteilhaft produzieren können. Dazu müssen Vor- und Nachteile eines Standorts genau geprüft und bewertet werden. Auch andere Interessengruppen beeinflussen die Standortwahl eines Unternehmens: Die Kommunen schaffen aus wirtschaftlichen Motiven (Verkauf von Gewerbegelände, Schaffung von Arbeitsplätzen, Einnahmen durch Gewerbesteuer, Steigerung der Kaufkraft, Abbau der Sozialkosten) Anreize für die Ansiedlung von Betrieben. Die Arbeitnehmer und die Wohnbevölkerung sind einerseits an einem umfassenden Angebot an Arbeitsplätzen interessiert, andererseits sollen Industrieunternehmen bei der Standortwahl die wachsenden ökologischen Ansprüche der Wohnbevölkerung (Erhalt der Luftqualität, Vermeidung von Lärm, Erhalt von Grünflächen) mitberücksichtigen. Die Standortwahl eines Industrieunternehmens ist also ein raumprägendes Ergebnis eines differenzierten Abstimmungsprozesses verschiedener Interessengruppen.

1.2 Standortfaktoren

Arten und Bedeutung von Standortfaktoren

Standortfaktoren sind die für die Standortwahl eines Unternehmens entscheidenden Einflussgrößen, die sich aus den räumlichen Rahmenbedingungen ergeben.

Unter **harten Standortfaktoren** versteht man die Einflussgrößen, die für ein Unternehmen exakt mess- und berechenbar sind, z. B. die Anzahl der verfügbaren Arbeitskräfte.

Weiche Standortfaktoren sind hingegen durch subjektive Einschätzungen geprägt und nicht quantifizierbar, z. B. der Freizeitwert eines Raumes.

Harte und weiche Standortfaktoren decken das gesamte Spektrum möglicher standortrelevanter Bedingungen für unternehmerische Standortentscheidungen ab. Ihre Bewertung erfolgt innerhalb einzelner Branchen z. T. unterschiedlich.

Harte Standortfaktoren

Die Bedeutung der harten Standortfaktoren hat mit der Veränderung der Produktionsbedingungen, ausgelöst durch technische und gesellschaftliche Neuerungen, zwar einen Wandel erfahren; die harten Standortfaktoren sind aber weiterhin die zentralen Kriterien bei der unternehmerischen Standortwahl. Die wichtigsten harten Standortfaktoren sind:

- **Absatzmarkt:** Größe, Entfernung, Konkurrenz
- **Agglomerations- und Fühlungsvorteile:** Anwesenheit gleicher oder verwandter Branchen, Kooperationsmöglichkeiten, Nähe zu Behörden, Zulieferern und Hochschulen
- **Arbeitskräfte:** Zahl, Qualifikation, Löhne, Lohnnebenkosten
- **Energiequellen:** Kosten, Verfügbarkeit
- **Flächen:** Verfügbarkeit, Kosten, Grad der Erschließung, Beschaffenheit
- **gesetzliche und tarifliche Rahmenbedingungen:** Arbeitszeiten, Sozialversicherungen, Genehmigungsverfahren, Steuern, Abgaben
- **Infrastruktur:** Ver- und Entsorgungs- sowie Bildungseinrichtungen, berufliche Aus- und Weiterbildung, Kommunikation, digitale Infrastruktur, Verkehr
- Nähe zu **Forschungs- und Entwicklungseinrichtungen (FuE):** Hochschulen, Fachhochschulen, Institute
- **öffentliche Wirtschaftsförderung:** Steuerentlastung, Darlehen, Investitionszulagen, Vorleistungen im Bereich der Infrastruktur
- **politische und soziale Situation:** Stabilität, Sicherheit der Investitionen, sozialer Friede, Streikhäufigkeit
- **Rohstoffe:** Preise, Lage zum Beschaffungsmarkt, Standorte von Zulieferern
- **Steuern und Abgaben:** Höhe der Hebesätze für die Gewerbesteuer
- **Umweltauflagen:** Standards, Kosten
- **Verkehr:** Verkehrslage, Anbindung an Straßen, Bahn, Wasserwege, Nähe zu Flughäfen, Pipelines, Frachtsätze

Weiche Standortfaktoren

Weiche Standortfaktoren können unternehmens- bzw. personenbezogen sein. Unternehmensbezogene Faktoren sind von unmittelbarer Wirksamkeit für die Standortentscheidung, z. B. das Image einer Region. Zu den weichen personenbezogenen Faktoren gehören die persönlichen Präferenzen der Entscheider bzw. der Beschäftigten, z. B. die Einschätzung des Wohn- und Erholungswerts des Standorts. Die wichtigsten weichen Standortfaktoren sind:

- **Image:** des Standorts und der Region
- **Mentalität:** Arbeitseinstellung, Motivation, Leistungsbereitschaft

- **persönliche Gründe:** Vorlieben, Bindung an Heimatraum
- **Werbewirksamkeit des Standorts:** Herkunfts-Goodwill, z. B. „Made in Germany"
- **Wohn- und Freizeitwert:** landschaftlicher Reiz, kulturelles Angebot, Erholungswert, Verfügbarkeit von Wohnraum und privaten Grundstücken

Zusammenhang zwischen harten und weichen Standortfaktoren

Harte und weiche Standortfaktoren dürfen nicht isoliert voneinander betrachtet werden. Beide Faktorengruppen sind miteinander verzahnt und stehen in wechselseitiger Beziehung; eine strenge Trennung ist oft nicht möglich. Der harte Standortfaktor „Verfügbarkeit von Arbeitskräften" (Perspektive Unternehmer) steht z. B. stets in einem engen Zusammenhang mit dem weichen Standortfaktor „Wohn- und Freizeitwert", denn qualifizierte Arbeitskräfte sind insbesondere an Standorten mit hohem Wohn- und Freizeitwert interessiert. Ebenso ist ein besonders gutes Image einer Region (Perspektive Unternehmer und Arbeitnehmer) häufig auf das Vorhandensein harter Standortfaktoren (z. B. gute infrastrukturelle Ausstattung) zurückzuführen.

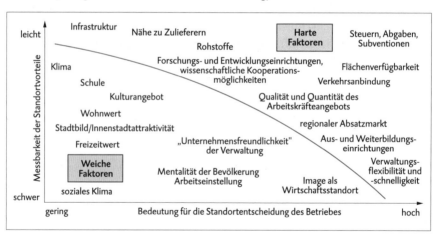

Harte und weiche Standortfaktoren

1.3 Standorttheorie nach Alfred Weber

Das von Alfred Weber im Jahr 1909 veröffentlichte Werk „Über den Standort der Industrien" stellt die erste systematische und theoretische Herleitung des optimalen **Standorts** für ein einzelnes Industrieunternehmen unter Berücksichtigung betriebswirtschaftlicher Aspekte dar. Weber geht dabei von vereinfachenden Annahmen aus (vgl. folgenden blauen Kasten). Unter Einbeziehung dieser Annahmen hängt der wirtschaftliche Erfolg eines Unternehmens von den **Transportkosten**, den **Löhnen** und den **Agglomerationsvorteilen** ab. Die für das Unternehmen entstehenden Transportkosten spielen bei Weber die zentrale Rolle, da er sein Modell auf die Schwerindustrie bezieht. In dieser Standorttheorie wird zunächst der sogenannte **Transportkostenminimalpunkt** ermittelt. An diesem Ort sind die Transportkosten der für die industrielle Produktion benötigten Materialien/Rohstoffe minimal, bezogen auf den Weg vom Fund- zum Verarbeitungsort sowie bezogen auf den Transport der fertigen Produkte zum Verbraucher. Der Transportkostenminimalpunkt wird anhand der tatsächlich anfallenden Transportkosten berechnet.

> **Rahmenbedingungen der Standorttheorie nach Weber**
> 1. Die Standorte der Rohstoffe sind bekannt.
> 2. Die räumliche Verteilung des Konsums ist bekannt.
> 3. Das Transportsystem ist einheitlich, die Transportkosten sind eine Funktion von Gewicht und Entfernung.
> 4. Die räumliche Verteilung der Arbeitskräfte ist bekannt und gegeben, die Arbeitskräfte sind immobil, die Lohnhöhe ist konstant, aber räumlich differenziert, bei einer gegebenen Lohnhöhe sind Arbeitskräfte unbegrenzt verfügbar.
> 5. Die Homogenität des wirtschaftlichen, politischen und kulturellen Systems wird unterstellt.

Bei den Produktionsfaktoren unterscheidet Weber zwischen Ubiquitäten, Reinmaterialien und Gewichtsverlustmaterialien. Unter Ubiquitäten versteht man Produktionsfaktoren, die in einem bestimmten Raum überall vorhanden sind (z. B. Holz in waldreichen Gebieten); sie wirken sich deshalb nicht auf die Wahl des Standorts aus. **Reingewichtsmaterialien** übertragen ihr gesamtes Gewicht ins Endprodukt, **Gewichtsverlustmaterialien** verlieren bei der Verarbeitung einen Teil ihres Gewichts (z. B. Trennung des Nicht-Metall-Anteils an Erz vom Eisenanteil), wodurch die Transportkosten des Endprodukts gegenüber denen der Rohstoffe niedriger ausfallen. In Abhängigkeit von den beim Verarbeitungsprozess benötigten Produktionsfaktoren kann es sinnvoll sein, den Produktionsort entweder näher an der Rohstoffbasis oder näher am Absatzmarkt zu wählen. Die abschließende Berücksichtigung der Lohn- und Agglomerationskosten führt zu dem nach Weber **optimalen Standort** (vgl. Abb. S. 82).

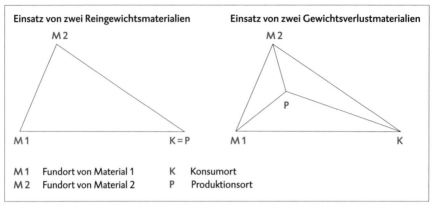

Transportkostenminimalpunkt nach Alfred Weber

Der optimale Standort kann vom Transportkostenminimalpunkt abweichen, wenn z. B. die **Arbeitskosten**ersparnis größer ist als das Mehr an Transportkosten. Gleiches gilt für die **Agglomerationskosten**. Unter Agglomeration versteht man die Konzentration mehrerer Unternehmen an einem Standort. Hierdurch können entweder Lokalisationsvorteile bei der Konzentration gleicher Branchen (z. B. Nutzung identischer Infrastruktur) oder Urbanisationsvorteile (Vorteile, die sich aus dem Grad der Verstädterung ergeben) bei der Konzentration verschiedener Branchen entstehen. Der optimale Standort wird daher vom Transportkostenminimalpunkt abweichen, wenn die Agglomerationskostenersparnis größer ist als die Mehrkosten für den Transport.

Obwohl Webers Standorttheorie aufgrund ihrer restriktiven Annahmen von vielen Wissenschaftlern für realitätsfern gehalten und entsprechend kritisiert wurde, beziehen sich die meisten heutigen Standorttheorien auf die Grundideen von Weber. Andere Standortfaktoren, die aufgrund des technischen Fortschritts oder geänderter Ansprüche an den Raum eine immer größere Bedeutung erlangt haben, werden jedoch berücksichtigt.

1.4 Bedeutungswandel von Standortfaktoren

Die Bedeutung der einzelnen Standortfaktoren für Unternehmerentscheidungen unterliegt einem steten Wandel. Der Stellenwert eines Standortfaktors für ein Industrieunternehmen (z. B. Rohstoffvorkommen) war früher recht stabil (vgl. folgende Tabelle), mit der Folge, dass Unternehmen im Allgemeinen standortfest waren (**Persistenz**).

Textilindustrie	billige Arbeitskräfte, niedrige Lohnkosten
Industrie der Steine und Erden	gute Verkehrsinfrastruktur
Druckindustrie	Anbindung an Absatzmarkt
chemische Industrie	Nähe zu Rohstoffquellen bzw. günstigen Transportwegen

Branchenspezifische Zuordnung dominierender Standortfaktoren

Heute kommt es im industriellen Sektor regelmäßig zu **Standortverlagerungen**, da sich die Bewertung der Standortgegebenheiten durch den Unternehmer verändern kann (vgl. folgende Tabelle).

Die möglichen Gründe für den Bedeutungswandel von Standortfaktoren sind vielfältig: Die Ansprüche des Marktes, die Produktionsstrukturen, das Konsumverhalten oder die wirtschaftspolitischen Rahmenbedingungen ändern sich. Darauf muss dann ein Unternehmen bzw. die Produktion reagieren, z. B. mit Änderung der Fertigungsmethoden oder Gründung von Tochterfirmen, was wiederum Auswirkungen auf andere Standortfaktoren haben kann.

Zeit	Standorte der Eisen- und Stahlherstellung	Standortfaktoren
18. Jh.	Siegerland, Lothringen, Obersteiermark (Erzbasis)	Rohstoffe Eisenerz, Wald (Holzkohle), Wasser am Produktionsstandort vorhanden
19. Jh.	Ruhrgebiet, Saarland, Asturien (Kohlebasis)	Steinkohle ersetzt die Holzkohle, Eisenerz wird zu den Kohlevorkommen transportiert (wirtschaftlicher, da ca. 5 t Steinkohle pro t Roheisen eingesetzt werden müssen)
20. Jh.	Bremen, Duisburg, Dunkerque, Tarent ("Nasse Hütten", vgl. S. 110)	Technologische Innovationen verringern den Bedarf an Steinkohle pro t Roheisen auf 2:1; Transportkosten verringern sich, wenn Steinkohle und Eisenerz zu Standorten in Küstennähe oder an Binnenwasserstraßen transportiert werden, da die Fertigprodukte (Stahl, Stahlprodukte) von dort auf demselben Wege auf den Weltmarkt gelangen
Heute	Industrieländer: Salzgitter, Ijmuiden Entwicklungs-, Schwellenländer: Ciudad Guayana, Serra dos Carajás, Whitebank ("global")	Spezialisierung, Qualifikation der Arbeitskräfte, technisches Know-how; niedrige Lohnkosten, eigener Industrialisierungsprozess/Binnenmarkt

Standortverlagerung der Eisen- und Stahlindustrie

Neue Kommunikationstechniken und Transportmöglichkeiten (z. B. **Containerisierung** des Handels, vgl. S. 109 f.) sowie der Prozess der Digitalisierung haben die Kosten für einzelne Waren so stark gesenkt, dass Unternehmen unabhängig von einem Standort werden können. Für die sogenannte **Footloose Industry** (z. B. Betriebe aus der Bekleidungs-, Elektro- und Spielzeugbranche) ist es gleichgültig, wo sich ihre Produktionsanlagen befinden; sie kommt zunehmend mit angelernten Arbeitskräften aus. Vorgefertigte Teile werden zu den Standorten mit den weltweit niedrigsten Lohn- und Lohnnebenkosten **(Billiglohnländer)** oder den geringsten Umweltauflagen transportiert.

Oft werden die Güter als Halbfertigprodukte reimportiert oder in Drittländer zur weiteren Bearbeitung oder Endfertigung weitertransportiert.

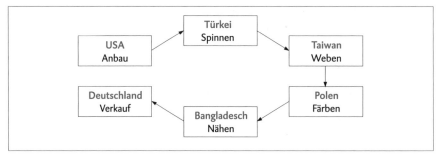

Produktionsschritte und -standorte bei der Herstellung eines Baumwoll-T-Shirts

Produktlebenszyklus

Auch der **Produktlebenszyklus** kann Auswirkungen auf den Standort haben. Die Theorie des Produktlebenszyklus besagt, dass ein industriell hergestelltes Produkt einen vierphasigen Entwicklungsprozess durchläuft. Hierbei verändert sich das Verhältnis zwischen Kosten und Erlösen für das Produkt, wodurch sich im Laufe der Zyklen auch neue Anforderungen an den Produktionsstandort ergeben (können).

- Die **erste Phase** ist geprägt von Verlusten infolge hoher Investitionen für die Entwicklung der Innovation, den Aufbau einer Fertigung und die Erschließung eines Marktes. Die Produktionsmengen sind bis zur Etablierung des Produktes auf dem Markt gering.

- Die **zweite Phase** ist gekennzeichnet von Wachstum und Gewinn. Bei hohen Preisen wird das Produkt stark nachgefragt, was eine große Gewinnspanne garantiert. Produktion und Umsatz wachsen.

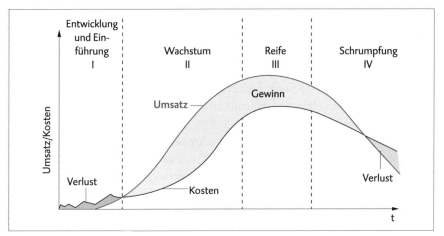

Phasen des Produktlebenszyklus

- In der **dritten Phase** kommt es zur Absatzstagnation auf hohem Niveau, die Produktionsanlagen sind ausgelastet. Der Konkurrenzdruck nimmt zu, die Gewinnspanne wird geringer bei nachlassenden Preisen und Rationalisierungsinvestitionen.

- Die **vierte Phase** ist gekennzeichnet von der zunehmenden Sättigung des Marktes und einem Preisverfall. Die Produktion wird mehr und mehr unwirtschaftlich und schrumpft, weshalb unter Umständen eine Verlagerung in Billiglohnländer erfolgt.

Technische Weiterentwicklung oder Verbesserungsinnovationen können die Markt- und Absatzchancen eines Produktes jedoch deutlich verlängern. Hochwertige Produkte erlauben höhere Lohnkosten und ermöglichen eine längere Produktionsphase in den entwickelten Regionen; bei minderwertigen Produkten erfolgt früher eine Verlagerung in Billiglohnländer oder die Produktion findet von Anfang an dort statt.

1.5 Standortentscheidungen

Die Einrichtungen eines Unternehmens (Bürogebäude, Fertigungshallen, Lager oder Verkaufsstützpunkte) müssen nicht zwangsläufig an einem Ort konzentriert sein. Eine Standortentscheidung ist daher nicht notwendigerweise nur auf die Wahl eines einzelnen Standorts beschränkt, sondern kann auch die Entscheidung über die räumliche Verteilung mehrerer Standorte eines Unternehmens umfassen. Standortentscheidungen werden immer dann getroffen, wenn Unternehmen gegründet werden, bisherige Standorte den Anforderungen des Unternehmens nicht mehr entsprechen (**Standortverlagerung**) oder weitere Standorte aufgebaut werden sollen (**Standorterweiterung**). Bei seiner Entscheidung muss ein Unternehmen darauf achten, dass die Anforderungen (z. B. Rohstoff-, Arbeitskräfteverfügbarkeit), die sich aus der spezifischen Tätigkeit des Unternehmens ergeben, mit den Gegebenheiten des infrage kommenden Standorts übereinstimmen.

Standortentscheidungen werden zunehmend im Kontext der Digitalisierung getroffen. Unternehmen sind aktuell und in Zukunft auf ein leistungsfähiges Breitbandnetz angewiesen. Die Standortwahl besitzt eine besondere Tragweite, da zum einen von ihr vielfältige Folgewirkungen ausgehen und sich zum anderen einmal getroffene Standortentscheidungen nur schwer und nur mit hohen Kosten revidieren lassen. Die Standortwahl kann sich in räumlich unterschiedlichen Dimensionen vollziehen: international (Kontinent, Staat), national (Region innerhalb eines Landes), lokal (Stadt oder Gemeinde einer Region) oder innerörtlich (Ortsteile, Stadtviertel).

Besonders bei Neuerrichtungen größerer Betriebsstätten erfolgt der durchgeführte Standortwahlprozess in mehreren Schritten. In der Regel wird zunächst der sogenannte **Makrostandort** (Land, Region, Gemeinde) festgelegt, indem für den entsprechenden Standort entstehende Investitionskosten den zu erwartenden Gewinnen (unter Berücksichtigung der Gesetzgebung, der Besteuerung und des Absatzmarktes) gegenübergestellt werden. Ist der Makrostandort gefunden, muss in einem weiteren Schritt der **Mikrostandort** (Standort innerhalb der Gemeinde) unter Berücksichtigung der relevanten Standortfaktoren – v. a. Infrastrukturanschluss (Verkehrs-, Leitungs-, Digitalnetz) und Flächenverfügbarkeit (auch für eine mögliche spätere Expansion) – ermittelt werden.

1.6 Standortwahl von Industriebetrieben

Industriebetriebe arbeiten aus Kostengründen vielfach zusammen, sind **horizontal** oder **vertikal verflochten**, sodass eine Tendenz zur räumlichen Konzentration von Betrieben besteht.

Benachbarte Betriebe derselben Branche, die sich z. B. als **Industriegasse** entlang einer Verkehrsleitlinie reihen können, bezeichnet man als **industrielle Standortgemeinschaft**. Ein Beispiel dafür sind die Chemie-, Leder- und Stofffärbereien im Filstal in Baden-Württemberg.

Industrielle **Einzelstandorte** finden sich i. d. R. im ländlichen Raum. Sie orientieren sich an jeweils wichtigen Faktoren wie lokalen Rohstoffvorkommen (Zementwerk, Sägemühle) und/oder spezialisierten Arbeitskräften (z. B. Schmuckstadt Idar-Oberstein, Spielzeugstadt Seiffen).

Eine **industrielle Standortgruppe** besteht demgegenüber aus benachbarten Betrieben unterschiedlicher Branchen mit Zulieferverflechtungen, z. B. in **Industrieparks**. Mit 7 200 Beschäftigten in 300 Betrieben auf 300 Hektar ist z. B. der Industriepark Bocholt der größte zusammenhängende, voll erschlossene Industriepark in Nordrhein-Westfalen.

Bei einer großräumigen Verteilung spricht man von **industriedurchsetzten Gebieten** (Beispiel Oberfranken: sehr hohe Industriedichte durch Betriebe der Kfz-Zulieferindustrie, Kunststoffwaren, Maschinenbau, Keramik und Glas, Me-

Der Industriepark Bocholt aus der Luft

tallerzeugnisse, Textilien, Nahrungsmittel) oder **Industrieregionen** (Beispiele: München als **monozentrische**, das Ruhrgebiet als **polyzentrische** Industrieregion).

Kompetenzcheck

– Nennen Sie jeweils zwei Beispiele für positive und für negative Standortfaktoren.
– Erläutern Sie den Einfluss der Digitalisierung auf die Standortwahl.
– Erklären Sie, wie es zum Bedeutungswandel von Standortfaktoren kommt.

2 Entstehung und Strukturwandel industriell geprägter Räume

2.1 Hauptphasen der industriellen Entwicklung

Industrialisierung ist ein komplexer und vielschichtiger volkswirtschaftlicher Prozess, der durch eine deutliche Zunahme der gewerblichen **Gütererzeugung** (sekundärer Sektor) bei gleichzeitigem Bedeutungsverlust des Agrarsektors (primärer Sektor) gekennzeichnet ist. Dabei erfolgt die **Massengüterproduktion** mit zunehmendem Maschineneinsatz in großgewerblicher, arbeitsteiliger Produktionsorganisation. Der Prozess der Industrialisierung beinhaltet technische, wirtschaftliche, gesellschaftliche, politische und ökologische Aspekte und hat enorme Auswirkungen auf Siedlungs-, Raum- und Bevölkerungsstrukturen.

Vorindustrielle Phase (Deutschland: 1780–1835)

Bevor im Industriezeitalter Massengüterproduktion betrieben werden konnte, wurden Güter im **Handwerk** oder in der **Manufaktur** hergestellt. Diese Produktionsformen werden als Vorläufer der Industrie bezeichnet.

Merkmale eines Handwerksbetriebs:
- geringe Betriebsgröße
- geringer Grad der Technisierung
- Einzelanfertigung von Gütern aufgrund individueller Bestellungen
- Materialbeschaffung, Produktion und Absatz sind dezentralisiert
- Wohn- und Arbeitsplatz sind vereint
- Standort des Handwerksbetriebs ist am Abnehmer orientiert

Merkmale einer Manufaktur:
- Betrieb im Übergangsstadium vom Handwerk zur Fabrik
- Güterproduktion findet weiterhin in Handwerkstechnik statt
- Produktionsprozess ist durch Zusammenlegung, Spezialisierung, Arbeitsteilung und Serienfertigung gekennzeichnet

Frühindustrielle Phase (Deutschland: 1835–1870)

Industrielle Produktion unterscheidet sich von vorindustriellen Produktionsformen in wesentlichen Punkten:
- Produktion mithilfe von Maschinen
- konsequent arbeitsteilige Produktion
- Serien- bzw. Massenproduktion

- Produktion auf Vorrat
- Produktion für anonymen, überregionalen Absatzmarkt
- Standortwahl nicht am Abnehmer orientiert

Die Handarbeit (Handwerk, Manufaktur) wurde in der frühindustriellen Phase durch erhöhten **Kapitaleinsatz** und **zunehmende Maschinisierung** infolge **des technischen Fortschritts** (Erfindung der Dampfmaschine, erster automatischer Webstuhl: Spinning Jenny) von industriellen Produktionsweisen verdrängt. Bereits in der vorindustriellen Phase lag der Schwerpunkt der Produktion auf dem Textilgewerbe, der Eisenproduktion sowie der Metallerzeugung und -verarbeitung; diese Branchen wurden nun insbesondere durch die Entwicklung des **Bergbaus** (Tiefzechen) unterstützt. Der Einsatz von Maschinen in der industriellen Produktion bewirkte einerseits einen enorm steigenden Energiebedarf, der durch **Steinkohle** gedeckt wurde, und er ermöglichte andererseits die Massenproduktion. Steinkohle wurde zum entscheidenden Energieträger. Die wachsende Nachfrage nach **Eisen und Stahl** (Werkzeuge, Maschinen, Haus- und Fabrikbau, Schienen- und Eisenbahnbau, Brückenbau, Schiffbau) ist ebenfalls ein Kennzeichen der aufkommenden Industrialisierung. Mit der Erfindung des **Koksverhüttungsverfahrens**, das den Einsatz von Kohle bzw. Koks im Hochofen ermöglichte, wuchsen die Nachfrage nach Steinkohle sowie die Erzeugung von Eisen und Stahl rasant weiter.

Der Übergang von der Agrar- zur Industriegesellschaft hatte aber nicht nur technische und betriebsorganisatorische Ursachen. Entscheidend für den Wandel waren auch zentrale gesellschaftliche und politische Faktoren:

- Die institutionelle **Liberalisierung** (Bauernbefreiung, Gewerbefreiheit, Erleichterung des inner- sowie interterritorialen Handels, freie Berufswahl) bewirkte **Landflucht**, sodass in den Städten der enorme Bedarf an Arbeitskräften in der Industrie gedeckt werden konnte.
- Der koloniale Überseehandel erzeugte insbesondere in Ländern, in denen die Industrialisierung früher eingesetzt hatte (z. B. England), große **Kapitalmengen**, die in Industriegründungen investiert werden konnten.

Ausbau und Dominanz der Industrie (Deutschland: 1870–1970)

In dieser Phase beschleunigte sich der Industrialisierungsprozess enorm. Ergebnis war die jahrzehntelange Dominanz des sekundären Sektors gegenüber den anderen Wirtschaftssektoren. Dies galt sowohl für die Verteilung der Beschäftigten auf die drei Wirtschaftssektoren (vgl. folgende Tabelle) als auch für den Anteil des sekundären Sektors am BIP.

Sektoren	I	II	III
1800	80,0	15,0	5,0
1880	42,2	35,6	22,2
1925	30,3	42,3	27,4
1950	24,6	42,9	32,5
1960	13,7	47,9	38,3
1970	8,4	46,5	45,1
1990	3,5	36,6	59,9
2010	1,6	24,5	73,9
2019	1,3	24,1	74,6

Verteilung der Erwerbspersonen auf die Sektoren der Volkswirtschaft in Prozent (Deutsches Reich 1800–1945, Bundesrepublik Deutschland 1950–1990, Deutschland 1995–2019)

Die Hochphase der Industrialisierung führte insgesamt zu einer völligen Umorganisation von Wirtschaft und Gesellschaft. Wichtige Kennzeichen waren:

- Steigerung und Verbilligung der Produktion
- Wachstum des Bruttosozialprodukts
- Ständige Erhöhung des Kapitaleinsatzes
- Urbanisierung
- Bevölkerungswachstum
- Bedeutungswandel der einzelnen Wirtschaftssektoren
- Ausbau der gesamten Infrastruktur
- Ausdehnung und Intensivierung des Handels
- Wandel in der Sozialstruktur
- Wandel der Arbeitsweise
- Wandel der Lebensweise und der gesellschaftlichen Mentalität

2.2 Strukturwandel industriell geprägter Räume

Um 1970 setzte insbesondere in bedeutenden Industrieregionen Europas ein tiefgreifender wirtschaftlicher **Strukturwandel** ein, der als **Deindustrialisierung** bezeichnet wird. Dieser Umwandlungsprozess bewirkte tiefgreifende wirtschaftliche und gesellschaftliche Veränderungen. Die Industriegesellschaft wird zunehmend von der **Dienstleistungsgesellschaft** bzw. **postindustriellen Gesellschaft** abgelöst (vgl. S. 272 ff.). Die zentrale Stellung des theoretischen Wissens und das zunehmende Übergewicht der Dienstleistungs- über die produzierende Wirtschaft sind deren elementare Kennzeichen.

Ursachen des industriellen und gesamtwirtschaftlichen Strukturwandels

In den 1960er- bis 1980er-Jahren nahm die Bedeutung **altindustrieller Branchen** (z. B. Kohle-, Eisen-, Stahl- und Textilindustrie) enorm ab. Regionen, die von diesen Branchen geprägt und abhängig waren, z. B. das Ruhrgebiet oder Mittelengland, durchliefen tiefgreifende Krisen. Strukturelle Veränderungen waren die Folge: **Deindustrialisierung, Reindustrialisierung, Tertiärisierung.**

Bedeutungsverlust der Montanindustrie in Europa

Ursachen der Kohlekrise
- Überangebot an Kohle und Absatzschwierigkeiten auf dem Weltmarkt
- Hohe Produktionskosten aufgrund der komplizierten Lagerungsverhältnisse der Kohle im Vergleich z. B. zu den im Tagebau förderbaren Steinkohlen Australiens
- Konkurrenz durch Importkohle

Ursachen der Stahlkrise
- Substitution des Stahls durch Kunststoffe
- Absatzrückgang aufgrund von Marktsättigung
- Konkurrenz von Billiganbietern auf dem Weltmarkt
- Hohe Produktionskosten

Die **Ölkrise** von 1973/1974 und der damit verbundene drastische Anstieg des Ölpreises lösten eine weltweite Wirtschaftskrise aus. Des Weiteren haben sich die gravierenden Fortschritte in der **Informations- und Kommunikationstechnologie** seit den 1980er-Jahren auf den Beschäftigungsmarkt, traditionelle Standortansprüche und die Produktionsstruktur zahlreicher Unternehmen ausgewirkt.

Ausgelöst durch tiefgreifende politische Veränderungen in Osteuropa in den 1990er-Jahren (Ende des kommunistischen Systems, vgl. S. 244 ff.) setzte hier ein wirtschaftlicher **Transformationsprozess** ein, der für viele westliche Unternehmen dort attraktive Standorte entstehen ließ (niedrige Löhne, großes Arbeitskräftepotenzial, geringere Produktionskosten) und somit Sekundärfolgen für traditionelle westliche Industriestandorte aufgrund von Verlagerungen hatte.

Im Rahmen von **Globalisierung** und **Digitalisierung** entstehen seit Beginn des 21. Jh. zunehmend weltumspannende Produktions- und Arbeitsmärkte, die nahezu von jedem Standort aus erschließbar sind. Vor dem Hintergrund eines internationalen Konkurrenzkampfes sind Unternehmen gezwungen, sich grundlegend umzuorganisieren.

2.3 Veränderungen im sekundären Sektor

Als **industriellen Strukturwandel** bezeichnet man im Unterschied zum **sektoralen Wandel** (Verschiebungen zwischen den drei klassischen Wirtschaftssektoren) den **branchenbezogenen Wandel** innerhalb einer Region, wobei es zwischenzeitlich zu Formen und Erscheinungen der Deindustrialisierung kommen kann. Das Wiedereinsetzen industrieller Tätigkeiten bezeichnet man als **Reindustrialisierung.**

Auch innerhalb eines Unternehmens des sekundären Sektors sind strukturelle Veränderungen möglich. Während früher der sekundäre Sektor in etwa mit dem produzierenden Gewerbe gleichgesetzt werden konnte, gewinnt heute in zahlreichen Industrieunternehmen der nicht produzierende und somit tertiäre Bereich an Bedeutung. Eine wachsende Anzahl von Beschäftigten in ehemals reinen Industrieunternehmen ist heute in der Forschung und Entwicklung, in der Organisation und Verwaltung, im Marketing oder im Servicebereich tätig.

Eine weitere Form des industriellen Strukturwandels ist der sogenannte **funktionale Wandel.** Davon spricht man, wenn ein Unternehmen seine Produktion grundlegend verändert oder branchenbezogen erweitert. Ein Beispiel für den funktionalen Wandel eines Unternehmens ist die Entwicklung der RAG Aktiengesellschaft.

1969	Gründung als Ruhrkohle AG.
1997	Umbau und Umbenennung zum Spartenkonzern RAG Aktiengesellschaft. Die Ruhrkohle AG wandelt sich – unter anderem durch Übernahme der Degussa (Chemie) und der STEAG (Energie) – zu einem weltweit tätigen, diversifizierten Montan-, Energie- und Chemiekonzern.
2007	Konzentration der RAG Aktiengesellschaft auf den deutschen Steinkohlebergbau. Die Geschäftsfelder Chemie, Energie und Immobilien der RAG Aktiengesellschaft werden ausgegliedert und in Evonik Industries AG umbenannt.
2018	Beendigung der subventionierten Steinkohleförderung in Deutschland.
2019	Fortführung der RAG Aktiengesellschaft mit Bergbaufolgeaktivitäten.

Entwicklung der RAG Aktiengesellschaft

2.4 Raumwirksamkeit des industriellen Strukturwandels

Die **raumstrukturelle Entwicklung** altindustrialisierter Regionen wurde jahrzehntelang weitgehend von den Interessen und Ansprüchen der industriellen Betriebe dominiert. Im Zuge ungesteuerter Wachstums- und Verdichtungsprozesse waren Industrie- und Gewerbeflächen erschlossen, Wohnraum für die in der Industrie arbeitende Bevölkerung geschaffen und eine einseitig auf die Industriebetriebe ausgerichtete Infrastruktur errichtet worden. Der Niedergang zahlreicher Industriebranchen löste eine großflächige **Deindustrialisierung** aus. Während die Betriebe aufgegeben oder an andere Standorte verlegt wurden, blieben die durch die Industrialisierung in Anspruch genommenen Flächen zunächst unverändert bestehen. Es entstanden große **altindustrielle Brachflächen**, die häufig mit **Altlasten** kontaminiert waren, jedoch zugleich wertvolle **Potenzialflächen für die Stadt- und Regionalentwicklung** darstellten. In vielen **altindustrialisierten Gebieten** wurden die brachgefallenen Industrieanlagen teilweise oder vollständig abgerissen. Durch die Beseitigung der historischen Bausubstanz sollte ein neues, zukunftstragendes Erscheinungsbild geprägt werden. Umnutzungen, häufig für Konsum und Freizeit, führten an manchen Stellen aufgrund fehlender gesamträumlicher Planungen jedoch auch zu einer unstrukturierten und konzeptlosen Raumnutzung.

Im Ruhrgebiet wurde erst durch das von 1989 bis 1999 andauernde Strukturprogramm **IBA Emscher Park** des Bundeslandes Nordrhein-Westfalen ein gesamträumliches und nachhaltiges Konzept zum Umgang mit den industriellen Hinterlassenschaften entwickelt. Durch die Etablierung der **Industriekultur** werden die ehemaligen Industrieanlagen nicht mehr lediglich als Arbeitsplatz und Zweckbau der Montanindustrie, sondern zunehmend als architektonisch wertvolle Zeugnisse und Orientierungspunkte der industriellen Vergangenheit wahrgenommen. In diesem Zusammenhang wurden bereits viele ehemalige Industrieareale im Ruhrgebiet effektiv umgenutzt. Dennoch nehmen Brachflächen auch heute immer noch einen großen Anteil in ehemaligen Industrieregionen ein.

Aufgabe	Mit neuen Ideen und Projekten im städtebaulichen, sozialen, kulturellen und ökologischen Bereich Impulse für den wirtschaftlichen Wandel einer alten Industrieregion zu setzen
Konzeptidee	Umwandlung ehemaliger Bauflächen in neu gewonnene Landschaft, Vernetzung von Freiräumen und ästhetische Interpretation des Raums als Industrielandschaft; nachhaltige Stabilisierung des Wasserhaushalts durch ökologischen Umbau des Gewässer- und Abwassersystems
Arbeiten	Entwicklung attraktiver, hochwertiger Gewerbestandorte für neue Gewerbe- und Dienstleistungsbetriebe, Erhalt und neue Nutzung von Industriedenkmälern

Stadtentwick-lung	Städtebauliche und wirtschaftliche Entwicklung von Stadtteilen, Aufwertung der Bahnhofsbereiche der Köln-Mindener Eisenbahn, integrierte Entwicklung von Stadtteilen mit besonderem Erneuerungsbedarf
Wohnen	Denkmalgerechte Modernisierung von Arbeitersiedlungen, Neubau von Siedlungen, Wohnprojekte für Ältere und Alleinerziehende
Kultur und Tourismus	Erhalt und neue Nutzung industriekultureller Bauten und Anlagen als Symbol für Strukturwandel; Schaffung von Identifikationspunkten und Veranstaltungsorten; künstlerische Auseinandersetzung mit der Region

IBA Emscher Park: Leitthemen

Der Duisburger Innenhafen – ein Beispiel für Umnutzung im Ruhrgebiet

Im Rahmen der IBA Emscher Park wurde die Industriebrache „Duisburger Innenhafen" zu einem multifunktionalen Dienstleistungspark am Wasser umfunktioniert. In unmittelbarer Nähe zur City wurde das in vielen Städten bereits erfolgreich realisierte Konzept Arbeiten, Wohnen, Ausgehen, Kultur und Freizeit am Wasser verwirklicht. Die stillgelegten Mühlen- und Speichergebäude des ehemaligen Getreidehafens, die als stadtprägende Kulisse erhalten geblieben sind, wurden auf vielfältige Weise neu nutzbar gemacht. So wurde die alte Küppersmühle zu einem Museum moderner Kunst umgebaut.

Duisburger Innenhafen früher

Duisburger Innenhafen heute

Kompetenzcheck

- Kennzeichnen Sie wichtige Phasen der Industrialisierung.
- Erläutern Sie Formen des industriellen Strukturwandels.

3 Deindustrialisierungsprozesse sowie wirtschaftliche und gesellschaftliche Veränderungen

3.1 Kondratieff und die Entwicklung des Welthandels

Lässt sich eine allgemeingültige Theorie der wirtschaftlichen Entwicklung aufstellen? Einer der Väter der modernen Wirtschaftswissenschaften, der österreichische Nationalökonom **Joseph Alois Schumpeter**, versuchte 1906, die gesamtwirtschaftliche Dynamik und die ökonomischen Wandlungsprozesse durch Innovationen, technischen Fortschritt und Unternehmertum zu erklären. Diesen Ansatz Schumpeters setzt die 1926 von dem russischen Wirtschaftswissenschaftler **Kondratieff** entwickelte **Theorie langer Wellen** innerhalb der Konjunktur fort: Entscheidend für die wirtschaftliche Dynamik seien Basisinnovationen, d. h. grundlegende technische Neuerungen sowie Umwälzungen in Produktion und Organisation (vgl. folgende Abb.).

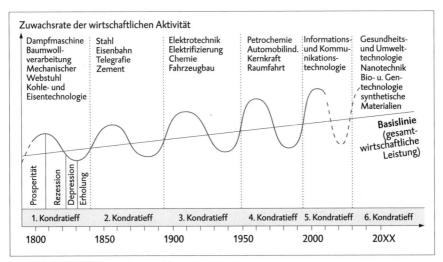

Die langen Wellen der Konjunktur und ihre Basis

Nach dem Zweiten Weltkrieg führte das von Europa, den USA und Japan ausgehende Wachstum v. a. der Automobil- und petrochemischen Industrie zur Entstehung der modernen Dienstleistungsgesellschaft, charakterisiert durch individuellen Massen- und globalen Luftverkehr sowie steigenden Welthandel.

Zurzeit ist die Weltwirtschaft im Modell im Bereich der 5. und 6. Kondratieffwelle einzuordnen: Hightech-Branchen v. a. der Informations- und Kommunikationstechnik dominieren. An die Biotechnologie knüpfen die für die

6. Kondratieffwelle als Basisinnovationen geltenden Bereiche Gentechnologie und psychosoziale Gesundheit an, beide mit großer Bedeutung für eine verstärkte Tertiärisierung. Hinzu sollen aus dem sekundären Sektor Branchen der Energieerzeugung treten (Kernfusion, regenerative Energien).

Die Annahme einer globalen gesamtwirtschaftlichen Aufwärtsentwicklung, wie sie Kondratieff prognostizierte, erscheint fragwürdig, wenn man die Struktur des Welthandels betrachtet: Gegenüber der sogenannten **Triade** Nordamerika, Ostasien und Europa ist der Anteil der anderen Regionen am Welthandel extrem gering, sodass vielfach von einer **Triadisierung** gesprochen wird, d. h. einem immer stärker werdenden Handelsdreieck USA – Europa – Ostasien. Dieser Prozess fördert die zahlreichen **bilateralen Handelsvereinbarungen** zwischen den drei Wirtschaftsriesen. Generell hat der innerregionale Handel die jeweils größte Bedeutung (**Regionalisierung** des Welthandels), wozu **Schutzzölle** und **Subventionen** für einheimische Produkte beitragen. **Wirtschaftsbündnisse** wie z. B. ECOWAS, EU, MERCOSUR, COMESA, NAFTA, ASEAN usw. (vgl. S. 130) verstärken diese Regionalisierungstendenzen.

3.2   Der Prozess der Deindustrialisierung

Deindustrialisierung bezeichnet eine tiefgreifende Veränderung der Wirtschaftsstruktur, die insbesondere in entwickelten Industrienationen stattfindet. Zentrale wirtschaftliche und raumwirksame **Kennzeichen der Deindustrialisierung** sind:

- Relative Abnahme der Bedeutung des produzierenden Gewerbes
- Absolutes Absinken der Beschäftigung, Rückgang der Produktion und Rückgang der wirtschaftlichen Wertschöpfung im sekundären Sektor
- Stilllegung von Betrieben
- Entstehung von Brachflächen

Deindustrialisierung fand in Industrieländern in unterschiedlich starkem Maße zunächst überwiegend in Verdichtungsräumen bei einer gleichzeitigen Zunahme des Umlandanteils der industriellen Tätigkeit statt. Diesen Prozess bezeichnet man als **Industriesuburbanisierung**.

Seit den 1980er-Jahren ist im Rahmen der internationalen Arbeitsteilung insbesondere in hoch entwickelten Ländern der Anteil des produzierenden Gewerbes an der gesamtwirtschaftlichen Bruttowertschöpfung geschrumpft (vgl. Abb. S. 97).

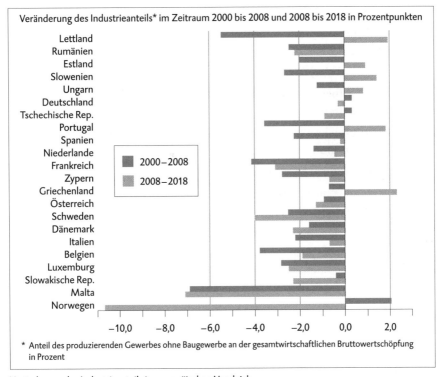

Veränderung des Industrieanteils im europäischen Vergleich

Ursachen der Deindustrialisierung

Als Ursachen der Deindustrialisierung sind v. a. ökonomische Aspekte zu nennen:

- Prozess der Globalisierung
- Ausbau der Informations- und Kommunikationstechnologien
- Zunehmender Wettbewerb der Industriestandorte weltweit
- Streben nach Reduktion der Produktionskosten (internationale Arbeitsteilung) und einhergehende Umstellung der Produktionssysteme
- Konkurrenz durch wirtschaftlich erstarkte Länder (insbesondere im asiatisch-pazifischen Raum)
- Entwicklung hin zu zunehmend instabilen und risikoreichen Märkten
- Verkürzung der Produktlebenszyklen

Folgen der Deindustrialisierung

Deindustrialisierungsprozesse haben u. a. folgende Auswirkungen, die wiederum gesellschaftliche Veränderungen hervorrufen:

- Verlust von Arbeitsplätzen im sekundären Sektor
- Anstieg der Arbeitslosigkeit insbesondere bei nicht oder gering qualifizierten Arbeitskräften
- Bevölkerungsrückgang aufgrund von Abwanderung aus altindustrialisierten Regionen, Wohnungsleerstände
- Höhere Belastung der Sozialsysteme
- Herausbildung und Verfestigung einer „urban underclass"
- Wachsende Polarisierung der Einkommens- und Qualifikationsstruktur innerhalb des Beschäftigungssystems
- Stärkere räumliche Trennung der sozialen Gruppen in ehemals stark industrialisierten Regionen

Kompetenzcheck

- Erläutern Sie die Bedeutung der 5./6. Kondratieffwelle für die bisherige und künftige globale Entwicklung.
- Erklären Sie den Begriff Deindustrialisierung. Nennen Sie jeweils drei Ursachen und drei Folgen des Deindustrialisierungsprozesses.

4 Strategien zur Überwindung von Strukturkrisen

4.1 Reindustrialisierung, Diversifizierung, Tertiärisierung

Strukturkrisen betreffen jeweils größere Regionen. Aus eigener Kraft schaffen diese den dann notwendigen Strukturwandel nicht, weil die Anzahl der Beschäftigten, die Größenordnung der Betriebe und die bis dahin meist einseitige Wirtschaftsstruktur dies nicht zulassen. So sind in der EU zwischen 2007 und 2014 fast vier Millionen industrielle Arbeitsplätze im Zuge von Globalisierungstendenzen verloren gegangen. Vor allem Frankreich, Italien, Spanien und Großbritannien hatten solche Verluste zu verzeichnen, der Anteil industrieller Wertschöpfung an der Gesamtwirtschaft sank auf 15 %. Durch **Reindustrialisierungsmaßnahmen** gelang es, diesen Anteil bis 2018 wieder auf 19,5 % zu steigern. Der Abbau von Handelshemmnissen, eine neue Gesetzgebung für den Energie- und Telekommunikationsmarkt sowie die Stärkung des europäischen Binnenmarktes sollen dafür die Rahmenbedingungen bieten.

Unterstützung und Impulse durch staatliche Förderung und private Investoren sind außerdem notwendig, sowohl aus dem In- als auch aus dem Ausland. Und damit ein solcher beabsichtigter Strukturwandel gelingen kann, bedarf es zusätzlich **günstiger Standortgegebenheiten**, z. B. eine möglichst zentrale Lage (wie sie z. B. das Ruhrgebiet in Europa besitzt), ein möglichst großes qualifiziertes Arbeitskräftepotenzial und günstige weiche Standortfaktoren wie umfangreiche Bildungs- und Freizeitangebote.

Über einen günstigen Standortfaktor verfügen alle Altindustriegebiete: ein umfangreiches Flächenpotenzial. Dieses ermöglicht eine Nach- oder Umnutzung mit günstigem Verkehrsanschluss. Die Bodenpreise sind meist niedrig; häufig müssen solche Flächen allerdings erst aufbereitet werden, um z. B. frühere Schwermetalleinträge in den Boden oder andere Schadstoffbelastungen zu beseitigen, bevor eine **Reindustrialisierung** mit dem Ziel einer wirtschaftlichen **Revitalisierung** stattfinden kann.

Beispiele für solche Reindustrialisierungsansätze sind z. B. 1962 die Ansiedlung des inzwischen geschlossenen Opel-Werkes in Bochum auf einem ehemaligen Zechengelände oder die Ansiedlung von Zukunftsindustrien in Dortmund seit den 1990er-Jahren auf dem ehemaligen Stahlstandort Phoenix West. Hier wird durch einen Branchenmix und somit einen **Diversifizierungsansatz** versucht, künftig wirtschaftlichen Krisen einzelner Branchen und Wirtschaftssektoren besser widerstehen zu können, als dies während der 1960er- und 1970er-Jahre der Fall war: Damals bedingte die Dominanz der Schwerindustrie die spätere Strukturkrise.

Phoenix West in Dortmund: neue Bürogebäude (rechts/Mitte) vor ehemaliger Hochofenanlage

Neben dem Versuch einer Reindustrialisierung waren es gegen Ende des 20. Jahrhunderts vor allem **Tertiärisierungsansätze**, mit denen ein wirtschaftlicher Neuanfang versucht wurde: So entwickelte sich z. B. auch das Ruhrgebiet seit Ende der 1960er-Jahre zu einer Bildungslandschaft, u. a. mit den neuen Universitäten in Bochum, Dortmund, Duisburg und Essen. In einem neuartigen Standortverbund entstanden Technologieparks in unmittelbarer Nähe zu Hochschulen, wo Forschung und Wissenschaft die neuen Erkenntnisse und Forschungsergebnisse den angegliederten jungen Unternehmen zur Verfügung stellten. Daneben siedelten sich große und flächenintensive Logistikbetriebe auf Altindustrieflächen an.

4.2 Veränderungen in Ostdeutschland

Entwicklungen in der Industrie

Bis 1972 waren, von ganz wenigen Ausnahmen im Einzelhandel und Handwerk abgesehen, alle Betriebe verstaatlicht worden. Die **Volkseigenen Betriebe (VEB)** erzeugten 99 % aller Güter und Dienstleistungen, sie waren der Landkreis- und Stadtverwaltung unterstellt. **Kombinate** der Grundstoffindustrie (z. B. Braunkohleförderung und -verarbeitung), Elektroindustrie und Chemie wurden wegen ihrer gesamtstaatlichen Bedeutung direkt von der Staatsführung geleitet. Im internationalen Wettbewerb galten bis auf wenige Ausnahmen DDR-Waren als nicht weltmarktfähig. Die Fabriken wirtschafteten unrentabel, erreichten z. T. nur ein Drittel westlicher Produktivität und wiesen veraltete Maschinenparks und Technologien auf.

	1989	1990	1995	2000	2008	2012	2019
Braunkohleförderung (in Mio. t)	195	168	71	55	60	84	66
Briketterzeugung (in Mio. t)	24	22	3	0,7	0,4	0,8	0,7
Bergbau, Energieerzeugung (Beschäftigte)	79 000	48 000	10 200	8 500	7 400	11 200*	10 800*

* einschließlich Beschäftigte in Braunkohlekraftwerken

Der Braunkohlebergbau der DDR vor und nach der Wende

Nach der Marktöffnung 1990 erwiesen sich die Standardrückstände als so gravierend, dass es zwangsläufig zum wirtschaftlichen Zusammenbruch kam. Im sekundären Sektor fand in großem Umfang **Deindustrialisierung** statt: 4 000 Betriebe mussten stillgelegt werden, die verbleibenden Betriebe entließen einen Großteil ihrer Belegschaft: Zwischen 1989 und 1997 ging die Anzahl der industriellen Arbeitsplätze um 56 % von 4,3 Mio. auf 1,9 Mio. zurück.

Die von der Schwerindustrie dominierte **Branchenstruktur** wurde weitgehend beibehalten, Modernisierungsmaßnahmen fanden hierbei nicht in ausreichendem Maße statt. Die notwendige **Diversifizierung** der Produktion, z. B. ein schneller Aufbau einer eigenen Konsumgüterindustrie, unterblieb und die Qualität vieler Produkte entsprach oft nicht den westlichen Standards: Es kam zwangsläufig zu Absatz- und Wettbewerbsproblemen.

Der Versuch der Privatisierung früherer Staatsbetriebe gelang nur zum Teil. Überwiegend wurden westliche Konzerne die neuen Besitzer solcher Betriebe; sie nutzten sie entweder als „verlängerte Werkbänke", ohne in sie zu investieren, oder als „Brückenkopf" zur Erschließung neuer Absatzmärkte im Osten. Erst allmählich fand zu Beginn des 21. Jh. eine langsame **Reindustrialisierung** statt (z. B. im Bereich der Automobilindustrie) – hierzu bedurfte es unterstützender staatlicher Maßnahmen und der Verbesserung infrastruktureller Voraussetzungen.

Reindustrialisierung in Ostdeutschland ist ein Erfolg

BDI-Präsident Ulrich Grillo lobt Leistung der Menschen in Ost und West.

„25 Jahre nach der Wiedervereinigung können wir stolz sein und sagen: Die Reindustrialisierung in Ostdeutschland ist ein Erfolg." Mit diesen Worten würdigte BDI-Präsident Ulrich
5 Grillo vor dem 25. Jahrestag der Deutschen Einheit die Leistung der Menschen in Ost und West am Sonntag in Berlin.

„Der Industrieanteil lag in den neuen Bundesländern Anfang der 1990er-Jahre bei gerade
10 einmal elf Prozent. Heute sind es mehr als 17 Prozent – und damit deutlich mehr als in Frankreich, Italien oder Großbritannien", sagte Grillo. Vor 25 Jahren erreichte die Wirtschaftskraft der neuen Bundesländer nur ein Drittel der

15 westdeutschen Wirtschaftsleistung, inzwischen hat sie sich mit 67 Prozent mehr als verdoppelt.

Neben der Entwicklung der Automobil-Industrie in Sachsen und Thüringen oder der 20 Chemie-Industrie in Sachsen-Anhalt sei es gelungen, in Ostdeutschland einen stabilen Mittelstand mit wettbewerbsfähigen Produkten zu schaffen. „Was jedoch fehlt, ist die enge Verknüpfung einer eigenständigen For-25 schungs- und Entwicklungstätigkeit mit den Hochschulen", benannte der BDI-Präsident Herausforderungen für den Osten Deutschlands. […]. ∎

Quelle: BDI zum 25. Jahrestag der Deutschen Einheit, 28.09.2015, http://bdi.eu/artikel/news/reindustrialisierung-in-ostdeutschland-ist-ein-erfolg/)

Entwicklungen im tertiären Sektor

Neben dem Mangel an Waren und Wettbewerb war auch das Fehlen einer angemessenen Einstellung gegenüber Dienstleistungen ein Merkmal der zentralen Verwaltungswirtschaft in der DDR und den anderen Staaten Osteuropas. Der **tertiäre Sektor** wurde damals dominiert von der Verwaltung und den Ministerien, von Polizei, Militär und Sicherheitsorganen sowie vom Bildungs- und Gesundheitswesen. Der **private Dienstleistungssektor** war nur schwach ausgeprägt, private Wirtschaftsdienstleister gab es so gut wie gar nicht.

So fiel es nach der politischen und wirtschaftlichen Wende vielen Menschen zunächst schwer, standortbezogene **marktwirtschaftliche Überlegungen und Kundenorientierung** als wichtige Voraussetzung für Akzeptanz, positive Umsatzentwicklung und somit wirtschaftlichen Erfolg zu verstehen. Gleichwohl bot gerade der tertiäre Sektor große Expansionsmöglichkeiten. Mithilfe westlicher Unterstützung und Know-how aus den alten Bundesländern gelang im Bereich der ehemaligen DDR der Wandel hin zur **Dienstleistungsgesellschaft** relativ schnell.

Die Erfolge im sekundären und tertiären Sektor dürfen jedoch nicht darüber hinwegtäuschen, dass im Zuge des **Transformationsprozesses** Tausende von Werksschließungen und Betriebsaufgaben erfolgten, woraus Arbeitslosigkeit in großem Umfang entstand – ein Phänomen, das die an soziale Gerechtigkeit und Vollbeschäftigung gewohnte Bevölkerung der ehemaligen DDR nicht kannte. Die Folge war die Abwanderung von mehr als 2 Mio. Einw. aus den neuen in die alten Bundesländer sowie in den Großraum Berlin.

Kompetenzcheck

– Kennzeichnen Sie die wirtschaftliche Ausgangssituation in den neuen Bundesländern zum Zeitpunkt der deutschen Wiedervereinigung.
– Erklären Sie die Begriffe Deindustrialisierung und Diversifizierung.

5 Kennzeichen und Bedeutung von Wachstumsregionen

5.1 Soziale und ökonomische Indikatoren

Wachstumsregionen (auch Wachstumsgebiete) sind Gebiete mit einem Bedeutungs- und Impulsüberschuss, den sie z. T. an die Nachbarregionen abgeben. Sie haben im Vergleich mit **Stagnations- oder Entleerungsgebieten** gegensätzliche Eigenschaften und Indikatoren:

- Überdurchschnittliches regionales BNE/Einwohner
- Zuzugsgebiet, Gebiet mit Bevölkerungswachstum
- Überdurchschnittliches Bildungsniveau
- Qualifiziertes Arbeitskräftepotenzial
- Geringe Arbeitslosenquote
- Produktion am Markt stark nachgefragter Produkte (Wachstumsindustrien)
- Diversifizierte Branchenstruktur
- Exportüberschüsse der ansässigen Industrie
- Überdurchschnittlich hohe und steigende Investitionen
- Ausgewogenes Verhältnis sekundärer : tertiärer Sektor
- Gute infrastrukturelle Vernetzung

Im Rahmen von Entwicklungs- und Industrialisierungsstrategien dienen Wachstumsregionen oder kleinere Wachstumspole dazu, gezielt Industrialisierungs- und/oder Wirtschaftsimpulse zu setzen und dadurch bisher wirtschaftlich rückständige Gebiete zu entwickeln sowie als Nachfolge davon die Entwicklung eines ganzen Landes positiv zu beeinflussen. In entwickelten Staaten mit regional einseitiger Wirtschaftsausrichtung können Wachstumsregionen auch zur gezielten Dezentralisierung geschaffen werden.

Regionale Disparitäten: Aktiv- und Passivräume

In der Raumordnung werden Wachstumsregionen auch als **Aktivräume** bezeichnet, die sich hinsichtlich ihrer Wirtschaftskraft deutlich von den **Passivräumen** unterscheiden.

Verteilung von Aktiv- und Passivräumen in Europa

Die **Aktivräume Europas** befinden sich hauptsächlich im Bereich der Metropolen und ihres Umlands, z. B. das Pariser Becken mit der Île de France, die Region Greater London oder die Großräume um Wien, Hamburg und Brüssel. Die einzelnen metropolitanen Schwerpunktgebiete wirtschaftlicher Entwicklung haben sich bis heute räumlich zu **zwei Hauptverdichtungszonen** geformt:

- Eine ältere Zone, die sogenannte **Blaue Banane**, reicht von den englischen Midlands über Südengland und die Randstad Holland entlang der Rheinachse bis nach Norditalien. Sie besteht einerseits aus Räumen mit **hoher und differenzierter wirtschaftlicher Dynamik** (Rhein-Main-Gebiet, Rhein-Neckar-Raum, Großraum München, Raum Basel-Zürich u. a.), andererseits aus **altindustrialisierten Gebieten** (z. B. Midlands, Südwales, Ruhrgebiet, Saargebiet, Nord-Pas-de-Calais), die heute einem **wirtschafts- und sozialräumlichen Strukturwandel** unterliegen.

- Eine jüngere Zone, die als **europäischer Sunbelt** bezeichnet werden kann, erstreckt sich von Nordostspanien (Katalonien mit Barcelona) über die südfranzösischen Verdichtungsräume Toulouse und Marseille und die Region Rhône-Alpes (Großraum Lyon-Grenoble). Sie setzt sich fort bis zu den italienischen Städten Verona, Ravenna und Bologna. Diese Verdichtungszone ist noch im Wachstum begriffen und zeigt eher punktuelle räumliche Schwerpunkte.

Nahezu alle **Passivräume** Europas befinden sich an der Peripherie. Beispiele sind die mittleren und nördlichen Regionen Skandinaviens, die westlichen und nördlichen Gebiete Schottlands, die Bretagne, Nordwestspanien und Nordportugal, der größte Teil der Balkanhalbinsel, große Teile Griechenlands und (noch) Mittelost- und Osteuropa.

Bedingt durch Lage, Naturausstattung, historische Entwicklung, aber auch aufgrund von Migrationsbewegungen und unterschiedlicher Infrastrukturentwicklung können sich innerhalb von Staaten oder Kontinenten **regionale Disparitäten** herausbilden. Diese Unterschiede nach Möglichkeit zu begrenzen und damit in etwa einheitliche Lebensbedingungen für die gesamte Bevölkerung zu schaffen ist eine Aufgabe von Staaten oder Staatengemeinschaften. Dies gilt auch für die Europäische Union, die mithilfe des EU-Binnenmarktes 1993 sowie der Einführung der gemeinsamen Währung Euro 2002 wichtige Voraussetzungen für die angestrebte ökonomische Einheit geschaffen hat. Die EU hat kein politisches Mandat für eine gemeinsame Raumordnung ihrer Mitgliedstaaten; trotzdem versucht sie, auf die Raumordnung und Raumentwicklung Einfluss zu nehmen, und zwar durch:

- Aufstellen von Leitlinien für den Ausbau von Verkehrs-, Energie- und Telekommunikationsnetzen,
- Aufstellen eines europäischen Raumentwicklungskonzepts,
- Inhalte und Ziele der Regionalpolitik.

5.2 Die Regionalpolitik der EU

Die vorhandenen deutlichen regionalen Disparitäten abzubauen oder deutlich zu verringern (sog. **Konvergenzziel**) ist das wichtigste Ziel der EU-Strukturpolitik. Dazu sollen strukturelle Schwächen einzelner Regionen/Staaten durch

Unterstützung beim Strukturwandel beseitigt und der soziale und wirtschaftliche Zusammenhalt innerhalb der EU gefördert werden **(Kohäsionsziel)**.

In der Förderperiode 2021–2027 sind folgende Ziele entscheidend für die Verteilung von Investitionen:

- ein intelligenteres Europa durch Innovation, Digitalisierung, wirtschaftlichen Wandel sowie Förderung kleiner und mittlerer Unternehmen;
- ein grüneres, CO_2-freies Europa, das das Übereinkommen von Paris umsetzt und in die Energiewende, in erneuerbare Energien und in den Kampf gegen den Klimawandel investiert;
- ein stärker vernetztes Europa mit strategischen Verkehrs- und Digitalnetzen;
- ein sozialeres Europa, das die europäische Säule sozialer Rechte umsetzt und hochwertige Arbeitsplätze, Bildung, Kompetenzen, soziale Inklusion und Gleichheit beim Zugang zu medizinischer Versorgung fördert;
- ein bürgernäheres Europa durch Unterstützung lokaler Entwicklungsstrategien und nachhaltiger Stadtentwicklung in der gesamten EU.

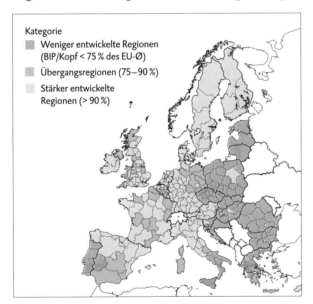

Kategorie
◼ Weniger entwickelte Regionen (BIP/Kopf < 75 % des EU-Ø)
◼ Übergangsregionen (75–90 %)
◼ Stärker entwickelte Regionen (> 90 %)

Unterschiedliche Entwicklung in der EU

Kompetenzcheck

- Nennen Sie Kennzeichen von Wachstumsregionen.
- Erläutern Sie Zielsetzungen, die mit der Schaffung von Wachstumsregionen verfolgt werden.

6 Moderne Produktions- und Logistikverfahren

6.1 Das Verkehrsnetz als Voraussetzung für Globalisierung

Ein leistungsfähiges **Verkehrsnetz** ist, neben einem engmaschigen **Kommunikationsnetz** und der **Liberalisierung** der Märkte, eine wichtige Voraussetzung für den weltweiten Handel und die damit verbundene **Globalisierung**. Zum einen ermöglichen ausgebaute Verkehrsnetze den globalen Handel mit Rohstoffen und Waren, zum anderen haben sich die Unternehmensstrukturen multinationaler Unternehmen mit den verbesserten Verkehrsnetzen verändert. Internationale **Arbeitsteilung** wird erst durch entsprechende Transportketten und Transportlogistik ermöglicht, ebenso wie z. B. die **Just-in-time-Produktion** (vgl. S. 118).

Weltweit ist seit 1960 bis heute die Menge der exportierten Waren um fast 1900 % gestiegen, weit stärker als die Warenproduktion (vgl. folgende Abb.), woraus sich eine zunehmende Wichtigkeit von Verkehrsnetzen und Transportwesen folgern lässt. Die im Zuge der Globalisierung deutlich gesunkenen **Transportkosten** (vgl. Abb. S. 107) hatten zur Folge, dass mehr Güter transportiert werden, sodass sich die **Transportdichte** erhöht. Gleichzeitig werden die Transportstrecken länger und die Beförderung beschleunigt sich. Es ergibt sich daher die Notwendigkeit, die Verkehrsträger und Verkehrsnetze weiterhin zu modernisieren und zu optimieren.

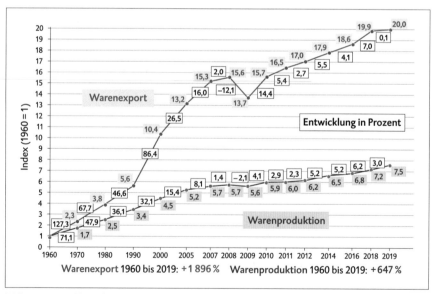

Weltweite Entwicklung des grenzüberschreitenden Warenhandels

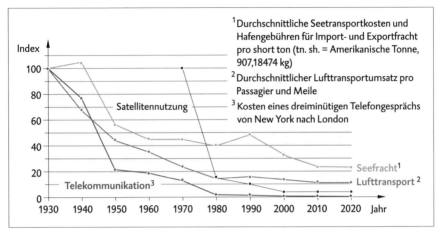

Kostensenkung bei Transport und Kommunikation (1930 bzw. 1970 = 100)

6.2 Veränderung und Modernisierung der globalen Verkehrsnetze

Die Modernisierung der Verkehrsmittel sowohl im **Personen-** als auch im **Güterverkehr** hat die Welt bereits seit Beginn der Industrialisierung völlig verändert. Eine Weltumrundung war bis zum 19. Jh. eine Reise von mehreren Monaten mit Schiff, Kutsche und Zug. 1927 dauerte ein Transatlantikflug noch 32 Stunden, im Jahr 1996 konnte diese Strecke mit einem **Überschallflugzeug** in knapp drei Stunden bewältigt werden. **Hochgeschwindigkeitszüge** erreichen heute auf entsprechenden Trassen problemlos 200–300 km/h. Die Geschwindigkeit im Schiffsverkehr hat sich in den letzten 100 Jahren ebenfalls erhöht, selbst ein Containerschiff erreicht bis zu 54 km/h (unter 37 km/h gelten sie bereits als unwirtschaftlich). Auch im **Straßenverkehr** hat sich eine Beschleunigung ergeben, und im Lkw-Verkehr ist v. a. das Ladevolumen gestiegen.

Personenverkehr

In Deutschland zeigt sich in Bezug auf das Mobilitätsverhalten ein deutlicher Unterschied zwischen Stadt und Land: Während in Metropolen das Auto im **Modal Split** (= Verteilung des Transportaufkommens auf verschiedene Verkehrsmittel) mit 38 % gewählt wird, ist es im ländlichen Raum zu 70 % das Verkehrsmittel der Wahl. Dies ist sowohl mit der Länge der zurückzulegenden Entfernungen als auch mit dem Angebot des ÖPNV zu erklären. Gleichzeitig ist auch im Personenverkehr eine **intermodale Verknüpfung** der Verkehrsmittel zu beobachten, die durch digitale Ticketsysteme vereinfacht wird.

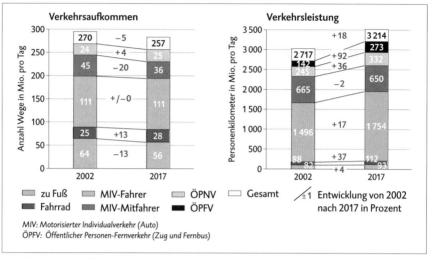

Entwicklung des Modal Split im Personenverkehr 2002 und 2017 im Vergleich

Güterverkehr

Häufig werden Transportvorgänge nicht mehr in Form eines **Direktverkehrs** organisiert, sondern durch den Wechsel des Transportmittels und den dazugehörigen **Warenumschlag** unterbrochen. Da das Prinzip der **Lagerhaltung** zunehmend durch **Just-in-time-Produktion** (vgl. S. 118) abgelöst wird, sind punktgenaue logistische Abstimmungsprozesse und präzise Synchronisationsprozesse zwischen den Produktions- und Transportschritten notwendig. Gleichzeitig geht mit diesen Möglichkeiten auch die Erhöhung der Flexibilität von Produktionsprozessen einher; entsprechend nimmt die Bedeutung der **Logistikunternehmen** zu. Waren Speditionen früher auf die einzelnen Verkehrswege spezialisiert, übernehmen die modernen Logistikunternehmen das gesamte **Supply-Chain-Management**: Sie organisieren heute zum Teil die gesamten **multimodalen Transportketten** (vgl. Abb. S. 110) eines Unternehmens inkl. Warenumschlag und bieten sogar nicht-logistische Dienstleistungen wie Montage und Verpackung an. Dabei verknüpfen sie den für die Produktion nötigen Wareneinkauf von ggf. weltweit verteilten Lieferanten mit der Produktion und der Auslieferung an den Kunden, d. h. sie übernehmen große Bereiche der **Beschaffungs- und Distributionslogistik**. Organisation, Abläufe und Umschlagsprozesse innerhalb der Transportkette werden mithilfe von QR-Codes digital organisiert und zunehmend vollautomatisiert. Automatisierte Kräne und **fahrerlose Transportsysteme (FTS)** übernehmen den Umschlag in Häfen und Güterverkehrszentren, werden aber auch zunehmend in Lagern eingesetzt. In Zukunft wird die **Blockchain-Technologie** die Logistikprozesse zusätzlich beschleunigen und für alle an der Supply Chain Beteiligten transparenter und sicherer gestalten.

Im Bereich der Beschaffungslogistik nehmen **Zentrallager** oder **Güterverkehrszentren** eine immer größere Bedeutung als Umschlagpunkte ein. Deutlich wird aber, dass die hochkomplexen, an Gütertransport gebundenen Logistikbereiche sehr krisenanfällig sind.

Blockchain-Technologie

Es handelt sich um eine neue Art der Programmierung, bei der jeweils für alle einsehbare Informationseinheiten miteinander verknüpft und als Blöcke abgespeichert werden. Diese werden wiederum mit anderen Blöcken in einer Kette aneinandergereiht. Dadurch ist jeder Teilschritt einsehbar, bereits programmierte Einheiten aber nicht mehr manipulierbar.

Seefrachtverkehr und Transportoptimierung

In der Frachtschifffahrt muss die Optimierung der Verladung und Verpackung der **Seefracht** als ausschlaggebende Veränderung gesehen werden. Sie ist mit einer erheblichen Vergrößerung der Ladekapazität einhergegangen.

Die wichtigste Erfindung in der Geschichte des Gütertransports ist zweifellos der **ISO-Container**. Das meist 20 Fuß (TEU = Twenty-foot-Equivalent-Unit) lange, genormte Behältnis wurde ursprünglich für den **Seefrachtverkehr** entwickelt und ermöglicht durch seine Normierung ein automatisiertes Be- und Entladen vom einen zum anderen Verkehrsmittel, z. B. Schiff, Bahn oder Lkw. Mit dem **automatisierten Umschlag** trägt der Container nicht nur zu einem einfacheren, sondern auch kostengünstigeren Transport durch Einsparung von Zeit und Personalkosten bei. Als Folge wächst der **Containerumschlag** in den Häfen der Welt in Korrelation zur Warenproduktion.

Mit dem Siegeszug des Containers vergrößerte sich die **Kapazität der Containerschiffe**, was durch größere Effizienz wiederum zu einer Senkung der Transportkosten führte. Im Jahr 2020 transportierte das größte Schiff 24 000 TEU.

Die immer größeren Schiffe haben erhebliche Auswirkungen auf die Bedeutung der **Häfen** und **Schifffahrtsrouten**. So können nur noch wenige Häfen mit ausreichender Wassertiefe angelaufen werden. Um wettbewerbsfähig zu

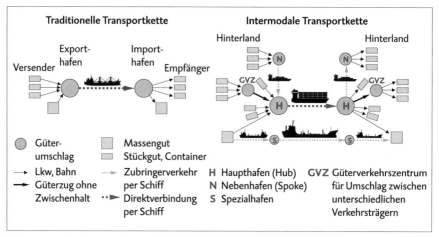

Traditionelle und intermodale Transportketten im Seehandel

bleiben, werden die Hafenbecken und Fahrrinnen beständig vertieft oder neue Hafenbereiche ausgebaut. Dies kann zu Konflikten mit Umweltschützern führen, wie bei der Elbvertiefung in Hamburg der Fall. Insgesamt ergibt sich eine **zunehmende Konzentration** des Frachtverkehrs auf bestimmte Schifffahrtsrouten und wenige Häfen der Welt, von denen ein Großteil in Asien liegt.

Häfen sind v. a. Umschlagplätze für Waren, die zum Teil zwischengelagert werden (Speicher, Lagerhallen, Ölbehälter u. a.). In neuerer Zeit haben sich Häfen auch zu modernen **Logistikzentren** für die Warendistribution entwickelt.

Im Zuge der Globalisierung haben sich die Standortfaktoren für die Häfen als industrielle Produktionsstandorte deutlich verbessert. Denn infolge der Transportkostensenkung rückt die Produktion quasi näher an die Rohstoffquelle heran, wenn in der Nähe zu Häfen produziert wird, da die Rohmaterialien (v. a. Massengüter wie Kohle und Erze) für die Weiterverarbeitung häufig aus Übersee mit dem Schiff angeliefert werden. In der Stahlproduktion spricht man von „**Nassen Hütten**" (vgl. S. 83).

Luftverkehr

In der Luftfahrt nimmt v. a. der Personenverkehr zu. Dabei konzentriert sich ein Großteil des weltweiten Flugverkehrs weiterhin auf den europäischen, amerikanischen sowie süd- und ostasiatischen Raum, die sogenannte **Triade**. Die Regionen des stärksten Wachstums liegen jedoch im Nahen Osten und in Asien.

Die **steigenden Treibstoffpreise** und wachsender **Wettbewerbsdruck** führen insgesamt zu sinkenden Erlösen, sodass verschiedene Strategien gesucht werden, um die Transportkosten zu verringern. Daher gibt es auf der einen Seite ein wachsendes Segment an **Billigfluganbietern**, sogenannte **Lowcost-Carrier**, die ihre Serviceleistungen minimieren und damit sowohl Personal- als auch Sachkosten einsparen; diese haben v. a. im Kurz- und Mittelstreckenverkehr Wachstumspotenziale. Auf der anderen Seite schließen sich einzelne große Airlines zu **Kooperationsbündnissen**, sogenannten **Allianzen**, zusammen (z. B. *Star Alliance* mit 28 Mitgliedern 2019, *SkyTeam* mit 19 Mitgliedern, *oneworld* mit 16 Mitgliedern) und stimmen ihre Verbindungen aufeinander ab.

Für den Lufttransport kommen generell verderbliche Güter infrage, z. B. Obst für den überseeischen Markt, sowie hochwertige Güter mit geringem Gewicht (z. B. Uhren oder Platinen) oder Luftpost, die ihren Empfänger schnell erreichen soll. Die **Luftfracht** hat im Vergleich zum Personentransport allerdings einen am Flugaufkommen gemessenen geringen Anteil am Luftverkehr, weil die Transportkosten sehr hoch sind. Insgesamt wies jedoch auch die transportierte Luftfracht bis 2019 ein beständiges Wachstum auf. Die Corona-Pandemie führte 2020 jedoch zum Einbruch im Personen- und Warenverkehr, der nicht innerhalb eines Jahres wieder ausgeglichen werden kann – auch wenn anschließend eine schnelle Erholung vorhergesagt wird (vgl. folgende Abb.)

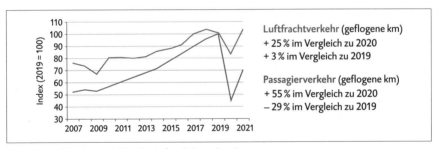

Passagier- und Frachtentwicklung im Luftverkehr weltweit

Im internationalen Flugverkehr ist eine fortschreitende Konzentration auf wenige Flughäfen erkennbar, die sich zu großen **Verkehrsdrehkreuzen** entwickeln, sogenannte **Hubs** (engl. *hub* = Nabe, Dreh- und Angelpunkt, Schnittstelle). Insbesondere der asiatische Raum, aber auch Afrika und Lateinamerika weisen große Zuwächse im Luftverkehr auf, sodass sich neben den Verkehrsdrehscheiben wie Tokio, Seoul und Hongkong mit Peking, Shanghai, Kuala Lumpur und Jakarta neue **Wachstumskerne** bilden. Dort siedeln sich vorrangig Firmen aus dem Dienstleistungsbereich an, die neue Arbeitsplätze schaffen und eine wirtschaftliche Entwicklung vorantreiben.

Frankfurt Airport als zentraler Hub in Europa

Der Frankfurter Flughafen ist mit 70,5 Mio. Passagieren (2019) der wichtigste Flughafen in Deutschland und der drittwichtigste in Europa. In Bezug auf den Frachtverkehr hat er mit 2,0 Mio. t Luftfracht (2019) die erste Position in Europa inne und besitzt damit den Stellenwert eines **Hubs**. Das heißt, der Fraport ist der zentrale Verlade- bzw. Umstiegsort, von dem aus kleinere Flughäfen mit Mittel- und Kurzstreckenflügen nach dem **Hub-and-Spoke-System** bedient werden. Der „Hub" steht für die „Nabe" als den zentralen Ausgangspunkt, während „Spoke" die von dort abgehenden „Speichen" darstellt.

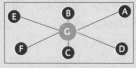

Hub-and-Spoke-System

Im Bereich des globalen Verkehrs hat das Hub-and-Spoke-System das **Point-to-Point-System** weitgehend abgelöst. So ermöglicht das Point-to-Point-System zwar eine größere Vielfalt an Strecken, die aber nicht gleich stark frequentiert werden. Daher ist das System insgesamt weniger effizient.

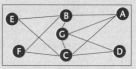

Point-to-Point-System

Schienenverkehr

Trotz des umweltpolitischen Potenzials der Bahn stagniert weltweit der Ausbau des Schienennetzes. Nur in einigen Schwellen- und Transformationsländern ergaben sich in den letzten Jahren Änderungen: So wird in China das Netz seit 2004 stark erweitert, um auch das Hinterland in die Wirtschaftsentwicklung einzubinden; in Russland wurde der Ausbau im Zuge der Olympischen Winterspiele 2014 und der Fußball-Weltmeisterschaft 2018 vorangetrieben. Weltweit wird jedoch eher an der Verknüpfung und Qualität der Netze gearbeitet – v. a. am **Hochgeschwindigkeitsnetz** und am Grad der **Elektrifizierung** – als an deren Ausbau.

Der **Güterverkehr** nimmt weltweit zu. Als Folge steigender Energiepreise liegt hier ein Potenzial, das in Zukunft vermutlich höhere Investitionen in den Schienenverkehr notwendig macht.

Straßenverkehr

Von allen Verkehrsträgern besitzt der Straßenverkehr sowohl im Bereich des Güter- als auch im Personenverkehr die größte Bedeutung (vgl. folgende Abb.).

Im Bereich des Güterverkehrs spielt auf kurzen und mittleren Distanzen v. a der Transport per **Schiene** und auf der **Straße** eine Rolle. Das liegt u. a. an der zunehmend praktizierten **Just-in-time-Produktion** (vgl. S. 118).

Der zunehmende Umfang des Gütertransports auf der Straße bedeutet eine steigende Belastung für den Straßenverkehr, zumal es sich häufig um **Transit-**

verkehr handelt, was insbesondere für Binnenstaaten wie die Alpenländer Österreich und die Schweiz von Bedeutung ist. Hier konzentriert sich der Verkehr zunehmend auf wenige wichtige Alpenübergänge, z. B. die Brennerautobahn zwischen Österreich und Italien. Allerdings nimmt der Anteil des reinen Güterverkehrs über die Straße zugunsten des kombinierten Verkehrs ab, was sicherlich eine positive Folge des Ausbaus der Eisenbahn-Transversalen z. B. am Gotthardt-Pass ist. Generell führt die Entwicklung nicht nur zu hohen Verkehrsaufkommen, sondern v. a. auch zur **Belastung** der **Umwelt** und der **Bevölkerung** in den betroffenen Alpentälern.

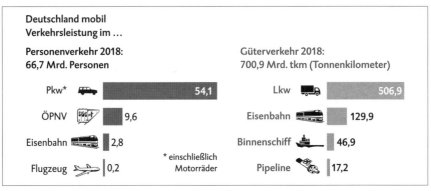

Deutschland mobil
Verkehrsleistung im ...

Personenverkehr 2018:
66,7 Mrd. Personen

Pkw*   54,1
ÖPNV   9,6
Eisenbahn   2,8
Flugzeug   0,2

* einschließlich Motorräder

Güterverkehr 2018:
700,9 Mrd. tkm (Tonnenkilometer)

Lkw   506,9
Eisenbahn   129,9
Binnenschiff   46,9
Pipeline   17,2

Verkehrsleistung nach Verkehrsträgern in Deutschland 2018

Weltweit bestehen große Unterschiede im Grad der **Motorisierung**. Mit Blick auf die Zukunft wird insbesondere für Asien und Russland ein erheblicher Zuwachs prognostiziert. Dieses Potenzial stellt einerseits eine Chance für die Wirtschaft dar, bringt andererseits aber auch eine ökologische Belastung mit sich. Selbst wenn man die CO_2-**Emission** pro Fahrzeug zukünftig verringern kann (z. B. durch den Ausbau der Elektromobilität), bedeutet eine zunehmende Motorisierung bei gleichzeitiger Bevölkerungszunahme eine weitere Steigerung des CO_2-Ausstoßes und in Abhängigkeit von dem verwendeten Treib- bzw. Antriebsstoff einen entsprechenden Ressourcenverbrauch.

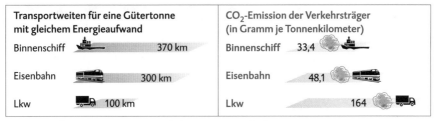

Transportweiten für eine Gütertonne
mit gleichem Energieaufwand

Binnenschiff   370 km
Eisenbahn   300 km
Lkw   100 km

CO_2-**Emission der Verkehrsträger**
(in Gramm je Tonnenkilometer)

Binnenschiff   33,4
Eisenbahn   48,1
Lkw   164

Energiebedarf und CO_2-Emission der Verkehrsträger im Vergleich

6.3 Die Bedeutung von Straße und Schiene für die Entwicklung von Räumen

Weltweit gesehen ist das Vorhandensein eines Verkehrsnetzes unerlässliche Voraussetzung für die Teilhabe von Personen und Waren an Wirtschaftsaktivitäten – und damit wesentliche Voraussetzung für das **Entwicklungspotenzial** einer Region oder eines Landes. **Verknüpfungsgrad** und Streckenführung hängen dabei direkt mit der historischen Entwicklung zusammen, wie das Modell der Entwicklung und des Aufbaus von Verkehrsnetzen in Entwicklungsländern von Taaffe, Morrill und Gould (**Taaffe-Modell**) veranschaulicht: Dieses zeigt den fortschreitenden Erschließungsgrad ausgehend von einem wirtschaftlichen **Zentrum** (z. B. Hafenstädte) in die **Peripherie** (vgl. folgende Abb.). Der Ausbau und die Komplexität der Verkehrsnetze wurden dabei zunächst wesentlich von den Interessen der jeweiligen Kolonialmächte an Rohstoffvorkommen sowie der Anbaumöglichkeit von Cashcrops im Hinterland gesteuert. Die damals entstandenen Grundstrukturen prägen viele ehemalige Kolonialländer bis heute.

Global zeigt sich daher eine deutliche Benachteiligung der zentralen Bereiche Afrikas und Lateinamerikas hinsichtlich der Verkehrsinfrastruktur, aber auch der wegen ihrer Naturausstattung wenig besiedelten Räume in Australien, Russland, China und Kanada.

Eine gezielte **Raumerschließung** durch den Neu- und Ausbau von Verkehrswegen kann als Maßnahme zur Raumentwicklung genutzt werden, wie es z. B. mit dem Bau der transsibirischen Eisenbahn geschehen ist. Auch hier

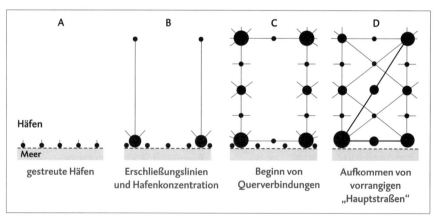

Entwicklung und Aufbau von Verkehrsnetzen in Entwicklungsländern

stand, wie in den Kolonialgebieten, die Rohstofferschließung im Vordergrund. Folgende generelle Vorteile einer Verkehrserschließung lassen sich festhalten:

- **Passivräume** können in den Markt eingebunden werden und erhalten wirtschaftliche Impulse.
- Grundsätzlich können bereits vorhandene **Wirtschaftsverbindungen intensiviert** und der Handel beschleunigt und damit vergünstigt werden.
- Es können alte Grenzen überwunden und neue **Märkte erschlossen** werden.

Regional und international haben aus diesem Grund **Verkehrsprojekte** einen hohen Stellenwert. Auf europäischer Ebene gibt es die **transeuropäischen Verkehrsnetze (TEN-V)**. Für die Entwicklung des grenzübergreifenden europäischen Verkehrs-Kernnetzes, das aus zehn großen Korridoren bestehen soll, werden Hochgeschwindigkeits-Zugstrecken ausgebaut, wichtige Häfen und Großflughäfen besser an die Schienen- und Straßennetze angeschlossen sowie grenzübergreifende Verkehrsengpässe abgebaut. Ziel ist es, den europäischen Binnenmarkt zu stärken sowie den wirtschaftlichen und sozialen Zusammenhalt innerhalb der EU. Zudem sollen periphere Gebiete besser angebunden und die Verbindungen in angrenzende Länder außerhalb der EU gestärkt werden.

Beim Ausbau von Verkehrsnetzen müssen Kosten und Nutzen gegeneinander abgewogen sowie Umweltschutz und Bedürfnisse der Bevölkerung berücksichtigt werden. Dies kann zu **gesellschafts- und umweltpolitischen Konflikten** führen, wie es in Deutschland am Beispiel des Bahnhofumbaus und der Gleisführung in Stuttgart (Stuttgart 21) deutlich wurde.

6.4 Bedeutung der Informations- und Kommunikationstechnologien für Industrie, Handel und Finanzwesen

Die Entwicklung der modernen Informations- und Kommunikationstechnologien ist neben dem Verkehrsnetz die zweite wichtige Voraussetzung für den globalen Handel, aber auch für die **internationalen Finanzströme und Nachrichtendienste**. Die New Yorker Börse konnte erst mit der Erfindung der Telegrafie über die Stadtgrenzen hinaus mit Wertpapieren handeln; erst die Verlegung des **Transatlantischen Kabels 1866** ermöglichte eine zeitnahe Kommunikation mit Europa. Ohne weltweite **digitale Kommunikationsnetze** wäre der internationale Wertpapierhandel ebenso unvorstellbar wie die schnelle Nachrichtenübermittlung. Virtuelle Fabriken (vgl. S. 138) wären ohne Internetkommunikation nicht denkbar. Im Finanzwesen führen die neuen **Krypto-Währungen**, die nach dem Prinzip der Blockchain-Technologie (vgl. S. 109) programmiert werden, weiter hinein in den virtuellen Raum. Auch die räumlich ausgedehnten Transportketten oder die Produktionsabläufe virtueller Fabriken wären ohne **digitale Kommunikationstechnologie** nicht denkbar.

Die Entwicklung der Kommunikationsmedien und des internationalen Kommunikationsnetzes, insbesondere des Internets, bedeuten auch für bisher benachteiligte Weltregionen eine Chance, Entwicklungsrückstände aufzuholen. Die **räumliche Zugangsbeschränkung** zu Märkten kann durch die immer preisgünstigere Telekommunikation und Kommunikation per Internet überwunden werden, z. B. durch **E-Commerce**. Allein dadurch kann die **Wettbewerbsfähigkeit** eines Standortes wesentlich erhöht werden. Aus gesellschaftspolitischer Sicht hofft man, dass sich der Prozess der Demokratisierung durch die zunehmende internationale Kommunikation per Internet verstärkt. Genauso wie im internationalen Warenhandel ist jedoch zu beobachten, dass nicht alle Regionen der Welt die digitale Entwicklung gleichermaßen zu ihrem Vorteil nutzen können (vgl. folgende Abb.).

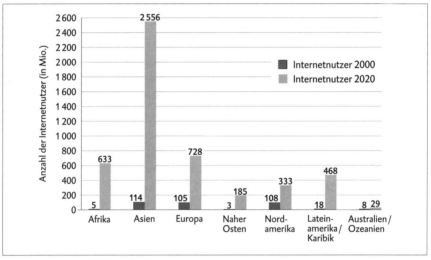

Weltinternetnutzung 2000 und 2020

Digitale Kluft

Die Entwicklungsunterschiede im Bereich der Datenverarbeitung und digitalen Kommunikation scheinen sich in den letzten Jahren eher zu verstärken als abzuschwächen. Man spricht daher von einer digitalen Kluft (engl. *digital divide*).

Die Ursache der **digitalen Kluft** liegt v. a. an grundsätzlichen Barrieren, die in vielen Entwicklungsländern vorzufinden sind:

* Die **Telekommunikations-Infrastruktur** ist nicht überall gegeben: Häufig weist die **Stromversorgung** Mängel auf oder es fehlen feste Telefonleitungen oder **Breitbandverbindungen**. Hier bedeutet allerdings die Entwicklung des Mobilfunks eine Chance. Einige Regionen sind per Mobilfunk bereits zugänglich, während kein Festnetz verfügbar ist.

* **Politische Entscheidungen** oder Konflikte sowie **religiöse Tabus** verhindern in einigen Regionen die Behebung infrastruktureller Defizite.

* Die **Kosten für Hard- und Software** sowie die Internet-/Telefongebühren sind im Vergleich zu den Löhnen unverhältnismäßig hoch.

6.5 Moderne industrielle Produktionsstrukturen

Moderne Industrieunternehmen sind auf dem globalen Markt nur dann konkurrenzfähig, wenn sie ihre **Produktionsstrukturen** anhand marktwirtschaftlicher Kriterien permanent überprüfen und evtl. korrigieren. Hierzu gehören u. a. effektiver Einsatz von Gütern, höchstmöglicher Ertrag, Absatzsteigerung durch Werbung und Produktivitätssteigerung durch technische Innovation. Unternehmer verfolgen dabei das Ziel, Wettbewerbsvorteile zu erzielen und so das Unternehmen bzw. den Standort zu erhalten bzw. weiterzuentwickeln.

Verringerung der Fertigungstiefe

Eine wichtige produktivitätssteigernde Strategie besteht in der Verringerung der **Fertigungstiefe**, d. h. des Anteils der in einem Betrieb gefertigten Bauteile am Gesamtprodukt. In der Automobilindustrie hat sich die Fertigungstiefe zwischen 1970–2020 von gut 80 % auf unter 30 % verringert. Porsche hat z. B. eine Fertigungstiefe, die bei den Sportwagenmodellen 911 und Boxster nur ca. 20 % beträgt. Das wurde erreicht, indem man große Teile der Produktion wie auch der innerbetrieblichen Dienstleistungen auslagerte, wenn ein darauf spezialisiertes Unternehmen diese Aufgaben qualitativ besser und kostengünstiger erfüllen konnte. Dieses sogenannte **Outsourcing** bewirkt in der Regel extreme Kosteneinsparungen, da v. a. die Löhne in den Zulieferbetrieben häufig niedriger sind.

Just-in-time-Produktion

Die Just-in-time-Produktion führt zu Kostensenkungen, da Zulieferer vertraglich verpflichtet werden, notwendige Bauteile oder fertig montierte Module zur exakt benötigten Zeit zu liefern. Lager- und Personalkosten können so eingespart werden. Die Just-in-time-Produktion ist allerdings nur bei einer reibungslos funktionierenden Logistik sinnvoll. Da jedoch das erhöhte Verkehrsaufkommen zunehmend zu Staus und verzögerten Lieferungen führen kann, haben bereits verschiedene Zulieferer Materiallager oder Produktionsstätten in unmittelbarer Nähe (Re-Agglomeration) oder auf dem Gelände des zu beliefernden Unternehmens (territoriale Integration) errichtet.

Lean Production

Bei dieser „schlanken Produktionsorganisation" handelt es sich um eine Unternehmensstrategie, die das Ziel hat, Ressourcen und Kosten zu minimieren. Angestrebt wird eine eigenverantwortliche Qualitätssicherung, bei der sich der Betrieb auf seine Kernkompetenz(en) konzentriert. Die damit verbundene systematische Steigerung des Outsourcings bringt eine Reduzierung der Fertigungstiefe mit sich. Es wird eine ausgereifte, wenig störungsanfällige Technik eingesetzt, die Fehler reduziert; Abläufe werden zeitlich optimiert.

Teamarbeit in Fertigungsinseln

Einen weiteren Beitrag zur Produktivitätssteigerung leistet die Teamarbeit in sogenannten Fertigungsinseln. Darunter versteht man geschlossene, selbstständig operierende Einheiten innerhalb eines Betriebs, die mit allen notwendigen Personal- und Betriebsmitteln ausgestattet sind, um komplexe Bauteile und Endprodukte herzustellen. In der konventionellen Produktion durchläuft ein Werkstück nacheinander verschiedene Abteilungen, das ist zeitaufwendiger und fehleranfälliger. Die abwechslungsreiche Teamarbeit führt, auch infolge des Gruppendrucks, zu geringeren Krankheitsraten und einer höheren Produktivität bei geringerer Personalstärke. Kritiker sprechen von einer „Optimierung der Selbstausbeutung" aus Sicht der Arbeitnehmer.

Global Sourcing

Zur externen Flexibilisierung gehört auch, dass Unternehmen als Global Player (vgl. S. 125 f.) agieren, das weltweite Angebot auf dem Beschaffungsmarkt nutzen oder Teile der Produktion in Niedriglohnländer auslagern. Man spricht von Global Sourcing. Die moderne Kommunikation via Internet ermöglicht weltweit einen Informationstransfer in Sekundenschnelle sowie eine globale Nutzung von Forschungen und Entwicklungen. Werden Niedriglohnländer zu „verlängerten Werkbänken" der Industriestaaten, geschieht dies meist auf Kosten heimischer Arbeitsplätze.

Die Modernisierung der industriellen Produktionsstrukturen verändert nicht nur den Produktionsprozess, sondern auch die industriellen Organisationsformen. Es entstehen beispielsweise **Cluster** (branchenspezifische Unternehmensnetzwerke) und **Spin-off-Betriebe** (Neugründungen von ehemaligen Mitarbeitern der Großunternehmen; vgl. S. 136).

Kompetenzcheck

– Erläutern Sie die Bedeutung der Verkehrsnetze für die Globalisierung.
– Nennen Sie drei moderne industrielle Produktionsstrukturen und erläutern Sie deren Vorteile.
– Benennen Sie die Aufgaben von Logistikunternehmen.
– Stellen Sie die Unterschiede zwischen traditionellen und intermodalen Transportketten (vgl. Abb. S. 110) tabellarisch zusammen.

---

7 Veränderung von lokalen, regionalen und globalen Standortgefügen im Zuge der Globalisierung

7.1 Gründe für die Veränderung von Standortgefügen

Im Zuge des Globalisierungsprozesses ist es zu erheblichen Veränderungen hinsichtlich der Standortverteilung gekommen. Bis dahin gültige und gewichtige Standortfaktoren verloren, andere bis dahin untergeordnete gewannen an Bedeutung. So spielten ursprünglich Lohnkosten häufig eine nachgeordnete Rolle, während sie heute zur Verlagerung ganzer Industriezweige in Billiglohnländer führen, da z. B. die Transportkosten deutlich gesunken sind. Daneben gibt es weitere Gründe, die zur Veränderung von Standortgefügen geführt haben:

• Verlagerung von Produktion oder Teilproduktion aus **standortschwachen Regionen** in solche mit Produktionsvorteilen oder -erleichterungen
• Stärkeres Engagement von Unternehmern im Ausland, u. a. wegen **Liberalisierungsvorgängen** und **gesetzlichen Erleichterungen**

- Abnahme **protektionistischer Maßnahmen** von Staaten zum Schutz der eigenen Wirtschaft sowie der **Subventionierung** heimischer Produkte
- Gründung von **Gemeinschaftsunternehmen** von einheimischen und ausländischen Unternehmen (**Joint Ventures**) mit der Folge von Betriebsverlagerungen ins Ausland
- Bildung von **Wirtschafts- und Dienstleistungs-Clustern** als Kooperations- und Integrationsmaßnahmen mit starken Cluster-internen Interaktionen und größeren internationalen Verflechtungen

7.2 Weltwirtschaftliche Zusammenhänge und Verflechtungen

Unter **Weltwirtschaft** versteht man die Summe aller wirtschaftlichen Aktivitäten sowie die Beziehungen von Volkswirtschaften untereinander; hierzu zählen die Produktion von Waren sowie deren Austausch/Handel, ebenso der Austausch von Kapital und Dienstleistungen.

Rezessionsjahre wie 2009 (Bankenkrise) und 2020 (Coronakrise) ausgenommen, ist die Weltwirtschaft seit 1970 einerseits gekennzeichnet durch steigende Produktionswerte, einen höheren Grad an Vernetzung und zunehmenden Warenaustausch, andererseits durch eine ungleichmäßige Entwicklung der Volkswirtschaften auf den einzelnen Kontinenten und damit durch unterschiedliche Chancen, an den globalen wirtschaftlichen Entwicklungen teilzuhaben.

	2005	2010	2012	2018
Schweiz	61 550	77 360	84 410	84 430
Norwegen	62 760	86 830	98 880	80 640
Luxemburg	70 340	69 340	69 300	70 910
Katar	40 320	66 440	79 330	81 150
...	...	...	...	...
Niger	250	370	390	540
Zentralafrikanische Republik	340	490	490	k. A.
Malawi	220	350	320	350
Burundi	130	200	240	280

Die reichsten und ärmsten Staaten: Bruttonationaleinkommen je Einwohner in US-$ nach Daten der Weltbank 2019

7.3 Ursachen und Voraussetzungen der Globalisierung

Das globale Bevölkerungswachstum in der zweiten Hälfte des 20. Jh., damit verbunden der zunehmende Bedarf an Nahrungsmitteln, Rohstoffen und Energie, die Steigerung industrieller Produktion oder wachsende Ansprüche der Konsumenten in den Industrieländern ließen den Bedarf nach globalem Handel(n) deutlich werden. Technische Entwicklung und deutliche **Kostensenkungen** im Bereich der **Kommunikation** und des **Transportwesens** waren Voraussetzung für eine zunehmende **globale Vernetzung**.

Weltweit haben sich im Zuge dieser Standortentwicklung Wachstumszonen gebildet, in denen u. a. aufgrund von hoch entwickelten Wissenschaften, einem großen Anteil an FuE-Industrien, qualifizierten Arbeitskräften und einem hohen Lebensstandard die allgemeine gesellschaftliche und damit auch

Ursachen der Globalisierung

Technologische Ursachen

- Weltumspannendes Kommunikationsnetz (Mobiltelefon, Internet, Glasfaserkabel u. a.)
- Computerisierung, Miniaturisierung
- Senkung von Transaktionskosten durch moderne Verkehrs- und Kommunikationstechnologien

Soziokulturelle Ursachen

- Zunehmende Mobilität des Menschen
- Globale Produkte
- Wachsende Angleichung von Lebensstilen, Normen, Ritualen und Wertvorstellungen

Politisch-rechtliche Ursachen

- Neue Wachstumszentren im asiatisch-pazifischen Raum, z. B. China
- Zusammenbruch des Sozialismus und Abbau politischer Spannungen
- Transformation der Wirtschaftsordnungen in den mittel- und osteuropäischen Ländern (Öffnung der Märkte für Sachgüter, Dienstleistungen und Kapital)
- EU-Erweiterung

Ökonomische Ursachen

- Deregulierung auf den Güter- und Faktormärkten
- Abbau von Handelshemmnissen, Devisen- und Kapitalverkehrsbeschränkungen
- Mobilität von Kapital und Wissen
- Steigende Direktinvestitionen von Firmen im Ausland
- Bildung multinationaler Unternehmen (vgl. S. 125)
- Verändertes Verbraucherverhalten (Produktvielfalt)
- Zunehmende Konkurrenz durch Schwellen- und Entwicklungsländer

die wirtschaftliche Entwicklung vorangetrieben wird. Zu diesen Regionen gehören Nordamerika, Europa und Ostasien, die sogenannte **Triade** (griech. Trias = Dreiheit), die maßgeblich den Welthandel bestimmt. Andererseits gibt es Staaten, die hinter der weltweiten Wirtschafts- und Handelsdynamik sowie der allgemeinen Entwicklung zurückgeblieben sind. Sie besitzen ungünstige Voraussetzungen für eine eigenständige Weiterentwicklung, leiden z. T. auch unter den negativen Folgen des Globalisierungsprozesses. Zu diesen Regionen gehören weite Teile Afrikas, Teile Süd- und Zentralasiens sowie Südamerikas.

Der **Globalisierungsprozess** bedeutet eine Intensivierung globaler Verflechtungen auf transnationaler Ebene in den Bereichen Wirtschaft, Politik, Ökologie, Kultur, Kommunikation, Technologie und Kapitalbeschaffung; er setzt einen hohen Interaktionsgrad aller Beteiligten voraus. Seit einigen Jahrzehnten haben sich auf diese Weise neue Märkte für Waren, Dienstleistungen, Kapital, Informationen und Technologien gebildet. Dieser Prozess hat letztlich auch die allgemeine Produktions- und Produktivitätsentwicklung, also eine Verbreiterung des Waren- und Dienstleistungsangebotes, begünstigt.

Im Herbst 2008 erlebten die Menschen mit dem Zusammenbruch des US-amerikanischen Bankensystems und dessen weltweiten Folgen zum ersten Mal eine deutliche Unterbrechung des Globalisierungsprozesses. Die Covid-19-Pandemie („**Corona-Krise**") verursachte 2020 die bisher gravierendste globale **Wirtschaftskrise** seit dem Zweiten Weltkrieg: Börsen brachen ein, die Arbeitslosigkeit stieg, und die Wirtschaftskraft sank weltweit um durchschnittlich 6 %, im Euroraum sogar um 11 %. Auch das öffentliche und das Privatleben wurden im Zuge von Lockdowns und Verhaltensauflagen massiv eingeschränkt

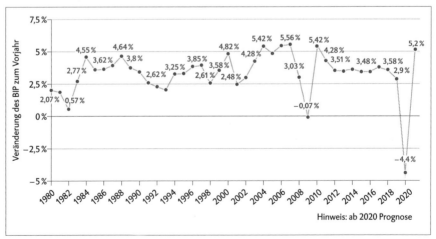

Wachstum der Weltwirtschaft 1980–2021

Anhand dieser Krisen wird deutlich, dass Globalisierung auch ein schnelles erdumspannendes Betroffen-Sein durch wirtschaftliche und gesellschaftliche Negativmerkmale bedeuten kann. Dies hat die Diskussion über Vor- und Nachteile der Globalisierung neu angefacht.

7.4 Internationale Arbeitsteilung

Der globale Markt in seiner gegenwärtigen Form würde ohne **internationale Arbeitsteilung** nicht existieren. Hintergrund dieser Arbeitsteilung ist gemäß der klassischen Volkswirtschaftslehre die internationale Vernetzung von Produktionsfaktoren mit dem Ziel **absoluter** und **komparativer Produktions- und Verkaufsvorteile**. Dabei wird berücksichtigt, welche besonderen Standortvorteile die einzelnen Länder zu bieten haben; dies können preiswerte Bodenschätze, niedrige Löhne, günstige Transportbedingungen, vorhandenes technisches Know-how o. a. sein (vgl. folgende Abb.).

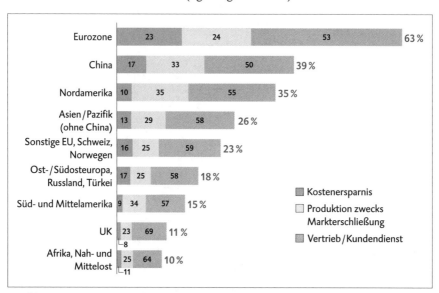

In welchen Regionen investieren die Industrieunternehmen im Jahr 2018? (Mehrfachnennungen möglich, in %)

An die Stelle des **traditionellen Produktionssystems**, das sämtliche Schritte von der Forschung über die Produktion bis zum Versand im Land des Unternehmenssitzes vorsieht, treten **räumlich gegliederte Produktionssysteme**, die sich über zwei oder mehr Staaten, im Extremfall über sämtliche Kontinente verteilen (vgl. folgende Abb.). In diesem Sinne spezialisieren sich die einzelnen Staaten und bieten entsprechende Güter oder Dienstleistungen an.

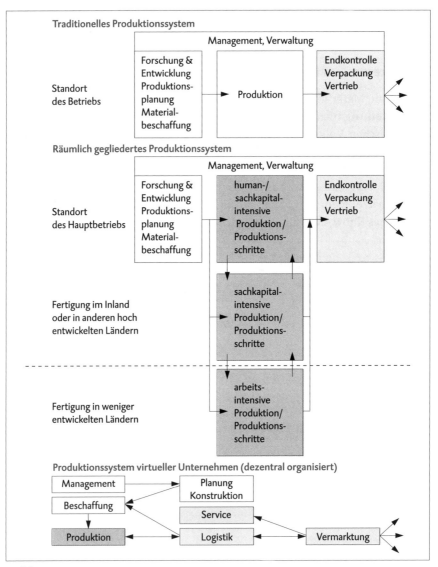

Produktionssysteme

Die internationale Arbeitsteilung bringt aber auch **Nachteile** mit sich:

- Häufig werden Produktionsschritte an einen Standort verlagert, an dem das Lohnniveau niedriger ist. Dies zieht Arbeitsplatzverluste und Arbeitslosigkeit in den traditionellen Industriestaaten nach sich.

- Eine zu starke Spezialisierung in diesen Billiglohnländern führt zu starken Abhängigkeiten von den Absatzpreisen auf dem Weltmarkt und zu geringer Wertschöpfung; häufig partizipiert zudem nur ein kleiner Teil der Bevölkerung an diesen schlecht bezahlten Tätigkeiten.

- Die **Terms of Trade** haben sich beim Handel mit Rohstoffen seit Jahrzehnten ungünstig für die Rohstofflieferländer entwickelt.

- Gestiegene **ADI** belegen zwar den Erfolg der nationalen Ökonomien und von einzelnen Unternehmen; ausländische Einflussnahme gefährdet jedoch stellenweise eine nachhaltige Entwicklung des Landes.

	2008	2010	2018
USA	308 296	277 779	252 000
Japan	128 020	56 263	143 000
VR China	55 910	68 811	139 000
Russland	55 663	52 616	36 000
Hongkong	57 099	98 414	85 000
Deutschland	72 758	126 310	77 000
Schweiz	45 333	87 442	27 000

Wichtige Herkunftsländer weltweiter Direktinvestitionen: Investitionssummen im Ausland (Mio. US-$)

- **Global Player** sind vielfach an die Stelle von Nationalstaaten getreten; die fehlende Steuerung globaler wirtschaftlicher Vorgänge durch die Politik birgt die Gefahr nicht mehr zu beherrschender weltwirtschaftlicher Risiken und Krisen.

Weltweit agierende Unternehmen

Internationale Unternehmen, Multinationale Unternehmen (Multis)/ Transnationale Konzerne (TNKs)

Kennzeichen: Wirtschaftliche Aktivitäten in mindestens zwei Ländern; ggf. ausländische Firmenbeteiligungen, Tochterunternehmen, Joint Ventures; Handel/Absatz auf nationalen und internationalen Märkten; große Finanzkraft, Möglichkeit umfangreicher, z. T. risikobehafteter Investitionen; Kapitalanlage im Ausland; Koordination und Kontrolle wirtschaftlicher Tätigkeiten in verschiedenen Ländern; durch nationalen Markt oder staatliche Politik kaum beeinflussbar

> **Globale Unternehmen (Global Player)**
> **Kennzeichen:** Auslandsaktivitäten auf allen Kontinenten, umfangreiche ADI, zahlreiche Tochtergesellschaften; supranationales Unternehmensgeflecht ohne besondere nationale Bindung; ziehen Vorteile aus unterschiedlichen räumlichen Rahmenbedingungen, z. B. andersartiger Gesetzgebung, anderen Wissensständen und Währungsparitäten für eigene Zwecke (z. B. Reduzierung von Steuerabgaben); keine wirksame Kontrolle durch Staaten oder Organisationen
>
> Multis, TNKs und Global Player besitzen die Flexibilität, ihre Tätigkeiten und Standorte den sich ändernden Rahmenbedingungen innerhalb von Staaten kurzfristig anzupassen – im Extremfall verlassen sie nach kurzer Zeit Produktions- und Investitionsstandorte wieder und ziehen weiter.

- Globalisierung ist ein inzwischen nicht mehr umkehrbarer Prozess – im anderen Fall würden sich globale Standortverteilung, Warenangebot und Warenpreise ungünstig entwickeln. Auch wir als Konsumenten z. B. überseeischer exotischer Früchte oder als Käufer z. B. amerikanischer oder asiatischer Pkws haben Einfluss auf diesen Prozess. Bei der Bewältigung der globalen Zukunftsaufgaben sind deshalb globale Lösungsansätze und Visionen erforderlich.

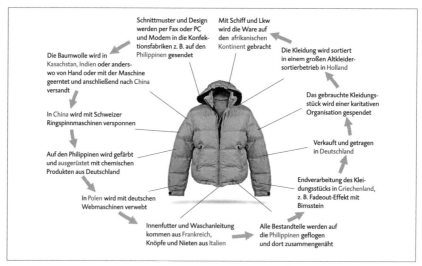

Globalisierter Handel, globalisierte Produktion: Beispiel Steppjacke

- Heute spricht man von einer **globalen Fragmentierung** der Produktion im Konsumgüter- und Investitionsgüterbereich. So beträgt der Anteil von Halbfertig- und Fertigwaren am weltweiten Handel derzeit bereits mehr als

40 %, da immer größere Anteile der Fertigungskapazitäten von Großkonzernen an ein Netzwerk global verstreuter Tochtergesellschaften und Zulieferer ausgegliedert wurden („**Outsourcing**").

7.5 Neuere globalwirtschaftliche Tendenzen

Seit dem Ende des Kalten Krieges spielen sich vor dem Hintergrund bekannter Globalisierungsprozesse folgende Tendenzen weltpolitischer und weltwirtschaftlicher Prägung ab:

- Aus der ehemals **bipolaren Weltordnung** (USA und UdSSR) treten die USA als wirtschaftlich überlegener und dominierender Globalisierungsgewinner hervor. Bis heute haben sie mit ihren zahlreichen Großunternehmen/Global Players einen Spitzenplatz innerhalb der Weltwirtschaft.

- Seit dem Zusammenbruch des Ostblocks in den 1990er-Jahren ist in der Weltwirtschaft ein immer stärker werdender **Intensivierungsprozess globaler Netzwerke** in den Bereichen Kommunikation, Technologie und Kapitaltransfer festzustellen. Gerade diese Bereiche werden von den Industriestaaten dominiert – Folge des starken Technologie- und Wissensvorsprungs sowie der vorhandenen Management-Infrastruktur.

- Infolge der fehlenden Bindung der Entwicklungsländer an einen der beiden Wirtschaftsblöcke kommt es zu verstärkten **Differenzierungsprozessen**. Länder mit mittlerem Entwicklungsstand verbessern tendenziell Wirtschaftskraft und Lebensstandard – allerdings bei gleichbleibender Anzahl der ärmsten Länder. Insbesondere im subsaharischen Afrika gibt es immer mehr sogenannte **Failed States**, Länder mit ethnischen Konflikten, Bürgerkriegen, organisierter Kriminalität und Korruption.

- Gleichzeitig erleben **Schwellenländer**, allen voran China und Indien, aber auch Mexiko und Brasilien, gigantische Wachstumsraten, die eine zukünftige, eher multipolar geprägte Weltwirtschaftsordnung ankündigen.

- Innerhalb global agierender Organisationen wie Weltbank oder **UNCTAD** bestimmen die Industrieländer auf der Grundlage ihres meist privilegierten Stimmrechts auch über die wirtschaftliche Integration weniger entwickelter Länder.

- Parallel zur Internationalisierung von Waren-, Dienstleistungs- und Kapitalströmen verstärken sich **Regionalisierungstendenzen** in Großregionen, die als **Wirtschaftsbündnisse** Marktanteile und spezifische Interessen sichern wollen (z. B. NAFTA, ASEAN, EU, MERCOSUR; vgl. S. 130).

- Die Globalisierung wirkt sich in einer weltweiten Konkurrenzsituation und
  in verschärften Wettbewerbsbedingungen aus. Hierdurch werden die weniger entwickelten Länder gezwungen, bereits initiierte außerwirtschaftliche
  Entwicklungen (z. B. Aufbau von Bildungssektor und Gesundheitswesen)
  zugunsten einer kostenminimierenden Produktion und von Investitionen
  in die wirtschaftliche Entwicklung aufzugeben. Dieses Phänomen des
  Abbaus bestehender gesellschaftlicher und sozialer Standards wird als „Race
  to the Bottom" bezeichnet.

7.6 Der globalisierte Warenhandel

Der aktuelle Welthandel zeigt eine räumliche Konzentration der Haupthandels-
ströme sowohl im intra- als auch im interregionalen Bereich auf die Regionen
der Triade. Der Anteil der weniger entwickelten Staaten am Handelsvolumen
ist vergleichsweise gering.

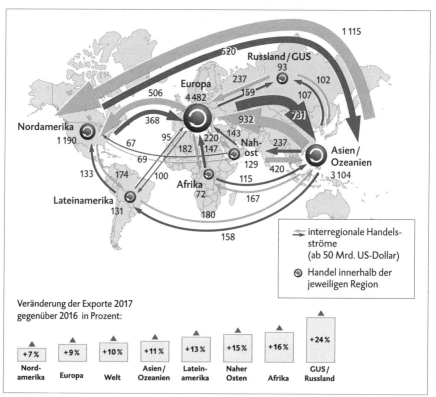

Waren wandern um die Welt

Ursachen sind **protektionistische Maßnahmen (Schutzzölle)** der wirtschaftlichen Wachstumsregionen, mit denen diese die eigene Wirtschaft nach außen abschotten (vgl. folgenden blauen Kasten). Zusätzlich haben z. B. die EU und die OECD-Staaten diese Situation auf dem Agrarsektor durch hohe **öffentliche Subventionen** verstärkt.

Selbst im Rahmen von Entwicklungszusammenarbeit unterwerfen Industrieländer ihre Entwicklungslandpartner erheblichen **Zoll- und Handelsbarrieren.** Daneben schränken bilaterale Handelsvereinbarungen innerhalb von **Freihandelszonen** (vgl. S. 132) den Verhandlungsspielraum der Entwicklungsländer z. B. bei der Marktpreisgestaltung ein. Die Transnationalen Konzerne in den Industrieländern profitieren zudem deutlich stärker von Entwicklungen der Kommunikationstechnik und der Liberalisierung der Finanzmärkte; sie stehen am Ende der **Wertschöpfungskette,** an der die Entwicklungsländer nur geringe Teilhabe besitzen.

Protektionismus versus freier Welthandel

Protektionismus: Wirtschaftspolitik zum Schutz des Binnenmarkts vor ausländischer Konkurrenz; Maßnahmen: tarifäre und nicht-tarifäre Handelshemmnisse

Handelshemmnisse:
- **tarifäre:** Zölle; gesetzlicher Schutz des Binnenhandels durch Zollpolitik
- **nicht-tarifäre:** strenge Normvorschriften, Zulassungsregelungen (Investitionsbeschränkungen, Einfuhrquoten u. a.) einerseits, Unterstützung der eigenen Wirtschaft durch Zuschüsse/Subventionen, Absatzgarantien oder Abnahmefestpreise andererseits

Embargo: Handelssperre; Verhängung eines Export- oder Importverbotes gegen ein Land

Handelsliberalisierung: Vorgang zur Erreichung freier/-er Handelsbedingungen

Freier Welthandel/Freihandel/Freihandelspolitik: Ziel: ungestörter internationaler Handel ohne Verbote, Import-Kontingentierung oder andere Handelshemmnisse; Steuerung von Produktion und Handel nach marktwirtschaftlichem Grundsatz von Angebot und Nachfrage auf der Grundlage der Theorie des klassischen Wirtschaftsliberalismus

---

7.7 Zielsetzungen bedeutender Wirtschaftsblöcke und Staaten

Neben den internationalen Vernetzungstendenzen lassen sich im Rahmen der Globalisierung Verdichtungsprozesse in Staaten und Staatengruppen beobachten, die durch Handelsabkommen ihr Wirtschaftspotenzial intra- und interregional absichern und stärken wollen. 1980 waren es weltweit 21 zwischenstaatliche Abkommen, 2005 bereits 168. Dieser Prozess wird auch „**regionale Blockbildung**" oder „**regionale Integration**" genannt. Ziel von **Freihandels-**

zonen wie z. B. NAFTA, EFTA oder MERCOSUR ist der Abbau von Zöllen und Handelshemmnissen aller Art zwischen den beteiligten Staaten im Rahmen des Intrahandels. Zu diesen Blöcken zählen sowohl die Länder der Triade als auch andere Staatengruppen. Besonders China hat sich seit den 1990er-Jahren ungeheuer schnell und stark entwickelt: Von 2002–2010 wies das Land im Durchschnitt Steigerungsraten von 10 % auf, 2013–2019 lagen die Werte bei ca. 7 %. Die Wachstumszahlen des gesamten ost- und südostasiatischen Raumes lagen mit 4–8 % bis 2017 und danach bis 2019 mit 3–4 % deutlich über denen der gut entwickelten Regionen auf der Welt; der Zusammenschluss in der ASEAN hat hierzu beigetragen.

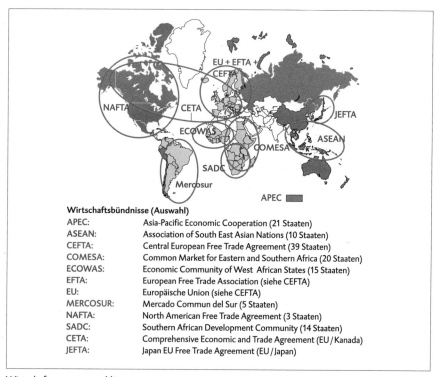

Wirtschaftsbündnisse (Auswahl)

APEC:	Asia-Pacific Economic Cooperation (21 Staaten)
ASEAN:	Association of South East Asian Nations (10 Staaten)
CEFTA:	Central European Free Trade Agreement (39 Staaten)
COMESA:	Common Market for Eastern and Southern Africa (20 Staaten)
ECOWAS:	Economic Community of West African States (15 Staaten)
EFTA:	European Free Trade Association (siehe CEFTA)
EU:	Europäische Union (siehe CEFTA)
MERCOSUR:	Mercado Commun del Sur (5 Staaten)
NAFTA:	North American Free Trade Agreement (3 Staaten)
SADC:	Southern African Development Community (14 Staaten)
CETA:	Comprehensive Economic and Trade Agreement (EU / Kanada)
JEFTA:	Japan EU Free Trade Agreement (EU / Japan)

Wirtschaftszusammenschlüsse

Neben wirtschaftlichen spielen häufig auch **politische Gründe** eine Rolle für solche Wirtschaftsbündnisse, wie z. B. im Fall der Europäischen Union. Globalisierungsbefürworter sehen die weitere Entwicklung von Wirtschaftsbündnissen mit Skepsis, z. B. die Überlegungen zur Gründung der FTAA (Free Trade Association of America). Dieser Prozess ist zwar aufgrund von Widerständen einiger lateinamerikanischer Staaten derzeit unterbrochen. Die Perspektive eines Wirtschaftsbündnisses, das Gesamtamerika umfasst, lässt jedoch Befürchtungen wachsen, ein solcher verstärkter, **intraregionaler Handel** könne Entwicklungsländern den Zugang zum Weltmarkt erschweren, wenn nicht gar versperren. Von 2013–2016 hatten die EU und die USA Verhandlungen aufgenommen mit dem Ziel eines **transatlantischen Freihandelsabkommens** (**TTIP**: Transatlantic Trade and Investment Partnership). Ziel dieser weltgrößten Freihandelszone, in der 50 % des weltweiten BIP erwirtschaftet werden, war der weitergehende Abbau von Handelshemmnissen und dadurch die Förderung des Wirtschaftswachstums. Bedenken wurden bei beiden Partnern von verschiedener Seite (Politik, Verbraucher-/Umweltschützer u. a.) vorgebracht; sie beziehen sich v. a. auf die Einhaltung demokratischer Grundprinzipien und die Gefährdung bisher erreichter ökonomischer und sozialer Standards. Nach der Wahl Donald Trumps zum neuen US-Präsidenten 2016 wurden diese Verhandlungen vorerst gestoppt.

Bedeutung von Handelsabkommen für die EU

[…] Die EU ist fest entschlossen, an der Politik offener Märkte festzuhalten und dem Trend zur Abschottung heimischer Märkte entgegenzuwirken. Wenn sich etwa die
5 USA aus multilateralen Handelsabkommen zurückziehen, dann kann Europa ein neuer Partner sein. Viele Regierungen haben die EU bereits gebeten, Freihandelsgespräche zu intensivieren – jüngst z. B. Mexiko.
10 Es steht viel auf dem Spiel. Prognosen sagen, dass 90 Prozent des globalen Wirtschaftswachstums in den nächsten 10 bis 15 Jahren außerhalb der EU stattfinden wird. Vor diesem Hintergrund bieten Handelsab-
15 kommen der EU mit Drittländern große Absatzchancen für die EU.

Nach Berechnungen der Europäischen Kommission würde sich das BIP der EU bei einem erfolgreichen Abschluss aller derzei-
20 tigen Freihandelsgespräche um mehr als zwei Prozent erhöhen. Dadurch könnten mehr als zwei Millionen Arbeitsplätze geschaffen werden, von denen wiederum erhebliche Wachstumsimpulse zu erwarten
25 sind. Insbesondere nach der Wirtschafts- und Finanzkrise von 2007 / 2008 ist der Außenhandel für die EU auch insofern von Bedeutung, als er Arbeitsplätze schafft und für Einnahmen sorgt, ohne den Haushalt zu
30 belasten. ∎

Europäische Kommission vom 25. 01. 2021, https://ec.europa.eu/germany/handelspolitik_der_eu_de

7.8 Freihäfen, Freihandelszonen und Sonderwirtschaftszonen

Neben Steuerungs- und Wirtschaftsplanungsmaßnahmen, die ganze Staaten betreffen, gibt es außerdem solche, die nur einzelne Regionen oder Städte mit einem wirtschaftlichen Sonderstatus versehen. Das wirtschaftliche Ziel besteht darin, einen Entwicklungsrückstand aufzuholen oder aber grundsätzliche wirtschaftliche Wachstumsimpulse durch besondere Anreize auszulösen.

Mehrere Länder können sich zu sogenannten **Freihandelszonen** zusammenschließen, d. h. zu einem gemeinsamen Wirtschaftsraum mit dem Ziel, den Warenaustausch und damit auch die Wirtschaftsentwicklung zu fördern. Innerhalb der Freihandelszone ist der Außenhandel der beteiligten Länder (= Intrahandel) keinen Einschränkungen unterworfen (Freihandel).

Bei **Sonderwirtschaftszonen** handelt es sich dagegen um Gebiete eines Staates, in denen die übliche Gesetzgebung für Wirtschaft und Steuern keine Gültigkeit hat; man kann von einer „kleinen Freihandelszone" sprechen. Die sich dort niederlassenden Unternehmen genießen Sonderrechte in Form niedriger Grundstückspreise und Pachtzinsen, die Steuersätze sind niedriger und es werden **Handelserleichterungen** gewährt. Daneben besitzen Sonderwirtschaftszonen in Entwicklungs- und Schwellenländern den großen Vorteil sehr niedriger Lohn- und Arbeitskosten. Im Extremfall liegen zwischen Binnenland und Sonderwirtschaftszone sogar deutliche Unterschiede hinsichtlich der inneren und äußeren **Wirtschaftsordnung** vor. Das deutlichste Beispiel hierfür ist China, das zu Zeiten des kommunistischen Systems und der zentralen Verwaltungs-/Planwirtschaft ab 1980 damit begann, in „Geöffneten Gebieten" im Osten des Landes, abgegrenzt vom Binnenmarkt, marktwirtschaftliche Versuche zu starten. Ziel war die Herstellung weltmarktfähiger Exportgüter mithilfe ausländischen Know-hows und ausländischer Investitionen, die Devisen ins Land bringen sollten, außerdem die Erschließung neuer Absatzmärkte außerhalb Asiens. Mit der Form der „Geöffneten Küstenstädte" seit 1984 und „Sonderwirtschaftszonen" setzte China diesen durch den Staat gesteuerten Wirtschaftsprozess fort.

Eine Besonderheit sind **Industrie-Freihandels-Parks:** Diese haben die Funktion eines industriellen Entwicklungspols; sie werden von staatlicher Seite durch räumliche Organisation (Standortgestaltung durch Infrastrukturbereitstellung), gesetzgeberische Maßnahmen (z. B. zeitlich befristete Zollbefreiungen) und ggf. Subventionen in Form günstiger Kredite gefördert. Ziel ist eine weltmarktorientierte Produktionsausrichtung, von der jedoch auch der eigene Binnenmarkt profitieren soll.

Freihäfen sind Teil eines Hafens oder ganze Häfen, die nicht der Zollhoheit des betreffenden Landes unterstehen; rechtlich handelt es sich um Zollausland. In die Freihäfen können Waren zollfrei eingeführt werden; dort werden sie zwischengelagert oder weiterverarbeitet, ggf. bis zum Endprodukt. Hierbei kann es sich gleichermaßen um die Verarbeitung landwirtschaftlicher (z. B. Rösten von Rohkaffee) oder industrieller Produkte (z. B. Herstellung von Stahl) handeln. Eine Einfuhrumsatz- oder Produktionsumsatzsteuer fällt für das Unternehmen erst dann an, wenn die Waren auf dem Landweg eine Grenze passieren. Auf diese Weise können Wachstumsimpulse ausgelöst werden, da die Produktionskosten vergleichsweise niedrig sind (Wettbewerbsvorteil). Freihäfen entwickeln sich häufig zu regelrechten Industriestandorten. In Deutschland besitzen Bremerhaven und Cuxhaven den Status von Freihäfen des Kontrolltyps I der EU, in denen Zölle entfallen; Teile des Duisburger Hafens und der Hafen Deggendorf gehören zum Kontrolltyp II (dort fallen Steuern an). Freihäfen gibt es außerdem in vielen Entwicklungsländern und Schwellenländern Asiens.

Sowohl Freihäfen als auch Sonderwirtschaftszonen wirken sich auf das globale Wirtschaftsgeschehen und den globalen Welthandel aus, da sie durch die Beteiligung ausländischer Firmen und die allgemeine wirtschaftliche Expansion Unternehmensstrukturen, Beschäftigung, Produktion und Warenvertrieb weiterentwickeln und nationale wie fremde Volkswirtschaften beeinflussen.

7.9 Leitbilder und Instrumente zur Steuerung des Welthandels

Die stetig gestiegenen Auslandsverschuldungen sowie die großen Unterschiede bei Wirtschaftskraft und Lebensbedingungen führten immer wieder zu Forderungen nach neuen globalen Wirtschaftsordnungen. Es bedarf überstaatlicher Ziele und Regelungen, um die weltweite wirtschaftliche Entwicklung in möglichst geordneten Bahnen stattfinden zu lassen.

Die WTO und die nationale Wirtschaftspolitik

Als Nachfolgeorganisation des Allgemeinen Zoll- und Handelsabkommens (GATT) nahm 1995 die **WTO (World Trade Organization/Welthandelsorganisation)** als freiwilliger Zusammenschluss von gegenwärtig 148 Staaten die Arbeit auf. Neben dem **Internationalen Währungsfonds (IWF)** und der **Weltbank** ist die WTO die wichtigste Institution zur Behandlung internationaler Wirtschaftsprobleme. Ihre wesentlichen Ziele sind der weitere Abbau von Handelshemmnissen und die Senkung von Zöllen sowie eine Fortsetzung der Liberalisierung des Handels mit dem Ziel des internationalen Freihandels. Daneben überwacht die WTO internationale Handels- und Dienstleistungsregelungen sowie Abkommen über Patente, Eigentumsrechte u. a.

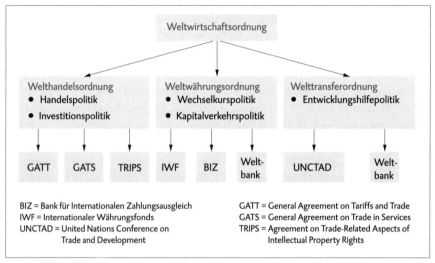

Weltwirtschaftsordnung: Bereiche und bedeutende Institutionen

Leitbilder

- 1950er-/1960er-Jahre: Wachstum und Modernisierung („**Aid by Trade**"; „**Big Push**", „**Trickle-down-Effekt**" – nachholende Industrialisierung, u. a. mittels Kapitalhilfe und Technologietransfer)
- 1960er-Jahre: Befriedigung der Grundbedürfnisse („**Basic Needs**", „**Basic Human Needs**")
- 1960er-/1970er-Jahre: Neue Weltwirtschaftsordnung (Forderung der Entwicklungsländer, die internationalen Wirtschaftsbeziehungen zu reformieren, u. a. gerechtere Austauschbeziehungen/**Terms of Trade**, stabilere Rohstoffpreise: „**Buffer Stocks**")
- 1970er-/1980er-Jahre: Abkoppelung der Entwicklungsländer vom Weltmarkt und autozentrische Entwicklung („**Self Reliance**")
- 1990er-Jahre: Nachhaltigkeit („**Good Governance**")
- 2000er-Jahre: Armutsminderung im Rahmen der **Millenniumentwicklungsziele** bis 2015
- 2005: **UN-Dekade**, Bildung für nachhaltige Entwicklung
- ab 2015: **Sustainable Development Goals** (SDGs, nachhaltige Entwicklungsziele), u. a. Armutsbekämpfung, sauberes Trinkwasser, Förderung al-

ternativer Energien, u. a., formuliert z. B. in der **Agenda 2030** (vgl. S. 266 ff.); Basis für die Umsetzung der SDGs in Deutschland ist die 2017 von der Bundesregierung verabschiedete **Deutsche Nachhaltigkeitsstrategie.**

7.10 Wirksamkeit internationaler Handelsabkommen

Vor dem Hintergrund starker Globalisierungsprozesse und Weltwirtschaftskrisen sehen sich auch die internationalen Handelsabkommen zunehmend Kritik ausgesetzt. Dabei ist krisenunabhängig festzuhalten, dass die Ziele zur besseren Integration entwicklungsrückständiger Staaten in den Welthandel von den zahlreichen globalen Organisationen und nationalen Institutionen durchaus ernsthaft verfolgt werden. Letztendlich kommen die wirtschaftliche Globalisierung in ihrer heutigen Form und damit auch die meisten Handelsabkommen aber den Industrieländern zugute. Dies hat mehrere Gründe:

- Die Weltwirtschaft wird von wenigen reichen Industrieländern gesteuert.
- Selbst innerhalb von Wirtschaftsverbünden geben ein Staat oder wenige Staaten den Ton an (z. B. die USA innerhalb der NAFTA).
- Der Wohlstand der Industrieländer ist letztlich Resultat eines **Überschusses wirtschaftlichen Potenzials** gegenüber den weniger entwickelten Ländern.
- Innerhalb global agierender Organisationen (z. B. Weltbank, UNCTAD) bestimmen die Industrieländer auf der Grundlage ihres meist privilegierten Stimmrechts auch über die wirtschaftliche Integration weniger entwickelter Länder.
- Die Staaten mit Entwicklungsdefiziten lassen sich nicht schematisch mit einem „Generalplan" in die Weltwirtschaft integrieren, da die Ursachen und Ausprägungen wirtschaftlicher Unterentwicklung äußerst verschiedenartig und komplex sind.

Kompetenzcheck

- Erläutern Sie die Auswirkungen des Globalisierungsprozesses auf die Weltwirtschaft.
- Entwerfen Sie eine Mindmap zu den beiden Begriffspolen „Wirtschaftsprotektionismus" und „Freihandel".
- Erläutern Sie am Beispiel der EU oder der NAFTA die Zielsetzungen von supranationalen Wirtschaftsbündnissen.

8 Infrastrukturelle Voraussetzungen für die Entwicklung neuer wirtschaftlicher Organisationsformen

8.1 Cluster und virtuelle Fabriken

(Hightech-)Cluster

Der Begriff **Wirtschaftscluster** erscheint erstmals im 19. Jahrhundert. Begründer der **modernen Clustertheorie** ist der US-Amerikaner **Michael E. Porter** (*1974), der Cluster als ein Netzwerk von eng zusammenarbeitenden Unternehmen, Institutionen und (öffentlichen) Einrichtungen kennzeichnete. Er erklärte ihre Entstehung durch vergleichbare betriebswirtschaftliche Standortvorteile bei benachbarten Unternehmen.

> **Cluster**
>
> **Cluster** (engl. „Traube", „Schwarm"): branchenspezifisches Netzwerk von
> - innovativen wissenschaftlichen oder technischen Großunternehmen,
> - deren Zulieferern (einschließlich Klein- und Handwerksbetrieben),
> - Forschungs- und politischen Einrichtungen wie Hochschulen und Handelskammern,
> - zugehörigen Dienstleistern (Ingenieurbüros, Designern, Spediteuren …),
>
> in räumlicher Nähe zueinander und entlang einer Wertschöpfungskette angeordnet.

Aufgrund ihrer Rolle als Wachstumsmotoren gelten **Hightech-Cluster** als wirtschaftlich besonders bedeutend. Es handelt sich um Cluster der Spitzen- und Hochtechnologie, bestehend aus Firmen, deren Technik dem aktuellen Stand in besonderem Maße entspricht und die besonders innovativ arbeiten.

Hightech-Cluster erlauben – wie Cluster generell – die Vernetzung wirtschaftlicher, technischer und wissenschaftlicher Kompetenzen und besitzen durch die so erzielten **Synergieeffekte** eine hohe Innovationskraft. Zu ihnen gehören u. a. sogenannte **Spin-off-Betriebe**, die von ehemaligen Mitarbeitern gegründet werden. Sie übernehmen – nicht selten in Abstimmung mit dem früheren Unternehmen – einzelne Produktionsschritte und verringern so die Menge der im Stammunternehmen gefertigten Komponenten.

Wegen der möglichen hohen Gewinne wird in diesem Sektor viel Kapital investiert. Das führte in den 1990er-Jahren zu einer Überbewertung entsprechender Unternehmen an den Börsen – und einer massiven Krise („Dotcom-Blase"). Bis heute besitzen Hightech-Unternehmen oft große Mengen an **Risikokapital**, was Anlegern hohe Gewinne, aber auch entsprechende Verluste bringen kann.

Hightech-Cluster Cambridge

- über 4 700 kleine und mittlere Unternehmen mit insgesamt rund 60 000 Beschäftigten, ursprünglich aus dem Bereich Biotechnologie, inzwischen überwiegend aus der Informations- und Nanotechnologie
- umfasst die Städte Cambridge, Huntingdon, Wisbech, Ely, Newmarket, Bury St. Edmunds, Haverhill, Royston und Stansted
- ein Großteil der Betriebe konzentriert sich in fünf Wissenschafts- und Forschungsparks
- Gründungsinstitution und Mittelpunkt des Clusters: Universität Cambridge mit Anteilen an deutlich über 300 Hightech-Start-ups, wovon mehrere zum führenden Unternehmen im jeweiligen Industriefeld wurden
- 45 Spin-off-Betriebe

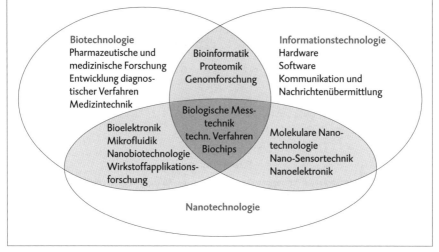

Beispiel: Hightech-Cluster Cambridge

„Silicon Saxony" (Region Dresden–Leipzig–Chemnitz)	Europas größtes und weltweit fünftgrößtes Mikroelektronik-Cluster, rund 2 400 auf allen Stufen der IKT-Wertschöpfungskette tätige Unternehmen mit insgesamt 64 000 Beschäftigten
Irland	2007 Cluster von 9 der 10 weltweit größten Pharmaunternehmen, für 7 der 10 größten Firmen der Medizintechnik, für 5 der 10 größten Softwarehäuser; seit 2008 deutlicher Bedeutungsverlust
„Silicon Valley" (im Süden San Franciscos)	seit der Einrichtung eines Industrieparks 1951 neben der Stanford University, verstärkt dann seit den 1960er-Jahren Ansiedlung von Tausenden Unternehmen der Hochtechnologie (Intel, Hewlett-Packard, Yahoo, Google, Apple, Texas Instruments, Infineon, Ebay, Uber, Netflix); Jahresumsatz: über 560 Mrd. €; Anteil der im Hightech-Bereich Beschäftigten: 28 %, allein in den 15 größten Firmen 1,1 Mio. Beschäftigte (2020); jährlich bis zu 3 500 Firmenneugründungen

Weitere Beispiele für Hightech-Cluster

Virtuelle Fabriken

Selbstständige Unternehmen können sich projektbezogen mittels Telekommunikation zu **virtuellen Unternehmen** zusammenschließen: Für Entwicklung, Einkauf, Absatz, Finanzierung und Marketing sind darin jeweils unterschiedliche Firmen zuständig, die an verschiedenen Orten, im Extremfall auf verschiedenen Kontinenten beheimatet sind. So ist es möglich, in den Stammwerken die Fertigungstiefe zu verringern, spezialisierte Fähigkeiten zu nutzen und rasch auf Marktveränderungen zu reagieren.

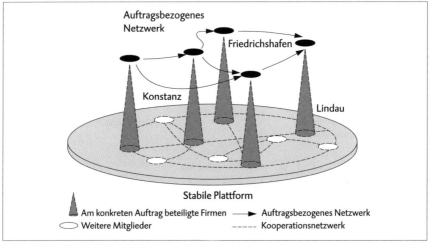

Beispiel: „Virtuelle Fabrik Bodensee"

Eine **virtuelle Fabrik** basiert auf einem interdisziplinären, stabilen Netzwerk ausgewählter Unternehmen. Fachleute erstellen in Kooperation Produkte und Dienstleistungen. Mit der Schnelligkeit der kleinen und den Möglichkeiten der großen Partner können in kürzester Zeit optimale Lösungen gefunden werden. Das enorme Potenzial der virtuellen Fabrik hilft, die Kapazitäts- oder Kompetenzengpässe eines Unternehmens zu überwinden, und gestattet das kurz-, mittel- oder langfristige Outsourcing von Produkten und Dienstleistungen.

Aufgrund eines globalen internetbasierten Netzwerkes und Standortgeflechts kann 24 Stunden an der Entwicklung eines „Produkts" (Idee/Konzept/Plan/Modell) gearbeitet werden. Man spricht hier vom **After-the-sun-Prinzip**, da irgendwo auf der Welt immer Tag ist, sodass der „Entwicklungs-Staffelstab" ohne Pause weitergegeben werden kann: Folgen sind eine hohe Partizipation sowie eine enorm hohe Entwicklungsgeschwindigkeit. Damit sind sowohl Qualitätsabsicherung als auch Wettbewerbsvorteile gegeben.

8.2 Bedeutung staatlicher Institutionen und politischer Entscheidungen

Die Errichtung von Clustern etc. ist ohne **übergeordnete staatliche Impuls-gebung und Koordination** nicht denkbar: Der Gesetzgeber muss entsprechende Voraussetzungen schaffen, Flächen bereitstellen und diese infrastrukturell aufbereiten sowie finanzielle Anreize und Unterstützung in Form von Fördermitteln bieten. Kritiker werfen ein, starke Wachstumsbranchen wie die Nano- oder die Medizintechnik würden durch die Errichtung von Clustern weiter gestärkt, beschäftigungsintensive Wirtschaftszweige würden hingegen vernachlässigt und das **regionale Gefälle** zwischen Regionen mit Wachstumspotenzial und solchen mit Strukturdefiziten somit vergrößert. Solche unerwünschten Entwicklungen zu verhindern, ist **Aufgabe staatlicher Institutionen und der Politik.**

Aber nicht nur im Zusammenhang mit Clustern sind staatliche Maßnahmen vonnöten. Es ist schließlich von gesamtstaatlichem Interesse, dass die **Wirtschaft weiterentwickelt** und der **Lebensstandard der Bevölkerung gesteigert** wird. In den letzten 120 Jahren haben sich ländliche und städtische Räume deutlich unterschiedlich entwickelt; ausschlaggebend hierfür waren unterschiedliche Aktivitäten im Zuge der Industrialisierung und der nachfolgenden Entwicklung zur Dienstleistungsgesellschaft. In der Gegenwart besteht überwiegend das Ziel einer Entwicklung im Sinne gleichwertiger Lebensverhältnisse in allen Teilräumen. Deshalb gehört es zu den Aufgaben von Bund, Ländern und Kommunen, durch **raumplanerische und raumordnerische Maßnahmen** hierfür die Voraussetzungen zu schaffen. Dies geschieht auf Bundesebene durch das **Bundesraumordnungsgesetz.** Bei der Umsetzung der Vorgaben dieses Gesetzes sind Landes-, Regional- und Kommunalpolitik beteiligt.

Räumliches Planungssystem in der Bundesrepublik Deutschland

Gesetzlich festgeschriebene Mitwirkungsrechte und das Prinzip der Gewalten-
teilung schaffen in demokratischen Gesellschaften wie Deutschland Grundlagen und Garantie dafür, dass gerechte und das gesamte Staatsgebiet betref-
fende Entscheidungen möglich sind. So sollen zu starke regionale und soziale
Disparitäten verhindert werden, damit es u. a. nicht zu ungleichmäßiger
Bevölkerungsverteilung und ungewollten Binnenwanderungen kommt. Dafür
wurden von der Ministerkonferenz für Raumordnung **Leitbilder** für die
Raumentwicklung in Deutschland entworfen.

Leitbilder und Handlungsstrategien für die Raumentwicklung in Deutschland

1. Wettbewerbsfähigkeit stärken
1.1 Metropolregionen weiterentwickeln
1.2 Zusammenarbeit und Vernetzung von Räumen stärken
1.3 Räume mit besonderem strukturellem Handlungsbedarf unterstützen
1.4 Infrastrukturanbindung und Mobilität sichern

2. Daseinsvorsorge sichern
2.1 Zentrale-Orte-Systeme konsequent anwenden
2.2 Kooperationen ausbauen
2.3 Versorgung dünn besiedelter ländlicher Räume sichern
2.4 Erreichbarkeit sichern

3. Raumnutzungen steuern und nachhaltig entwickeln
3.1 Räumliche Nutzungskonflikte minimieren
3.2 Großräumige Freiraumverbünde schaffen
3.3 Kulturlandschaften gestalten
3.4 Flächenneuinanspruchnahme reduzieren
3.5 Nutzung von Bodenschätzen und sonstige unterirdische Nutzungen nachhaltig
    steuern
3.6 Küsten- und Meeresräume nachhaltig nutzen

4. Klimawandel und Energiewende gestalten
4.1 Räumliche Strukturen an den Klimawandel anpassen
4.2 Ausbau der erneuerbaren Energien und der Netze steuern

5. Digitalisierung

**Zu den Handlungsfeldern des Leitbildes 1 „Wettbewerbsfähigkeit
stärken":**
Alle Regionen und Teilräume sollen die Chance haben, sich dauerhaft wett-
bewerbs- und zukunftsfähig zu entwickeln. Dazu bedarf es weiterer Impulse
zur Initiierung regionaler Wachstumsbündnisse, um Standortqualitäten zu

erhöhen, die regionale Selbstorganisation (regional governance) zu verbessern und Regionen und Teilräume hinsichtlich ihrer Entwicklungsziele deutlicher zu profilieren.

Zu den Handlungsfeldern des Leitbildes 2 „Daseinsvorsorge sichern":
Zur Gewährleistung gleichwertiger Lebensverhältnisse soll die Versorgung mit Dienstleistungen und Infrastrukturen der Daseinsvorsorge in allen Teilräumen gesichert werden. Dazu gehört vor allem die Erreichbarkeit von entsprechenden Einrichtungen und Angeboten für alle Bevölkerungsgruppen. Als Grundlage dafür ist eine Raum- und Siedlungsstruktur anzustreben, die eine sichere, effiziente und kostengünstige infrastrukturelle Versorgung gewährleistet. Insbesondere in ländlich-peripheren Teilräumen mit besonderen demographischen Herausforderungen ist derzeit die Tragfähigkeit von Einrichtungen und Angeboten der Daseinsvorsorge gefährdet.

Zu den Handlungsfeldern des Leitbildes 3 „Raumnutzungen steuern und nachhaltig entwickeln":
Ein besonderes Augenmerk soll auf den Ressourcenschutz, die Entwicklung von Kulturlandschaften, die Reduzierung der Flächenneuinanspruchnahme, den Ausbau der erneuerbaren Energien und der Netze sowie auf die Anpassung der Raumfunktionen und -nutzungen an den Klimawandel gelegt werden. Durch angepasste Landnutzungen und den Schutz vor vermeidbaren Beeinträchtigungen werden die nachhaltige Sicherung der natürlichen Lebensgrundlagen, die langfristige Nutzbarkeit der natürlichen Ressourcen wie Boden, Wasser, Luft, biologische Vielfalt und damit die Lebensqualität und Versorgung der Bevölkerung auch für zukünftige Generationen gewährleistet.

Zu den Handlungsfeldern des Leitbildes 4 „Klimawandel und Energiewende gestalten":
Die Raumordnung von Bund und Ländern unterstützt das Ziel, die globale Erwärmung auf 2 Grad Celsius bis zur Jahrhundertwende zu begrenzen und deshalb den Ausstoß an Treibhausgasen zu reduzieren, um so die Risiken des Klimawandels langfristig zu mindern. Jedoch können nicht alle Beeinträchtigungen vermieden werden. Regionale Anpassungen an den Klimawandel sind notwendig. Insbesondere der Ausbau der erneuerbaren Energien ist auch Aufgabe und Herausforderung der Raumordnung.

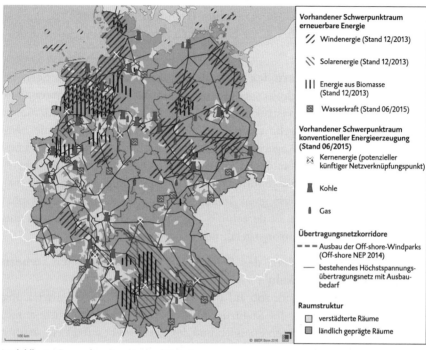

Leitbildkarte „Erneuerbare Energien und Netze"

Raumordnungsinstrumente

Bund und Länder haben Möglichkeiten, um sicherzustellen, dass die geplanten Raumordnungsmaßnahmen durchgeführt werden; hierzu gehören **Anreiz-, Abschreckungs-** und **Anpassungsmittel.**

- Anreiz- und Anpassungsmittel: finanzielle Leistungen der öffentlichen Hand wie Steuer- oder Abschreibungsvergünstigungen, Investitionsprämien, Zinszuschüsse oder Umschulungsbeihilfen; diese sind jeweils an bestimmte Bedingungen geknüpft
- Abschreckungsmittel: z. B. Sondersteuern oder Sonderabgaben

Kompetenzcheck

- Zeigen Sie am Beispiel des Biotechnologie-Clusters Cambridge Strukturen und Chancen eines Hightech-Clusters auf.
- Nennen Sie die Ziele raumplanerischer und raumordnerischer Maßnahmen in Deutschland.
- Erläutern Sie die aktuellen Leitbilder und Handlungsstrategien.

Strukturwandel einer Altindustrieregion – Smartville in Hambach

Aufgabe 1   Kennzeichnen Sie die wirtschaftliche Situation Lothringens gegen Ende der 1990er-Jahre.

Aufgabe 2   Erläutern Sie die Standortfaktoren, die zur Ansiedlung von Smart in Hambach geführt haben, und das Produktionskonzept von Smartville.

M 1   Die lothringische Kohle-, Eisen- und Stahlindustrie 1960–2000

	Steinkohle		Eisenerz		Stahl	
	Mio. t	Beschäftigte	Mio. t	Beschäftigte	Mio. t	Beschäftigte
1960	14,7	43 000	62,7	23 600	11,3	90 000
1980	9,8	24 000	37,5	4 200	9,4	60 000
2000	2,5	6 383	0,0	0	4,7	13 300

M 2   Smartville in Hambach

In der Automobilfabrik Smartville in Hambach (Frankreich) wird der Smart gebaut. Das Werk, in dem 1997 die Produktion aufgenommen wurde, gilt als eines der modernsten weltweit. Um optimale Produktionsprozesse zu ermöglichen, ist es in Kreuzform angelegt; in jedem der vier Fabrikbereiche werden unterschiedliche Montagearbeiten erbracht; das Zentrum, der sogenannte Marktplatz, dient als Testraum für fertiggestellte Fahrzeuge und für Nacharbeiten. Bei der Errichtung von Smartville trug der Daimler-Benz-Konzern 75 % der Kosten, 25 % übernahm SOFIREM, eine französische Gesellschaft für die Umstrukturierung von Bergbau-Regionen.

2019 wurde die Produktion der Benzin- und Dieselvarianten des Smart eingestellt. Der Elektrosmart wird künftig mit dem Partner Geely in China gebaut. Mitte 2020 hat die Daimler AG das Werk in Hambach zum Verkauf gestellt.

Smartville – Daten und Fakten

Standort	südöstlich von Hambach an der Autobahn Metz (70 km) – Straßburg (90 km), 25 km von Saarbrücken entfernt
Produktion	ca. 400 Einzelmodule, Teamarbeit in Fertigungsinseln
Fertigungszeit Endmontage	ca. 4,5 h
tägliche Produktion	750 Fahrzeuge
Fertigungstiefe	ca. 10 %
Zulieferer auf dem „Smart"-Betriebsgelände	Magna International (Chassis), Bosch (Front), Dynamit Nobel/Magna (Verkleidung/Türen), Siemens VDO (Cockpit, Kabelbäume, Batterien), ThyssenKrupp (Antriebseinheit), Continental (Reifen), Cubic/Surtema-Eisenmann (Lackiererei), TNT/MLT/Panopa (Logistik)
Beschäftigte bei Smart	1998: 1 055; 1999: 1 809; 2003: 1 140; 2019: 800

Stadtentwicklung und Stadtstrukturen

Downtown San Francisco. Mehr als die Hälfte aller Menschen weltweit lebt heutzutage in Städten, bereits 2050 sollen es drei Viertel sein.

1 Siedlungsentwicklung

1.1 Gründe für die Entwicklung von Dörfern und Städten

Im Laufe seiner Entwicklungsgeschichte hat der Mensch nach und nach immer mehr Siedlungsbereiche erschlossen. Im Zuge des Sesshaft-Werdens hat er zunächst kleine **Dörfer**, später größere Siedlungen und schließlich **Städte** gegründet, und zwar immer dort, wo die natürlichen Verhältnisse günstig waren und er Vorteile für seine Lebensgestaltung vorfand. Die Größe der einzelnen Siedlungen hing lange Zeit von der Tragfähigkeit des Landes ab, von ihrer Lagegunst (Flusslage mit Möglichkeit zum Übergang, Gebirgsränder mit Verteidigungsmöglichkeit) und ihrer religiösen, militärischen, politischen oder wirtschaftlichen Bedeutung als Handwerks- oder Handelsstadt (Lage an der Küste, an Flüssen, zentral an wichtigen Handelswegen und Kreuzungspunkten).

Die unterschiedlichen Siedlungsformen boten dem Menschen von Anfang an **Wohn-** und **Arbeitsplätze**. In den größeren Siedlungen konnte er sich mit **Waren** und **Dienstleistungen** versorgen; die großen Städte hielten darüber hinaus Möglichkeiten zur **Bildung** und zur **Freizeitgestaltung** bereit. Einige Städte boten ihren Bewohnern bis zum Beginn der Neuzeit aufgrund ihrer Wall- und Wehranlagen auch Schutz vor Feinden.

Mit der Zeit veränderten sich Größe, innere Struktur, Physiognomie und Funktion vieler Städte. Der ländliche Raum verlor in den Industriestaaten zunehmend seine ursprüngliche, rein agrarische Bedeutung. Immer mehr Menschen zogen in die Städte, um in der Industrie und im Dienstleistungsgewerbe Arbeit zu finden.

1.2 Der Stadtbegriff

Der **Begriff** „Stadt" ist nicht einheitlich definiert. Denn eine Stadt wird auf verschiedene Weise und aus unterschiedlichen Perspektiven wahrgenommen: Statistiker, Geographen, Soziologen, Ökonomen und Historiker haben unterschiedliche Eindrücke und Vorstellungen von einer „Stadt".

- Der **statistische Stadtbegriff** wird über eine Mindestzahl an Einwohnern bestimmt. Diese Mindestzahl schwankt jedoch von Region zu Region stark. Die Statistiken der UN enthalten die jeweils nationalen Eckwerte der einzelnen Länder.

Einwohnerzahl	Land
200	Grönland, Island
1 000	Kanada, Neuseeland, Venezuela
2 000	Argentinien, Deutschland, Frankreich, Liberia
2 500	Bahrain, Mexiko, USA
5 000	Botswana, Indien, Österreich, Slowakei
10 000	Malaysia, Portugal, Schweiz, Senegal
50 000	Japan

Statistische Untergrenze von Städten in ausgewählten Ländern

- Der **historisch-rechtliche Stadtbegriff** definiert die Stadt über politische, rechtliche, gesellschaftliche und bauliche Kriterien. So war während des Mittelalters in Europa die Verleihung des Stadtrechts mit besonderen Rechten (u. a. Marktrecht, Münzrecht, Gerichtsbarkeit) verbunden, die Stadt hob sich dadurch vom Umland stark ab.

- Der **geographische Stadtbegriff** nennt verschiedene Kriterien, die die Stadt über die Epochen und Kulturen hinweg in ihren Grundzügen beschreiben:
  - **Zentralität oder funktionaler Bedeutungsüberschuss:** Der funktionale Bedeutungsüberschuss (Zentralität, vgl. S. 181) ist für den geographischen Stadtbegriff wesentlich. Die Stadt bietet mehr Waren und Dienstleistungen, als ihre Bewohner benötigen. Sie hat somit spezifische Funktionen für ihr Umland: als Arbeitsort mit Arbeitsplätzen überwiegend im sekundären, tertiären und quartären Sektor; als Versorgungszentrum mit einer hohen Konzentration von spezialisierten Einzelhandelsunternehmen und großen Filialisten; als Dienstleistungszentrum durch die Konzentration von Bildungs- und Verwaltungseinrichtungen, politischen und gesellschaftlichen Institutionen, medizinischen Einrichtungen sowie durch ein breit gefächertes kulturelles Angebot.
  - **Mindestgröße bezogen auf Einwohner und Fläche:** Städte (im geographischen Sinne) müssen eine Mindestzahl an Fläche und Einwohnern haben, die aber national sehr unterschiedlich sind (vgl. statistischer Stadtbegriff).
  - **Kompakter Siedlungskörper:** Kennzeichen ist die Geschlossenheit der Siedlungsfläche mit einer künstlich gestalteten Umwelt, einer hohen Bebauungsdichte und überwiegender Mehrstöckigkeit im Zentrum.

- **Hohe Wohn- und Arbeitsplatzdichte:** Die Wohn- und Arbeitsplatzdichte (Einwohner bzw. Arbeitsplätze pro Flächeneinheit) ist generell hoch, hängt aber stark von der Lage innerhalb einer Stadt sowie der kulturellen Prägung der Stadt ab. Die Zahl der Arbeitsplätze übertrifft die Zahl der in der Stadt wohnenden Berufstätigen; die Städte weisen einen Einpendlerüberschuss auf.
- **Innere Differenzierung der Raumstruktur:** Städte weisen eine funktionale Differenzierung auf, die in Abhängigkeit von Bodenpreisen, Lage und Stadtplanung zur Ausbildung von Stadtvierteln (u. a. City, Wohn-, Einkaufs-, Industrie- und Gewerbegebiete) und zu einer Häufung kultureller Einrichtungen führt. Durch unterschiedliche Boden- und Mietpreise kommt es innerhalb von Städten zu einer sozialräumlichen Differenzierung der Wohnbevölkerung. Daneben existiert auch eine ethnische Differenzierung, da einzelne ethnische Gruppen häufig in eigenen Vierteln zusammenleben.
- **Sozioökonomische Struktur:** Bedingt durch den Bedeutungsüberschuss ergibt sich eine Dominanz der sekundären und tertiären Berufsgruppen bei gleichzeitig starker Arbeitsteilung. Städte sind außerdem Innovationszentren in politischer, sozialer und technologischer Hinsicht. Des Weiteren kommt es zur Ausprägung bestimmter Lebensformen (hohe Anonymität, hoher Singleanteil, spezielle kulturelle Aktivitäten).
- **Stadt-Umland-Beziehungen:** Der funktionale Bedeutungsüberschuss führt zu einem intensiven Austausch mit dem Umland. Es besteht ein Ungleichgewicht zwischen Arbeitsplätzen und Dienstleistungen einerseits, Wohngebäuden und Freizeiteinrichtungen andererseits. Dies führt zu einem hohen Verkehrsaufkommen. Städte profitieren von den Ressourcen des ländlichen Raumes, der eine Ausgleichsfunktion übernimmt (Freizeit und Naherholung, Bereitstellung von Versorgungsanlagen und Flächen für die Anlage von Verkehrsinfrastruktur).

Skyline von Oklahoma City, USA

1.3 Stadtstrukturmodelle

Zwar hat jede Stadt in physiognomischer wie auch in funktionaler Hinsicht ihr eigenes Profil, es lassen sich jedoch viele Übereinstimmungen und Regelmä-ßigkeiten feststellen. **Stadtstrukturmodelle** sind vereinfachte Abbilder der Gliederung der Stadt. Sie sind theoretische Modelle, die auf der Überlegung basieren, dass Ordnungsprinzipien, sowohl in funktionaler als auch in sozio-ökonomischer Hinsicht, zu einem allgemeinen Ordnungsmuster führen.

Alle drei im Folgenden beschriebenen Modelle stellen Idealtypen dar, die in der Wirklichkeit in dieser Form kaum angetroffen werden. Sie versuchen jedoch, grundsätzliche raumstrukturelle Entwicklungen zu beschreiben und zu begründen.

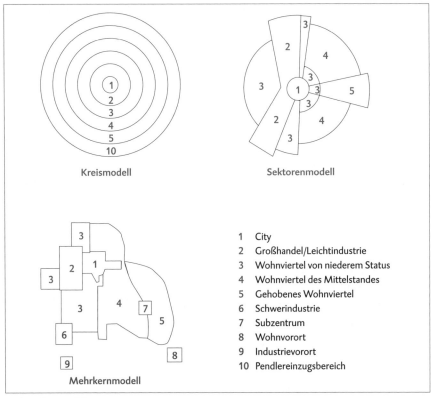

Stadtstrukturmodelle

Das Modell der konzentrischen Kreise/Kreismodell

Dieses Modell spiegelt die amerikanischen Verhältnisse bis 1950 wider. Nach diesem Ansatz bildet sich ein Hauptgeschäftszentrum, um das die Stadt gleichmäßig ringförmig expandiert. In einem Verdrängungsprozess wandern Nutzungen und Bevölkerungsgruppen in die folgende äußere Zone ab. So entstehen innenstadtnah vernachlässigte Stadtteile, die von einkommensschwachen Zuwanderern genutzt werden. Nach außen hin bilden sich Subzentren und Geschäftsbezirke.

Das Sektorenmodell

Die Gliederung der Stadt erfolgt in Sektoren, die sich längs der radial verlaufenden Verkehrsachsen ausdehnen. Wohngebiete mit homogener Sozialstruktur verlagern sich aufgrund steigender Mietpreise aus der Stadtmitte, die zum Einzelhandels- und Dienstleistungsstandort wird. Neue, attraktive Wohnviertel entstehen an der städtischen Peripherie.

Das Mehrkernmodell

Mit diesem Modell werden die Lage sowie die Konzentration von Industrie-/ Gewerbevierteln und Wohngebieten verdeutlicht, außerdem werden Aussagen zur sozialräumlichen Struktur getroffen.

Die Wohngebiete der Arbeiter befinden sich in der Nähe der Fabriken, die der Angestellten nahe der Dienstleistungszentren. Im Modell werden auch Standortbedingungen wie Erreichbarkeit und Fühlungsvorteile berücksichtigt.

Kompetenzcheck

– Nennen Sie mindestens drei Kriterien, die eine Stadt gemäß dem geographischen Stadtbegriff aufweisen muss.
– Erläutern Sie die unterschiedlichen Aussagen der Stadtstrukturmodelle.

2 Genese städtischer Strukturen – Stadtentwicklungsmodelle

2.1 Stadtentwicklung in Europa

Von der Römerstadt zur Stadt der Gegenwart

Nach dem Vorbild Roms entstanden im Römischen Reich neue Stadtanlagen (u. a. Wien, London, Paris). Auch im Zusammenhang mit der **römischen Kolonisation** wurden Garnisons- und Verwaltungsstädte (z. B. Köln, Trier, Mainz) zur Sicherung der Grenzen gegründet, deren Strukturen und Baukörper z. T. noch heute das Stadtbild prägen. Charakteristisch waren das rechtwinklig angelegte Straßennetz mit zwei Hauptachsen sowie gemeinsame **Strukturelemente** im Zentrum, z. B. Marktplatz (Forum) und Markthalle (Basilika).

Zahlreiche Städte entstanden während der **mittelalterlichen Gründungsphase** vorwiegend zwischen dem 12. und 15. Jh. Die Entwicklung der Wirtschaft und des Fernhandels sowie die Ausweitung kirchlicher und fürstlicher Macht begünstigten die Anlage von **Markt- und Handelsstädten.** Außerdem wurden bestehende größere Dörfer in den Rang einer Stadt erhoben. Die Stadt des Mittelalters bildete mit ihrer Stadtmauer, den Toren und Türmen eine feste, gegenüber dem Umland klar abgegrenzte Einheit. Durch den wachsenden Zustrom konnte die befestigte Stadt bald nicht mehr alle Menschen aufnehmen; es bildeten sich an den Ausfallstraßen vor den Stadttoren Vorstädte.

Münster/Westfalen: Mittelalterlicher Stadtkern und neuzeitliche Festungsanlage

Bis 1800 ging die Zahl der Stadtgründungen deutlich zurück. Der Städtebau wurde zunehmend durch pragmatische Formen bestimmt. Neuanlagen und Ausbau von **Festungs- und Garnisonsstädten** mit ihren mächtigen Bastionen zur Geschützabwehr prägten diese Zeit. Der sternförmige Grundriss der Stadtanlage bot optimalen Schutz, und ein ausgebautes Straßensystem gewährleistete ein schnelles Vorankommen. Allerdings schränkten die Schanzen und Bastionen ein flächenmäßiges Wachstum stark ein.

Der zunehmende Einfluss der Fürstenhäuser führte zu einem neuen Typ von Stadtanlage, der die Macht der Fürsten widerspiegeln sollte. Aus dieser Zeit stammen die **Residenzstädte**, dem Gedanken des Absolutismus Rechnung tragende Stadtanlagen. Planmäßige Formen mit einem Schloss oder anderen repräsentativen Bauten als zentralem Mittelpunkt verdeutlichten die Machtverhältnisse jener Zeit. Auch innerhalb des Stadtgefüges fand ein gravierender Wandel statt: Beamte und Soldaten traten in den Vordergrund, es entstand eine neue bildungsbürgerliche Schicht.

Mit der industriellen Revolution einher ging eine enorme Land-Stadt-Wanderung, der die Städte nicht gewachsen waren und die zu einer bedrückenden Wohnungsnot führte. Wohnraum musste schnell und in großem Umfang

Städtebau-epoche	Mittelalter (8.–15. Jh.) Handels- und Bürgerstadt	Absolutismus (16.–18. Jh.) Residenzstadt	Industrialisierung (19. Jh.) Industriestadt
Grundriss			
Siedlungs-mittelpunkt	• Kirche/Kloster • Burg • Marktplatz/Rathaus	• Schloss • Residenz	• Industrieanlage • Bahnhof
Verkehrssystem	• Handelsstraßen für Fuhrwerke, ausgerichtet auf Siedlungsmittelpunkt • enge, verwinkelte Gassen für Tragtiere oder Karren	• Alleen für Karossen • planmäßige Anlage, Hauptachsen auf Residenz ausgerichtet	• Eisenbahn • rasterförmiges Straßennetz
sonstige charakteristische Merkmale	• Mauer, meist mit Graben • Wohn- und Arbeits-stätte unter einem Dach	• Park- und Garten-anlage in geometrischen Formen • Vauban'sche Bastionen	• Mietskasernen • Villengebiete • weitgehend räumliche Trennung von Wohnen und Arbeiten, aber noch enges Nebeneinander

Stadtentwicklung in Europa im Überblick

geschaffen werden. So wurden in den Großstädten **Mietskasernen**, Mehrfamilienhäuser mit Tordurchfahrten zu z. T. mehreren Hinterhöfen, gebaut, die auf einem Grundstück bis zu 2 000 Menschen eine Unterkunft boten. **Werkskolonien** entstanden für Industriearbeiter, **Villensiedlungen** am Stadtrand für die Bürger- und höhere Beamtenschicht. Das flächenmäßige Ausufern der Städte führte zu einer beginnenden **Zersiedlung** der Landschaft. Mit Einsetzen der maschinellen Massenproduktion begann auch eine innere Differenzierung der Städte; es entstanden unterschiedliche Stadtviertel. Produktionsstätten wurden an die Peripherie verlegt, Parkanlagen entstanden dort, wo die alten abgerissenen Stadtmauern und Festungen neuen Platz boten.

BASF/Ludwigshafen –
Werkskolonie um 1914

Ausgehend von den unhaltbaren Wohnbedingungen entstanden zu Beginn des 20. Jh. unterschiedliche Konzepte zur Reform des Städtebaus. Als richtungsweisend erwies sich die **Charta von Athen** (1933), die differenzierte Aussagen über die Trennung von Wohnen, Arbeiten, Freizeit und Verkehr bei der Stadtplanung enthält. Siedlungen mit ausgedehnten Garten- und Grünflächen, die **Gartenstädte**, wurden am Stadtrand gegründet. In der Folge entstanden zuerst in England **New Towns**, mit allen wichtigen Funktionen ausgestattete Entlastungsstädte im Umkreis der ausufernden Großstädte. Um die Suburbanisierung von Bevölkerung und tertiären Funktionen zu steuern und eine weitere Zersiedlung des städtischen Umlandes zu stoppen, wurden **Satelliten- und Trabantenstädte** errichtet, die entweder als reine Schlafstädte konzipiert sind (z. B. Frankfurt-Nordweststadt) oder eine gewisse Selbstständigkeit aufweisen (München-Neuperlach, Paris: Villes Nouvelles). Besonders in den neuen Bundesländern sind **Großwohnsiedlungen** in standardisierter

Plattenbauweise als Modell der sozialistischen Großstadt entwickelt worden, die in vier-, sechs- bis zwölfgeschossiger Bauweise das Stadtbild beherrschen.

Planungskonzepte neuer Städte und Großwohnsiedlungen

- **Funktionalismus-Prinzip:** räumliche Trennung der verschiedenen Grunddaseinsfunktionen
- **Radburn-System:** Trennung der Verkehrswege der verschiedenen Verkehrsarten, Hierarchisierung der Verkehrswege nach ihren Funktionen
- **Nachbarschaftsprinzip:** 5 000–6 000 Einwohner je Wohnquartier mit Einkaufszentrum und Gemeinschaftseinrichtungen
- **Prinzip der Grünflächen und Verdichtung:** bauliche Verdichtung mit hoher Zahl der Einwohner je ha, dazwischen Grünflächen
- **Pluralismus-Prinzip:** Vielfalt der Bebauung, gemischte Alters- und Sozialstruktur

Gliederung der heutigen europäischen Stadt

Europäische Städte weisen bis auf regionale Besonderheiten ähnliche räumliche Strukturen auf. Sie sind das Ergebnis räumlicher Prozesse, die entweder durch Planvorgaben oder durch immanente Vorgänge verursacht wurden.

Bei der **historisch-genetischen Gliederung** werden städtische Bereiche in Bezug auf ihr Entstehungsalter unterschieden. Dabei werden Straßennetze, Gebäudegrundrisse, Parzellierungen und Hausformen zur Bildung räumlicher Einheiten herangezogen. Im Ergebnis lassen sich Stadtentwicklungsphasen ablesen, aus denen man Aussagen über Entstehung und Bedeutung ableiten kann.

Bei der **physiognomischen Gliederung** wird das äußere Erscheinungsbild des Baukörpers betrachtet (vgl. Abb. S. 157):

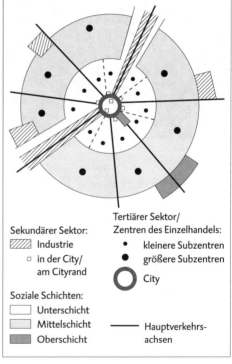

Sekundärer Sektor:
- ▨ Industrie
- ▯ in der City/ am Cityrand

Soziale Schichten:
- ▢ Unterschicht
- ▨ Mittelschicht
- ▨ Oberschicht

Tertiärer Sektor/ Zentren des Einzelhandels:
- • kleinere Subzentren
- ● größere Subzentren
- ⭕ City

——— Hauptverkehrsachsen

Modell der europäischen Stadt

- Hochhausbebauung findet man vorwiegend im Stadtzentrum aufgrund der Verdichtung von Wohn- und Arbeitsplätzen sowie der hohen Bodenpreise.
- Häuserzeilen mit mehrgeschossigen Baukörpern sind charakteristisch für Wohngebiete im zentralen Stadtbereich.
- Punktuelle Bebauungen mit dazwischenliegenden Grünflächen sind Kennzeichen neuerer Wohnviertel.
- Villenviertel sind charakterisiert durch Einzel- und Doppelhäuser sowie durch größere Grundstückszuschnitte.
- Eine Besonderheit stellt die komplexe Bauweise in Industriegebieten dar.

Die Art der Flächennutzung bildet die Grundlage für die **funktionale Gliederung** der Stadt. Dabei wird eine räumliche Gruppierung nach der Nutzung der Gebäude und Stadtviertel vorgenommen. Unterschieden werden Wohn-, Geschäfts- und Büroviertel, Industrie- und Gewerbegebiete sowie Erholungszonen.

Die Verteilung der Wohnbevölkerung nach sozialen und sozioökonomischen Gesichtspunkten führt zu einer **sozialräumlichen Gliederung** der Stadt. Differenziert wird in Wohnviertel mit niedrigem Status, in die des Mittelstands sowie in gehobene Wohnviertel. Ausschlaggebend für den Sozialstatus sind der Grad der Schulbildung, das Einkommensgefüge, aber auch die kulturelle Zusammensetzung der Bewohner.

Teilräume der Stadt

Die **City**:
- Kern einer größeren Stadt, überwiegend mit zentraler Versorgungsfunktion
- Aufgliederung in City-Kern, City-Mantel und City-Rand
- Physiognomische Merkmale: Hochhäuser mit moderner Sacharchitektur; Geschäfte durchgehend im Erdgeschoss, z. T. auch über mehrere Etagen; Fußgängerzonen, Passagen und Arkaden; Ballung von Werbung, z. T. über mehrere Etagen; hoher Schaufensterindex
- Funktionale Merkmale: Untergliederung in Geschäfts-, Vergnügungs-, Bankenviertel; höchste Bodenpreise und Mieten der Stadt; Arbeitsplätze überwiegend im tertiären Sektor; hohes Verkehrsaufkommen mit rhythmischen Verkehrsströmen; Konzentration von Zentrumsfunktionen höchstrangiger Stufe; hohe Tag-, geringe Nachtbevölkerung

Die **inneren Wohn- und Gewerbegürtel**:
- Im Zuge der Stadterweiterung ringförmig um den Stadtkern oder längs der Ausfallstraßen entstanden
- Im Wohngürtel geschlossene Bebauung mit mehrstöckigen Häusern

- Industrie- und Gewerbegebiete in der Nähe der Eisenbahnlinien aufgrund der Belieferung mit Rohstoffen sowie des Abtransports der Produkte
- Durchmischung der Funktionen Wohnen und Arbeiten, wobei das Gewerbe auf Produktion, Montage und Reparatur beschränkt ist
- Durchgängige Ladenfronten an den Hauptstraßen, vereinzelte Geschäfte in den Nebenstraßen

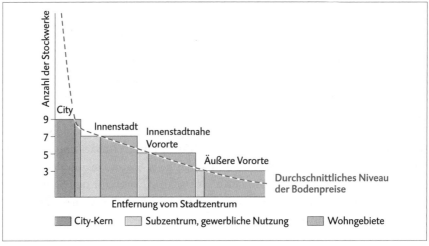

Bodenpreisgradient einer europäischen Großstadt

Der äußere Gürtel:
- Überwiegend Viertelbildung aus Wohnen und Industrie, z. T. Untergliederung durch Verkehrs- und Grünflächen
- Wohnviertel je nach zeitlichem Entstehen entweder Villenkolonien, Siedlungen in mehrgeschossiger Bauweise oder Großwohnanlagen
- Grund-/Aufriss der Industriegebiete in Komplexbauweise
- Neuansiedlung und Auslagerung von Betrieben aus dem innerstädtischen Raum in Gewerbe- und Industrieparks aufgrund niedriger Bodenpreise, guten Verkehrsanschlusses und hoher Flächenverfügbarkeit bei gleichzeitiger Verringerung innerstädtischer Luft- und Lärmbelastung

2.2 Stadtentwicklung in Nordamerika

Der Ursprung der meisten nordamerikanischen Städte geht auf die englische und französische Kolonisation im Osten und Süden der USA zurück sowie auf geplante Siedlungen im Zusammenhang mit dem Bau der transkontinentalen

Eisenbahnen im 18. und 19. Jh. Wesentliche Merkmale werden durch das Modell (vgl. Abb. S. 158) verdeutlicht.

Der Grundriss der Stadt ist ein schachbrettartig angelegtes Straßensystem, das weitgehend auf die Einführung des quadratischen Landvermessungssystems von 1785 (Land Ordinance) zurückgeht. Der Aufriss ist aufgrund der sehr hohen Bodenpreise durch eine Konzentration von Hochhäusern im Stadtzentrum geprägt, den **Central Business District (CBD)**. Zur Peripherie hin geht das Stadtbild rasch in ein ausgedehntes flachgeschossiges Häusermeer über, das nur von den Hochhauskomplexen der Außenstadtzentren unterbrochen wird.

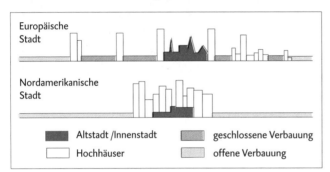

■ Altstadt /Innenstadt	▨ geschlossene Verbauung
□ Hochhäuser	▨ offene Verbauung

Aufriss der europäischen und der US-amerikanischen Stadt

In nordamerikanischen Städten wird die City als **Downtown** bezeichnet, deren Kern der CBD ist. Im CBD konzentriert sich der Dienstleistungssektor, der von der schnellen Erreichbarkeit sowie der Standortgunst (Fühlungsvorteile) profitiert. Einzelhandel, Banken, Hotels, Unternehmensverwaltungen, öffentliche Einrichtungen und hochwertige Kultureinrichtungen prägen die funktionale Ausstattung der Kernstadt. In den letzten Jahrzehnten ist es zu einer Ausbildung von Vierteln (z. B. Banken- und Hotelvierteln) gekommen. Übergangslos geht die Hochhausbebauung des CBD in eine maximal viergeschossige, durch ältere Bausubstanz gekennzeichnete Bauweise über (vgl. Foto S. 145).

Der sich an den CBD anschließende Gürtel, die **Transition Zone** (Übergangszone) mit einer Mischung aus Wohnen und Gewerbe, ist seit Mitte des 20. Jh. in vielen Großstädten dem Verfall preisgegeben, da nach der Wohnbevölkerung auch Gewerbe und Dienstleistungen in die Vororte abgewandert sind. Ein großer Teil der Gebäude verfiel, Ghettos mit hoher Arbeitslosigkeit und Kriminalität entstanden. Mit zunehmender Entfernung vom CBD geht auch eine Entflechtung der Funktionen einher. Monofunktionale Wohngebiete, Verwaltungs- und Industrieparks, Shopping Malls sowie Commercial Strips entlang der Ausfallstraßen dominieren.

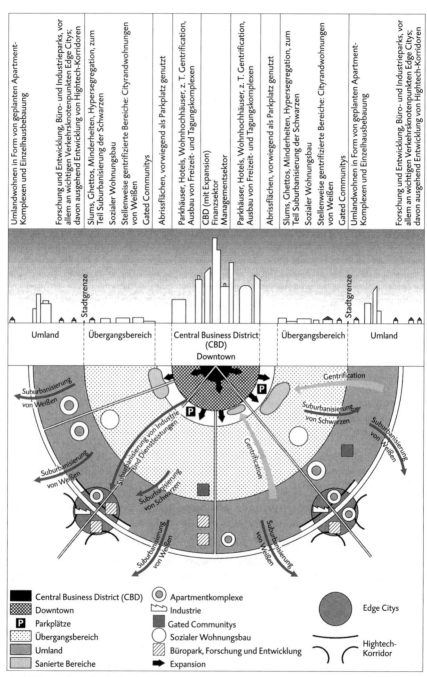

Modell der nordamerikanischen Stadt

Im suburbanen Raum befinden sich die ausgedehnten Wohngebiete (**Suburbs**) mit Einfamilienhäusern. Seit den 1980er-Jahren entstehen hier an den Kreuzungspunkten großer Verkehrsachsen die **Edge Citys**, randstädtische Zentren, in denen neue Arbeitsplätze des tertiären Sektors einschließlich des Hightech-Bereichs geschaffen werden, die durch Einzelhandel, Gewerbe- und Freizeitareale sowie Apartmentblocks ergänzt werden. Mehr als die Hälfte aller Büroflächen und Arbeitsplätze befindet sich inzwischen in den Außenzentren. Die Zahl der Einpendler übertrifft die der Auspendler, woraus eine höhere Tagbevölkerung im Vergleich zur Nachtbevölkerung resultiert.

Die Versorgung der Bevölkerung erfolgt über **Shopping Malls**, ein- bis dreigeschossige Gebäudekomplexe, in denen teilweise über 500 Einzelhandelsgeschäfte, Drugstores, Supermärkte und Kaufhäuser untergebracht sind. Sie sind überdacht, klimatisiert und durch Springbrunnen wie auch kleine Grünanlagen aufgelockert, sodass eine angenehme Einkaufsatmosphäre gewährleistet ist. In den Randbereichen dieser Malls haben sich Dienstleistungsbereiche wie Banken, Tankstellen, Gartencenter, Baumärkte, Hotels, Restaurants, Fitnesscenter und Sportanlagen angesiedelt. Riesige Parkflächen um die Malls herum verdeutlichen, dass sie auf den Individualverkehr ausgerichtet

Modell einer Shopping Mall

sind. In nicht allzu weiter Entfernung befinden sich Eigenheimsiedlungen. In neuerer Zeit schließen allerdings immer mehr Malls oder stehen halb leer, da der Online-Handel stark zugenommen hat.

In jüngerer Zeit entstehen im Stadtzentrum wie auch in der Übergangszone exklusive Wohnungen durch Umwidmung ehemals gewerblich genutzter Gebäude und durch Sanierung traditioneller Bausubstanz. Diese Luxussanierung führt zu einer sozialen Umstrukturierung. Mit dem Zuzug wohlhabender Bevölkerungsschichten wird die einkommensschwächere Bevölkerung verdrängt (**Gentrifizierung**, engl. Gentrification, vgl. S. 169). Insgesamt kommt es in den Städten zu einer zunehmenden **Fragmentierung**, zu isolierten, kleingekammerten Räumen mit einer jeweils unterschiedlichen Nutzung, die nicht mehr auf das Zentrum ausgerichtet ist. Hierzu zählen auch die **Gated Communitys**, abgeschlossene Wohnviertel gehobener sozialer Schichten, die nur mit Zugangsberechtigung betreten werden können (vgl. Abb. S. 161).

Eine Sonderform sind **Rentnerstädte**, planmäßig angelegte Siedlungen in klimatisch bevorzugten Landschaften, gekennzeichnet durch aufgelockerte Bauweise, Grünanlagen und Infrastrukturangebote für Senioren (vgl. Abb. unten).

Das extreme flächenmäßige Ausufern der Städte, der urban sprawl, hat die Bildung weitläufiger **Stadtlandschaften** zur Folge. Sogenannte Städtebänder haben sich sowohl an der Ost- als auch an der Westküste entwickelt, in denen die Städte unmerklich ineinander übergehen. Ein Beispiel hierfür ist das über 750 km lange Städteband **Boswash** von Boston über New York, Philadelphia, Baltimore bis Washington D. C.

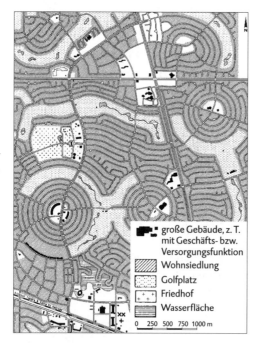

große Gebäude, z. T. mit Geschäfts- bzw. Versorgungsfunktion

Wohnsiedlung

Golfplatz

Friedhof

Wasserfläche

0   250 500 750 1000 m

Rentnerstadt Sun City/Arizona

2.3 Stadtentwicklung in Lateinamerika

Lateinamerika ist mit über 80 % städtischer Bevölkerung der am zweitstärksten verstädterte Kontinent. Erste Städte entstanden zur Zeit der indianischen Hochkulturen; sie wurden aber von den Kolonialmächten Spanien und Portugal meistens zerstört. So haben die heutigen Städte Lateinamerikas ihre Wurzeln in der Regel in der Zeit ab dem 16. Jh., sie wurden als **Kolonialstädte** zur Absicherung politischer und wirtschaftlicher Interessen gegründet.

Typisch für alle Städte der spanischen Kolonialzeit war der Schachbrettgrundriss mit dem Hauptplatz, der **Plaza Mayor**. Um diesen Platz herum lagen alle öffentlichen und kirchlichen Repräsentationsbauten. Daran schlossen sich die Wohngebiete von Adel und Oberschicht an. Nach außen nahm der soziale Status ab; es folgten die Wohnviertel der Händler und Handwerker. Die Peripherie war durch die einfachen Hütten der indigenen Bevölkerung gekennzeichnet. Diese Stadtstruktur ist bis heute in vielen Kleinstädten anzutreffen.

Mit Beginn des 20. Jh. führten Industrialisierung und Tertiärisierung zu einem Wandel des Stadtbildes. Hochhausviertel mit Banken, Büros und hochwertigem Einzelhandel bestimmen heute das Stadtzentrum. Die Oberschicht zog an die Peripherie in neue Villenviertel. Die dem Verfall preisgegebenen Innenstadthäuser wurden aufgeteilt, um die so geschaffenen Einzimmerwohnungen an Zuwandererfamilien zu vermieten. Diesen innerstädtischen **Marginalsiedlungen** (vgl. S. 188 f.) stehen die Gated Communitys, die **Condominios**, gegenüber, bewachte und abgeschlossene Wohngebiete der oberen Sozialschichten mit z. T. eigener Versorgungs-, Freizeit- und Schulinfrastruktur.

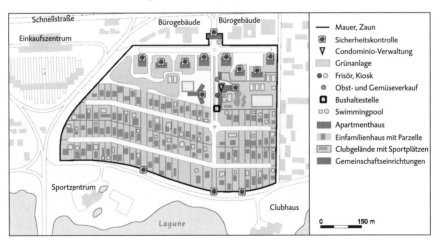

Condominio Nova Ipanema bei Rio de Janeiro

Diese **sozialräumliche Fragmentierung** verschärft die räumliche Polarisierung zwischen den Stadtvierteln der Armen und der Reichen. Zudem wurden Altstadtviertel für Wohn- und Geschäftszwecke restauriert und öffentliche Plätze renoviert, um den Innenstadtbereich zu revitalisieren und einem weiteren Verfall entgegenzuwirken. Gleichzeitig wurde das Straßenverkehrsnetz ausgebaut, um die Erreichbarkeit des Zentrums wie auch des suburbanen Raums zu verbessern.

In verkehrsgünstiger Lage entstanden in den vergangenen Jahren weitere Subzentren, Einkaufs-, Freizeit-, aber auch Bürostandorte, die sich oftmals in der Nähe der Oberschichtviertel entwickelten.

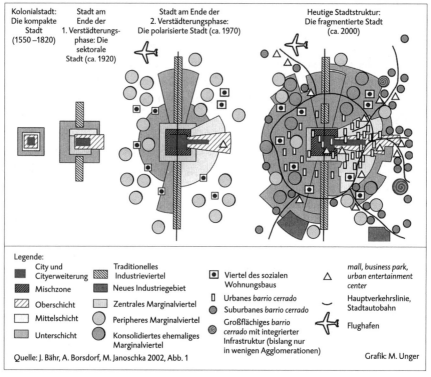

Modell der lateinamerikanischen Stadtentwicklung

2.4 Die islamisch-orientalische Stadt

Bereits vor fünf Jahrtausenden gab es im Orient städtische Siedlungen. Im Hinblick auf formale und funktionale Gesichtspunkte entwickelte sich ein Grundtyp, der sich im historischen Stadtkern bis heute erhalten hat. Seit dem 19. Jh. haben sich die Stadtstruktur sowie die Physiognomie der Stadt nach europäischen Vorbildern weiterentwickelt und zum Entstehen einer dualen Stadtstruktur aus Altstadt (**Medina**) und Neustadt (**Villes Nouvelles**) geführt.

Das traditionelle Stadtbild

Charakteristische Merkmale der Altstadt sind:

- Das hierarchische, verwinkelte **Sackgassensystem**: Hierdurch werden der Schutz der Privatsphäre sowie ein gewisser Schutz bei Überfällen und religiös motivierten Auseinandersetzungen gewährleistet. Die ein- bis zweigeschossigen Wohnhäuser sind um einen Innenhof angelegt und nach außen hin fensterlos.

- Die **Große Moschee** (Freitagsmoschee): das religiöse Zentrum der Stadt.

- Das weltlich-politische Zentrum ist die **Kasbah**, die Zitadelle. Mit der Stadtmauer diente sie dem Schutz der Stadt sowie als Verwaltungs- und Repräsentantenbauwerk der Machthaber.

- Der **Suq** (Basar): Er liegt zentral in der Medina und ist der wirtschaftliche Mittelpunkt für Handel, Gewerbe sowie Finanzgeschäfte. Unzählige kleine Läden betreiben Einzel-, Groß- und Fernhandel. Der Basar ist nach Branchen räumlich konzentriert und untergliedert. Auch kleine Werkstätten sind hier zu finden, wobei das Prestige eines Betriebes nach außen hin abnimmt. Enge Gassen, Gewölbe und Segel schützen vor der Sonne. Die Tore können nachts geschlossen werden. Wohnungen gibt es im Basar nicht.

- Die **Quartiere** (Wohnviertel): Sie sind durch Mauern und Tore, die abends abgeschlossen werden können, voneinander getrennt. Die Bewohner eines Viertels besitzen die gleiche Religionszugehörigkeit, die sozialen Kontakte sind eng geknüpft, obwohl eine Trennung nach sozialen Schichten vorliegt. In jedem Quartier gibt es kleinere Basare für den täglichen Bedarf, Moscheen und andere öffentliche Einrichtungen wie Bäder, Koranschulen und Friedhöfe.

Färberei in der Altstadt von Fes/Marokko

Die Neustadt

Mit dem Bevölkerungswachstum im 19. Jh. erfolgte eine Stadterweiterung über die Stadtmauer hinaus. An die Altstadt haben sich moderne Wohn- und Geschäftsviertel angegliedert, die durch geradlinige Straßenführung und moderne Geschäfts- und Bürobauten gekennzeichnet sind. Neben den physiognomischen sind auch funktionale Umstrukturierungen zu beobachten, die eine **Verwestlichung** des traditionellen Stadtgefüges beschreiben:

- Der Großhandel wandert aus dem Basar ab, da das Straßennetz dem gestiegenen Lkw-Verkehr nicht mehr gewachsen ist.
- Der Einzelhandel mit hochwertigen Gütern ist nun in den modernen Geschäftsvierteln außerhalb der Medina anzutreffen; im Suq ist das Warenangebot auf die einkommensschwächeren Bevölkerungsschichten und ggf. auf den Tourismus ausgerichtet.
- Nach der wohlhabenden Oberschicht zieht in zunehmendem Maße auch die eher westlich orientierte Mittelschicht aus der Altstadt in die neuen, mehrgeschossigen Wohnhäuser der Vorstädte. Ein Rückzug in die Privatsphäre ist dort kaum noch möglich, eine Auflösung der Großfamilie die Folge.
- Die baufälligen Häuser der Altstadt bieten nun Zuwanderern und Arbeitsuchenden eine billige Unterkunft. Zudem entstehen am Stadtrand informelle Hüttensiedlungen.
- Die vormals ethnisch und religiös bestimmte Viertelbildung ist einer an Einkommen und Bildungsstand orientierten sozialräumlichen Ordnung gewichen.

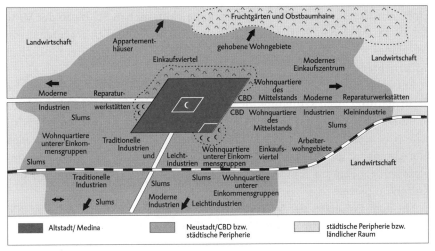

Modell der heutigen Stadt des islamischen Orients

2.5 Die chinesische Stadt

Die chinesische Stadt hat eine 4 000 Jahre zurückreichende Tradition. Die Grundzüge der heutigen traditionellen Städte gehen zurück auf die im 13. Jh. beginnende Kaiserzeit: Die Stadt wird als Abbild des Kosmos gesehen. Sie ist geprägt von Achsialität, Symmetrie oder der Ausrichtung nach den Himmelsrichtungen. Das Zentrum ist der Sitz des Herrschers. Um den Herrschersitz gruppieren sich Wohnviertel, gestaffelt nach **sozialer Hierarchie**. Entlang der Hauptstraße zum Zentrum reihen sich die wichtigsten Gebäude (Hofhäuser).

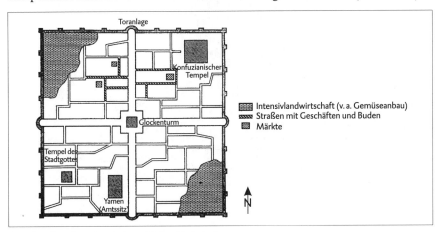

Typischer Grundriss einer kaiserzeitlichen Kreisstadt

Einen einschneidenden Wandel erlebten die chinesischen Städte ab der Mitte des 19. Jh. durch den Einfluss ausländischer Mächte. Räumlich abgegrenzt von der chinesischen Altstadt entstanden neue Stadtviertel, die im europäischen Stil errichtet wurden.

Entscheidend für das heutige Aussehen der Städte war die **sozialistische Stadtplanung** nach Gründung der Volksrepublik. Charakteristisch sind die monotone Bebauung mit Wohnblocks sowie das System der **Danweis**, städtische Arbeitseinheiten mit Wohnungen, Arbeitsstätten und infrastrukturellen Einrichtungen, die durch eine Mauer abgegrenzt werden. Die Industriekomplexe entstanden am Rande der Städte, ebenso wie Großwohnanlagen und Kulturkomplexe.

Mit dem Einsetzen der **Wirtschaftsreformen ab 1978** hat sich das Bild der chinesischen Städte dramatisch verändert. Nach Abriss der alten Bausubstanz entstanden vielerorts Hochhauswohnkomplexe. Der alte Stadtkern bildete sich zu einer City aus, die teilweise aus moderner Hochhausbebauung besteht, teilweise im traditionellen Stil errichtet wurde. An diese Zone gliedert sich eine Übergangszone an, in der alle Funktionen gemischt sind. Um diese Kernstadt zieht sich ein landwirtschaftlicher Gürtel, der der Nahversorgung der Stadtbevölkerung dient.

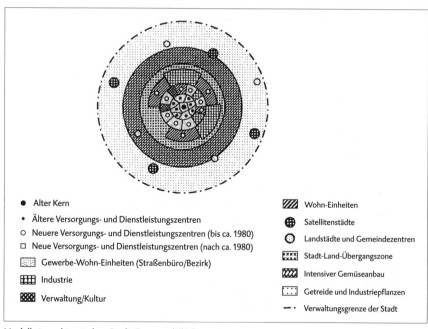

●	Alter Kern	▨	Wohn-Einheiten
•	Ältere Versorgungs- und Dienstleistungszentren	⊕	Satellitenstädte
○	Neuere Versorgungs- und Dienstleistungszentren (bis ca. 1980)	◎	Landstädte und Gemeindezentren
□	Neue Versorgungs- und Dienstleistungszentren (nach ca. 1980)	▦	Stadt-Land-Übergangszone
▦	Gewerbe-Wohn-Einheiten (Straßenbüro/Bezirk)	▨	Intensiver Gemüseanbau
▦	Industrie	⁛	Getreide und Industriepflanzen
▦	Verwaltung/Kultur	–·–	Verwaltungsgrenze der Stadt

Modell einer chinesischen Stadt: Form und Flächennutzung

Kompetenzcheck

– Erläutern Sie den Grund- und Aufriss nordamerikanischer Städte im Vergleich zu europäischen Städten.

– Leiten Sie die heutige Struktur lateinamerikanischer Städte vor dem Hintergrund verschiedener Entwicklungsphasen ab.

– Erläutern Sie die wesentlichen Merkmale und Entwicklungen, die das heutige Bild der orientalischen Stadt bestimmen.

3 Einfluss von Suburbanisierungs- und Segregationsprozessen auf gegenwärtige Stadtstrukturen

3.1 Der Prozess der Suburbanisierung

Mit dem Begriff **Suburbanisierung** wird die Verlagerung des Städtewachstums in die sich verstädternden Vororte (Suburbs) bezeichnet sowie die sich daraus ergebenden Veränderungen in Bezug auf die Bevölkerungs-, Siedlungs-, Wirtschafts- und Sozialstruktur. Das Phänomen hat folgende Ursachen:

- Gestiegene Kaufkraft von Teilen der Bevölkerung ermöglicht den Erwerb von preisgünstigen Eigenheimen im Umland; gleichzeitig Zunahme der Bodenpreise im Stadtkernbereich

- Schaffung von preiswerten Mietwohnungen im Umland in guten Wohnumfeldverhältnissen (**Wohnsuburbanisierung**)

- Schaffung großflächiger Einzelhandelsstandorte „auf der grünen Wiese" (**Dienstleistungssuburbanisierung**)

- Ausbau von Verkehrsnetzen als Folge der zunehmenden Motorisierung mit wachsenden Verkehrsproblemen im Stadtkernbereich wegen der Pendler

- Bereitstellung preiswerter Grundstücke zur Deckung des expandierenden Flächenbedarfs von Verwaltungs- und Gewerbebetrieben (**industrielle Suburbanisierung**)

Aufgrund der guten Erreichbarkeit durch den Individualverkehr entstehen im Umland neue Sekundärzentren, die neben Einkaufs-, Verwaltungs- und Gewerbefunktionen auch Freizeit- sowie Bildungseinrichtungen (Campus-Universitäten) umfassen. Trotz der Auslagerung vieler Betriebe aus dem Stadtkernbereich stellt die **Pendler**-Problematik mit ihrer Verkehrsbelastung und den daraus entstehenden Umwelt-Beeinträchtigungen weiterhin ein großes Problem dar.

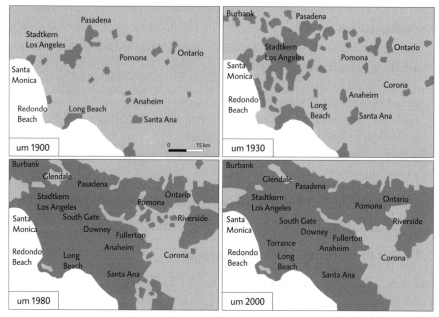

Darstellung des Flächenwachstums am Beispiel von Los Angeles (dunkelgrau: geschlossene Bebauung)

Die Suburbanisierung führt zu strukturellen Veränderungen sowohl in der Stadt als auch im Umland. Da überwiegend junge, einkommensstarke Familien an die Peripherie abwandern, verstärkt sich in der Kernstadt die **Segregation** nach sozialem Status und ethnischer Zugehörigkeit. Ist der suburbane Raum politisch selbstständig, entstehen zahlreiche stadtplanerische, raumordnerische und verkehrspolitische Probleme. Die Stadt verliert wichtige Steuereinnahmen, was zu Mängeln in der Infrastruktur und bei der Wahrnehmung öffentlicher Aufgaben führt. Die Wirtschaftskraft sinkt: Nicht nur im Einzelhandel, sondern auch in der Breite der Wirtschaftsstruktur und der Nutzungsdichte ist eine Abwertung gegenüber dem Umland zu beobachten.

Begriffe zur Suburbanisierung

- **Counterurbanisierung:** Verlagerung von Bevölkerung und Arbeitsplätzen in das ländliche Umland, das aber keine Verflechtungen mit dem Verdichtungsraum besitzt
- **Deurbanisierung:** Abnahme von Bevölkerung und Arbeitsplätzen im gesamten städtischen Raum (z. B. in altindustrialisierten Räumen)
- **Exurbanisierung:** Abwanderung der Bevölkerung über den suburbanen Raum hinaus in das ländliche Umland
- **Reurbanisierung:** Wiedereinsetzende Bevölkerungs- und Beschäftigtenzunahme im Stadtzentrum aufgrund von Attraktivitätssteigerungen als Folge von Maßnahmen der Stadterneuerung

3.2 Gentrifizierung

Im Zug der Reurbanisierung kommt es zu einer gezielten Aufwertung des Wohnbestandes und des Wohnumfelds. Dies führt zu einer Veränderung der Sozialstruktur – weg von der alteingesessenen, überwiegend der Mittel- und Unterschicht angehörenden Wohnbevölkerung und hin zu einer wohlhabenden, einkommensstarken Bevölkerungsschicht.

Dieser **Gentrifizierungsprozess** verläuft oftmals nach einem typischen Muster: Zunächst ziehen aufgrund billiger Mieten im Arbeiterviertel Pioniere, v. a. Studenten und Künstler, ein. Nach einer Phase der Konsolidierung und einigen Modernisierungsmaßnahmen werden private und öffentliche Investoren aufmerksam. Nach und nach führen Restaurierungen zur Aufwertung des Viertels, sodass Kneipen und Szene-Klubs entstehen, die wiederum junge, einkommensstarke Arbeitnehmer des tertiären und quartären Sektors anziehen. Durch den Wegzug der ansässigen Bevölkerung aufgrund erhöhter Mieten entsteht Leerstand, der von Immobilienunternehmen aufgekauft und in schicke Wohnungen und Lofts umgewandelt wird. Der Charakter des Viertels wie auch die Bevölkerungsstruktur haben sich nun grundlegend geändert.

Gentrifizierung, die Verdrängung der ursprünglichen Bevölkerung durch aufwertende Sanierung, führt zu einer weiteren **sozioökonomischen Segregation** der Bevölkerung im städtischen Raum.

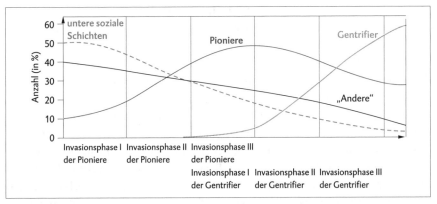

Modell des Gentrifizierungsprozesses

Kompetenzcheck

- Erläutern Sie den Begriff Suburbanisierung und zeigen Sie daraus entstehende Stadt-Umland-Probleme auf.
- Stellen Sie den Ablauf des Gentrifizierungsprozesses dar.

4 Entstehung tertiärwirtschaftlich geprägter städtischer Teilräume

4.1 Entwicklung der Standorte des tertiären Sektors in der Stadt

Der **Tertiärisierungsgrad**, also der Prozentsatz der im tertiären Sektor Beschäftigten, erreicht heute in nicht wenigen deutschen Städten Werte über 80 %, nicht selten gar um 90 % (z. B. in Düsseldorf, München, Hamburg, Berlin). Diese Entwicklung unserer Städte von industriell zu tertiärwirtschaftlich geprägten Standorten beruht auf dem **sektoralen Strukturwandel** unserer Gesellschaft hin zu einer Dienstleistungsgesellschaft (vgl. S. 272 ff.).

Viele **innenstadtnahe Betriebe** des sekundären Sektors besaßen an ihren alten Standorten keine Erweiterungsmöglichkeiten, mussten diese aufgrund geänderter Ansprüche oder Umweltauflagen aufgeben oder wurden durch den expandierenden Dienstleistungssektor aus zentralen Standorten verdrängt. So stieg die Nachfrage nach Gewerbeflächen am Stadtrand. Gleichzeitig führten der Flächenbedarf flächenextensiver Branchen wie der Logistik, das steigende Transportvolumen und neue Vermarktungskonzepte von Groß- und Einzelhandel mit ausgedehnten Lager-, Verteilungs- und Ausstellungsflächen sowie Parkplätzen zu Siedlungserweiterungen im Außenbereich. So wiesen seit den 1990er-Jahren zahlreiche Gemeinden am **Stadtrand** vielfach überdimensionierte **Gewerbe- und Industrieflächen** aus.

Die neuen, vielfältigen Standorte von Handel und Gewerbe am Stadtrand, an der Peripherie der Stadt, führen zu Veränderungen und Ergänzungen der ursprünglichen Hierarchie tertiärer Einrichtungen einer (Stadt-)Region mit dominierendem Stadtkern und nachrangigen Stadtteilzentren. An der Spitze der **Hierarchie dienstleistungsorientierter Teilzentren** stehen zwar weiterhin City und Cityrand mit den höchstrangigen **tertiären Einrichtungen** (spezialisierte Einzelhandelsgeschäfte, Banken, öffentliche und private Einrichtungen). Durch die zunehmende Bedeutung der Stadtrandstandorte verändert sich jedoch das Gesicht der City: Sogenannte **Schnelldreher**, d. h. Läden ohne Lagervorhaltung, z. B. für Brot und Backwaren oder Drogeriewaren, sowie uniforme **Kettengeschäfte** breiten sich zunehmend aus (**Trading-down-Effekt**).

Eine immer größere Konkurrenz für die City sind Versorgungszentren am Stadtrand, durch die selbst große Innenstadtwarenhäuser mit einem breiten und hochpreisigen Sortiment unter Druck geraten. Ursachen des **Erfolgs**

Thalia	291 (2020)		Deichmann	1 423 (2019)
Backwerk	293 (2020)		McDonald's	1 485 (2019)
H & M	466 (2019)		Ernsting's Family	1 900 (2020)
Subway	690 (2018)		KiK	2 607 (2019)
Tchibo	550 (2019)		Lidl	3200 (2020)
Douglas	2 292 (2019)		Ein-Euro-Läden	ca. 2 500 (2019)

Zahl der Filialen wichtiger „Ketten" in Deutschland

randstädtischer Versorgungseinrichtungen sind die Verkehrsbelastung der Innenstädte sowie Einkäufe für die gesamte Woche und nicht mehr nur für den Tag. Geringverdiener werden durch steigende Mieten gezwungen, aus Innenstadtvierteln in Großwohnsiedlungen am Stadtrand auszuweichen; gut verdienende Familien mit Kindern ziehen in die Peripherie wegen der hier höheren Lebensqualität – und der innerstädtisch hohen Immobilienpreise. So trug bzw. trägt auch die **Wohnsuburbanisierung** zur Entstehung und Ausweitung von Einzelhandelseinrichtungen am Stadtrand bei.

Zunächst lagen die Standorte des Einzelhandels für den kurz- und mittelfristigen Bedarf in kleineren randstädtischen Einkaufszentren. Seit den 1980er-Jahren wurden großflächige Verbrauchermärkte mit Angeboten auch aus dem Non-Food-Bereich errichtet. Seit den 1990er-Jahren handelt es sich überwiegend um große Einkaufszentren in randstädtischen Lagen mit starker Fokussierung auf eine gute Erreichbarkeit per Auto (Lage oft an Autobahnkreuzen). Diese **Shopping Center** bzw. **Shopping Malls** mit deutlich über 10 000 m² Verkaufsfläche forcieren den Bedeutungsverlust der Innenstädte. Mit einigen größeren Magnetbetrieben (Ankergeschäfte), einer großen Anzahl an Fachgeschäften und kostenlosen großzügigen Parkplätzen ermöglichen sie einen bequemen, erlebnisorientierten Einkauf. **Urban Entertainment Center** mit einem breiten Spektrum an Freizeit- und Unterhaltsangeboten (Kino, Fitnessstudio, Gaststätten) stellen den jüngsten Standorttyp randstädtischer Versorgungseinrichtungen dar. Diese binden Kaufkraft, die den Innerstädten fehlt.

Zunehmend finden am Stadtrand auch unternehmensorientierte Dienstleister, die nicht auf den direkten Kontakt zum Kunden angewiesen sind, ihren Standort (Reinigungsfirmen, Autovermieter, IT-Unternehmen). Im Zuge des **Suburbanisierungsprozesses** können hier auch neue Bürostandorte entstehen.

Besonders deutlich ist die beschriebene Entwicklung in den neuen Bundesländern, wo viele Innenstädte keine gewachsene Einzelhandelsstruktur besaßen – hier dominieren heute häufig Shopping Center am Stadtrand. Generell schwierig gestaltet sich als Folge der Automobilisierung der Gesellschaft die Situation des Einzelhandels im ländlichen Raum. Vielen Dörfern fehlen Läden des täglichen Bedarfs inzwischen gänzlich. Dafür hat sich hier in einigen Regionen ein ambulanter Einzelhandel als neue Betriebsform etabliert.

Meist in einigem Abstand zum Stadtkörper werden am Stadtrand bzw. im angrenzenden Umland **Factory Outlet Center (FOC)** errichtet. Das weltweit erste entstand 1971 in den USA, das erste europäische 1984 in Frankreich.

Gegenwärtig gibt es über 186 FOCs in Europa (31 weitere in Bau oder Planung), in Deutschland wegen häufiger Vorbehalte der Behörden nur 14. FOCs umfassen mindestens 60 Läden, getragen von einer Betreibergesellschaft – mit der Folge niedriger Fixkosten und starker Ausnutzung von Synergieeffekten. Auf mehreren Tausend Quadratmetern Verkaufsfläche werden Markenwaren zweiter Wahl, Überbestände, Retouren und Vorjahreskollektionen preisreduziert angeboten. Wichtig sind eine verkehrsgünstige Lage (Autobahnanschluss) sowie mindestens drei Millionen potenzielle Kunden innerhalb von 60 Pkw-Fahrminuten. Zu einem FOC gehören auch gastronomische, evtl. auch Freizeiteinrichtungen.

Auf dem fast 100 ha großen Gelände eines Hütten- und Walzwerkes wurde 1996 ein 7 ha großes Einkaufs- und Freizeitzentrum mit rund 200 Geschäften, einem Freizeit- und Vergnügungspark sowie 47 Cafés, Gaststätten und Restaurants eröffnet. Als größtes Einkaufs- und Freizeitzentrum in Europa hat sich das „CentrO" rasch zu einem Publikumsmagneten mit jährlich mehreren Millionen Besuchern entwickelt. Erreichbar ist das CentrO sowohl per Pkw (direkter Autobahnanschluss, 14 000 kostenlose Parkplätze) als auch mit dem ÖPNV. In unmittelbarer Nähe zum CentrO-Gelände befinden sich weitere touristische Attraktionen, z. B. das Gasometer Oberhausen, das Sea Life Aquarium und das Musical-Theater Metronom-Theater.

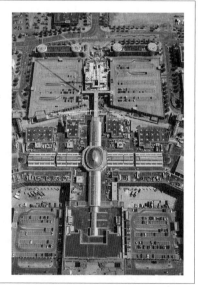

Beispiel für ein Urban Entertainment Center: das CentrO in Oberhausen

Aktuelle Entwicklungsprozesse im Zentrum und am Rand von Städten

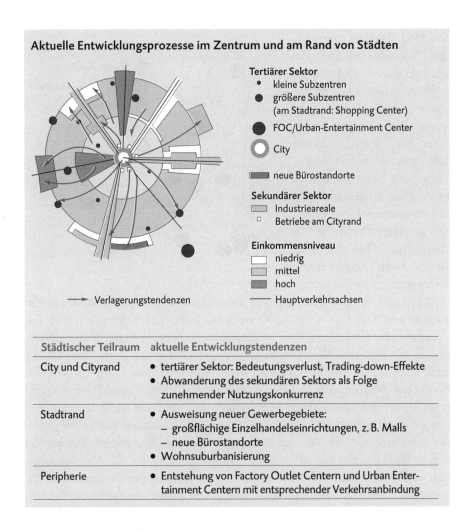

Tertiärer Sektor
- • kleine Subzentren
- ● größere Subzentren
  (am Stadtrand: Shopping Center)
- ⬤ FOC/Urban-Entertainment Center
- ◎ City

- ▬ neue Bürostandorte

Sekundärer Sektor
- ▭ Industrieareale
- ▫ Betriebe am Cityrand

Einkommensniveau
- ▭ niedrig
- ▨ mittel
- ▬ hoch

→ Verlagerungstendenzen

— Hauptverkehrsachsen

Städtischer Teilraum	aktuelle Entwicklungstendenzen
City und Cityrand	• tertiärer Sektor: Bedeutungsverlust, Trading-down-Effekte • Abwanderung des sekundären Sektors als Folge zunehmender Nutzungskonkurrenz

Stadtrand	• Ausweisung neuer Gewerbegebiete:
	  – großflächige Einzelhandelseinrichtungen, z. B. Malls
	  – neue Bürostandorte
	• Wohnsuburbanisierung

Peripherie	• Entstehung von Factory Outlet Centern und Urban Entertainment Centern mit entsprechender Verkehrsanbindung

4.2 Boden- und Mietpreisgefüge

Bodenrentenmodelle versuchen, den ökonomischen Hintergrund der in Staaten mit freiem Bodenmarkt ablaufenden Verdrängungsprozesse zu erfassen. Wer sich in einer Konkurrenzsituation durchzusetzen vermag, bestimmt ganz wesentlich die **Lagerente**, d. h. den Nettogewinn, den eine Fläche aus Vermietung oder Verpachtung bzw. beim Verkauf eines Grundstücks abwirft. In Konkurrenzsituationen werden die jeweils finanzkräftigsten Nutzer – seien es Mieter oder Käufer – die geforderten Preise entrichten.

Das Modell erklärt, warum in den Stadtzentren überwiegend exklusive Güter angeboten werden und finanzstarke Bank-, Kredit- und Versicherungsunternehmen hier ihren Standort haben. Mit zunehmender Entfernung vom Zentrum kommt es zu einer ringzonalen Anordnung anderer Nutzungen, die geringere Profite je Flächeneinheit abwerfen (grafisch: deren Bodenrentenkurve weniger steil abfällt).

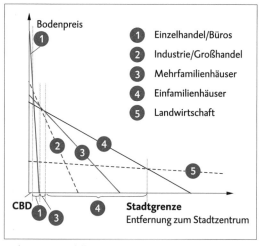

Bodenrentenmodell

Die traditionelle Vorstellung war also die eines städtischen **Bodenpreis-Kegels** von Standorten des tertiären Sektors im Stadtkernbereich und mit zunehmender Entfernung vom Stadtkern linear abnehmenden Bodenpreisen. Dieses Bild änderte sich bereits in den 1970er-Jahren: Das Kern-Rand-Gefälle besteht zwar fort, dominant ist also weiterhin das Stadtzentrum – jedoch mit deutlichen Nebenmaxima an den Kreuzungen wichtiger Ausfall- und Querstraßen. Handel, Bürosektor, Wohnungswesen und Industrie konkurrieren um die günstigsten Standorte. So beeinflussen u. a. der Ausbaugrad der digitalen Infrastruktur, die Verkehrsanbindung oder die Emissionsbelastung die Attraktivität der Flächen. **Mietspiegel** für gewerbliche wie für Wohnimmobilien verdeutlichen die selbst auf engem Raum bestehenden Preisunterschiede. Dabei sind die Marktgesetze von Angebot und Nachfrage weiterhin bestimmend. Die öffentliche Hand ist trotz ihres Vorkaufsrechts vielfach nicht mehr in der Lage, die geforderten Grundstückspreise zu zahlen. Angesichts vielfältigster **Verdrängungs- und Sukzessionsprozesse** müsste man heute das Bild eines „**Bodenpreis-Gebirges**" mit mehreren Gipfeln, Dellen selbst in der City (vgl. S. 170: Trading-down-Effekte), Rippen entlang wichtiger Verkehrsachsen sowie Aufwölbungen an Subzentren sowie am Stadtrand zeichnen.

4.3 Veränderung städtischer Strukturen im Kontext von Digitalisierung und Krisen

In den letzten Jahren ist es aufgrund des veränderten Konsumverhaltens zu deutlichen Umsatzverschiebungen in den E-Commerce und Versandhandel gekommen. Die drei Marktführer *amazon.de, otto.de* und *zalando.de* machen zusammen über 40 % des Gesamtumsatzes der Top 100 aus (2019).

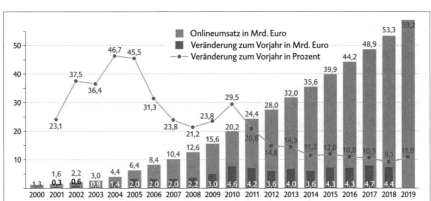

Entwicklung des Onlineumsatzes (netto: ohne Umsatzsteuer) in Deutschland

Dementsprechend verliert der bereits vorher durch die Konkurrenz auf der „grünen Wiese" geschwächte City-Einzelhandel an Bedeutung. Die **Corona-Krise** hat zu einer weiteren Schwächung und Beschleunigung der Strukturprobleme geführt. Denn neben dem Einzelhandel sind von coronabedingten Zwangsschließungen (Lockdown) und Abstandsmaßnahmen auch nahezu alle anderen Frequenz bringenden Funktionen der Innenstädte betroffen: Gastronomie, personenbezogene Dienstleistungen, Hotellerie und Tourismus, Kultur, Freizeit und Sport, Events, Messen und Kongresse. Leerstände werden in jedem Fall deutlich zunehmen und Staat und Kommunen auch längerfristig wesentlich weniger Geld zur Verfügung haben, um in die Verschönerung und die bessere Erreichbarkeit des Zentrums zu investieren. Die Innenstädte werden nach der Corona-Krise und durch die fortschreitende **Digitalisierung** (der Online-Handel wird 2020 wohl um 10 % wachsen) anders aussehen – viele Läden werden fehlen, insgesamt wird die Diversität der Versorgungsstruktur sinken.

Kompetenzcheck

– Erläutern Sie die gegenwärtig in den Citys deutscher Städte ablaufenden Prozesse und deren Ursachen.
– Nennen Sie die Gründe für die Ausbreitung von Versorgungsstandorten an der städtischen Peripherie.
– Grenzen Sie verschiedene Formen randstädtischer Zentren ab.

5 Großprojekte als Impulse für die Revitalisierung von Innenstädten

5.1 Zentrumsnahe Viertel mit besonderem Erneuerungsbedarf

Dem Trading-down-Effekt der Innenstädte versuchen selbst kleinere Städte mit **Stadtmarketing-** oder **Citymanagement-Maßnahmen** entgegenzuwirken. Solche Maßnahmen sind z. B. die Schaffung von Parkmöglichkeiten, die Einrichtung von Einkaufsgalerien und innerstädtischen Erholungsräumen oder die Förderung der Zusammenarbeit aller Innenstadtakteure, u. a. von Kommunalpolitikern, Stadtplanern, Geschäftsinhabern und Verkehrsplanern.

Beispiel Radevormwald: Elemente des Citymanagements der Stadt

Selbst in großen Städten steht die Innenstadt unter Druck, nicht nur durch Trading-down-Effekte und die Konkurrenz großer Einkaufszentren am Stadtrand. In Berlins City-West wurde der Bahnhof Zoologischer Garten vom ICE-Verkehr abgekoppelt, Filmfestspiele zogen an den Potsdamer Platz um, Investorenprojekte erweisen sich als unwirtschaftlich und stehen ohne Nutzungskonzept seit Jahren leer, das umliegende Gewerbe verzeichnete Umsatzeinbußen von bis zu 70 %. In nordamerikanischen Städten ist vielfach auch der Cityrand (**„zone in transition"**, vgl. Abb. S. 158) eine Problemzone. Gründe dafür sind die Abwanderung der hier früher ansässigen Leichtindustrie und Gewerbebetriebe sowie die Ghettoisierung der Bevölkerung u. a. aufgrund der Ansiedlung wenig finanzkräftiger Zuwanderer. In Hafenstädten führt die zunehmende räumliche Trennung von Hafen und Stadt durch eine seewärtige Verlagerung der Docks im Zuge von Umstrukturierungen im Seeverkehr aufgrund der Containerisierung (vgl. S. 109) zur Entstehung von Problemvierteln im ehemaligen Übergangsbereich.

5.2 Großprojekte zur Aufwertung der Innenstadt: Beispiel *Waterfront Development* in Melbourne

Vielfach wird durch Großprojekte versucht, den Innenstadtbereich aufzuwerten, so z. B. im australischen Melbourne. In der Agglomeration fahren täglich 1,24 Melbournians mit dem Auto zur Arbeit und nur 160 000 mit dem ÖPNV. Die wenigen Fabrikarbeitsplätze sind aus den räumlich ungünstig gelegenen (oft auch sozial benachteiligten) Vororten in neue, an Autobahnen und Schnellstraßen gelegene periphere Industriegebiete verlagert worden, nicht zuletzt aus den älteren Hafenbereichen. Um die ökologische Zukunftsfähigkeit der Stadt zu fördern, den Individualverkehr zu reduzieren und die Wege zu den innerstädtischen Einrichtungen zu verkürzen, dachte man über eine Innenverdichtung auf zentrumsnahen, in der Vergangenheit gewerblich genutzten Brachflächen nach („urban consolidation").

In diesem Kontext ist die Revitalisierung der Docklands (**Waterfront Development**) auf den nicht mehr genutzten Flächen des ursprünglichen Stadthafens zu sehen. Aktuell ist die Revitalisierung des ehemaligen Hafenbereichs von Victoria Harbour (vgl. Abb. S. 178) <u>das</u> Jahrhundertprojekt Melbournes: Das Areal ist mit 220 ha größer als der CBD und aufgrund seiner unmittelbaren Zentrumsnähe und 7 km Uferzone äußerst attraktiv. Das Gelände bietet Chancen für eine Revitalisierung der Innenstadt und eine nachhaltige Stadtentwicklung.

Zur Abwicklung wurde das Projekt in sieben Teilgebiete untergliedert. Für jeden Bereich gibt es eine Ausschreibung für Investoren und Architekten. Zentraler Anziehungspunkt der Docklands ist ein im Jahr 2000 fertiggestelltes Stadion mit 52 000 Plätzen für Sportveranstaltungen, Konzerte und Konferenzen. Für das Teilgebiet Business Park ist der Bau eines Freizeit- und Entertainmentparks vorgesehen, für das Gebiet Digital Harbour ein Technologiepark mit Büroflächen für Hightech-Unternehmen und Universitätseinrichtungen, die über Glasfaserkabel untereinander und mit dem CBD vernetzt sind. Insgesamt soll das Gebiet hochwertige Wohnungen für 16 000 Menschen bereitstellen (überwiegend in Hochhäusern) sowie 40 000 Arbeitsplätze, ferner Hotels und Restaurants, kulturelle Einrichtungen, ausgesuchte Einzelhandelsgeschäfte sowie eine Uferpromenade und eine Marina. Diese Angebote sollen in Verbindung mit moderner Architektur („urban design") das Viertel so attraktiv machen, dass etwa 20 Mio. Besucher/Jahr erwartet werden. Ein verbesserter ÖPNV, zahlreiche Parkplätze und eine Fußgängerbrücke sichern die Erreichbarkeit des Victoria Harbour sowie seine Anbindung an den CBD. Insgesamt ist Victoria Harbour ein vielversprechendes Beispiel politisch intendierten **verdichteten Wohnens** im innerstädtischen Bereich Melbournes.

Den Erfolg des Projekts zeigt die Tatsache, dass – trotz im Vergleich mit Stadtrandlagen höherer Preise für Wohnraum – im Innenstadtbereich die Einwohnerzahl seit 2005 stärker angestiegen als in der Gesamtstadt und dass auch für die Zukunft Erweiterungen im Waterfront-Bereich geplant sind: Zwischen 2021–2026 soll ein Erweiterungsgelände entlang des Maribyrnong River mit modernen Gebäuden für Einzelhandel, Wohn-, Gewerbe- und Gemeinschaftsnutzungen (z. B. ein Schwimmbad) bebaut werden. Nach Aussage des Projektleiters soll dies auch zur Schaffung von 500 Arbeitsplätzen führen, die zur Erholung Melbournes nach der Corona-Pandemie beitragen sollen.

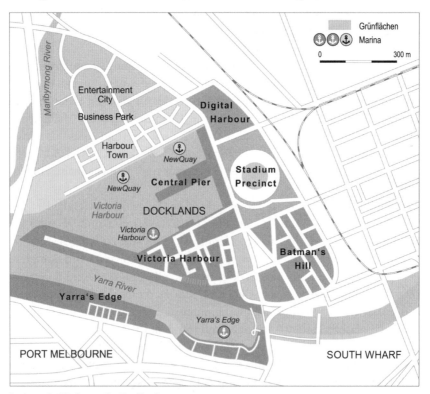

Funktionale Gliederung der Docklands

Die aktuelle jährliche Bevölkerungszunahme Melbournes liegt über der aller anderen australischen Großstädte, aber auch über der von Tokio, Rio de Janeiro, Kalkutta, Manila oder Mexico-City. Dazu trägt auch die massive Einwanderung aus dem Ausland bei: Nicht einmal zwei Drittel der in der Agglomeration Lebenden sind in Australien geboren.

Bis 2050 wird eine Einwohnerzahl von rund 8,5 Mio. erwartet (2020: 4,97 Mio.), und Melbourne würde wieder mehr Einwohner als Sydney besitzen. Seit Jahren findet sich die Stadt in den Rankings der lebenswertesten Städte der Welt auf den vorderen Plätzen (bis 2018 siebenmal Platz 1, 2019 Platz 17).

Dennoch steht Melbourne vor einer Reihe ernst zu nehmender Probleme, nicht nur dem anhaltenden Bevölkerungswachstum und dem fortschreitenden Flächenverbrauch, sondern auch sich verhärtenden sozialen Disparitäten: So sind die Bewohner der Waterfront kein Querschnitt der Melbourner Bevölkerung, sondern gut verdienende **Yuppies** („young urban professionals") und **Dinks** („double income no kids") – eine **Gentrifizierung** wie aus dem Lehrbuch. Nur diese Gruppen können sich ein Leben am Wasser leisten, in postmoderner, austauschbarer Glas-Stahl-Beton-Einheitsarchitektur, in dem sich städtisches Leben trotz Entertainmentpark, Hotels, Restaurants, Kultureinrichtungen, Designerläden und Marina nur bedingt einstellt., wie manche Kritiker sagen.

Docklands Waterfront in Melbourne

Kompetenzcheck

– Nennen Sie Stadtmarketing- und Citymanagement-Maßnahmen, die einer Schwächung der City und zentrumsnaher Viertel entgegenwirken sollen.
– Erläutern Sie den Zusammenhang zwischen innerstädtischem Waterfront Development und Gentrifizierung.

6 Verflechtung von Orten verschiedener Zentralitätsstufen

6.1 Räumliche Disparitäten

Die unterschiedliche Wirtschaftskraft sowie die daraus resultierende Konzentration der Bevölkerung auf bestimmte Räume führen zu **räumlichen Disparitäten**. Ländlichen Regionen mit agrarischer Ausrichtung und negativer Wanderungsbilanz stehen Verdichtungsräume mit guter infrastruktureller Ausstattung und hohen Zuwanderungsquoten gegenüber. Man spricht von **Aktivräumen**, wenn starke wirtschaftliche Aktivitäten vorliegen, und von **Passivräumen** bei unterdurchschnittlicher Entwicklung. Kennzeichen für solche **strukturschwachen Räume** sind:

- Bevölkerungsrückgang, v. a. aufgrund eines negativen Wanderungssaldos,
- problematischer Altersaufbau: hoher Anteil der älteren, geringer Anteil der jüngeren Bevölkerungsschicht,
- geringe Industriedichte, hoher Anteil der Landwirtschaft,
- hohe Arbeitslosenquote.

So lassen sich mit kreisfreien Großstädten, städtischen Kreisen, ländlichen Kreisen mit Verdichtungsansätzen und dünn besiedelten ländlichen Kreisen vier **siedlungsstrukturelle Regionstypen** charakterisieren:

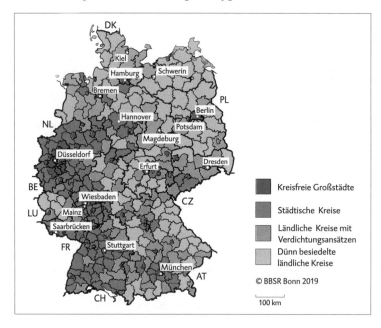

Kreisfreie Großstädte

Städtische Kreise

Ländliche Kreise mit Verdichtungsansätzen

Dünn besiedelte ländliche Kreise

© BBSR Bonn 2019

100 km

Siedlungsstrukturelle Kreistypen 2017

6.2 Konsequenzen unterschiedlicher Raumausstattung

Nicht jeder Ort auf der Welt hält für seine Bewohner oder seine Besucher dasselbe Angebot bereit – Orte sind unterschiedlich ausgestattet, erfüllen unterschiedliche Aufgaben. **Pendler** lassen augenscheinlich werden, welche Städte einen Bedeutungsüberschuss über ihre Grenze hinaus für das Umland haben und welche umgekehrt auf Angebote anderer Städte angewiesen sind. Einen derartigen Bedeutungsüberschuss eines Orts gegenüber seinem Umland nennt man **Zentralität**, solche Orte werden nach einer Untersuchung von W. **Christaller** (1933, vgl. Abb. unten) als **Zentrale Orte** bezeichnet. Sie sind Mittelpunkt des sie umgebenden Raumes, für den sie **zentrale Güter** und **zentrale Dienstleistungen** bereithalten. Dazu gehören Angebote des kurz-, mittel-, langfristigen und episodischen Bedarfs. Zentrale Güter besitzen eine spezifische **Reichweite**, die vom Umsatz bestimmt wird. Bewohner unterschiedlich großer und damit unterschiedlich ausgestatteter Orte müssen unterschiedlich lange Wege und Zeiten auf sich nehmen, um bestimmte Waren und Dienstleistungen zu erreichen. Bewohner von Großstädten oder der Hauptstadt erreichen diese innerhalb weniger Minuten und ggf. mithilfe des ÖPNV, Landbewohner fahren von Zeit zu Zeit in entfernte („Einkaufs-")Städte, um bestimmte Waren zu erhalten, oder nehmen lange Wege auf sich, um z. B. eine Spezialklinik aufzusuchen oder einen Neuwagen einer bestimmten Automarke zu erwerben.

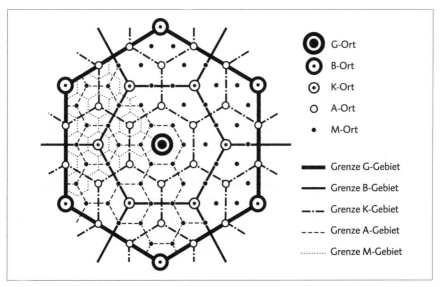

Das System der zentralen Orte nach Christaller 1933

Das Vorhalten von Waren- oder Dienstleistungsangeboten bzw. das Angebot öffentlicher Dienste muss sich jeweils „lohnen", d. h., es muss einen hinreichend großen Absatzmarkt dafür geben. Für die morgendlichen Brötchen finden sich die Abnehmer im angrenzenden Wohnviertel, für ein Gymnasium bedarf es ca. 25 000 Einwohner, eine Spezialklinik ist evtl. ausreichend für die Bewohner eines ganzen Bundeslandes.

Die Entstehung und Ausstattung solch unterschiedlicher Zentren hat sich häufig nach dem Prinzip „Angebot und Nachfrage" entwickelt. Stellenweise bedurfte es auch der Lenkung durch den Staat, um die notwendige Grundversorgung regional sicherzustellen und das Entstehen zu starker Disparitäten zwischen Räumen in zentraler und in peripherer Lage zu verhindern. In **peripheren Räumen** besteht ansonsten die Gefahr, dass es zu größeren **Abwanderungen** insbesondere der jungen und arbeitsfähigen Bevölkerungsgruppen kommt. Dies führt langfristig zu einer Entleerung des Raumes und zu deutlichen Bedeutungsverlusten, solche Regionen werden rückständig. Auch hierauf bezogen hat der Staat die Aufgabe, regulierend **raumordnend** einzugreifen.

Heutzutage wird folgendermaßen klassifiziert:

- **Oberzentren:** Städte mit höchster Zentralität, Versorgung mit langfristigen, hochwertigen Gütern des episodischen Bedarfs, Bundes- und Landesbehörden, Kultureinrichtungen; Beispiel: Köln
- **Mittelzentren:** Angebote des gehobenen Bedarfs im spezialisierten Einzelhandel, in der Verwaltung (Finanzamt), der Bildung (Berufsschulen), Kultur (Theater) und in sozialen Diensten (Fachärzte); Beispiel: Bergheim
- **Unterzentren:** Deckung des täglichen und mittelfristigen Bedarfs, Ärzte, Apotheke, Sparkasse, Amtsverwaltung; Beispiel: Elsdorf
- **Kleinzentren:** Einzugsgebiet umfasst wenige Gemeinden. Grundversorgung mit Gütern des täglichen Bedarfs, Kindergarten und Grundschule, Arzt der Allgemeinmedizin, Filialen der Sparkasse

Ziel von raumordnerischen Maßnahmen ist es, eine gleichmäßige Entwicklung in allen Teilräumen zu gewährleisten. Aus diesem Grund wurde mit dem Raumordnungsgesetz eine bundesweite Grundlage geschaffen, die Bund, Länder und Gemeinden zum aktiven Handeln verpflichtet. Programme zur regionalen Wirtschaftsförderung, außerdem die Verkehrswegeplanung, aber auch Gesetze zum Umwelt- und Naturschutz dienen diesem Ziel. Für eine optimale Raumentwicklung, die auch eine Stärkung peripherer Gebiete beinhaltet, werden verschiedene Konzepte miteinander verknüpft. Neben dem

Konzept der Zentralen Orte gibt es drei weitere Raumordnungskonzepte des Bundes: das Konzept der Entwicklungsschwerpunkte und -achsen, das Konzept der Vorranggebiete sowie den Ausbau von Städtenetzen (vgl. S. 140 f.).

Kompetenzcheck

- Gliedern Sie die Siedlungsstruktur Deutschlands in Aktiv- und Passivräume.
- Beschreiben Sie Christallers Modell der zentralen Orte.
- Nennen Sie das Ziel raumordnerischer Maßnahmen.

---

7 Metropolisierung und Marginalisierung

7.1 Der weltweite Verstädterungsprozess

Das rasante **Wachstum der Weltbevölkerung** von 2,5 Mrd. Menschen im Jahr 1950 auf über 7,9 Mrd. 2020 und schätzungsweise 9,8 Mrd. 2050 wird eine Veränderung des Anteils der globalen Stadt- und Landbevölkerung zur Folge haben. Zu Beginn des 3. Jahrtausends leben bereits mehr als die Hälfte aller Menschen in Städten (2020: 56 %); von den jährlich ca. 82 Mio. neuen Erdenbürgern werden 60 Mio., so die Prognose, in Städten wohnen. Dabei wird die Entwicklung in Industrie- und Entwicklungsländern unterschiedlich verlaufen: Bei einem gegenwärtigen Anteil von mehr als 78 % städtischer Bevölkerung wird dieser Anteil in Industriestaaten auf über 85 % steigen; die Anzahl der Stadtbewohner in Entwicklungsländern wird sich sogar von 2,3 Mrd. im Jahr 2020 auf etwa 4 Mrd. im Jahr 2050 fast verdoppeln. Prognosen nach wird bis 2030 der Anteil der städtischen Bevölkerung weltweit auf ca. 60 %, bis 2050 auf über 70 % steigen. Dieses Jahrhundert wird deshalb auch als „Jahrhundert der Städte" bezeichnet.

Auch die Anzahl der **Millionenstädte** ist gestiegen: von 86 im Jahr 1950 auf 548 im Jahr 2020; mehr als die Hälfte davon liegt in Asien. Auch ihre Bevölkerungszahl ist stark angewachsen: Im Jahr 1970 lebten lediglich in New York, Tokio und Mexiko-Stadt mehr als 10 Mio. Menschen. Bis 2020 ist die Zahl dieser **Megacitys** bereits auf 33 angewachsen; bis zum Jahr 2030 wird sie auf ca. 40 ansteigen.

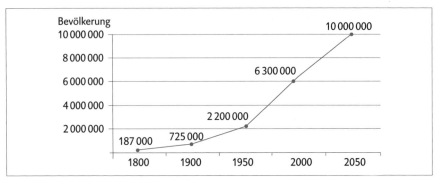

Durchschnittliche Bevölkerungszahl der 100 größten Städte der Welt

Gerade in den wirtschaftlich am wenigsten entwickelten Staaten der Erde ist der meist unkontrollierte Zuzug in die großen Städte am stärksten. Doch diese Länder sind am wenigsten in der Lage, die hierdurch anfallenden Probleme zu meistern. Meistens hinkt die Entwicklung der Infrastruktur derjenigen der städtischen Expansion deutlich hinterher, mit der Folge, dass der Großteil der städtischen Bevölkerung nicht einmal Grundbedürfnisse wie Versorgung mit sauberem Wasser befriedigen kann. Etwa 1,3 Mrd. Menschen und damit fast jeder dritte Stadtbewohner der Erde lebt derzeit in Elendsvierteln mit unzureichender Trink- und Abwasserversorgung sowie unzureichender Hygiene.

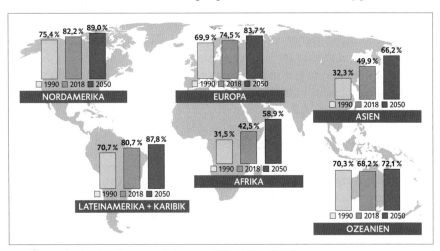

Anteil der städtischen Bevölkerung nach Regionen 1990, 2018 und 2050

Gleichwohl eröffnet die Verstädterung in armen Ländern gewisse Entwicklungschancen, indem sich die Lebenssituation ihrer Bewohner durch Zugang zu Arbeitsplätzen und Dienstleistungen wie medizinischer Versorgung oder Schulen verbessert. Dies setzt allerdings stadtplanerische Maßnahmen voraus. Die Stadt als lebenswerten Lebensraum im Sinne nachhaltiger Entwicklung zu gestalten, muss ein gemeinsames globales Anliegen aller Menschen sein.

7.2 Der Prozess der Metropolisierung

Im Zuge des weltweit anhaltenden Verstädterungsprozesses lässt sich beobachten, dass es hierbei zu einer immer stärkeren „Vergroßstädterung" kommt: Im Jahr 2020 gab es bereits mehr als 500 Millionenstädte, in denen ca. 23 % der Weltbevölkerung lebten, mehr als 50 Megastädte mit über 5 Mio. und 33 Städte mit sogar über 10 Mio. Einwohnern – laut Prognose soll deren Zahl bis 2030 auf ca. 40 ansteigen.

Land		Primate City	Einwohner	Einwohner der zweitgrößten Stadt
Mexiko	(2020)	Mexico City	21,7 Mio.	5,2 Mio.
Türkei	(2020)	Istanbul	15,5 Mio.	5,6 Mio.
Frankreich	(2020)	Paris	12,8 Mio.	1,7 Mio.
Russland	(2019)	Moskau	12,4 Mio.	5,4 Mio.
Brasilien	(2020)	São Paulo	12,2 Mio.	6,7 Mio.
USA	(2019)	New York	8,4 Mio.	4,0 Mio.
Deutschland	(2020)	Berlin	5,3 Mio.	1,8 Mio.

Hauptstädte und ihre Bedeutung

Besonders in Entwicklungsländern zieht es immer mehr Menschen in die Hauptstadt, das unangefochtene Macht- und Wirtschaftszentrum des jeweiligen Landes. Die Hauptstadt ist meistens **Primatstadt (Primate City)** mit einem enormen Bedeutungsüberschuss; schon die zweitgrößte Stadt des Landes steht in bevölkerungsmäßiger, wirtschaftlicher und politischer Hinsicht weit hinter ihr zurück. In die Primatstadt wandern immer mehr Menschen aus den ländlichen Regionen ab, „angezogen" von den Pullfaktoren (vgl. Abb. S. 186). Dort erhoffen sie sich Zukunft, Heimat, Arbeit und soziale Sicherheit. Doch diese Hoffnung wird überwiegend enttäuscht: Zu schnell wachsen diese „urbanen Monster", die Stadtplaner kommen nicht damit nach, die notwendigen Wohnungen, Infrastruktureinrichtungen und Arbeitsplätze zu schaffen.

Oft mangelt es bereits an der Versorgung mit Grundnahrungsmitteln und Trinkwasser. Diese **Metropolisierung** hat auch einen ökologischen Preis: Die weit ins ehemalige Umland ausufernden städtischen Flächen verschlingen immer mehr Landfläche, bedingt durch die zunehmende Bevölkerungsdichte werden Wasser und Luft (Smog) belastet.

Nirgends sind die regionalen Disparitäten so ausgeprägt wie zwischen Hauptstadtregion und ländlichem Raum in Entwicklungsländern, nirgendwo ist der anhaltende Zustrom von Binnenwanderern (Land-Stadt-Wanderung) so groß. In vielen Ländern wird die soziale und wirtschaftliche Kluft immer größer, soziale Spannungen nehmen zu, es besteht die Gefahr innenpolitischer Unruhen.

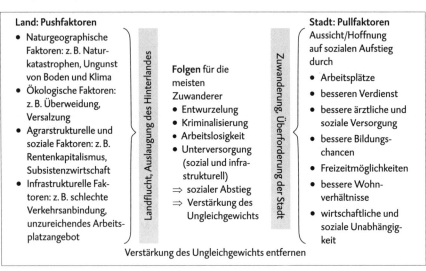

Push- und Pullfaktoren der Land-Stadt-Wanderung

7.3 Das rapide Wachstum von Megacitys

Besonders Haupt- und Hafenstädte haben sich in den letzten 30 Jahren zu immer größeren städtischen Gebilden entwickelt. Bei einer Größenordnung von mehr als 5 Mio. Einwohnern (in einigen Staaten ab 10 Mio.) spricht man von einer **Megacity**. Dieser Begriff bezeichnet im Unterschied z. B. zu „Weltstadt" lediglich die quantitative Größe; hiermit gemeint ist noch nicht unbedingt eine bestimmte wirtschaftliche oder politische Bedeutung. In einigen Schwellenländern und Boomregionen, in die in- und ausländische Arbeitskräfte strömen, z. B. in China, sind in kürzester Zeit mehrere Megacitys entstanden. Man bezeichnet diesen Prozess auch als **Megapolisierung**. 25 von 33 Megacitys befanden sich 2020 in Asien und Lateinamerika.

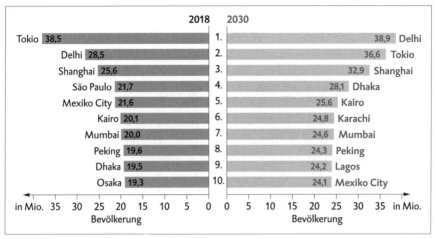

Die 10 größten Megacitys 2018 und 2030

Die **Probleme in Megacitys** sind grundsätzlich dieselben wie diejenigen in den Metropolen:

- Räumliche Segregation
- Zunahme von Marginalsiedlungen (sowohl informell entstandene illegale Siedlungen als auch bauliche und infrastrukturelle Degradierung ehemaliger Wohnviertel der Oberschicht und oberen Mittelschicht in den Innenstädten)
- Wachsende Unterbeschäftigung
- Zunahme der im informellen Sektor Beschäftigten ohne Steuerabgaben und soziale Absicherung; zurzeit liegt deren Anteil bei ca. 50 % aller Arbeitsverhältnisse in Großstädten der wenig entwickelten Staaten
- Zunahme der Kriminalitätsrate
- Ökologische Probleme, z. B. unzureichende Wasserversorgung, unkontrollierte Abwasser- und Müllentsorgung, zunehmende Luftverschmutzung
- Zunahme der Verkehrsdichte, u. a. wegen fehlendem ÖPNV-System

Als **Lösungsansätze** sind u. a. denkbar:
- Legitimierung und Sanierung bestehender Squatter-/Marginalsiedlungen („Ohnmacht des Staates")
- Übertragung von Eigentumsrechten in Staaten mit effizienter Stadtverwaltung (Asien, Lateinamerika, aber nicht Afrika)
- Erweiterung des Arbeitsplatzangebotes im formellen Sektor, u. a. durch die öffentliche Hand
- Ausbau des Verkehrs- und Infrastrukturnetzes (Anschluss an das öffentliche Wasser-, Strom- und Kanalnetz) durch die städtische Verwaltung

- Unterstützung der Eigenarbeitsbereitschaft der Bewohner von Marginalsiedlungen (= Selbsthilfeprojekte), u. a. durch Bereitstellung von Baumate-
rialien und Beratung

7.4 Leben „am Rande" – Marginalisierung

Als **Marginalisierung** wird der soziale Abstieg von Bevölkerungsgruppen bezeichnet, die in einer wirtschaftlichen, gesellschaftlichen und physischen
Randexistenz leben. **Marginalsiedlungen,** ungeplante Spontansiedlungen am
Stadtrand, sowie heruntergekommene Stadtviertel, die **Slums,** sind das sicht-
bare Ergebnis solcher Entwicklungen. Weltweit lebt über ein Viertel der Weltbevölkerung in solchen **informellen Siedlungen,** wobei besonders in Afrika
(> 60 %), in Asien (30 %) und in Lateinamerika (25 %) der Anteil der betroffenen
Bevölkerung am größten ist. Solche Siedlungen entstehen durch hohen Bevöl-
kerungsdruck, oft an den Rändern der Großstädte entlang von Ausfallstraßen
und Eisenbahnlinien, in geringerer Anzahl auch im innerstädtischen Bereich.

Charakteristika einer Marginalsiedlung
- **Mangelhafte grundlegende Infrastruktur.** Dazu zählen u. a. unzureichende sanitäre
  Einrichtungen, mangelnde Wasserversorgung sowie das Fehlen von Abfallbeseitigung,
  Elektrizität und befestigten Wegen mit Beleuchtung
- **Unterkünfte und Behausungen auf sehr einfachem Niveau,** bezogen auf Größe
  und Baumaterial
- **Übervölkerung,** d. h. wenig Wohnraum für jede Person, hohe Belegungsraten von Ein-
  Zimmer-Unterkünften, Zusammenleben vieler Familien auf engstem Raum
- **Ungesunde Lebensbedingungen** aufgrund der mangelhaften Infrastruktur; daraus
  resultieren oftmals Krankheiten, die sich rasch ausbreiten können
- **Lage** der Behausungen **an gefährdeten Orten** wie in Überschwemmungsbereichen,
  in Hanglagen oder aber in der Nähe von Industriekomplexen
- **Unsichere Besitzverhältnisse;** Fehlen von Dokumenten, die für die Bewohner einen
  ersten Schritt aus der Illegalität bedeuten könnten
- **Armut** und **soziale Ausgrenzung**

Hütten in Marginalsiedlungen werden oftmals von den Bewohnern in Eigen-
arbeit errichtet, sukzessive ausgebaut und verbessert. Es handelt sich häufig
um **Squattersiedlungen,** d. h. die Bewohner haben sich ohne Legitimation
auf fremdem Land niedergelassen. Diese Spontansiedlungen werden regional
unterschiedlich bezeichnet, z. B. als Favelas (Brasilien), Barriadas (Peru), Ciuda-
des Perdidas (Mexiko), Bidonvilles (frankophones Afrika), Townships (Südafrika) oder Gecekondus (Türkei).

Häufig wird der Lebensunterhalt im **informellen Sektor** verdient, d. h. durch Straßenverkauf, Arbeit im Transportwesen oder Ausführung von Kleinreparaturen – Beschäftigungen, die weder organisiert noch reglementiert sind und für die keine Steuern bezahlt werden.

Marginalsiedlungen werden vielfach als „**slums of despair**" bezeichnet. Allzu oft wird die Hoffnung der Neuankömmlinge auf einen sicheren und gut bezahlten Arbeitsplatz und den damit verbundenen sozialen Aufstieg enttäuscht, sodass die menschenunwürdigen Lebensbedingungen, Armut und Hoffnungslosigkeit zu einem Dauerzustand werden. Auf der anderen Seite bewerten viele Stadtgeogra-

Favela in São Paulo

phen diese Siedlungen auch als „**slums of hope**", da in ihnen als Folge des Bestrebens der Bewohner nach wirtschaftlichem und sozialem Aufstieg oft eine außerordentliche Dynamik herrscht. Viele ehemalige Hüttensiedlungen haben sich zu respektablen Vororten entwickelt. Hat die Siedlung eine gewisse Größe erreicht, besteht die Aussicht auf Legalisierung mit der Folge, dass im Rahmen staatlicher Projekte z. B. die Infrastruktur verbessert wird.

Kompetenzcheck

- Nennen Sie Gründe für die Metropolisierung und Megapolisierung.
- Erläutern Sie, zu welchen Problemen es in Megacitys kommt.
- Kennzeichnen Sie die Lebensverhältnisse in informellen Siedlungen.

8 Lokale Fragmentierung und Polarisierung – Auswirkungen der Globalisierung auf die Stadtentwicklung

Im Zuge weltweiten Wirtschaftswachstums ist das Vermögen der Wohlhabenden wesentlich stärker gewachsen als das der ärmeren Bevölkerungsschichten. Räumlich gesehen verteilt sich der Reichtum auf die Städte und Regionen, die in den globalen Wirtschaftsprozess eingebunden sind. Die anderen Regionen sind vom Wohlstand ausgeschlossen, werden nach dem **Modell der fragmentierten Entwicklung** von F. Scholz zur „ausgegrenzten Restwelt" (vgl. folgende Abb.).

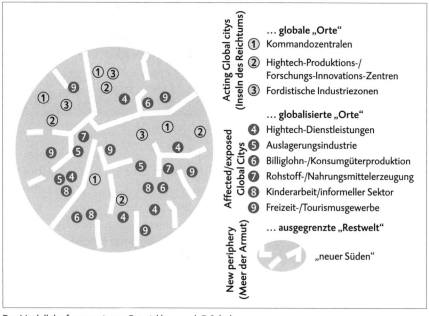

Das Modell der fragmentierten Entwicklung nach F. Scholz

Die **globalen Orte** liegen überwiegend in Industrieländern, von wo aus die Wirtschaftsprozesse gesteuert werden. Hier befinden sich das Kapital, die Forschung und Entwicklung sowie Industriezonen. Obwohl von den wirtschaftlichen Prozessen mehr oder weniger die gesamte Stadt bzw. Region profitiert, weil die meisten Menschen in Arbeitsprozesse eingebunden werden können, entstehen in den Städten abgegrenzte Bereiche großen Wohlstandes. Dort wohnen die Spitzenverdiener, die von der globalen Ökonomie direkt profitieren. Gleichzeitig findet aber – häufig mit **Gentrifizierungsprozessen** verbunden (vgl. S. 169) – innerhalb der Städte eine **Marginalisierung** der Einwohner statt, die nicht zu den wirtschaftlich aktiven Bevölkerungsgruppen gehören. Dieser räumliche Prozess wird durch die Stadtverwaltungen zum Teil befördert, weil sie zur Sicherung des Wirtschaftsstandortes dafür sorgen, dass zentrale Stadtbereiche durch Luxussanierungen, Einkaufszentren, Prestigeobjekte und Ähnliches aufgewertet werden und somit als globale Aushängeschilder dienen können.

Lokale Fragmentierung in Mumbai – Blick auf die Skyline von Mumbai (links), traditionelles Wäschereiviertel Dhobi Ghat mit Wellblechhütten (rechts)

Dieser Prozess der **sozialen Polarisierung** ist in den **globalisierten Orten** der Entwicklungs- und Schwellenländer noch stärker ausgeprägt als in den Industrieländern: Da in Ersteren vor allem Billiglohnproduktion stattfindet, nehmen die Arbeitnehmer nicht im gleichen Maße an den Wirtschaftsgewinnen teil wie die Unternehmer. Noch stärker als in den Industrieländern ist hier zu beobachten, dass die Stadtverwaltungen eher in die Infrastruktur in den Stadtvierteln der global aktiven Wirtschaft und der von der Globalisierung profitierenden Wohlhabenden investieren. Das bedeutet, dass die ohnehin schon bevorzugte Bevölkerungsgruppe die höherwertigen Bildungsangebote erhält und damit bessere Zukunftsaussichten hat. Letztlich wird das Wohlstandsgefälle dadurch unüberbrückbar und es kommt nicht nur auf globaler, sondern auch auf lokaler Ebene zu einer **Fragmentierung**. Den Geschäfts- und Innenstadtbereichen mit postmoderner Architektur, den Wohnvierteln mit Apartmenthäusern, Gated Communitys und bewachten Shoppingcentern stehen häufig in direkter räumlicher Nähe marginalisierte Stadtbereiche gegenüber, die durch traditionelle Formen der Arbeit und durch Armut geprägt sind.

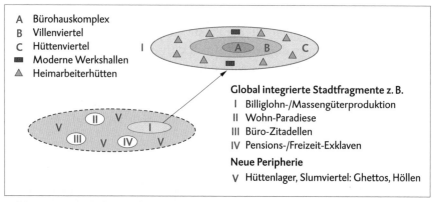

A   Bürohauskomplex
B   Villenviertel
C   Hüttenviertel
▪   Moderne Werkshallen
▲   Heimarbeiterhütten

Global integrierte Stadtfragmente z. B.
I   Billiglohn-/Massengüterproduktion
II Wohn-Paradiese
III Büro-Zitadellen
IV Pensions-/Freizeit-Exklaven

Neue Peripherie
V   Hüttenlager, Slumviertel: Ghettos, Höllen

Fragmentierung innerhalb eines globalisierten Ortes

Kompetenzcheck

– Erklären Sie, warum die sogenannte „ausgegrenzte Restwelt" nicht nur in Entwicklungsländern liegt.
– Vergleichen Sie den Prozess der sozialen Polarisierung.
– Erläutern Sie die Fragmentierung innerhalb eines globalisierten Ortes.

9 Städtebauförderung zu Beginn des 21. Jahrhunderts

9.1 Demographischer und sozialer Wandel in Deutschland seit 1990

Weniger – älter – bunter: So lautet die Prognose für die deutsche Bevölkerung für die Mitte des 21. Jahrhunderts. Statt 83,3 Mio. (2020) werden im Jahr 2060 vermutlich nur noch 78,2 Mio. Menschen in Deutschland leben, davon wird etwa jeder Dritte älter als 65 Jahre sein. Der Anteil der Bevölkerung mit Migrationshintergrund wird deutlich zunehmen; hierzu werden auch die seit 2015 angestiegenen Flüchtlingsströme beitragen. Diese demographischen Entwicklungen verlang(t)en nach rechtzeitiger und angemessener staatlicher Reaktion in Form von stadt- und raumplanerischen Maßnahmen.

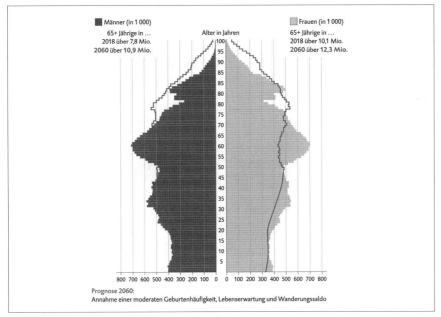

Altersaufbau der Bevölkerung in Deutschland 2018 und Prognose 2060

Neben diesen strukturellen Veränderungen hat ein zweiter Vorgang zu regional deutlich unterschiedlichen Bevölkerungsentwicklungen geführt: die deutsche Wiedervereinigung 1990. Starke **inter- und innerregionale Binnenwanderungsbewegungen** vor allem aus den neuen in die alten Bundesländer sowie in den Großraum Berlin waren die Folge unterschiedlicher Lebens- und Arbeitsbedingungen als Ergebnis verschiedenartiger gesellschaftlicher und ökonomischer Entwicklungen zwischen 1949 und 1989 in der Bundesrepublik Deutschland bzw. in der DDR. Zwischen 1990 und 2012 wanderten mehr als 1,5 Mio. Menschen aus den neuen Bundesländern ab, darunter meist junge und arbeitsfähige Jahrgänge. Diese Bevölkerungsverluste sowie der Rückgang des natürlichen Bevölkerungswachstums in allen Teilen Deutschlands aufgrund des **geänderten generativen Verhaltens** wirkten sich einerseits auf den Wohnungsmarkt aus. Andererseits stellte sich heraus, dass das funktionale Angebot von Mittel- und Großstädten für ihre Bewohner und die ihres jeweiligen Umlandes nicht mehr zu den geschrumpften Einwohnerzahlen passte.

Der Bund unterstützt im Rahmen seiner **Stadtentwicklungspolitik** bereits seit 1971 Städte mit **Programmen zur Städtebauförderung** u. a. durch finanzielle Hilfen; auch vonseiten der einzelnen Bundesländer gibt es finanzielle Zuschüsse im Rahmen städtischer Förderprogramme. Die Beseitigung

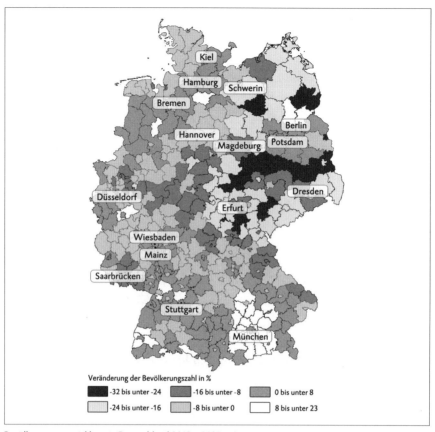

Bevölkerungsentwicklung in Deutschland 2012 – 2035 in %

städtebaulicher Missstände ist hier ebenso ein Ziel wie das Verhindern und Kompensieren von Funktionsverlusten. War bis zu den 1990er-Jahren „Wachstum" der Motor der Stadtentwicklung und Stadtplanung, so müssen seitdem überwiegend Stagnation und Schrumpfung von Städten **(Shrinking Citys)** bedacht werden. Hierbei stellt die sich ändernde soziale und altersmäßige Zusammensetzung der Bevölkerung eine zusätzliche Herausforderung dar. 2020/ 2021 waren folgende Städtebauförderungsprogramme aktuell: „Investitionspaket Sportstätten", „Soziale Stadt", „Aktive Stadt- und Ortsteilzentren", „Investitionspakt Energetische Sanierung sozialer Infrastruktur", „Kleinere Städte und Gemeinden – überörtliche Zusammenarbeit und Netzwerke", „Zukunft Stadtgrün" sowie „**Stadtumbau Ost und West**".

9.2   Stadtumbau in Ost und West

Wohnungsleerstände und **gewerbliche Brachen** kennzeichneten im großen Maße die sich entleerenden ostdeutschen Städte; in Ansätzen zeigte sich ein solches Überangebot auch in den alten Bundesländern, stärker ausgeprägt vor allem in den Altindustrieregionen mit Deindustrialisierungserscheinungen sowie in peripheren Regionen Deutschlands. **Zentrumsfunktionen gerieten in Gefahr**, innerhalb von Städten drohten Leerstand, sozialer Abstieg, Kriminalität und Brüche in der Siedlungsstruktur. Hier waren Bund, Land und Kommunen gefordert, im Rahmen von Stadt- und Raumplanung nachhaltige Strukturen zu schaffen.

Stadtumbau Ost

Leerstandsquoten von bis zu 40 % bis zur Jahrtausendwende verlangten nach grundlegender und schneller Neuordnung, weswegen es im Jahr 2002 zum Programm „Stadtumbau Ost" kam, zwei Jahre eher als zum „Stadtumbau West". Es war unumgänglich, einen Teil des Überangebotes an Wohngebäuden durch Abriss und Rückbau vom Markt zu nehmen; bis 2017 insgesamt 360 900 Wohneinheiten. Dies betraf v. a. industriell gefertigte Plattenbauten niederer Qualität.

Magdeburg: abrissbereiter Wohnblock

Hierdurch wurde die Leerstandsquote von ehemals 16,2 % (2002) auf 6,8 % reduziert. Daneben wurde versucht, durch Aufwertungsmaßnahmen einen Teil der Wohnbauten aus den 1970er- und 1980er-Jahren zu erhalten.

Stadtumbau West

Den geplanten Vorhaben der Städtebauförderung und des Stadtumbaus kommt in den westlichen Bundesländern eine eher **präventive Bedeutung** zu, da die Leerstände und Funktionsüberhänge deutlich geringer sind. Die Zielsetzung besteht darin, brach liegende Flächen und leer stehende Gebäude zu revitalisieren, neue familiengerechte und generationsübergreifende Bauformen zu fördern und die soziale Infrastruktur in den Innenstädten zu stabilisieren, z. B. durch Erhalt und Bau von Kindergärten und Jugendtreffs bzw. den Bau von Seniorenheimen. „**Stadtumbau West**" ist kein Abrissprogramm, sondern ein Programm für die „Zukunft des Stadtteils in der Stadt und der Stadt in ihrer Region".

Als erste positive Ergebnisse lassen sich inner- und interkommunale Kooperationen zwischen kleineren Kommunen v. a. im ländlichen Raum feststellen;

in Innenstadtbereichen u. a. Wohnwertsteigerungen und die Revitalisierung von Brachen. Der Ansatz umfangreicher Partizipation der betroffenen Stadtbevölkerung im Rahmen der INSEK-Konzepte sowie die Einrichtung von Quartiersmanagern waren erfolgreich. 2017 wurden die beiden Programme „Stadtumbau Ost" und „Stadtumbau West" zusammengeführt.

Ziele des Programms Stadtumbau seit 2017

- Erhalt, Herstellung und Stärkung städtebaulicher Funktionen und die bedarfsgerechte Anpassung von Stadtquartieren an Erfordernisse des demographischen und wirtschaftlichen Strukturwandels
- Stärkung innerstädtischer Bereiche und der Erhalt innerstädtischer Altbaubestände
- Gestaltung von Stadtstrukturen entsprechend den Anforderungen an eine nachhaltige, ressourcenschonende Stadtentwicklung und den Erfordernissen von Klimaschutz und Klimaanpassung
- Reduzierung von Leerständen und Verringerung von Funktionsverlusten durch Rückbau, Umbau und Umnutzung von nicht genutzten oder untergenutzten Gebäuden und baulichen Anlagen
- nachhaltige Revitalisierung von Brachen oder eine hiermit verträgliche temporäre Wiederbelebung von brachliegenden Flächen und Gebäuden

Trotz der unterschiedlichen städtebaulichen Herausforderungen und Rahmenbedingungen in großen oder kleinen, wachsenden oder schrumpfenden Stadtumbaukommunen, findet der Stadtumbau vor allem in drei spezifischen **Handlungsräumen** statt:

- Innenstädte mit angrenzenden Gründerzeitquartieren, Ortskerne und Nebenzentren
- Wohnsiedlungen aus der Vor- und Nachkriegszeit sowie
- Brachflächen.

Der **klimagerechte Stadtumbau** wird das Programm in Zukunft stärker prägen. Denn die Auswirkungen des Klimawandels wie überhitzte Stadtzentren oder Überschwemmungen bei Starkregen treffen die Städte besonders stark. Erforderlich sind integrierte Strategien eines klimagerechten Stadtumbaus, die in Zusammenarbeit mit allen betroffenen Akteuren und Entscheidungsträgern auf den Weg gebracht werden. Ziel ist es, die vorhandenen Bestandstrukturen und die vorhandene Stadttechnik so umzubauen, dass der Energieverbrauch und Schadstoffausstoß gesenkt wird und Möglichkeiten zur dezentralen Gewinnung von Energie, bspw. durch Photovoltaik oder die Nutzung von Abwärme, erschlossen werden. Parallel sind Maßnahmen zur Klimafolgenanpassung unerlässlich.

Kompetenzcheck

- Zeigen Sie die Hintergründe auf, die zu den Städtebauförderungsprogrammen „Stadtumbau Ost" bzw. „Stadtumbau West" geführt haben.
- Erklären Sie die Zielsetzung der Programme seit 2017.

10 Leitbilder der Stadtentwicklung früher und heute

10.1 Historische Leitbilder der Stadtentwicklung

Die heutigen Städte präsentieren sich oftmals als Ergebnis eines sich verändernden Zeitgeistes sowie der Anforderungen, die hinsichtlich sozialer und infrastruktureller Gegebenheiten an sie gestellt wurden. In den vergangenen Jahrzehnten wurden **Leitbilder** der Stadtentwicklung erarbeitet, die das Erscheinungsbild der Städte prägen (vgl. folgende Abb.).

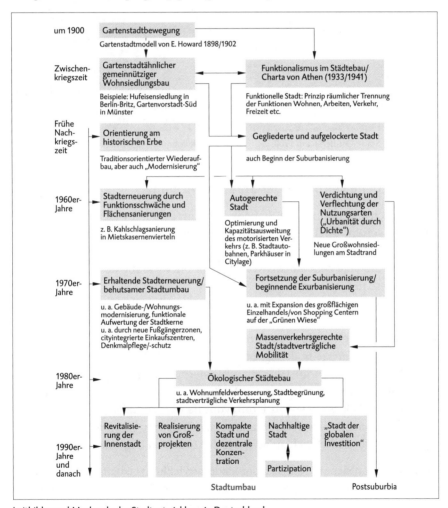

Leitbilder und Merkmale der Stadtentwicklung in Deutschland

Gartenstadt: Essen-Margarethenhöhe um 1910

Autogerechte Stadt: Hochstraße in Düsseldorf ("Tausendfüßler"), inzwischen abgerissen

Sozialistische Stadt: Ost-Berlin um 1960

Großwohnsiedlungen: Berlin-Marzahn 1987

10.2 Aktuelle Leitbilder der Stadtentwicklung

Es stellt sich die Frage, wie die Stadt der Zukunft gestaltet werden soll, damit sie **ökonomischen, sozialen, funktionalen und städtebaulichen Ansprüchen** gerecht werden kann. Demographische und wirtschaftliche Faktoren spielen heute eine bedeutende Rolle bei der Entwicklung der Städte und verändern diese tief greifend.

- **Demographische Faktoren:** Abnahme der Bevölkerungszahl, Alterung der Gesellschaft, steigende Zuwanderung, pluralistische Lebensstile
- **Wirtschaftliche Faktoren:** Arbeitslosigkeit einerseits – hohe Einkommenszuwächse andererseits, divergierende Kaufkraft, Bedeutungsverlust von klassischen harten Standortfaktoren, verändertes lokales Angebots- und Konsumverhalten aufgrund vernetzter Märkte im Rahmen der Globalisierung
- **Politische Faktoren:** Privatisierung von öffentlichen Aufgaben, Fehlen öffentlicher Finanzmittel zur Umsetzung städtebaulicher Entwicklungskonzepte, Schutz des natürlichen Umfeldes durch Abbau von Umweltbelastungen

Daraus ergeben sich im Rahmen der Stadtentwicklung bedeutende Trends. Mit einer ausufernden Siedlungsexpansion ist ein hoher Flächenverbrauch im Stadtumland verbunden. Dies bewirkt eine Zunahme des motorisierten Individual- und Wirtschaftsverkehrs. Zugleich findet eine Trennung der Funktionen Wohnen, Arbeiten, Versorgen und Freizeit statt, was wiederum zu einem erhöhten Verkehrsaufkommen führt. Deshalb werden folgende Leitbilder als zukunftsweisend angesehen:

- **Städtebauliche Verdichtung:** Sie kann durch eine kompakte Bauweise sowie Sanierung und Umwidmungen im aktuellen Baubestand erreicht werden.
- **Funktionale Mischung:** Ziel ist die **kompakte Stadt**, in der Wohnen, Arbeiten, Versorgen, Erholen und Bilden in jedem Stadtviertel möglich sind.
- **Dezentrale Konzentration:** Bündelung der Siedlungsentwicklung an der Peripherie an ausgewählten Standorten.

Das Leitbild „nachhaltige Stadtentwicklung"

Um den zukünftigen Anforderungen gerecht zu werden, vereinbarten 1992 in Rio de Janeiro Vertreter aus 179 Staaten die **Agenda 21**, die jedes Land auffordert, eine nachhaltige, umwelt- und sozialverträgliche Entwicklung voranzutreiben. Ein wesentlicher Gedanke dabei ist, dass die Ziele am besten von den Menschen vor Ort, also in den Kommunen, umgesetzt werden können. Mit der Devise „Global denken – lokal handeln" wird die Bürgerbeteiligung im eigenen Umfeld eingefordert. Nachfolgend wurde das **Leitbild der nachhaltigen Stadtentwicklung** (vgl. folgende Abb.) präzisiert. Für die Umsetzung des Leitbildes ergeben sich zahlreiche Handlungsfelder. Dabei werden regionale und kommunale Akteure eingebunden, die in Fachgremien ihre Planungen mit den Inhalten der **Lokalen Agenda 21** in Einklang bringen müssen.

Das Leitbild „Nachhaltige Stadtentwicklung"

Nachhaltige Stadtentwicklung in Industrieländern: Hier werden in den verschiedenen Bereichen unterschiedliche Ansätze verfolgt.

Bereiche der Stadtentwicklung	Maßnahmen
Umwelt- und Ressourcen-nutzung	• Reduzierung des zunehmenden Flächenverbrauchs durch Innen-verdichtung statt Randlagennutzung • Nutzung städtischer Brachflächen für Wohnen und Arbeiten • Reduzierung flächenintensiver Nutzformen (Einzelhausbebauung) • Erhaltung klimaausgleichender Grünflächen • Reduzierung der Bodenversiegelung durch Verwendung wasser-durchlässiger Bodenbefestigung, Renaturierung von Wasser-läufen und Straßenrückbau • Förderung von Smart Citys (vgl. S. 202)
Umweltschutz	• Energieeinsparung in privaten und gewerblichen Objekten (Wär-medämmung, Energiesparlampen, Förderung von regenerativen Energiequellen wie Solarthermie und Photovoltaik) • Reduzierung der Luftschadstoffe v. a. durch verminderten Einsatz fossiler Brennstoffe (Förderung von Elektromobilität, ÖPNV) • Schutz des Grundwassers durch Reduzierung des Wasserver-brauchs, Entsiegelung von Flächen und Ausweisung von Wasser-schutzgebieten • Reduzierung des Müllaufkommens durch Mülltrennung und Recycling (Förderung geschlossener Stoffkreisläufe)
Wirtschaft	• Aufwertung der Standortqualität durch gezielte Förderung von umweltverträglichen und umweltschonenden Branchen • Schaffung von Arbeitsplätzen in Wohngebieten und Aufhebung der funktionalen Trennung • Stärkung und Entwicklung innerstädtischer Bereiche als kultu-relle, wirtschaftliche und soziale Zentren
Wohnen	• Angemessener Wohnraum muss für alle sozialen Schichten er-schwinglich sein (sozialer Wohnungsbau) • Wohnungs(neu)bau sollte kosten- und flächensparend sein (z. B. Umnutzung alter Gewerbebetriebe) • Verwendung ökologischer Baustoffe und regenerativer Energien • Bereitstellung altersgerechter Wohnungen • Sicherung der wohnungsnahen Grundversorgung (u. a. Wochen-märkte, „Tante-Emma-Läden", mobile Angebote) • Förderung nachbarschaftlicher Hilfe (z. B. Carsharing, Generatio-nenwohnen, Mietergemeinschaften)

Maßnahmen zur nachhaltigen Stadtentwicklung in Industrieländern

(Nachhaltige) Stadtentwicklung in Entwicklungs- und Schwellenländern: Hier ergibt sich eine völlig andere Situation. Die Städte sind überwiegend Megacitys, in denen die vordringlichsten Ziele die Versorgung der armen

Bevölkerungsschichten mit städtischer Infrastruktur wie Wohnraum, Wasser, Kanalisation, Elektrizität, ärztlicher Hilfe und Bildungsmöglichkeiten sind.

Um eine einigermaßen effektive Stadtplanung zu ermöglichen, wurden in den vergangenen Jahren die Bemühungen verstärkt auf eine **Dezentralisierung** und auf den **Aufbau demokratischer Selbstverwaltungsstrukturen** innerhalb der einzelnen Stadtviertel gerichtet. Dieses Vorgehen beruht auf der Erkenntnis, dass nach dem Scheitern vieler zentraler Entwicklungskonzepte jetzt den kleinsten Verwaltungseinheiten mit ihrer größeren Bürgernähe zugetraut wird, ihre Angelegenheiten in **eigener Verantwortung** zu regeln und vor Ort auftretende Probleme effizienter zu lösen.

Eine allgemeingültige Lösungsstrategie für die Megacitys der Entwicklungs- und Schwellenländer existiert nicht. Jede Stadt muss die für sie dringendsten Probleme mit den ihr zur Verfügung stehenden Mitteln angehen. Die Stadtentwicklung sollte allgemein möglichst viele Bereiche beinhalten und alle Aspekte der Nachhaltigkeit berücksichtigen, um erfolgreich zu sein. Wichtige Bereiche, in denen Stadtentwicklung ansetzen kann, sind:

Bereiche der Stadtentwicklung	Maßnahmen
Wohnen	• Rechtssicherheit für die Bewohner noch illegaler Siedlungen • Einrichtung von sanitären Anlagen • *Squatter Upgrading*: Legalisierung der illegalen Wohnsiedlungen und schrittweiser Anschluss an die Infrastruktur der Stadt • Vergabe von Kleinkrediten, um die Hausqualität durch Eigenleistung der Bewohner verbessern zu lassen • *Sites-and-Services-Schemes*: Kommunen stellen Zuwanderern Grundstücke, die an die Infrastruktur angeschlossen sind, zur Pacht oder zum Kauf zur Verfügung; die Häuser errichten die Anwohner selbst • *Low-Cost-Housing*: Errichten und Vermietung von einfachen Wohnhäusern durch die Kommune (allerdings: Kosten für die unteren Bevölkerungsschichten nicht erschwinglich)
Wasserversorgung	• Aufbau einer Wasserversorgung mit sauberem Trinkwasser
Abwasserentsorgung	• Aufbau einer Kanalisation • Abwasserreinigung • Reinigung der Industrieabwässer
Müllentsorgung	• Organisation einer regelmäßigen Müllentsorgung • Aufbau einer Abfallwirtschaft • Aufbau und Unterstützung des Recyclings
Mängel der Infrastruktur	• Befestigung der Straßen • Anschluss an das Stromnetz • Anschluss an das Telekommunikationsnetz

Verkehr und Verkehrsbelastung	• Zeitliche Einschränkung des Fahrzeuggebrauchs • Förderung des nicht-motorisierten Verkehrs, z. B. Fahrräder, Rikschas, was zugleich eine Arbeitsbeschaffung sein kann • Ausbau des ÖPNV zur Verringerung des Verkehrsaufkommens • Anschluss der informellen Siedlungen an den ÖPNV
Luftverschmutzung	• Verringerung der offenen Feuerstellen • Reduzierung des Verkehrsaufkommens und der Autoabgase • Verringerung der Emissionen der Industrie

Maßnahmen zur nachhaltigen Stadtentwicklung in Entwicklungs- und Schwellenländern

10.3 Smart City – Digitalisierung als Herausforderung der Stadtentwicklung

Die Digitalisierung prägt zunehmend auch städtische Entwicklungsprozesse. Städte, die in diesem Sinne stadtplanerisch umgestaltet werden, nennt man **Smart Citys**. Es werden mehrere Ziele verfolgt: Prozesse sollen mithilfe digitaler Technologien effizienter gestaltet werden, die Gesellschaft soll stärker an der Gestaltung der Prozesse beteiligt werden und die beteiligten Akteure sollen stärker miteinander vernetzt werden. Auch verbinden sich smarte Städte und Gemeinden meist über die Stadtgrenzen hinaus, um Konzepte und Wissen auszutauschen. Insgesamt zielen viele Entwicklungen darauf hin, in den Städten den Ressourcenverbrauch zu minimieren und den CO_2-Ausstoß zu reduzieren, sodass der Begriff Smart City auch immer wieder mit dem **Konzept der nachhaltigen Stadtentwicklung** oder den **Sustainable Development Goals (SDGs)** (vgl. S. 199 f., 263 f., 266) in Verbindung gebracht wird.

Die **digitale Vernetzung** erfolgt auf allen Ebenen der Stadtentwicklung. Am weitesten fortgeschritten ist der Ausbau **smarter Verkehrssysteme**. Zur Gewährleistung des Verkehrsflusses werden z. B. Busse über Kameras beobachtet und in gleichmäßigen Abständen zueinander gehalten oder Autos über Parkleitsysteme und Apps zu freien Parkplätzen gelotst. Aber auch die **Intermodalität** (vgl. S. 107 f.) wird durch **digitale Zahl- und Buchungssysteme** vereinfacht. So kann zum Teil mit einem digitalen Ticket des Verkehrsverbundes der Bus oder das Taxi bezahlt und das Car-Sharing-Auto gebucht werden.

Im Mittelpunkt der Kommunikation stehen für den Bürger **Internet-Plattformen** und **Applikationen**. Diese reichen von Bürgerserviceangeboten wie der digitalen Steuererklärung, Anwohnermeldeformularen oder Gesundheits-Apps bis zu komplexen städtischen Wirtschaftsportalen.

Auch Wirtschafts- und Stoffkreisläufe werden in einer Smart City eng vernetzt, wie die folgende Abbildung zeigt. Im privaten Bereich ist die Entwicklung von **Smart Homes** als ein Baustein der Entwicklung zu betrachten.

Als **Risiken** der zunehmenden Digitalisierung in Smart Citys werden die Sicherheit der großen Mengen an Daten und an vielen Stellen eine dauerhafte Überwachung durch Videokameras gesehen.

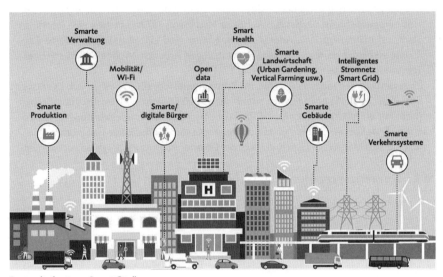

Bestandteile einer „Smart City"

Kompetenzcheck

- Nennen und beschreiben Sie verschiedene Leitbilder der Stadtentwicklung.
- Erläutern Sie den Begriff „Lokale Agenda 21".
- Vergleichen Sie Maßnahmen zur nachhaltigen Stadtentwicklung in Industrieländern mit denen in Entwicklungs- und Schwellenländern.
- Die nordspanische Stadt Santander gilt in Europa als Vorreiter in Bezug auf den Ausbau zur Smart City. Stellen Sie auf Grundlage einer Internetrecherche zusammen, welche Elemente einer Smart City die Stadt Santander umsetzt.

Die HafenCity Hamburg – Hamburgs Zukunft am Hafen?

Aufgabe 1 Beschreiben Sie das Projekt HafenCity Hamburg.

Aufgabe 2 Ordnen Sie das Projekt in ein Leitbild der Stadtentwicklung ein.

M 1 HafenCity – Hamburgs Zukunft am Hafen

Mit der Entwicklung eines neuen City-Raums entlang der Elbe setzt Hamburg mindestens europaweit neue Maßstäbe: Auf einer Fläche von 157 ha entsteht eine lebendige Stadt mit maritimem Flair. Anders als reine büro- und einzelhandelsdominierte City-Räume verbindet sie die verschiedenen Nutzungen Arbeiten, Wohnen, Kultur, Freizeit, Tourismus und Einzelhandel miteinander. [...]
Insgesamt werden mehr als 2,4 Mio. m² Bruttogrundfläche (BGF) neu gebaut. Es entstehen über 7 500 Wohnungen für mehr als 15 000 Einwohner, Dienstleistungsflächen (nicht nur Büroflächen) mit bis zu 45 000 Arbeitsplätzen, Bildungseinrichtungen, Gastronomie, Einzelhandels-, Kultur- und Freizeitangebote sowie Parks, Plätze und Promenaden – für rund 80 000 Besucher täglich, die nach der Gesamtfertigstellung prognostiziert werden.

M 2 Nutzungsverteilung der Gebäudeflächen in der HafenCity

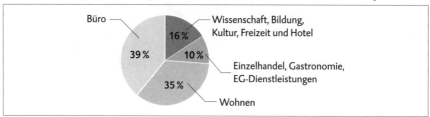

M 3 Strukturkonzept der HafenCity Hamburg

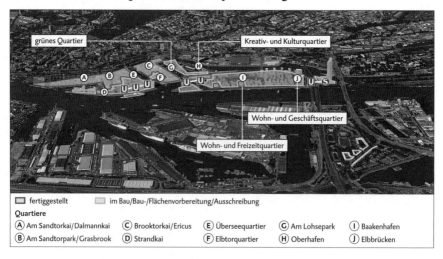

Sozioökonomische Entwicklungsstände von Räumen

Bäuerin beim Unkrautjäten auf einem Sorghum-Feld in Burkina Faso

1 Unterscheidung der Entwicklungsstände von Ländern

1.1 Die Utopie der „Einen Welt"

In Rio de Janeiro wurde 1992 auf der UN-Konferenz über Umwelt und Entwicklung die Forderung aufgestellt, dass alle Staaten im Sinne einer globalen Verantwortungsgemeinschaft zusammenhalten und künftige Entwicklungen gemeinsam und partnerschaftlich gestalten mögen. Ziel der „Einen Welt" müsse es sein, soziale Gerechtigkeit, demokratische Strukturen und ein friedliches Miteinander zu erreichen. Zu Beginn der dritten Dekade des 21. Jahrhunderts kennzeichnen jedoch immer noch deutliche **globale Disparitäten** die Welt: ungleiche Lebenschancen und deutliche Entwicklungsunterschiede, z. B. im Hinblick auf Schul- und Bildungsangebote, medizinische Versorgung, den Technisierungsgrad, den Prozess der Digitalisierung oder den allgemeinen Lebensstandard – eine wachsende Kluft zwischen Arm und Reich. Gesellschaften im Überfluss stehen solche mit bitterer Armut gegenüber, Lebenserwartungen von durchschnittlich mehr als 80 Jahren solche von nur 40 Jahren, Ländern mit 10-jähriger Pflichtschulzeit solche ohne schulische Grundbildung. Das Ziel einer „Einen Welt", wie es vor 30 Jahren formuliert wurde, bleibt vorerst nur eine Vision.

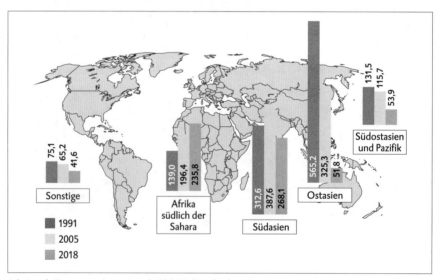

Arbeitende Personen mit weniger als 3,20 US-$ (= absolute Armut) pro Tag (in Mio.)

2020 lebten 85,1 % der Menschheit in **Entwicklungsländern**, den Staaten der sogenannten „Dritten Welt" (als „Erste Welt" bezeichnete man zur Zeit des Ost-West-Konflikts die westlichen und als „Zweite Welt" die östlichen Staaten). Deren aus dem Blickwinkel der entwickelten Staaten rückständige Entwicklung ist im Laufe der Geschichte erst allmählich entstanden. Dies hatte und hat unterschiedliche **Gründe:**

- Unterschiedliche **natürliche Lebensbedingungen** führten zu unterschiedlichen Nutzungsmöglichkeiten, zu unterschiedlicher Bevölkerungsdichte, zu verschiedenen kulturellen Traditionen.

- Die Länder der sogenannten „**Alten Welt**" (Kontinente, die den Europäern vor der Entdeckung Amerikas 1492 bekannt waren: Europa, Afrika, Asien) entwickelten sich früher als die der „**Neuen Welt**" (das 1492 von den Spaniern unter Kolumbus entdeckte Amerika), behielten z. T. diesen Entwicklungsvorsprung.

- Europäische See- und Handelsnationen gingen ab dem 15. Jh. auf Entdeckungs- und Eroberungsfahrten, nahmen v. a. ab dem 18. Jh. überseeische **Kolonien** in Besitz. Die Abhängigkeit dieser Kolonien von ihren Mutterländern (Rohstofflieferanten, Abnehmer für Industrieprodukte) verhinderte die Entwicklung einer eigenständigen Wirtschaft; die Folgen sind auch nach Jahrzehnten der nationalen Befreiung bis in die Gegenwart zu spüren.

- Die weiter entwickelten Staaten haben jahrzehntelang ihre Wirtschaft durch Protektionismus und Subventionen geschützt – der **Zugang zum Weltmarkt** im Sinne eines freien Warenverkehrs war den Entwicklungsländern nur eingeschränkt möglich.

- **Forschung und Entwicklung** sowie technische Neuerungen, die aus Gründen der Bildungsvoraussetzungen, des Know-hows und der finanziellen Möglichkeiten überwiegend in hoch entwickelten Staaten ansässig sind, führen zu einem weiteren Anwachsen der Entwicklungsunterschiede.

- **Politisch instabile Verhältnisse** im 20./21. Jh. standen bzw. stehen einer Weiterentwicklung der gesamten Wirtschaft, an der breite Gesellschaftsschichten hätten Anteil haben können, oft im Wege.

- Unterschiedliche **politische Systeme** haben v. a. nach Ende des Zweiten Weltkrieges 1945 zu unterschiedlichen Wirtschafts- und Gesellschaftssystemen geführt. Im Zeitalter der **Globalisierung** erwachsen hieraus unterschiedliche Möglichkeiten der Partizipation am Welthandel.

- Der Verlauf des **sektoralen Wandels** in Entwicklungsländern unterscheidet sich folglich deutlich von dem in Industriestaaten (vgl. Abb. S. 208).

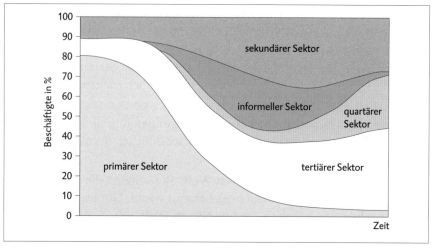

Sektoraler Wirtschaftswandel in Entwicklungsländern

Die westliche Perspektive

„Entwicklungsland" ist ein gängiger Begriff, er wird sowohl im Alltag als auch in wissenschaftlichen Veröffentlichungen verwendet. Doch er ist mit Vorsicht zu benutzen, denn mit ihm transportieren wir „unsere" westlichen Sichtweisen und unsere Wertmaßstäbe, die überwiegend ökonomischer Art sind. Wir setzen quasi voraus, dass unsere Werte und Normen weltweit Gültigkeit besitzen. Dies ist jedoch in mehrfacher Hinsicht fehlerhaft: Europäische oder nordamerikanische Werte und Normen z. B. haben in Asien und Afrika kaum Gültigkeit – und das in einer Zeit von Weltwirtschaftskrisen, drohendem Klimawandel, zunehmenden sozialen Spannungen, steigenden Flüchtlingszahlen; hier gilt es ggf. die eigenen Maßstäbe und Normen kritisch zu hinterfragen.

Die Bewertung des Entwicklungsstandes eines Landes überwiegend oder gar allein aufgrund **wirtschaftlicher Indikatoren** ist unzulässig. So würde die Steigerung des Bruttonationaleinkommens allein nicht ausreichen, um den Entwicklungszustand eines Landes zu verbessern: die Erscheinungsformen Hunger, Unterernährung, Armut oder Kindersterblichkeit würden nur bedingt beeinflusst werden, da i. d. Regel die ärmeren Bevölkerungsgruppen am wirtschaftlichen Fortschritt kaum Anteil haben. Es müssen deshalb auch die kulturellen Gegebenheiten und die jeweiligen gesellschaftlichen Rahmenbedingungen Berücksichtigung finden. Zu bedenken ist weiterhin, dass ein Teil der Entwicklung des „Nordens" abhängig ist von den (Rohstoff-)Lieferungen des „Südens": Ohne die niedrigen Löhne in Entwicklungsländern wären Wohlstand und Fortschritt in den „Nord"-Staaten nicht im gegenwärtigen Umfang möglich – und umgekehrt ist die ökonomische und soziale Weiterentwicklung der „Süd"-Staaten nicht ohne Know-how und finanzielle Unterstützung aus dem Norden denkbar.

Kategorie	Merkmale	Beispiele
Least Developed Countries	extrem niedriges Pro-Kopf-Einkommen, geringe Bedeutung des sekundären Sektors, geringe Alphabetisierungsrate	Angola, Benin, Lesotho, Madagaskar, Mali, Niger, Togo, Jemen, Kambodscha, Laos, Haiti
Newly Declining Countries	Teilgruppe der Transformationsstaaten der ehemaligen Zweiten Welt, die ähnliche Strukturprobleme wie viele Entwicklungsländer aufweist	Albanien, Armenien, Georgien, Kasachstan, Turkmenistan, Usbekistan
Landlocked Countries	Staaten ohne Zugang zum Meer, Verteuerung der Importe und Exporte	Bolivien, Nepal, Niger
Small Island Developing States	ebenfalls hohe Transportkosten, Gefährdung durch Anstieg des Meeresspiegels	Malediven, Fidji, Mauritius
Failed States	Staaten mit zerbrechlicher oder bereits zusammengebrochener Staatlichkeit, oft fehlende Daten	DR Kongo, Liberia, Nigeria, Somalia, Sudan, Irak, Pakistan, Türkei, Brasilien
Newly Industrializing Countries/Economies („Schwellenländer")	Länder mit hohem Wirtschaftswachstum, hoher Arbeitsproduktivität, niedrigem Lohnniveau, Exportorientierung	China, Südkorea, Taiwan, Hongkong, Singapur, Brasilien, Mexiko, Südafrika, Thailand, Indien, Malaysia, Philippinen
Ölländer (OPEC-Staaten)	Länder, die wirtschaftlich stark von einem hohen Ölpreis profitieren, hohes Pro-Kopf-Einkommen, aber Schwächen bei sozialen Indikatoren	Saudi-Arabien, Iran, Irak, weitere Golfstaaten
Emerging Markets	neue dynamische Märkte in Schwellenländern, interessant für ausländische Kapitalanleger	Indien, Indonesien, Mexiko, Russland, weitere asiatische Länder

Binnendifferenzierung von Entwicklungsländern

1.2 Indikatoren zur Erfassung unterschiedlicher Entwicklungsstände

Ökonomische Merkmale und Indikatoren

Als Maßstab für die Kennzeichnung der Wirtschaftskraft wurde lange Zeit das durchschnittliche **Bruttoinlandsprodukt (BIP)** bzw. das **Bruttonational-einkommen (BNE)** angesehen. Die scheinbare Eindeutigkeit ökonomischer Daten zur Einordnung von Entwicklungsständen trügt jedoch: Bei allen ermittelten Werten handelt es sich um Durchschnittswerte; diese sagen z. B. nichts darüber aus, ob es in einem Land Disparitäten gibt. In Wirtschaftstabellen fehlen auch häufig bestimmte Angaben, die sich entweder nicht messen lassen (z. B. Traditionen oder kulturelle Besonderheiten) oder die nicht statistisch erfasst werden können (z. B. Bedeutung des informellen Sektors, der Subsistenzwirtschaft und des Tauschhandels). Oft gibt es im Zusammenhang mit ökonomischen Daten auch keine Vergleichsmöglichkeit der realen Kaufkraft; gelegentlich sind deshalb Hinweise zur **Kaufkraftparität pro Kopf** beigefügt. KKP in Räumen gleicher Währung, z. B. in Euro-Ländern, liegt dann vor, wenn mit demselben Geldbetrag dieselben Waren und Dienstleistungen erworben werden können (engl. Begriff: Purchasing Power Parity/**PPP**).

Das Ausmaß der Unterschiede innerhalb eines Landes ermöglicht weitergehende Aussagen zur Entwicklungssituation innerhalb eines Landes; es wird mit dem sogenannten **Gini-Koeffizienten** gemessen.

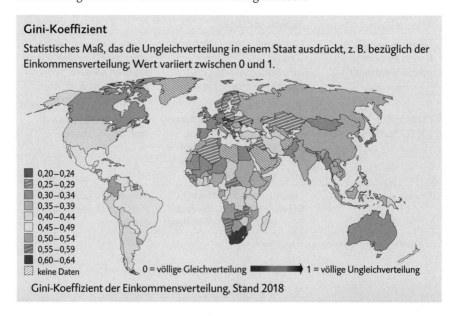

Gini-Koeffizient

Statistisches Maß, das die Ungleichverteilung in einem Staat ausdrückt, z. B. bezüglich der Einkommensverteilung; Wert variiert zwischen 0 und 1.

- 0,20–0,24
- 0,25–0,29
- 0,30–0,34
- 0,35–0,39
- 0,40–0,44
- 0,45–0,49
- 0,50–0,54
- 0,55–0,59
- 0,60–0,64
- keine Daten

0 = völlige Gleichverteilung ⟶ 1 = völlige Ungleichverteilung

Gini-Koeffizient der Einkommensverteilung, Stand 2018

	Bangladesch	China	Deutschland	Ghana
Anteil der Bevölkerung unter der Armuts- grenze 2017 (in %)	31,5	13,4	15,5	28
BNE je Einwohner 2017 (in US-$)	2 000	16 700	50 800	4 700
BIP gesamt 2017 (in Mrd. PPP)	261	12 100	3 701	47
Beschäftigte in den Wirtschaftssektoren (in %)	1919 I: 39 II: 21 III: 40	2016 I: 27 II: 29 III: 43	2016 I: 1 II: 24 III: 75	2019 I: 29 II: 22 III: 49
BIP-Beiträge der Wirt- schaftssektoren (in %)	I: 13 II: 31 III: 56	I: 9 II: 40 III: 51	I: 1 II: 30 III: 69	I: 17 II: 32 III: 51
Arbeitslosenquote 2017 (in %)	4,4	3,9	3,8	11,9
Energieverbrauch je Einw. pro Jahr 2015 (in kwh)	301	4 246	6 419	285
CO_2-Emission je Einwohner 2015 (in t)	0,5	7,7	9,7	0,6
Import/Export 2017 (in Mrd. US-$)	42/36	1 731/2 157	1 104/1 401	(2013) 14/13
Wichtigstes Exportgut 2017	Bekleidungs- artikel	Elektronik u. Maschinen	Kfz u. -Teile Maschinen	Erdöl, Gold Nahrungs- mittel
Auslandsverschuldung in % des BNE (2013)	33	47	64	82
HDI-Wert und -Rang 2019	0,614/135	0,758/85	0,939/4	0,596/142

Ökonomische Indikatoren zum Entwicklungsstand einiger Staaten

Demographische Merkmale und Indikatoren

Da eines der Schlüsselprobleme der Entwicklungsländer das hohe Bevölke- rungswachstum ist, gehören **demographische Indikatoren** zu einer Be- schreibung des Entwicklungsstands zwingend dazu. Hierzu zählen Altersauf- bau, Geburten- und Sterberate, Säuglings- und Kindersterblichkeit. Daneben spielt eine Rolle, wo die Bevölkerung lebt: Verstädterungsgrad und Städte- wachstum, Binnenmigration (Land-Stadt-Wanderung), der **Metropolisie- rungsgrad**, der Anteil von **Marginalsiedlungen** und der **Index of Primacy**

(= Verhältnis zwischen der bevölkerungsmäßig größten Stadt eines Landes zur nächstgrößten) liefern wichtige Hinweise, um den Grad einer ausgewogenen regionalen Entwicklung bzw. regionale Disparitäten einzuschätzen.

Soziale Merkmale und Indikatoren

Des Weiteren sind **soziale Indikatoren** zu berücksichtigen wie z. B. Art und Umfang der Nahrungsmittelversorgung, Gesundheitszustand (Lebenserwartung, HIV-/AIDS-Rate), medizinischer Versorgungsgrad (Krankenhaus-, Ärztebesatz), hygienische Verhältnisse oder Zugang zu sauberem Trinkwasser.

Voraussetzung für wirtschaftliche Produktivität, Innovationen und wirtschaftliche Expansion sind gut ausgebildete einheimische Arbeitskräfte; insofern sind **Art und Umfang schulischer und beruflicher Bildung** wichtige Voraussetzungen (Einschulungsrate, Bildungsdauer, Alphabetisierungsquote), ferner die Berücksichtigung der weiblichen Bevölkerung bei der Bildung sowie die allgemeine **soziale Situation der Frauen** in der Gesellschaft.

	Grundschulen		Weiterführende Schulen	
	m	w	m	w
Angola	89	66	13	10
Benin	100	90	53	40
Burkina Faso	76	74	28	28
Ghana	85	87	53	53
Guinea	84	72	40	26
Liberia	39	36	16	14
Mali	60	53	37	28
Marokko	95	94	60	54
Niger	69	59	20	14
Uganda	89	92	23	22

Schulbesuch 2010–2016 (in %)

Ökologische Merkmale und Indikatoren

Schließlich führt auch ein unsachgemäßer Umgang mit den natürlichen Ressourcen dazu, dass regional und global auf Dauer Schäden auftreten und Entwicklung verhindert wird. Gerade in Entwicklungsländern wirkt sich ein solches Fehlverhalten besonders schnell und besonders negativ aus. Hierzu gehört z. B. die **Übernutzung von Ressourcen** wie Boden, Vegetation, Wasser oder Bodenschätzen, die weitgehend auf den Versuch zurückzuführen ist, genügend Nahrungsmittel und Energie für die weiter wachsende Bevölkerung sowie Exportgüter zur Beschaffung von Devisen zur Verfügung zu stellen. Die Abholzung des tropischen Regenwaldes sowie der dadurch bedingte **Klimawandel** stellen hierbei eine großräumige nachhaltige Entwicklungsgefährdung dar.

Politische Merkmale und Indikatoren

Undemokratische Strukturen, schwache politische Eliten, autoritäre Regimes und Korruption verhindern eine Entwicklung, die bei **Good Governance** möglich wäre. Gerechtigkeit, Achtung der Menschenrechte und Rechtsstaatlichkeit fehlen in autoritär regierten Staaten – hier hat die Bevölkerung kein Vertrauen in die Machthaber, was sich u. a. in fehlender Investitions- oder Sparbereitschaft niederschlägt. (Bürger-)Kriege, Verfolgung und Vertreibung werfen solche Staaten immer wieder in ihrer Entwicklung zurück. Politische Stabilität und demokratische Verhältnisse begünstigen dagegen eine positive Entwicklung.

Wissenschaftler halten den „**schwachen Staat**" für ein entscheidendes Merkmal der Entwicklungsländer. Viele Regierungen seien nicht in der Lage, Entwicklung zum zentralen Thema ihrer Politik zu machen. Anstatt in Bildung und Wirtschaftsförderung zu investieren, würden außer für Korruption und überteuerte Verwaltung Gelder in umfangreiche Rüstungsausgaben investiert. Als Folge dieser Misswirtschaft würden sich die **Teufelskreise der Armut** weiter verstärken, in denen sich besonders die ärmsten Staaten befänden.

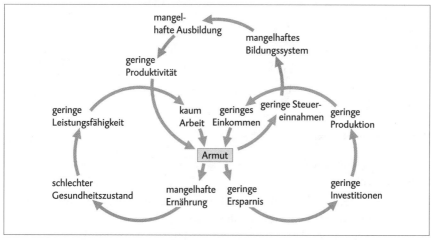

Teufelskreise der Armut

1.3 Der Human Development Index

In jüngerer Zeit wählt man anstelle des rein ökonomischen einen anderen „Entwicklungs-"Ansatz, der die Teilhabe des Einzelnen an wirtschaftlichen, sozialen, politischen und kulturellen Entwicklungen in den Blick nimmt. Ferner wird dargestellt, in welchem Umfang die **Grundbedürfnisse** befriedigt werden.

Seit 1990 wählt man deshalb als Index für die Diagnose des Entwicklungsstands der Länder den **Human Development Index (HDI)**. Die Parameter für die Berechnung des HDI wurden mehrfach verändert. Seit 2010 fließen ein:
- das BNE pro Kopf (Indikator für Lebensstandard),
- die Lebenserwartung bei der Geburt (Indikator für Gesundheit),
- die Dauer schulischer Bildung ungeachtet von Abschlüssen oder Qualifikationen (Indikator für Bildung).

Die Werte der Indikatoren werden auf einer Skala von 0–1 eingetragen, deren arithmetischer Mittelwert ergibt den HDI. Dieser zeigt im Vergleich zu den HDI-Werten der anderen Staaten an, wie weit das Land vom Höchstwert 1 entfernt ist – und damit auch, wie weit es entwickelt ist.

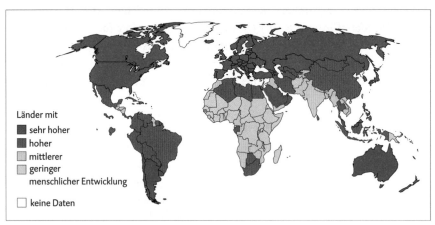

Human Development Index (HDI), Stand 2018

Kompetenzcheck

- Erläutern Sie, welche Gründe im Laufe der Geschichte zur unterschiedlichen Entwicklung in Staaten geführt haben.
- Erläutern Sie unter Berücksichtigung des HDI wichtige Indikatoren zur Erfassung von Entwicklungsständen.

2 Natürliche Ressourcen – ihre ungleiche Verteilung und Nutzung

2.1 Begrifflichkeit und Systematik

Natürliche Ressourcen sind Rohstoffe sowie Naturgüter wie Boden, Luft und Wasser, die den Menschen als Basis zum Leben und Wirtschaften dienen. Durch den weltweit steigenden, häufig wenig effizienten und umweltschädigenden Umgang mit Ressourcen ist diese Basis auf Dauer gefährdet, falls man nicht Wege zu einer nachhaltigen Nutzung findet. Der nachhaltige Umgang mit Ressourcen erscheint angesichts der wachsenden Weltbevölkerung, einer allmählichen Angleichung der Lebensbedingungen in den Staaten der Welt und der damit einhergehenden Zunahme des weltweiten Pro-Kopf-Verbrauchs als eine der zentralen Herausforderungen für die Menschheit. Deren Bewältigung wird mitentscheidend dafür sein, in welchem Umfang künftige Generationen in friedlichem Miteinander, in einer intakten Umwelt und in angemessenem Wohlstand leben werden.

Begriffsfeld „Rohstoffe"

- **Rohstoffe:** in der Natur vorkommende Stoffe, die als Ausgangsmaterialien für die Produktion von Gütern oder als Grundlage für die Energiegewinnung dienen

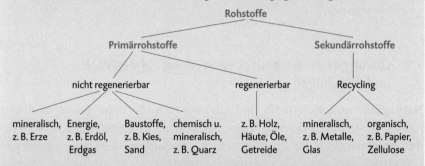

- **Lagerstätten:** abbauwürdige Konzentrationen nutzbarer mineralischer Rohstoffe, die sich auf der Erdoberfläche, dem Meeresboden oder in der Erdkruste gebildet haben

- **Reserven** (bestätigte Reserven): Teil des Gesamtpotenzials eines Rohstoffs, der mit großer Genauigkeit erfasst wurde und mit den derzeitigen technischen Möglichkeiten wirtschaftlich gewonnen werden kann

- **Ressourcen:** Teil des Gesamtpotenzials, der zwar nachgewiesen, aber derzeit nicht wirtschaftlich gewinnbar oder geologisch noch nicht erfasst ist (Ressourcen im engeren Sinne)

- **Gesamtpotenzial:** Die Summe aus Reserven und Ressourcen, also das Potenzial, das für den zukünftigen Verbrauch nach jetzigem Kenntnisstand zur Verfügung steht
- **Statistische Reichweite:** Zeitraum bis zur Erschöpfung von Rohstoffen = Quotient aus den mit heutiger Technik wirtschaftlich gewinnbaren Reserven und der aktuellen jährlichen Förderung
- **(Natürliche) Ressourcen/Ressourcen im weiteren Sinne:** Nicht-nachwachsende und nachwachsende Rohstoffe sowie die Umweltgüter Luft, Wasser, Boden und Biodiversität (in den folgenden Erläuterungen wird der Begriff „Ressourcen" in der Regel in seinem weiteren Sinne verwendet, wenn keine näheren Angaben erfolgen)
- **Naturraumpotenzial:** Gesamtheit der natürlichen Ressourcen, die sich innerhalb eines bestimmten Raumes nutzen lassen
- **Energieträger:** (Roh-)Stoffe, die in Energie umgewandelt werden können
  - **Primärenergieträger:** Energierohstoffe vor der Umwandlung in Energie, dazu gehören **fossile Energieträger** (Erdöl, Erdgas, Kohle), die **Kernbrennstoffe** (z. B. Uran, Thorium, Deuterium) und regenerative, d. h. erneuerbare **Energieträger** (z. B. Solarenergie, Windenergie, Wasserkraft, Erdwärme)
  - **Sekundärenergie:** aus der Umwandlung der Primärenergieträger erzeugte Energie (z. B. elektrischer Strom)
- **Recyclingstoffe:** aus Abfällen gewonnene mineralische und organische Rohstoffe (Sekundärrohstoffe), die den Wirtschaftskreisläufen wieder zugeführt und zu neuen Produkten verarbeitet werden = **stoffliche Wiederverwertung**; Energiegewinnung durch Verbrennung von Abfallstoffen in Müllverbrennungsanlagen = **energetische Wiederverwertung**

2.2 Die ungleiche Ressourcenverteilung auf der Welt und ihre Folgen

Naturgüter und Rohstoffe sind ungleich über die Erde verteilt, und auch innerhalb von Staaten kann es zu großen regionalen **Verteilungsunterschieden** kommen. **Luft** ist ein sogenanntes „ubiquitäres" Gut (lat.: überall vorkommend) und steht allen Menschen ausreichend zur Verfügung. Es muss allerdings darauf geachtet werden, dass ihre Qualität sich nicht durch Schadstoffe oder zu große Hitze so verschlechtert, dass sie gesundheitsschädliche oder gar lebensbedrohliche Eigenschaften annimmt. **Böden** sind hinsichtlich ihrer Beschaffenheit und Nutzbarkeit v. a. klimabedingt sehr unterschiedlich und bieten deshalb ganz verschiedene Möglichkeiten für die land- und forstwirtschaftliche Nutzung. Vor dem Hintergrund der wachsenden Weltbevölkerung stellt dies im Hinblick auf die Versorgung mit Nahrungsmitteln ein zunehmendes Problem dar (vgl. S. 48 ff.).

Im Zusammenhang mit dem Klimawandel ergeben sich darüber hinaus weitere Probleme, die nicht zuletzt mit der unterschiedlichen Verfügbarkeit von **Wasser** zu tun haben. Schon heute reicht das natürliche Wasserangebot in vielen Staaten und **Trockenräumen** nicht aus, um die Bevölkerung mit Trinkwasser zu versorgen. So versucht man, Engpässe mithilfe von Tiefwasserbrunnen, Überlandleitungen oder Wasseraufbereitungsanlagen auszugleichen. Die Ressource Wasser wird dazu auch in der Landwirtschaft benötigt, und auch diese muss sich vielerorts **künstlicher Bewässerung** bedienen, um den Wasserbedarf der Nutzpflanzen zu decken und das **Wasserdefizit** auszugleichen. Schon kurze Dürrezeiten und erst recht mehrjähriges Ausbleiben von Niederschlägen gefährden das Leben von Menschen und eine verlässliche Landwirtschaft; sollte sich der Klimawandel verschärfen, würde sich diese Situation vor allem in Trockenräumen und Grenzräumen agrarischer Nutzung drastisch verschlechtern. Der „Kampf um das Wasser", den Wissenschaftler bereits für die erste Hälfte des 21. Jh. vorausgesagt haben, würde sich deutlich verschärfen. Sollten vor Ort keine Lösungen gefunden werden, dürften völkerwanderungsähnliche Migrationsströme Richtung regen- und wasserreicherer Regionen und Staaten die Folge sein.

Im 19. Jahrhundert lag der **Schwerpunkt des Bergbaus** zunächst in Europa; im 20. Jahrhundert verlagerte sich der Schwerpunkt nach und nach Richtung Nordamerika, und um die Jahrtausendwende immer stärker in die Entwicklungs- und Schwellenländer. Dort befinden sich zum einen große Lagerstätten, zum anderen sind die Förder- und Produktionskosten deutlich niedriger als in den Industriestaaten.

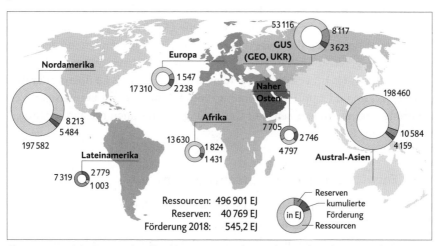

Gesamtpotenzial der Energierohstoffe inkl. Uran – regionale Verteilung in Exajoule (EJ), Stand 2018

Die ungleiche Verteilung der Rohstoffe auf der Erde hat im Laufe der Menschheitsgeschichte einen **globalen Warenaustausch** entstehen lassen. Im Zeitalter der Globalisierung ist dieser Welthandel vom Volumen her stetig gewachsen und umfasst heutzutage Tausende von Handelsprodukten. Mit ausschlaggebend hierfür waren die allmähliche Abnahme der Transportkosten und der Ausbau der verschiedenen Verkehrsnetze (vgl. S. 106 ff.).

Abnehmerländer von Rohstoffen sind daran interessiert, langfristige Handelsvereinbarungen mit den **Rohstoffförderländern** zu treffen, um ihre eigene Versorgung und industrielle Produktion abzusichern. Das trifft besonders auf die sogenannten „**strategischen**" Energierohstoffe Erdöl, Erdgas, Kohle und Uran zu, aber auch auf „**strategische**" Metalle wie z. B. Molybdän, Kobalt oder seltene Erden. Diese benötigt man in der Luft- und Raumfahrtindustrie, für die Herstellung von Akkus oder Glasfaserkabeln sowie für andere Zukunftsindustrien.

Problematisch stellt sich die räumliche Konzentration der Lagerstätten bestimmter Rohstoffe auf einige wenige Förderländer dar. Handelt es sich hierbei um politisch instabile Länder, so ist die Zuverlässigkeit der Rohstoffversorgung gefährdet. Zudem ist der Weltmarkt für mineralische Rohstoffe von der zunehmenden Dominanz einiger weniger Bergbauunternehmen gekennzeichnet, die ihre Marktmacht nutzen können, um Preise zu diktieren.

Disparitäten bei der Ausstattung mit natürlichen Ressourcen gibt es auch innerhalb von Staaten. Vor allem in Entwicklungsländern kommen die aus dem Export erwachsenden Einnahmen oft nicht der gesamten Bevölkerung zugute, sondern oft nur einer kleinen politischen Schicht oder aber ausländischen Investoren. Als Folge hiervon verschärfen sich regionale und soziale Disparitäten, und nicht selten sind politische Unruhen oder gar kriegerische Auseinandersetzungen die Folge. Hier sind Staat und Raumplanung gefordert, um für eine gerechte und in etwa gleichmäßige Raumausstattung zu sorgen. Auf diese Weise kann verhindert werden, dass es einerseits zu übergroßer Binnenmigration und zur Herausbildung von Räumen mit übermäßiger Verdichtung kommt, andererseits zur Entleerung von Räumen mit Entwicklungsrückständen.

2.3 Entwicklung der Ressourcenentnahme

Die Nutzung der natürlichen Ressourcen durch den Menschen ist erst in jüngerer Zeit zu einem globalen Problem geworden, was in erster Linie in der Zunahme der benötigten und dem Naturraum entnommenen Ressourcen begründet ist: Von 1970 bis 2017 stieg der weltweite Ressourcenverbrauch um mehr als 240 % und erreichte einen Wert von über 90 Mrd. t (vgl. folgende Abb.). Die Steigerung der Ressourcenentnahme betrifft alle größeren Ressourcen-Gruppen.

Während anzunehmen ist, dass die Rohstoffnachfrage in den Industriestaaten künftig auf hohem Niveau stagnieren wird, ist in den bevölkerungsreichen Volkswirtschaften mit überdurchschnittlichem Wirtschaftswachstum von hohen Steigerungen auszugehen. Dies gilt insbesondere für die sogenannten **BRIC-Staaten** Brasilien, Russland, Indien, China, in denen 40 % der Weltbevölkerung leben. Insgesamt rechnet man bis zum Jahr 2030 ungefähr mit einer Verdoppelung des jährlichen Ressourcenverbrauchs, wenn sich bis dahin keine einschneidenden Veränderungen ergeben und dieser Ressourcenbedarf tatsächlich gedeckt werden kann. Die größte Steigerung entfällt dabei auf die Gruppe der mineralischen Rohstoffe und auf fossile Brennstoffe.

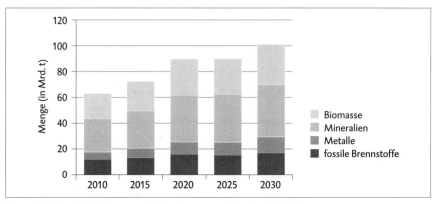

Voraussichtliche Entwicklung der globalen Ressourcenentnahme bis 2030

Die zukünftige Verfügbarkeit von Ressourcen

Bereits in den 1970er-Jahren wurden Befürchtungen über zur Neige gehende Rohstoffe geäußert. So wurde in der einflussreichen Veröffentlichung „Die Grenzen des Wachstums" des Club of Rome 1972 prognostiziert, dass die statistische Reichweite von Kupfer-, Blei- und Zinnerzen sowie von Bauxit nur bis zum Beginn des 21. Jh. gehen würde. Die Entdeckung neuer Rohstofflagerstätten z. B. kann die **statistische Reichweite** erheblich wachsen lassen. Dazu beeinflussen neue Technologien die statistische Reichweite ebenso wie die effizientere Gewinnung von Metallen aus Erzen. Gegenwärtig ist nur bei wenigen mineralischen Rohstoffen eine Knappheit auf den internationalen Rohstoffmärkten zu befürchten. Verschiedene Annahmen künftiger Entwicklungen in der Welt ergeben auch für die Verfügbarkeit von Ressourcen unterschiedliche Szenarien (vgl. folgende Abb.)

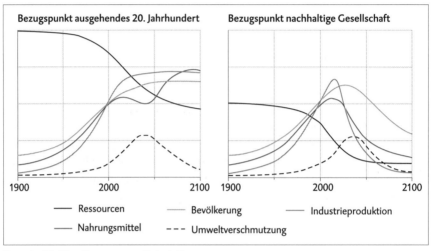

Szenarien künftiger Ressourcenverfügbarkeit

2.4 Ökologische Probleme der Ressourcennutzung

Von Abbau, Aufbereitung und Transport der Rohstoffe gehen schwere Umweltbelastungen aus. Doch auch der von Störfällen unbeeinträchtigte Abbau hat Folgen für die betreffenden Regionen. In Schwellen- und Entwicklungsländern, in denen die Umweltauflagen gering sind und es an geeigneten Kontrollstrukturen zur Einhaltung der Umweltstandards fehlt, treten diese Folgen besonders gravierend zutage. Im Jahr 2006 veröffentlichte die gemeinnützige Organisation Pure Earth (früher: Blacksmith Institute) erstmals eine Liste der am stärksten verschmutzten Orte. Bei der Auswahl geht es nicht um eine Rangfolge, sondern um die exemplarische Hervorhebung besonders betroffener Gebiete stellvertretend für andere Fälle, die noch nicht bekannt geworden oder bereits wieder in Vergessenheit geraten sind.

Die räumliche Verteilung der bei Pure Earth registrierten **Orte mit gravierender Umweltverschmutzung** lässt einen deutlichen Zusammenhang zwischen dem Entwicklungsstand und der Häufigkeit einer bedrohlichen Verschmutzungsproblematik erkennen: Schwerpunktregionen solcher Umweltverschmutzung sind die Entwicklungs- und Schwellenländer. In diesen sind Umweltverständnis und Umweltschutzmaßnahmen deutlich weniger entwickelt als in den sogenannten Industrie- und Dienstleistungsgesellschaften.

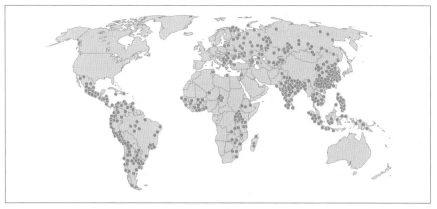

Orte mit gravierender Umweltverschmutzung nach Pure Earth / Blacksmith Institute, Stand 2016

2.5 Ressourcenperspektiven am Beispiel der Energieträger

Die globalen Energierohstoff-Reserven mit Ausnahme des konventionellen Erdöls (relativ leicht zu fördern, rasch verfügbar, billig) lassen längerfristig eine ausreichende Deckung des Energiebedarfs erwarten.

Verteilungsproblematik beim konventionellen Erdöl

Über 70 % der konventionellen Erdölreserven befinden sich in einem relativ eng begrenzten Gebiet. Dieses Gebiet, die sogenannte **„strategische Ellipse"**, reicht vom Nahen Osten über den Kaspischen Raum bis nach Nordwest-Sibirien und umfasst politisch sehr instabile Räume. Es besteht die Gefahr, dass Grenzstreitigkeiten und Kriege die Erdölförderung und -lieferung einschränken und den Erdölpreis in die Höhe treiben.

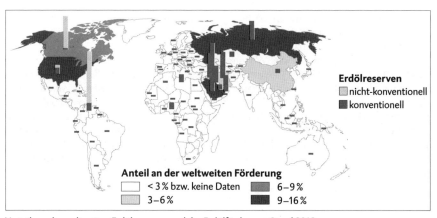

Verteilung der weltweiten Erdölreserven und der Erdölförderung, Stand 2018

Substitution des konventionellen Erdöls

Nicht-konventionelle Erdöle wie Schwerstöl, Ölsande oder Ölschiefer werden in der Zukunft eine immer größere Rolle bei der Energieversorgung spielen. Besonders große Vorkommen dieser Rohstoffe finden sich z. B. in Venezuela (Schwerstöle) und Kanada (Ölsande). Die Reserven an nicht-konventionellem Erdöl entsprechen etwa 40 % der Reserven an konventionellem Erdöl. Die Ressourcen übersteigen die des konventionellen Erdöls hingegen nach derzeitigen Berechnungen um fast ein Drittel, was v. a. auf die Einbeziehung des bislang kaum genutzten Ölschiefers zurückzuführen ist. Die Förderung aus nicht-konventionellen Quellen ist zwar sehr kostenaufwendig und mit großen Umweltbelastungen verbunden (vgl. S. 223), erfuhr jedoch v. a. in Nordamerika in den letzten Jahren einen starken Zuwachs, der auf den Weltenergiemärkten zu deutlichen Veränderungen führte. So boomt die Gewinnung von Schieferöl mittels Fracking so sehr, dass die USA 2013 zum ersten Mal seit fast zwei Jahrzehnten zum Nettoölexporteur wurden und bis heute ihre Spitzenposition unter den erdölfördernden Ländern behaupten können.

Fracking

Öl- und Gasvorkommen, die sich in dichtem Gestein befinden, werden durch Fracking zugänglich gemacht. Bei dieser Methode wird ein Gemisch aus Wasser, Sand und Chemikalien in das Gestein gepresst. Durch den damit erzeugten Druck können Öl- oder Gasvorkommen freigesetzt werden. Kritiker warnen vor Gefahren für das Trinkwasser durch den Einsatz der Chemikalien und vor der Freisetzung von entzündlichem Methangas.

Oklahoma registriert täglich Erdbeben
Fracking lässt die Erde beben

Etwa zweimal pro Jahr bebte im US-Bundesstaat Oklahoma bislang die Erde, über Jahrzehnte war das der Durchschnitt. Doch seit einiger Zeit registrieren die Wissen-
5 schaftler täglich Erdbeben [...]. Seismologen haben nun eine Ursache für den dramatischen Anstieg ausgemacht: die Einspeisung von Fracking-Abwässern in mehrere Hundert Meter tiefe Bohrlöcher. [...] 2015
10 gab es in Oklahoma mehr als 600 Erdbeben – alle stark genug, um Fenster klirren zu lassen und Autos ins Wanken zu bringen.
Quelle: AFP/Welt am Sonntag 16. Januar 2016

Das heftigste Beben erreichte eine Stärke von 4,5 und erschütterte die kleine Stadt
15 Crescent. [...]
    In Oklahoma wurde Fracking im vergangenen Jahrzehnt in großem Maßstab praktiziert. Das dabei anfallende verschmutzte Abwasser wird in etwa eineinhalb Kilometer
20 tiefen Bohrlöchern entsorgt. Dieses zusätzliche Wasser verändere die Druckverhältnisse entlang der Gesteinsnähte und bringe so die Erde zum Beben, erklärt Seismologe Choy. ∎

Statistische Reichweite fossiler Energierohstoffe

Die zukünftige Verfügbarkeit fossiler Rohstoffe wird mit besonderer Besorgnis gesehen – die statistische Reichweite für Erdöl und Erdgas endet bereits im 21. Jh., da die jährliche Ressourcenentnahme immens groß ist. Im Jahr 2019 wurden z. B. 84,3 % des weltweiten **Primärenergieverbrauchs** durch die fossilen Energieträger Erdöl (33,1 %), Kohle (27,0 %) und Erdgas (24,2 %) gedeckt. In den letzten Jahrzehnten nahm die Bedeutung der Erdölförderung aus dem Meer, also im **Offshore-Bereich**, ständig zu. Dabei ist eine zunehmende Verlagerung von Flachwasser (Wassertiefen bis 500 m) in Tief- (> 500 m Wassertiefe) und Tiefstwasser (> 1 500 m Wassertiefe) zu beobachten. Die Tiefwasserförderung stellt hohe Ansprüche an Technik und Sicherheit. Verheerende Unfälle wie der auf der Bohrplattform Deep Water Horizon im Golf von Mexiko 2010 führten zu einer heftigen Diskussion über die zukünftige Förderung von Erdöl und Erdgas aus Tiefwasserregionen.

Sowohl die Entwicklung des globalen Primärenergieverbrauchs als auch die künftigen Anteile der einzelnen Energieträger daran lassen sich nur schwer vorhersehen. Neben der wirtschaftlichen Entwicklung in den aufstrebenden Ländern, dem technischen Fortschritt bei der Förderung fossiler Energieträger und der Erforschung neuer regenerativer Energiequellen sind es v. a. auch die politischen und gesellschaftlichen Anstrengungen zum Klimaschutz, die hier als schwer zu bemessender Einfluss wirksam werden können. Eine Wende zu einer in diesem Sinne nachhaltigen Energieversorgung gehört zu den wichtigsten Herausforderungen für das 21. Jh., zumal auch die Wasser-, Nahrungs- und Rohstoffversorgung zum großen Teil von der Energieversorgung abhängen. Nach Ansicht vieler Experten kann nur durch eine rasche **Energiewende** auf Dauer Versorgungssicherheit bei wettbewerbsfähigen Preisen gewährleistet werden, ohne künftigen Generationen unzumutbare Folgelasten aufzubürden.

2.6 Lösungsansätze zur Überwindung von Ressourcenverknappung

Durch die Nutzungskonkurrenz von Nahrungsmitteln und nachwachsenden Rohstoffen auf landwirtschaftlichen Flächen wird deutlich, dass auch die Verfügbarkeit der nachwachsenden Rohstoffe begrenzt ist. Determinierende Faktoren sind in erster Linie die Umweltfaktoren Boden und Wasser; diese sind nicht beliebig vermehrbar und werden durch eine Übernutzung gefährdet. Die **Substitution** nicht-regenerativer Rohstoffe durch nachwachsende Rohstoffe ist ökologisch und ökonomisch in gewissen Fällen sinnvoll, jedoch kein All-

heilmittel gegen globale Erwärmung, Umweltverschmutzung und Rohstoff-
verknappung. Weitere Maßnahmen müssen ergänzt werden; die wichtigsten
sind Ressourceneffizienz, Recycling und **Urban Mining**.

„Urban Mining"

Die Rohstoffgewinnung aus Sekundärrohstoffen bezeichnet man in einem modernen,
ganzheitlichen Ansatz auch als Urban Mining (dt. „städtischer Bergbau"). Wie der klassische Bergbau umfasst Urban Mining u. a. die Identifizierung von nutzungswürdigen
„Lagerstätten" (metaphorisch „anthropogene Lagerstätten" oder „urbane Minen" genannt). Man unterscheidet zwischen kurzfristig nutzbaren (= v. a. kurzlebige Konsum-
und Produktionsgüter, Verpackungen, Abfälle) und langfristigen urbanen Minen, v. a.
langlebige Güter, Gebäude, Infrastruktureinrichtungen, Abfalldeponien, die Wiederver-
wertbares enthalten.

Im Rahmen der Leitrichtlinie „**Ressourcenschonendes Europa**" verfolgt die
EU das Ziel einer emissionsärmeren, ressourcenwirksameren Ökonomie: Res-
sourcen sollen effektiver als bisher eingesetzt werden, um ein nachhaltigeres
Wachstum zu ermöglichen. In diesem Sinne hat das Wuppertaler Institut für
Klima, Umwelt und Energie, ausgehend von den „Grundformen der Gerech-
tigkeit" nach dem antiken Philosophen Aristoteles, vier **Leitbilder künftiger
Ressourcengerechtigkeit** formuliert:

Die vier Leitbilder künftiger Ressourcengerechtigkeit

1. **Existenzrechte garantieren**
   Gesunde Luft, genießbares Wasser, elementare Gesundheitsversorgung, ausreichend
   Nahrung und Bekleidung, eine angemessene Unterkunft für alle Menschen.

2. **Ressourcenansprüche zurückbauen**
   Vielverbraucher wie Industriestaaten sollen ihre Nachfrage nach Ressourcen, v. a.
   außerhalb ihrer Landesgrenzen, reduzieren, um die Existenz- und Ressourcenrechte
   ärmerer Staaten (z. B. von Entwicklungsländern) nicht zu beeinträchtigen.

3. **Austausch frei gestalten**
   Fairere Handelsbeziehungen, z. B. durch ausgeglichenere Terms of Trade und die ökonomische Höherbewertung agrarischer und industrieller Rohstoffe gegenüber Indus-
   trieprodukten, sollen die bisherigen Benachteiligungen im globalen Handel beseitigen.

4. **Nachteile kompensieren**
   Ressourcenmäßig schlechter gestellten Staaten sollen zum Ausgleich (Handels-)Vor-
   teile eingeräumt werden.

Durch die Verbrennung fossiler Energieträger wird das Treibhausgas CO_2 freigesetzt. Die Substitution (Ersatz) dieser Stoffe durch **regenerative Energien und nachwachsende Rohstoffe** dient nicht nur dem Klimaschutz, sondern verringert auch die Abhängigkeit von den Energieexporteuren. Die Erzeugung von Energie aus nachwachsenden Rohstoffen hat den Vorteil, dass pflanzliche Rohstoffe immer nur die Menge an CO_2 freisetzen, die sie während des Wachstums im Zuge der Photosynthese der Atmosphäre entnommen haben. Die Verwendung nachwachsender Rohstoffe für die Energie- und Kraftstoffgewinnung ist jedoch umstritten. Den Vorteilen im Bereich des Klimaschutzes, der Energiesicherheit und der Förderung des ländlichen Raumes stehen ökologische und soziale Nachteile gegenüber. Dabei wird v. a. die Agrartreibstoffproduktion kritisch gesehen (vgl. S. 51 ff.).

Kompetenzcheck

- Erläutern Sie die Probleme, die aus der ungleichen Verteilung natürlicher Ressourcen auf der Welt entstehen.
- Nehmen Sie Stellung zu den Vorschlägen eines nachhaltigeren und gerechteren Umgangs mit Ressourcen.

3 Die demographische Entwicklung in Industrie- und Entwicklungsländern

3.1 Weltbevölkerung – aktuelle Entwicklungen

Die **Weltbevölkerung** hat Ende des 20. Jh. die Sechsmilliardengrenze überschritten, Ende 2011 wurde die siebte Milliarde erreicht, Mitte 2020 lag die Weltbevölkerung bei knapp 7,8 Milliarden Menschen.

UN-Prognosen besagen, dass im Jahre 2050 voraussichtlich 9,9 Milliarden Menschen auf der Erde leben werden. Eine besondere Herausforderung stellt die Versorgung all dieser Menschen mit Nahrungsmitteln und sauberem Trinkwasser dar. Außerdem werden einzelne Nationen und Regionen durch Wanderungen vor große Aufgaben gestellt.

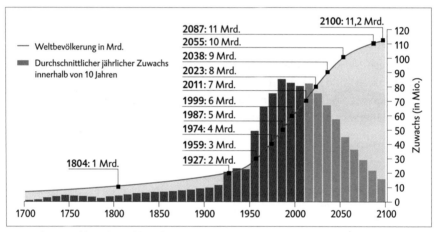

Historische Entwicklung der Weltbevölkerung

Die Bevölkerung verteilt sich räumlich deutlich unterschiedlich auf der Erde. Trotz vieler regionaler Besonderheiten lassen sich grundlegende Einflussfaktoren für **räumliche Bevölkerungsverteilungen** aufzeigen:
- geologisch-geomorphologischer Aufbau: u. a. Oberflächenformen wie Tallagen, Küstenformen, Höhenlage, Bodenfruchtbarkeit
- klimatische Bedingungen: u. a. Temperatur- und Niederschlagsverteilung
- Gang der kolonialen Erschließung
- Verkehrsverhältnisse: u. a. natürliche Verkehrswege
- wirtschaftliche Faktoren: u. a. Bodenschätze
- politische Bedingungen: u. a. militärisch-strategische Überlegungen

Staat	Einw. in Mio. Mitte 2020	Einw. in Mio. Mitte 2050
China	1 402	1 366
Indien	1 400	1 663
USA	330	386
Indonesien	272	329
Pakistan	220	348
Brasilien	212	233
Nigeria	206	401
Bangladesch	170	216
...		
Deutschland	83	79

Die bevölkerungsreichsten Länder der Erde 2020 und 2050

Herauszustellen ist, dass selten nur ein Faktor, sondern vielmehr ein ganzes Bündel von Gründen die Bevölkerungsverteilung steuert. So sind z. B. für jene Bevölkerungen, für die die Landwirtschaft die entscheidende Lebensgrundlage darstellt, Böden, Klima, Oberflächenform und Geländebeschaffenheit, aber auch Produktionsweisen entscheidende Faktoren.

Gegenüber Darstellungen zur absoluten Bevölkerungsverteilung beschreibt die **Bevölkerungsdichte** die Zahl der Einwohner pro Flächeneinheit (meist pro km^2). So sind Einordnungen bzw. Vergleiche zwischen Regionen der Erde möglich. Zu beachten ist jedoch, dass der Indikator „Bevölkerungsdichte" ein Durchschnittswert ist und dadurch in großen Flächenstaaten erhebliche regionale Unterschiede verdeckt. Allein aus Dichtewerten kann nicht auf günstige oder ungünstige Lebensbedingungen geschlossen werden. Stets sind Bevölkerungsdichtewerte zu bewerten vor dem Hintergrund von Wirtschaftsstrukturen, politischen Systemen, Lebensstandards, physiogeographischen Merkmalen sowie sozialen und kulturellen Bedingungen.

Staat	Bevölkerungsdichte (Einw. pro km^2)
Singapur	8 181
Bahrein	1 928
Deutschland	238
Ägypten	101
Australien	3
Mongolei	2

Bevölkerungsverteilung in ausgewählten Staaten um 2020

3.2 Weltweite Bevölkerungsverteilung

Bei der Bevölkerungsverteilung besteht ein erhebliches Ungleichgewicht:
- Die fünf größten Staaten der Erde (China, Indien, USA, Indonesien und Brasilien) sind Heimat von knapp 50 % der Gesamtbevölkerung – auf nur 25 % der globalen Staatenfläche und 6 % der gesamten Erdoberfläche.
- Auf der Nordhalbkugel mit etwa drei Vierteln des globalen Festlands leben ungefähr neun Zehntel der Weltbevölkerung.

Der **Verstädterungsgrad** misst den Anteil der städtischen Bevölkerung an der Gesamtbevölkerung eines Landes und gibt somit Aufschluss über die Verteilung der Bevölkerung bezogen auf ländliche bzw. städtische Gebiete. Weltweit leben mehr als 50 % aller Menschen in Städten, wobei ähnlich zur Bevölkerungsdichte deutliche räumliche Unterschiede bestehen zwischen einzelnen Ländern, wie z. B. zwischen Staaten des tropischen Afrikas oder Südamerika, oder innerhalb eines Landes, wie z. B. in Saudi-Arabien oder Australien.

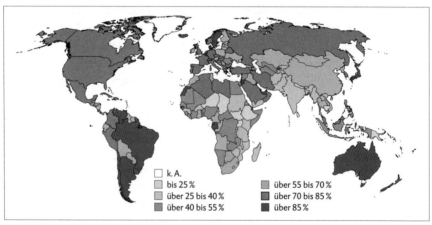

Verstädterungsgrad um 2020

3.3 Bevölkerungsstruktur

Unter der Bevölkerungszusammensetzung bzw. der **demographischen Struktur** versteht man die Differenzierung der Bevölkerung nach verschiedenen demographischen Merkmalen: Zum einen werden **natürliche demographische Merkmale** (u. a. Geschlecht, Alter, Zugehörigkeit zu ethnischen Gruppen) und zum anderen **sozioökonomische Merkmale** (u. a. Familienstand, Religionszugehörigkeit, Erwerbstätigkeit, Einkommen, Ausbildung) unterschieden.

Zwischen den Merkmalen bestehen in Abhängigkeit von den ökonomischen, sozialen und politischen Rahmenbedingungen vielfältige Zusammenhänge.

Altersaufbau

Der Altersaufbau einer Bevölkerung zu einem bestimmten Zeitpunkt spiegelt sowohl vergangene demographische Prozesse wider (Geburten, Sterbefälle, Wanderungen, Kriege) als auch Tendenzen der weiteren Entwicklung. Häufig wird eine Differenzierung der Bevölkerung nach drei Altersgruppen benutzt:

- Kinder und Jugendliche (0 bis 14 Jahre), für die Investitionen in die Ausbildung notwendig sind,
- Personen im erwerbsfähigen Alter (15 bis 65 Jahre), die den aktiven und (arbeits-)produktiven Teil der Bevölkerung darstellen,
- Senioren (älter als 65 Jahre), die nicht mehr erwerbstätig sind; für diese sind Aufwendungen für Altersversorgung und Krankenversicherung notwendig.

Am anschaulichsten kann die Bevölkerung in einem Bevölkerungsdiagramm dargestellt werden, das den Altersaufbau mit der Geschlechtsgliederung kombiniert.

Pagodenform
(z. B. Niger/Mauretanien/Togo 2020) Die Flanken sind konkav durchgebogen als Folge einer hohen Geburtenzahl, hoher Sterblichkeit im Kindes- und Jugendalter und geringer Lebenserwartung.

Dreiecksform
(z. B. Deutschland 1910/Brasilien 1980)
Die Geburtenrate und die altersspezifischen Sterberaten sind über einen längeren Zeitraum konstant hoch.

Tropfenform
(z. B. China 1980/Brasilien 1995) Abrupter Geburtenrückgang infolge veränderten generativen Verhaltens oder durch Maßnahmen der Bevölkerungsplanung.

Bienenkorbform
(z. B. Europa 1990, Entwicklungsländer 2050)
Geburten- und Sterberate sind ausgeglichen; die Bevölkerungszahl stagniert.

Urnenform
(z. B. Deutschland 2030)
Die Sterberate ist höher als die Geburtenrate; die Bevölkerung schrumpft.

Typen von Bevölkerungsdiagrammen

Die Alterspyramide der Bevölkerung eines Landes ist oft nicht eindeutig einer dieser Grundformen zuzuordnen. Veränderungen der Grundtypen ergeben sich durch Krisen oder Kriegsfolgen sowie insbesondere infolge von Arbeitswanderungen. Von Letzteren ist v. a. die Bevölkerungsgruppe zwischen 20 und 40 Jahren betroffen. Auswanderungsgebiete zeigen daher ein Defizit in dieser Altersklasse und häufig auch – aufgrund des dadurch bedingten Geburtenausfalls – in den (noch) jüngeren Jahrgängen.

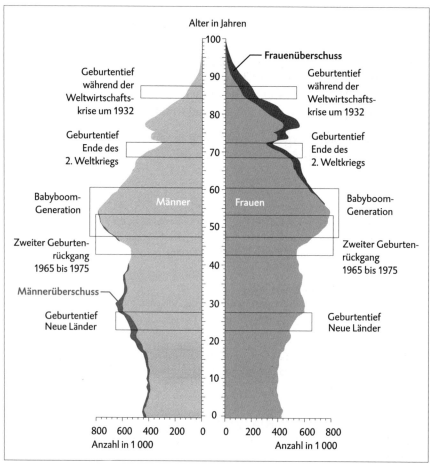

Altersaufbau der Bevölkerung in Deutschland nach demographischen Ereignissen, Stand 2018

Bevölkerungszusammensetzung nach kulturellen, sozialen und wirtschaftlichen Merkmalen

Bevölkerungsgruppen definieren sich häufig über unterschiedliche kulturelle Merkmale. Allerdings ist in vielen Teilen der Erde eine Überlagerung und Vermischung von Kulturen entstanden. So kann man heute eher zwischen dem Kernraum einer Kultur *(core area)*, dem Gebiet, in dem sie heute dominant ist *(domain)*, und ihrer Einflusssphäre *(sphere)* unterscheiden. Zu den zentralen Bestandteilen und Ausdrucksformen jeder Kultur gehören **Sprache** und **Religion**. Häufig werden kulturelle Charakteristika mit dem Begriff der **ethnischen Gruppe** verbunden. Diese verfügt über gemeinsame Geschichte, Sprache, Glauben und Werte.

Familienstand (ledig, verheiratet, geschieden, getrennt lebend, verwitwet) und Haushaltszusammensetzung bezeichnen soziale bzw. rechtliche Merkmale von Lebensgemeinschaften. Unter **Familie** wird zumeist die sogenannte Kernfamilie (d. h. Eltern – auch Alleinerziehende – mit Kindern) verstanden. Neben kulturellen Bedeutungsunterschieden bestehen auch historisch unterschiedliche Familienformen (z. B. Mehrgenerationen-Großfamilie in vorindustrieller Zeit, Alleinerziehende mit Kindern heute). Insbesondere lassen sich in allen westlichen Industrieländern erhebliche Veränderungen feststellen:

- Rückgang der Bedeutung und zunehmende Instabilität der Ehe,
- abnehmender Zusammenhang zwischen Ehe und Kinderwunsch,
- Veränderungen in der Haushaltsbildung und -zusammensetzung, d. h. Zunahme von Einpersonenhaushalten insbesondere von ledigen und geschiedenen Personen.

Räumlich äußert sich dies in einer zunehmenden **Multilokalität** von Lebensgemeinschaften.

Die Patchwork-Familie als neue Form des Zusammenlebens

3.4 Natürliche Bevölkerungsbewegungen

Bevölkerungsentwicklung durch Geburten- und Sterbefälle bezeichnet man als natürliche Bevölkerungsbewegung.

Statistische Erfassung von Fertilität

Die **Fertilität** (Fruchtbarkeit) wird erfasst durch Indikatoren wie **Geburtenrate** (Zahl der Geborenen eines Jahres auf 1 000 Personen der Bevölkerung) oder durch **Fruchtbarkeits-/Fertilitätsraten** wie z. B. die Gesamtfruchtbarkeitsrate (= fasst die Fertilität aller Frauen an einem Bezugspunkt zu einer einzigen Zahl zusammen; diese entspricht der Gesamtkinderzahl einer Frau, die sie haben würde, wenn die heutigen altersspezifischen Fruchtbarkeitsziffern für ihre gesamte gebärfähige Zeit auf sie zuträfen).

Einflussfaktoren sind u. a. Alter der Frauen, Gesundheitszustand, Ernährungssituation und v. a. das sogenannte **generative Verhalten**, d. h. das wesentlich durch gesellschaftliche Normen und ökonomische Einflussfaktoren gesteuerte Verhalten (u. a. bewusste Familienplanung), das die Kinderzahl bestimmt.

Das **Reproduktionsniveau** bezeichnet die durchschnittliche Kinderzahl pro Frau, die notwendig wäre, um den Bestand einer Bevölkerung bei einer gegebenen Sterbewahrscheinlichkeit zu sichern (ohne Migration). In Deutschland liegt das Reproduktionsniveau bei ca. 2,1 Kindern pro Frau.

Global ist eine **Abnahme der Fertilitätsrate** zu erkennen. Ein deutlicher Umbruch hat v. a. in Asien und Vorderasien stattgefunden, mit zum Teil hohen Geburtenrückgängen seit Ende der 1980er-Jahre. Diese sind zu Beginn des 21. Jh. für viele Staaten Europas nicht mehr kennzeichnend; einzelne Industrieländer verzeichnen sogar einen leichten Wiederanstieg, z. B. aufgrund von familienpolitischen Maßnahmen (Frankreich, Finnland). In Deutschland ist ein Rückgang der altersspezifischen Fertilitätsraten zu verzeichnen, d. h. die Geburt von Kindern wird im Lebenslauf der Frauen immer weiter hinausgeschoben. Da die Fruchtbarkeit von Frauen mit zunehmendem Alter abnimmt, wird allein hierdurch die Fertilitätsrate gedämpft.

Wesentliche **Einflussfaktoren** der Fertilitätsrate sind das Rollenverständnis der Frau in verschiedenen Gesellschaften, ihre zunehmende Erwerbstätigkeit, der Rückgang der Bedeutung einer ehelichen Lebensgemeinschaft, der Verstädterungsgrad, die Zugehörigkeit zu sozialen Schichten, der Bildungsstand sowie ethnische Unterschiede. Nicht zuletzt wirken sich politische Einflussfaktoren auf die Fertilitätsrate aus (z. B. Ein-Kind-Politik in China).

Die Einflussfaktoren des Fertilitätsrückgangs in Industrieländern lassen sich nur bedingt auf Entwicklungsländer übertragen, wo Kinder u. a. als preiswerte Arbeitskräfte dienen oder auch als Voraussetzung für die Lebenssicherung der Eltern bei Krankheit und im Alter gelten.

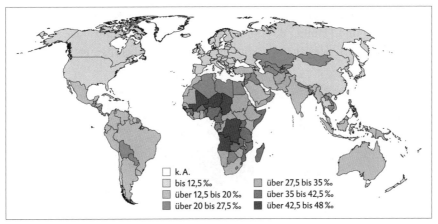

k. A.
bis 12,5 ‰
über 12,5 bis 20 ‰
über 20 bis 27,5 ‰
über 27,5 bis 35 ‰
über 35 bis 42,5 ‰
über 42,5 bis 48 ‰

Geburtenrate um 2020

Statistische Erfassung von Mortalität

Die Mortalität (Sterblichkeit) wird statistisch erfasst durch die Zahl der Gestorbenen eines Jahres bezogen auf 1 000 Personen der Bevölkerung. Als altersspezifische Sterbeziffer wird oft zudem die Säuglingssterblichkeit ausgewiesen. Allgemeine Einflussfaktoren sind u. a. medizinische Versorgung, Umwelt-, Arbeitsbedingungen und Kriege.

Das Sinken der Mortalitätsrate nicht nur in den Industrie-, sondern auch (wesentlich schneller) in den Entwicklungsländern ist auf vielfältige Ursachen zurückzuführen, z. B. auf verbesserte Ernährungs- und Lebensstandards oder medizinische Fortschritte. Zwar hat in den Entwicklungsländern die Mortalitätsrate in der jüngeren Vergangenheit deutlich abgenommen, sie ist trotzdem noch relativ hoch (z. B. Lesotho 14 ‰, Nigeria 12 ‰, Zentralafrikanische Republik 12 ‰, Tschad 11 ‰). Dabei nahm sie weitaus schneller als in den Industrieländern ab, was primär die Folge exogener Einwirkungen war. So konnten u. a. Krankheiten wie Cholera, Malaria, Pocken, Ruhr und Typhus erfolgreich bekämpft werden.

Kombiniert man die Geburten- und Sterbeziffern, so lassen sich Aussagen zum **Bevölkerungswachstum** einer Region treffen. Dieses kann positiv oder negativ sein. Während in den Industrieländern früher v. a. schlechte medizinische und ungünstige sozioökonomische Verhältnisse das natürliche Bevölkerungswachstum bestimmten, wird dieses heute infolge des allgemeinen Rückgangs der Mortalitätsrate wesentlich durch die Fertilitätsrate geprägt. Dabei hat in den Industrieländern bereits früh ein erheblicher Geburtenrückgang stattgefunden, der inzwischen in anderen Ländern ebenfalls deutlich eingesetzt hat.

Ursächlich ist eine Geburtenregelung, die Ausdruck des Strebens nach Selbstbestimmung und Planung der optimalen Familiengröße aufgrund veränderter sozialer Verhaltensweisen und ökonomischer Rahmenbedingungen ist.

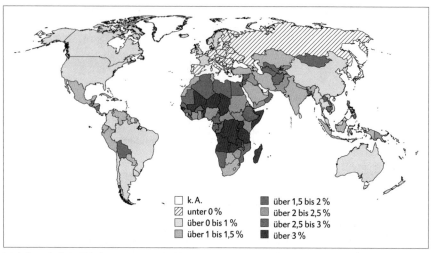

Jährliche natürliche Wachstumsrate um 2020

3.5 Modell des demographischen Übergangs

Im Modell des demographischen Übergangs werden die Beobachtungen zur Sterblichkeit und Fruchtbarkeit in Europa während des 19. und 20. Jh. zusammengefasst. Der Entwicklungsverlauf wird in fünf Phasen unterteilt:

1. **prätransformative Phase** (Phase der Vorbereitung) mit hohen, nahe beieinanderliegenden Geburten- und Sterbeziffern, geringem Bevölkerungswachstum und geringer Lebenserwartung,

2. **frühtransformative Phase** (Phase der Einleitung) mit deutlich fallenden Sterberaten bei weitgehend konstanten Geburtenraten und damit steigendem Bevölkerungswachstum,

3. **mitteltransformative Phase** (Phase des Umschwungs) mit weiterem Sterblichkeitsrückgang und einsetzendem Geburtenrückgang sowie daraus folgend weiterhin hohem Bevölkerungswachstum,

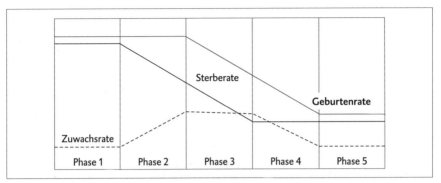

Modell des demographischen Übergangs

4. **spättransformative Phase** (Phase des Einlenkens) mit raschem Abfall des Geburtenniveaus und nur noch leicht abnehmender Sterblichkeit; sinkendes Bevölkerungswachstum,

5. **posttransformative Phase** (Phase des Ausklingens) mit niedrigen Geburten- und Sterberaten, geringes Bevölkerungswachstum.

Eine Anwendung des Modells ist v. a. in zweierlei Hinsicht möglich:
- Das Modell beschreibt idealtypisch die Veränderungen von Geburten- und Sterberaten in den westlichen Industrieländern im zeitlichen Verlauf.
- Das Modell erlaubt eine Typisierung verschiedener Länder hinsichtlich ihres Standes in der demographischen Entwicklung.

Umstritten ist hingegen,
- ob das Modell genutzt werden kann, um im Zusammenhang von sozioökonomischen Entwicklungen eines Landes nach Ursachen zu fragen,
- ob das Modell herangezogen werden kann, um als Grundlage für eine Prognose der künftigen Bevölkerungsentwicklung zu dienen.

Denn das Modell des demographischen Übergangs ist aus empirischen Beobachtungen der Entwicklung der Geburtenrate und der Sterberate in verschiedenen Ländern Europas entwickelt worden. Es ist also ein **Beschreibungsmodell**.

In der Annahme, dass ein globaler Modellverlauf vorliegt, der von einer weltweiten, empirisch belegbaren Entwicklung von hohen zu niedrigen Geburten- und Sterberaten ausgeht, erfolgt eine **Zuordnung der Großräume der Erde** (vgl. Abb. S. 236).

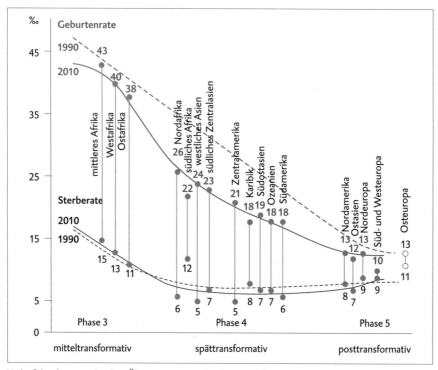

Verlauf des demographischen Übergangs in verschiedenen Großräumen der Erde

Um 1990 ist ein fast linearer Abwärtstrend der Geburtenraten zu erkennen. Einige Weltregionen befinden sich bereits in der posttransformativen Phase. Während die Geburtenraten noch sanken, bewegten sich die Sterberaten global gesehen schon auf einem konstanten Niveau. Sie verzeichneten in einigen Großräumen um 1990 wie in Nordeuropa bereits einen leichten Anstieg, der auf die dortige Alterung der Bevölkerung und die damit einhergehende hohe natürliche Sterblichkeit zurückzuführen ist.

In den darauffolgenden zwanzig Jahren ist die Sterberate weltweit nur noch geringfügig zurückgegangen. Die Alterung der Bevölkerung bedingt sogar eine höhere Sterberate in den Industrieländern. Der Einsatz von Maßnahmen zur gezielten Geburten- und Familienplanung führt zu einer noch 1990 in diesem Ausmaß nicht zu erwartenden Abnahme der Geburtenraten in einigen Großräumen wie im südlichen Afrika.

3.6 Demographischer Wandel in Deutschland

Der häufig verwendete Begriff **demographischer Wandel** kennzeichnet den nach dem Zweiten Weltkrieg in allen Industriestaaten zu beobachtenden Rückgang der Fertilitätsrate, den Anstieg des durchschnittlichen Heiratsalters und des durchschnittlichen Alters bei der Geburt des ersten Kindes sowie eine zunehmende Überalterung.

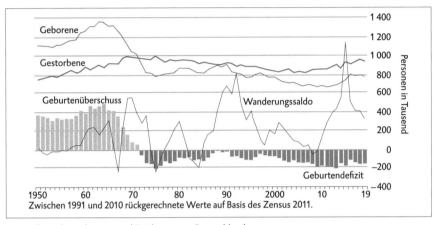

Entwicklung der Geburten- und Sterberaten in Deutschland

Für Deutschland können die vier maßgeblichen Charakteristika des demographischen Wandels wie folgt zusammengefasst werden:

- „**Weniger**": Seit 1973 übersteigt die Zahl der Gestorbenen die Zahl der Geborenen. Zwischen 2003–2010 konnten die Wanderungsverluste die Sterbefallüberschüsse nicht mehr ausgleichen. Die hohen Zuwanderungsgewinne seit 2011, v. a. die Einwanderung von über einer Million Flüchtlingen 2015/2016, veränderten aber diesen Trend vorübergehend, die Bevölkerungszahl wuchs wieder an. Jedoch werden viele Regionen inzwischen vom Prozess des Schrumpfens erfasst.

- „**Grauer**": Die durchschnittliche Lebenserwartung steigt, die Gesellschaft altert, damit sind besondere Herausforderungen an das Rentensystem und an die Gesundheitsdienste verbunden.

- „**Bunter**": Die Gesellschaft besteht zunehmend aus vielschichtigen kulturellen und ethnischen Gruppen mit zum Teil differierendem/ausgeprägtem Migrationshintergrund.

- „**Vereinzelter**": Der Anteil der Einpersonenhaushalte steigt, z. B. Single- oder Rentnerhaushalte.

3.7 Tragfähigkeit im Zusammenhang mit demographischen Prozessen

Globale Bevölkerungsprognosen der Vereinten Nationen besagen, dass ein Bevölkerungswachstum bis 2050 unausweichlich ist, sogar falls sich der Rückgang der Fertiliätsrate beschleunigt. Dieses zukünftige Bevölkerungswachstum wird bestimmt von der Entwicklung von Fertilitäts- und Mortalitätsrate sowie (internationaler) Migration. Dabei ist davon auszugehen, dass weniger das Sinken der Mortalitätsrate das zukünftige Wachstum der Erdbevölkerung bestimmen wird als vielmehr die weitaus schwieriger abzuschätzenden Entwicklungen von Fertilitätsrate (vgl. S. 232) und Migration (vgl. S. 239 ff.). Weltweit werden sich große räumliche Unterschiede entwickeln.

Vor diesem Hintergrund stellt sich die Frage, wie weit die Erdbevölkerung noch wachsen und ernährt werden kann. Mit derartigen Fragen der sogenannten **Tragfähigkeit der Erde** hat sich der britische Ökonom **Thomas R. Malthus** bereits Ende des 18. Jahrhunderts beschäftigt. Die Tragfähigkeit wird definiert als die Bevölkerungszahl, die in einer bestimmten Region auf Dauer unter bestimmten Bedingungen leben und ernährt werden kann.

Ausgehend von Beobachtungen in den englischen Kolonien Nordamerikas leitete Malthus die gesetzmäßige Regelhaftigkeit ab, dass sich die Bevölkerung alle 25 Jahre verdoppeln werde. Die Bevölkerung vermehre sich also in geometrischer Progression (1, 2, 4, 8, 16, 32 etc.), während die Nahrungsmittelproduktion nur in arithmetischer Progression (1, 2, 3, 4, 5, 6 etc.) zunehme. Malthus ging allerdings davon aus, dass äußere Hemmnisse (sogenannte *checks*, z. B. Krankheiten, Seuchen) die Auswirkungen der beiden Teilprozesse verlangsamen.

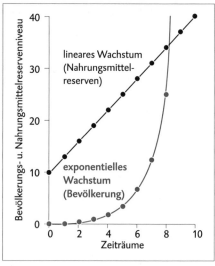

Bevölkerungs- und Ressourcenwachstum nach Malthus, Ende 18. Jh.

Mit dem Begriff Malthusianismus verbindet sich seither das Kernproblem der zukünftigen Bevölkerungsentwicklung: die **Diskrepanz zwischen dem ungleichen Wachstumstempo der Bevölkerung und der Nahrungsmittelproduktion**. Seit den 1970er-Jahren werden vor allem vor dem Hintergrund der vom **Club of Rome** veröffentlichten Hinweise und Warnungen Tragfähigkeitsüberlegungen häufiger thematisiert. Neben der Ernährungskapazität gibt es weitere wichtige Einflussgrößen wie die Versorgung mit Trinkwasser, den Energieverbrauch, die Verknappung wichtiger Rohstoffe, den Klimawandel sowie die zunehmende Umweltverschmutzung. Von besonderer Bedeutung wird das Ausmaß von (internationalen) Wanderungen sein. Hier sind zum einen die oft dramatischen Flüchtlingsbewegungen zu nennen, die eine Zielregion vor große, über die Ernährungssicherung hinausgehende allgemeine Tragfähigkeitsprobleme stellen. Zunehmen wird auch das Ausmaß der Umweltmigration, d. h. der durch Umweltveränderungen erzwungenen Wanderungsbewegungen. Eine UN-Studie belegt, „dass Viehzüchterfamilien in der Sahelzone durch verminderte Niederschläge, eine wachsende Zahl lang anhaltender Dürreperioden, heftige Flutkatastrophen und zunehmende Wasserknappheit dazu gezwungen werden, traditionelle saisonale Wanderbewegungen mit ihrem Vieh aufzugeben, weiter nach Süden zu ziehen und sich dort dauerhaft niederzulassen. Diese neuen Migrationsbewegungen verschärfen die Konflikte zwischen Ackerbauern und Viehzüchtern um die verbliebenen knappen Ressourcen wie Wasser und Land" (UNEP 2011).

Kompetenzcheck

– Nennen Sie Regelhaftigkeiten der Bevölkerungsverteilung auf der Erde.
– Kennzeichnen Sie drei Grundtypen von Bevölkerungsdiagrammen.
– Erklären Sie den historischen Rückgang der Fertilitätsrate in Europa.

4   Auswirkungen internationaler Migration auf Herkunfts- und Zielgebiete

4.1   Wanderungen

Zirkulation bezeichnet Bewegungen von Menschen im Raum, die nicht mit einem permanenten, wohl aber teilweise mit einem temporären Wohnungswechsel verbunden sind. **Wanderungen** sind laut amtlicher Statistik gekennzeichnet als die permanenten Zu- und Fortzüge der Bevölkerung eines Staates oder einer Region.

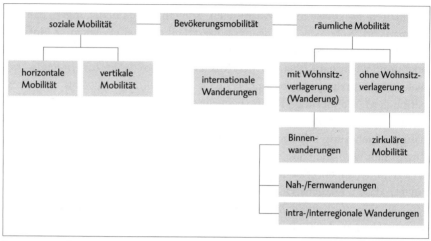

Formen von Mobilität

Zentrale statistische Kennziffern

- **Wanderungsvolumen** = Summe von Zu- und Abwanderung
- **Wanderungssaldo/-bilanz** = Differenz aus Zu- und Fortzügen
- **Effektivitätsziffer** = Quotient aus Wanderungssaldo und Wanderungsvolumen

Bei der Betrachtung von Wanderungsmotiven muss zwischen **Zwangsmigra-tionen** (Flucht z. B. nach Naturereignissen, Vertreibung) und **freiwilligen Wanderungen** unterschieden werden. Bei freiwilligen Wanderungen werden drei Grundbereiche von Motiven genannt: berufsorientierte, wohnungsorientierte und familienorientierte Motive. Zudem sind die **Richtung von Wande-rungsströmen** zwischen Herkunfts- und Zielgebieten sowie Differenzierungen nach demographisch und sozial bzw. ethnisch unterschiedlichen Gruppen von Bedeutung.

Zur **Erklärung von Wanderungen** bestehen mehrere Modellvorstellungen:

- **Distanz- und Gravitationsmodelle** versuchen, die Zusammenhänge zwischen Entfernung und Wanderungshäufigkeit/-volumen mathematisch in einer Formel zu fassen.
- **Push-Pull-Modelle** basieren auf genauen Analysen der sozioökonomischen Situation im Herkunfts- und Zielland (u. a. Wanderungen beeinflussende Attraktionsmerkmale), wobei das durchschnittliche Verhalten einer Personengruppe beschrieben wird (vgl. folgende Abb.)

Push-Pull-Faktoren der Migration nach E. Lee, 1966, 1972

- Bei **verhaltensorientierten Modellen** steht die subjektive Interpretation von Wanderungen auslösenden Faktoren durch einzelne Personen aufgrund von deren eingeschränkter Wahrnehmung und individueller Bewertung im Vordergrund (z. B. Einschätzung von Arbeitsbedingungen als „besser" als in der Herkunftsregion).

- **Constraints-Modelle** gehen davon aus, dass Menschen durch äußere Zwänge (sogenannte constraints wie Informationsgenauigkeit/-fülle zu Wanderungswegen, Situation am Bestimmungsort, individuelle Disposition) in ihrer Entscheidungsfreiheit und in ihrem Handlungsspielraum erheblich eingeengt werden können.

4.2 Internationale Wanderungen

Bis zum Ende der 1980er-Jahre wandelten sich diejenigen Staaten in der Mitte Europas zu Einwanderungsstaaten, die Arbeitskräfte insbesondere aus der Mittelmeerregion anzogen. Zwei Formen der **Arbeitsmigration** waren dabei vorherrschend: Die Einwanderung aus ehemaligen Kolonien in die sogenannten Mutterländer (aus Algerien, Marokko und Tunesien nach Frankreich sowie aus Afrika, Asien und der Karibik nach Großbritannien und in die Niederlande) sowie die Entwicklung der sogenannten Gastarbeiterwanderung nach Frankreich, Belgien, Österreich, Deutschland und in die Schweiz. Im Kontext internationaler Migration lassen sich grob vier **Migrationstypen** herausstellen.

Typ 1: Migranten richten sich auf Dauer im Zielgebiet ein, integrieren sich in die dortige Gesellschaft.

Typ 2: Migranten kehren nach einem zeitlich befristeten Arbeitsaufenthalt teilweise in ihre Heimat zurück, investieren dort Geld und Know-how (Entwicklungsimpulse durch Remigranten).

Typ 3: Der sogenannte Diaspora-Migrant richtet sein Leben im Zielgebiet wirtschaftlich ein, unterhält aber gleichzeitig starke sozial-kulturelle Bindungen zu seinem Herkunftsland.

Typ 4: Dieser Migrationstyp wechselt ständig zwischen verschiedenen Lebens- orten in unterschiedlichen Ländern. Hierbei entstehen neue Formen von sozioökonomischen und räumlichen Positionen von Menschen.

4.3 Wanderungen im 21. Jahrhundert

Intensive Beziehungen zwischen verschiedenen Regionen der Erde unter dem Einfluss der **Globalisierung** führen heute zu unterschiedlichen Migrations- strömen und vielschichtigen Tendenzen: Zunahme verschiedener Migrations- typen, **Heterogenisierung** von Wanderungsgruppen, zahlenmäßige Zunahme von Herkunfts- und Zielländern, Feminisierung internationaler Migration, Zu- nahme temporärer Migration, zunehmende Bildungs- und Hochqualifizierten- migration, wachsende Arbeitsmigration sowie zunehmende Umweltmigration aufgrund von Natur- und Umweltkatastrophen. Als wichtige **Zielregionen** ausländischer Arbeitskräfte gelten:

- rapide wachsende Großstädte wie Dubai oder Wirtschaftsregionen wie Guangzhou mit großem Bedarf an gering qualifizierten Arbeitskräften,
- Global Cities wie New York, London, Singapur oder Tokio mit großem Bedarf an hoch qualifizierten Arbeitskräften,
- alternde Gesellschaften wie in Deutschland mit großem Bedarf an Arbeits- kräften im Gesundheits- und Pflegebereich.

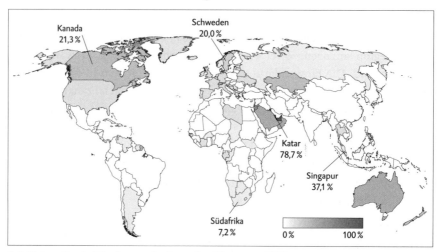

Anteil internationaler Wanderer an der Gesamtbevölkerung um 2020

4.4   Flucht nach Europa

Ende 2018 wurden global die Zahl der Flüchtlinge auf 25,9 Mio. und die Zahl der Asylsuchenden auf 3,5 Mio. geschätzt. Eines der **Hauptziele** ist die **Europäische Union**. Deutschland beherbergte 2018 die größte Flüchtlings- und Asylbewerberbevölkerung in Europa und die fünftgrößte der Welt.

Ein **Flüchtling** ist nach dem internationalen Recht der Genfer Flüchtlingskonvention von 1951 eine Person, die aus der „begründeten Furcht vor Verfolgung wegen ihrer Rasse, Religion, Nationalität, Zugehörigkeit zu einer bestimmten sozialen Gruppe oder wegen ihrer politischen Überzeugung sich außerhalb des Landes befindet, dessen Staatsangehörigkeit sie besitzt, und den Schutz dieses Landes nicht in Anspruch nehmen kann oder wegen Befürchtungen nicht in Anspruch nehmen will".

Zu den häufigsten Ursachen erzwungener Migration nach Europa gehören **politische Konflikte**, z. B. der in Syrien seit 2011 herrschende Bürgerkrieg und die dortige Terrorherrschaft des Islamischen Staats. **Armut, Korruption und Perspektivlosigkeit** sind ebenfalls oft Fluchtursachen für Menschen, z. B. aus den Balkan- in andere europäische Staaten.

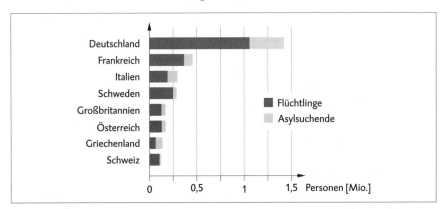

Europäische Länder mit den meisten aufgenommenen Flüchtlingen und Asylsuchenden, Stand 2018

Kompetenzcheck

– Kennzeichnen Sie drei unterschiedliche Wanderungsmotive.
– Erklären Sie den Unterschied zwischen „Wanderung" und „Zirkulation".
– Erläutern Sie die aktuelle Flüchtlingsproblematik in Europa.

5 Regionale, nationale und internationale Disparitäten

Entwicklungs- und Strukturunterschiede gibt es im klein- und großräumigen Maßstab. Die Gründe hierfür können natürlicher Art (Bodenschätze, Lagegunst, klimatische Vor- oder Nachteile o. a.) oder politischer Art sein (politisch und gesellschaftlich unterschiedliche Systeme); sie können ihre Ursache aber auch in den jeweiligen wirtschaftlichen Systemen haben (freie Standortentscheidungen von Unternehmern, Fühlungsvorteile in Clustern u. a.). So kommt es im Laufe der Geschichte sowohl innerhalb von Staaten z. B. zu Aktiv- und Passivräumen. Innerhalb von Staatenbündnissen wie der EU gibt es Mitgliedsstaaten mit ganz unterschiedlichen wirtschaftlichen und sozialen Strukturen, und schließlich unterscheiden sich auch Ländergruppen wie Dienstleistungsgesellschaften, Industriestaaten, Schwellen- oder Entwicklungsländer.

5.1 Wirtschaftsordnungen im Vergleich

Wirtschaftsordnungen sind in einer von Arbeitsteilung und Spezialisierung gekennzeichneten Volkswirtschaft notwendig, damit mit den nur bedingt verfügbaren Ressourcen sinnvoll und sparsam umgegangen wird und möglichst viele Wünsche und Bedürfnisse der Menschen befriedigt werden können. So sind alle wichtigen Produktionsfaktoren zu koordinieren (Arbeit, Wissen, Kapital, Ressourcen), und die produzierten Waren müssen auf die Märkte und zu den Konsumenten transportiert werden.

In den verschiedenen Gesellschaftssystemen haben sich unterschiedliche Vorstellungen von Art und Umfang freier bzw. gelenkter Wirtschaftsvorgänge entwickelt. Besonders zwischen den demokratischen Gesellschaften und den sozialistischen bzw. kommunistischen haben sich ideologisch begründet deutliche Unterschiede herausgebildet.

Zu Beginn der 1990er-Jahre ist in Osteuropa das sozialistische Gesellschaftssystem zusammengebrochen. Seit diesem Zeitpunkt hat das Modell der **zentralen Wirtschaftsplanung** (zentrale Verwaltungswirtschaft, Planwirtschaft) weitgehend an Bedeutung verloren. Stattdessen hat sich fast überall das **Prinzip der Marktwirtschaft** durchgesetzt, wobei in Europa die Mischform der sogenannten **sozialen Marktwirtschaft** (vgl. Abb. S. 245) dominiert.

Die Weltwirtschaftskrisen der Jahre 2008, 2011 und 2020 haben die Frage aufkommen lassen, ob ein solches auf „kapitalistische" Gewinnmaximierung und Wohlstandssteigerung ausgerichtetes wirtschaftliches Handeln für den Großteil der Menschen tatsächlich die erhofften Verbesserungen bringt, z. B. im Hinblick auf die Steigerung von Lebensstandards.

Wirtschaftsordnungen im Vergleich

Merkmale
zentraler Wirtschaftsplanung

- zentral gelenkte Planung, z. B. Aufstellen von Jahres-/5-Jahres-Plänen
- Wirtschaftsziel: Planerfüllung, vor allem im Hinblick auf Bedarfsdeckung mit Gütern des täglichen Bedarfs zu niedrigen Preisen
- fehlender Wettbewerb, u. a. mit der Folge geringer Investitionen in FuE-Branchen
- fehlende Modernisierung
- staatliche Lenkung und Kontrolle aller Wirtschaftsvorgänge
- kein/kaum Privateigentum an Produktionsmitteln, sondern Staatsbesitz
- Geld- und Kreditwesen in Staatsbesitz
- zentrale Verteilung von Waren, Außenhandel staatlich organisiert
- zentrale Preisfestlegung durch den Staat (Preisdiktat)
- enge Verknüpfung von Politik und Wirtschaft durch z. B. identische Personen

ideologische Basis: Marxismus/Leninismus

Merkmale
sozialer Wirtschaftsplanung

- Sozialgesetzgebung durch den Staat = ordnungspolitischer Rahmen; „sozial": Sicherung der Wettbewerbsordnung und menschenwürdiger Arbeits- und Lebensverhältnisse
- freie unternehmerische Entscheidungen
- Wirtschaftsziel: Gewinnmaximierung
- freie Kräfte des Marktes = Wettbewerb/Angebot und Nachfrage
- freier Handel und freie Preisgestaltung; Möglichkeit des Staates zur Intervention, z. B. durch Protektionismus, Subventionen

Begründer: Adam Smith (1723–1790: Wirtschaftsliberalismus)
Motto: „So viel Markt wie möglich, so viel Staat wie nötig"

5.2 Internationale Disparitäten als Folge unterschiedlicher Wirtschaftsordnungen

Die Sowjetunion versuchte, ihre große Bevölkerung trotz natürlicher Un-gunstfaktoren in großen Teilen des Unionsgebietes durch die Betriebsformen **Kolchose**, **Sowchose** und **Hoflandwirtschaft** zu ernähren. Trotz staatlicher Lenkung und umfangreicher Neulandprogramme gelang dies wiederholt nicht, sodass umfangreiche Weizenimporte, z. T. sogar vom „Klassenfeind" USA, notwendig wurden. Fehlende Investitionen, unzureichende Modernisierungen u. a. führten dazu, dass sich die Landwirtschaft Anfang der 1990er-Jahre in ei-nem kaum konkurrenzfähigen Zustand befand. Ähnlich sah es in der Industrie aus: Die Kombinate, mit deren Hilfe die Industrialisierung in der ersten Hälfte des 20. Jh. stattfand – auch die Kombinate in den **territorialen Produktionskomplexen** (TPKs), den Entwicklungsschwerpunkten –, hielten einem Vergleich mit westlichen Standards nicht stand.

Der Zusammenbruch der Sowjetunion hatte in den ehemaligen Mitgliedsstaaten des östlichen Mitteleuropas, Ost- und Südeuropas sowie Kaukasiens und Zentralasiens einen politischen und wirtschaftlichen **Transformationsprozess** zur Folge.

Transformation

Unter Transformation versteht man Wandel oder Veränderung von Formen und Strukturen. In politischer Hinsicht bezeichnet man hiermit den Umwandlungsprozess der ehemals kommunistischen/sozialistischen Staaten Mittel- und Osteuropas zu Demokratien, in wirtschaftlicher Hinsicht die Umwandlung von der Plan- in die Marktwirtschaft.

Transformationsprozesse im Osten Europas

Als in den Jahren 1990 und 1991 die ehemaligen Mitglieder der Union der Sozialistischen Sowjetrepubliken (UdSSR) ihre Unabhängigkeit infolge politischer und wirtschaftlicher Probleme erklärten, endete die Existenz der Sowjetunion. Bis auf die baltischen Staaten Estland, Lettland und Litauen sowie Georgien schlossen sich die übrigen Staaten im Dezember 1991 zu einem neuen Verbund, der **Gemeinschaft unabhängiger Staaten** (GUS), zusammen, ihr trat Georgien 1994 nachträglich bei (und 2009 wieder aus; die Ukraine kündigte 2014 ihren Austritt an). Ihre politischen, militärischen und wirtschaftlichen Ziele wurden bis heute jedoch weitgehend nicht realisiert.

Einige der Transformationsstaaten wurden 2004 (Estland, Lettland, Litauen, Polen, Slowenien, Slowakei, Tschechien, Ungarn), 2007 (Bulgarien, Rumänien) bzw. 2013 (Kroatien) in die EU aufgenommen. Die Slowakei, Slowenien, Estland und Lettland haben bereits den Euro als Währung eingeführt. An die Stelle der früheren sozialistischen, zentralen Staatswirtschaft trat nach und nach eine eher demokratisch begründete Marktwirtschaft. Je nach Ausgangssituation, Geschwindigkeit des politischen Wandels und Unterstützungen durch westliche Staaten zeigten diese Staaten hierbei deutlich unterschiedliche Konversions-Geschwindigkeiten. Man spricht von **Transformationsländern**, **Konversionsländern** oder *countries in transition*.

Transformationsprozesse in der Landwirtschaft

In der Landwirtschaft wurden die großen Staatsbetriebe in der Regel in kleinere Betriebseinheiten zerlegt und teilweise privatisiert, teilweise in Agrargenossenschaften nach westlichem Vorbild umgewandelt mit dem Ziel, produktiver zu wirtschaften. Eine Ausnahme bildeten die GUS-Staaten: Dort erfolgte weitgehend eine Umwandlung in **Genossenschaften** und **Kapitalgesellschaften** bzw. in eher privatwirtschaftliche **Fermer-Betriebe**.

Land	Staats-betriebe 1989	LPG 1989	Privat-betriebe 1989	Staats-betriebe 1995	Agrargenos-senschaften 1995	Privat-betriebe 1995
Polen	19	4	77	18	4	78
Tschechien	38	61	1	16	66	18
Ungarn	14	80	6	7	35	38

Landwirtschaftliche Betriebsformen vor und nach der Reform (in %)

Betriebsformen	1989	1996
Staatsgüter	6 259 ha	732 ha
Genossenschaften	2 577 ha	1 415 ha
Private Betriebe	4 ha	35 ha

Durchschnittliche Betriebsgrößen in Tschechien

Bald stellte sich heraus, dass besonders Kleinbetriebe wegen zu geringer Flächen, unrentabler Produktion, Kapitalmangel und fehlender Modernisierung dem freien Wettbewerb oder der Konkurrenz preiswerter Agrarimporte oft nicht gewachsen waren bzw. sind. Eine Ausnahme hiervon stellen **spezialisierte Kleinbetriebe** dar, die z. B. Geflügel, Obst, Gemüse oder Kartoffeln produzieren. Die meist schlechte Infrastruktur auf dem Land, häufig auch fehlende Motivation der Mitarbeiter sind weitere Entwicklungshemmnisse. Der Anteil der in der Landwirtschaft Beschäftigten ist gesunken, Anzahl und Größe der Großbetriebe nahmen hingegen zu. Im Quervergleich mit den Produktions- und Produktivitätszahlen der EU ergibt sich ein jeweils deutlicher Nachteil der osteuropäischen Staaten, was im Hinblick auf einen gemeinsamen EU-Agrarmarkt im Zuge der EU-Osterweiterung problematisch ist.

Transformationsprozesse in der Industrie und im tertiären Sektor

Der Wegfall staatlicher Lenkung und Inputs in der Zeit nach dem Zerfall der UdSSR führte in der Industrie und speziell in den großen **Kombinaten** häufig dazu, dass begonnene Investitionsvorhaben nicht abgeschlossen werden konnten, unternehmerisches Know-how oder genügend eigenes Kapital fehlten – das Gesamtsystem funktionierte nicht mehr, es kam zu Absatz- und Wettbewerbsproblemen.

Anders verlief die Entwicklung im tertiären Sektor: Nach 1990 waren plötzlich **marktwirtschaftliche Standortüberlegungen** und Kundenorientierung gefragt – aus diesen neueren Prozessen hielt sich der Staat weitgehend heraus. Häufig entwickelten sich tertiäre Standorte zunächst dort, wo bis dahin nach westlichem Konsumempfinden Defizite bestanden. Die Anpassung an westliche Lebensstile, zunehmende Motorisierung und rasch gestiegene Einflüsse moderner Medien haben privatwirtschaftlich ausgerichtete Branchen und Arbeitsplätze entstehen sowie die Umsätze und den Wirtschaftsanteil des tertiären Sektors überproportional steigen lassen (vgl. folgende Abb.).

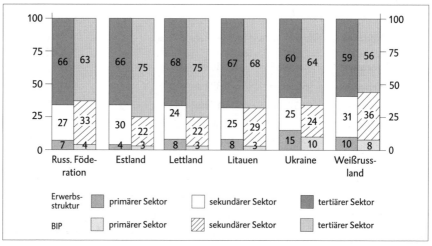

Erwerbsstruktur 2017

Wirtschaftliche Situation Ende 2019

Die GUS-Staaten und die europäischen Transformationsländer erlebten im Jahr 2009 den stärksten **Konjunktureinbruch** aller Regionen weltweit. Dies spiegelte sich in einem sinkenden BIP, rückläufiger Produktion, einem Rückgang der ausländischen Direktinvestitionen, einem geringeren Handelsvolumen, einem Verfall von Immobilienpreisen sowie steigender Arbeitslosigkeit wider. Seit 2010 zeigten sich die Transformationsstaaten wieder erholt und wiesen ein deutliches Wirtschaftswachstum von stellenweise über 5 % auf. Besonders die **rohstoffexportierenden Länder** wie Kasachstan, Turkmenistan, Usbekistan und Russland profitierten von den gestiegenen **Weltmarktpreisen**.

Der Preisverfall des Erdöls ab 2015 führte bei den erdölfördernden Ländern zwischenzeitlich zu einem deutlichen Rückgang bei den Staatseinnahmen.

Nach Überwindung der Rezession wiesen die Transformationsstaaten bis 2019 einen allmählichen Wiederanstieg des jährlichen Wirtschaftswachstums bis auf +2,5 % auf. Schuldenkrise und kaum gesunkene Arbeitslosigkeit (2018: >15 %) wirken sich allerdings negativ auf die weitere Wirtschaftsentwicklung aus. Die durch die **Corona-Pandemie** bedingten Wirtschaftseinbrüche 2020 lassen sich in ihrer Gesamtdimension zurzeit noch nicht exakt festmachen.

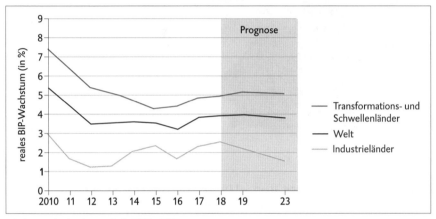

Wachstum der Weltwirtschaft 2020–2023

5.3 Disparitäten als Folgen der deutschen Teilung

Auf die politische Wende in der ehemaligen DDR im November 1989 folgte mit der Einführung der Wirtschafts-, Währungs- und Sozialunion am 1. Juli 1990 ein völliger **Umstrukturierungsprozess des Wirtschaftssystems:** An die Stelle der Planwirtschaft trat die (soziale) Marktwirtschaft. In diesem Zusammenhang wurde deutlich, dass die Leistungsfähigkeit der früheren DDR-Wirtschaft entgegen eigener Selbsteinschätzung extrem niedrig, der Staat auf einen Bankrott zugesteuert war: Vollbeschäftigung, freie medizinische Versorgung, Niedrigmieten und staatlich festgesetzte Preise für Nahrungsmittel und Konsumgüter waren de facto nicht finanzierbar gewesen. In wirtschaftlicher Hinsicht ergaben sich deutliche Disparitäten zwischen den alten und den neuen Bundesländern, geradezu ein **West-Ost-Gefälle**, das in vielen Bereichen bis heute Bestand hat (vgl. Abb. S. 250).

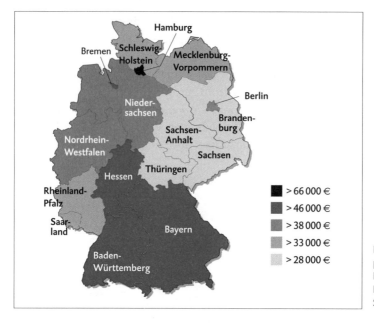

Bruttoinlands-
produkt (BIP) je
Einwohner nach
Bundesländern,
Stand 2019

5.4 Regionale Disparitäten – Unterstützungsmaßnahmen zur Förderung der neuen Bundesländer

Vom ersten Tag der deutschen Wiedervereinigung an stand fest, dass über einen langen Zeitraum hinweg **Transferzahlungen** erfolgen müssen, um die Angleichung der Lebensverhältnisse und die Wettbewerbsfähigkeit der ostdeutschen Wirtschaft herzustellen. Die Unterstützungsmaßnahmen erfolgen bis heute in Form von Solidaritätszuschlag („Soli"), Steuervergünstigungen und Investitionshilfen von Kommunen, Kreisen und Ländern, Struktur- und Regionalförderung durch Bund und Länder sowie mittels EU-Förderprogramme. Die „Verkehrsprojekte Deutsche Einheit" z. B. stellten binnen kurzer Zeit die Ergänzungen der wegen des Mauer- und Grenzverlaufs unterbrochenen oder fehlenden Ost-West-Verbindungen bei Straße und Bahn sicher.

Gesellschaftliche Folgen des Transformationsprozesses

Im Zuge des wirtschaftlichen Transformationsprozesses kam es in allen fünf neuen Bundesländern in kurzer Zeit zu **Massenarbeitslosigkeit**, die in den Folgejahren nicht zurückging (2020: neue Bundesländer 7,8 %, alte Bundesländer 6,1 %). Als Folge hiervon wanderten viele arbeitsfähige und junge Menschen in den Großraum Berlin und in die alten Bundesländer ab. Ostdeutschland verlor von 1991 bis 2017 ca. 1,9 Mio. Einwohner an Westdeutschland; seitdem ist die Bilanz der jährlichen Zu- und Abwanderungen West/Ost in etwa ausgeglichen.

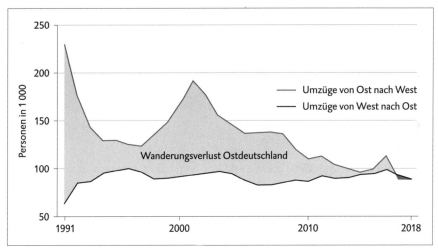

Wanderungen zwischen West- und Ostdeutschland (jeweils ohne Berlin) seit 1991

Die früher an Vollbeschäftigung und soziale Gleichheit gewohnte Bevölkerung wurde vom Umstand der Arbeitslosigkeit, zudem in diesem Ausmaß, völlig überrascht; die Hoffnungen auf eine schnelle Besserung der Lebensumstände durch die deutsche Einigung zerschlugen sich in vielen Fällen. Die Vision „blühender Landschaften" in Ostdeutschland, wie sie der damalige Bundeskanzler Helmut Kohl bei der Wiedervereinigung entwarf, stellte sich für viele Regionen trotz aller Anstrengungen in politischer, wirtschaftlicher und sozialer Hinsicht als weit in der Ferne liegend heraus.

Kompetenzcheck

- Vergleichen Sie die Wirtschaftsformen der zentralen Verwaltungswirtschaft und der sozialen Marktwirtschaft.
- Erläutern Sie Gründe und Formen wirtschaftlicher Disparitäten in Europa.

6 Grundlagen und Steuerungselemente der Raumplanung und Raumentwicklung

Auf Formen und Folgen unterschiedlicher Entwicklungsstände auf der Welt wurde bereits hingewiesen. Wissenschaftler haben im Laufe der Zeit verschiedene Erklärungsansätze veröffentlicht, die diese Unterschiede erklären sollen.

Staaten wählen verschiedenartige Wege bei der Bewältigung ihrer ökonomischen, sozialen, ökologischen und raumstrukturellen Probleme; sie bedienen sich hierbei unterschiedlicher Instrumente und Methoden.

6.1 Entwicklungstheorien

Es gibt mehrere Theorien, die zu erklären versuchen, warum es in manchen Staaten zu Entwicklungsrückständen gekommen ist. Keine dieser Theorien vermag für sich allein eine befriedigende Erklärung zu liefern, denn i. d. R. handelt es sich um ein komplexes Begründungsgeflecht, das zu betrachten ist.

Geodeterministische Theorie

In der (ältesten) **geodeterministischen Theorie** werden nachteilige **naturgeographische Faktoren** dafür verantwortlich gemacht, dass bestimmte Staaten gar keine andere Entwicklung nehmen konnten. Hierzu zählen ungünstige klimatische Bedingungen (z. B. Hitze und Trockenheit in den Subtropen), schlechte Bodenverhältnisse (z. B. Nährstoffarmut und fehlendes Grundwasser in der Sahel-Zone), ungünstige Reliefbedingungen (z. B. Höhenlagen) und ein labiles Ökosystem (z. B. Staaten mit großen Regenwaldanteilen). Armut an Bodenschätzen (z. B. Somalia) und verkehrsmäßig ungünstige **Binnenlagen** (z. B. Bolivien) vervollständigen die Defizit-Liste.

Dependenztheorie

Die Dependenztheorie sieht die Gründe für die Unterentwicklung außerhalb des Landes **(exogene Gründe)**. Aufgrund historisch gewachsener Abhängigkeiten **(Dependenz)**, Fremdbestimmung und Ausbeutung durch die **europäischen Kolonialmächte** Spanien, Portugal, Frankreich, Niederlande, Belgien und Deutschland sowie Nordamerika seien die ehemaligen **Kolonien** nie in der Lage gewesen, ihre eigene Entwicklung im 18.–20. Jh. im Gleichschritt mit den Mutterländern voranzutreiben. Diese ehemalige Abhängigkeit aus der Zeit des Kolonialismus, die für viele Staaten Afrikas erst Mitte der 1950er-Jahre endete, erfahre ihre Fortsetzung im heutigen **Neokolonialismus** durch eine Abhängigkeit vom Kapital und Einfluss transnationaler und globaler Handelskonzerne.

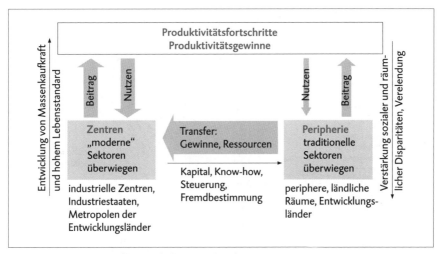

Entstehung von Unterentwicklung nach der Dependenztheorie

Modernisierungs- oder Wachstumstheorie

Im Unterschied zum exogenen Begründungsansatz der Dependenztheorie sehen die Vertreter der Modernisierungstheorie die Ursachen im Entwicklungsland selbst (endogene Gründe): Sozioökonomische und politische Strukturen wie traditionelle Gesellschaftsordnungen (Großfamilien, Kastenwesen, Vetternwirtschaft) oder statische Wirtschaftsformen (Subsistenzwirtschaft, Rentenkapitalismus) haben nach ihrer Ansicht eine schnellere Entwicklung verhindert. Eine z. T. religiös bedingte fatalistische Grundeinstellung führe zu fehlender Eigeninitiative und entwicklungsmäßigem Stillstand.

Die Annahme, eine Industrialisierung nach europäischem Vorbild führe die Entwicklungsländer aus ihrer Rückständigkeit heraus, stellte sich als falsch heraus: Kapital-Input in großem Stil sowie Know-how-Transfer führten nicht dazu, dass große Teile der Bevölkerung (Trickle-down-Effekt) an der Entwicklung partizipierten. Von solchen Entwicklungsmaßnahmen profitierten vielmehr überwiegend die schon vorher bessergestellten Mitglieder der Oberschicht: Soziale und regionale Disparitäten vergrößerten sich.

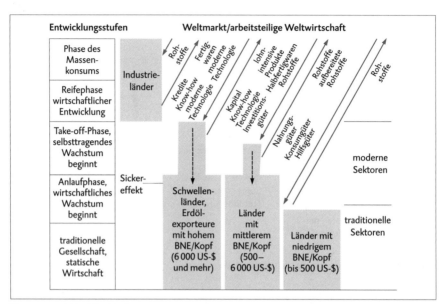

Theorie vom Ablauf der Modernisierung

Wirtschaftlicher Dualismus

Das **zeitliche und räumliche Nebeneinander** von **unterschiedlichen wirtschaftlichen Strukturen** wird als Ursache für die fehlende Gesamtentwicklung angesehen: Laut dieser Theorie schwächt eine solche Heterogenität die Wirtschaft, Ressourcen können nicht effektiv eingesetzt werden. Im ländlichen Raum stehen traditionelle agrarische Formen wie Subsistenzwirtschaft neben absatz- und weltmarktorientierten Formen wie Plantagenwirtschaft (Produktion von Cashcrops); in den Städten arbeiten Beschäftigte in modernen Betrieben des sekundären und tertiären Sektors, daneben gibt es eine große Masse der im informellen Sektor Tätigen – erkennbar am Nebeneinander moderner Stadtviertel und zahlreicher Elendsviertel **(Fragmentierung)**.

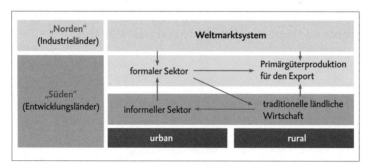

Modell des wirtschaftlichen Dualismus

6.2 Entwicklungsstrategien und deren Erfolgsaussichten

Theoretische Grundlagen und Anknüpfungspunkte

Es gibt unterschiedliche Einschätzungen, auf welchem Weg Entwicklungsländer sich am schnellsten und besten weiterentwickeln können; einige der in diesem Zusammenhang entworfenen Strategien knüpfen dabei unmittelbar an Theorien wie die Modernisierungstheorie an.

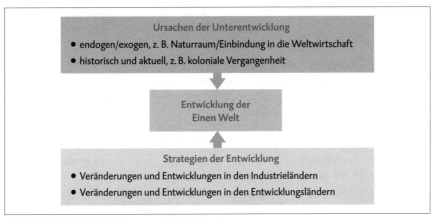

Ursachen der Unterentwicklung und Strategien der Entwicklung

Grundbedürfnisstrategie

In den 1970er-Jahren galt die Befriedigung der **Grundbedürfnisse** als wichtige Voraussetzung für Entwicklung. Ohne Zurückdrängen von Armut sei ein Wirtschaftswachstum nicht möglich. Mithilfe eines Selbsthilfekonzepts „von unten" **(Hilfe zur Selbsthilfe)** sollten lokale und regionale Ressourcen (Arbeitskraft, Boden, Rohstoffe, tradiertes Wissen) bei der Schaffung möglichst zahlreicher Arbeitsplätze genutzt werden.

Es wird kritisiert, dass auf diese Weise Regierungen aus der Verantwortung flüchteten und diese auf die einfache Bevölkerung übertrugen. Zudem sei der Anschluss an moderne Technologien verpasst und damit der Entwicklungsunterschied noch vergrößert worden.

Nachholende Industrialisierung/Modernisierung

Auf dem Weg vom bloßen Rohstoffexporteur hin zum Industrie-/Schwellenland haben viele Entwicklungsländer Fortschritte gezeigt. Die entscheidende dritte Phase, nach Rostow die sogenannte Startgesellschaft **(take-off)**, erreichen jedoch nur wenige.

Stadien der wirtschaftlichen Entwicklung

Im Jahr 1960 formulierte der amerikanische Wirtschaftswissenschaftler Walt Whitmann Rostow seine rein ökonomische Theorie der wirtschaftlichen Entwicklung eines Staates. Den „Höhepunkt" bildet dabei die Phase des Massenkonsums.

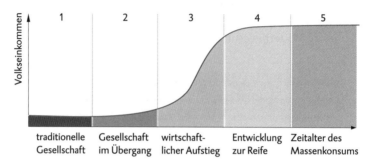

- **Phase 1:** agrarische Prägung der Gesellschaft; moderne Wissenschaft und Technik fehlen; hierarchische Sozialstruktur; geringe Mobilität
- **Phase 2:** neue Produktionsmethoden in Landwirtschaft und Industrie verändern die Gesellschaft (Westeuropa 17./18. Jh.)
- **Phase 3:** Entstehen neuer Industrien, gestiegene Nachfrage nach industriellen Gütern und Dienstleistungen, hohe Gewinne = höhere Investitionsrate
- **Phase 4:** Industrialisierung erfasst gesamte Gesellschaft, hohes Produktionsvolumen, hohe Gewinne, noch höhere (Re-)Investitionen
- **Phase 5:** Grundbedürfnisse aller sind befriedigt, Nachfrage nach hochwertigen Gütern steigt, hoher Motorisierungsgrad als Indikator von Wohlfahrtsstaaten

Die Hauptkritik am Modell von Rostow richtet sich dagegen, dass z. B. soziale Faktoren völlig außer Acht gelassen werden.

Haupthindernis ist der **Kapitalmangel** (gewesen); denn ohne Kapital, so die Vertreter dieses Ansatzes, lasse sich ein Wachstumsprozess, der sich von selbst trägt, nicht einleiten. Ohne umfangreiche Kapitalhilfe aus dem Ausland (**ADI**) einschließlich finanzieller Entwicklungshilfe sei dies nicht möglich.

Kritisiert wird an dieser Strategie, dass bei der Fokussierung auf den sekundären Sektor die Landwirtschaft und der tertiäre Sektor vernachlässigt werden. Im Normalfall finde die notwendige Diversifizierung der industriellen Produktion nicht statt, da sich die Produktion an den Weltmarktinteressen der Geldgeber ausrichte.

Außerdem würden die industriellen Produktionsstandorte nicht flächendeckend platziert, sondern wegen der Infrastrukturvoraussetzungen und

Exportorientierung überwiegend in Hauptstadtregionen und Küstenstädten. Dies führe zu einer **Verstärkung regionaler ökonomischer und sozialer Disparitäten.**

Während in Südostasien und Lateinamerika hohe industrielle Wachstumsraten zu verzeichnen waren und der Großteil der dortigen Staaten den Status eines Schwellenlandes erreicht hat, ist dies in den meisten Staaten Afrikas nicht der Fall gewesen. Inzwischen kann man dort sogar einen **Deindustrialisierungsprozess** feststellen.

Teilweise wird auch von **nachholender Modernisierung** gesprochen, bei der auf die individuellen Gegebenheiten eines jeden Entwicklungslandes zu achten ist. Bei diesem Ansatz wird der Fokus nicht unbedingt nur auf die Entwicklung des sekundären Sektors gelegt, und neben ökonomischen werden auch soziale Aspekte in den Blick genommen.

Ebenso spielen Überlegungen zur Bedeutung des **Tourismus als Entwicklungsfaktor** eine Rolle. Hier gelte es abzuwägen, in welchem Maß das jeweilige Entwicklungsland durch Schaffung von Arbeitsplätzen, Infrastrukturentwicklung oder Deviseneinnahmen einerseits profitiere, wie groß andererseits der Devisenrückfluss an internationale Tourismuskonzerne sei, wie nachhaltig die Beschäftigung und wie hoch der Preis im Hinblick auf Gefährdung von Traditionen oder kultureller Eigenständigkeit.

Autozentrierte Entwicklung

Die Vertreter dieser Strategie formulieren als Prämisse für Entwicklung eine Abkopplung des Wirtschaftsgebietes vom Weltmarkt für eine bestimmte Zeit. Nach der Befriedigung der Grundbedürfnisse in einem ersten Schritt solle der behutsame Aufbau einer Industrie stattfinden, die am heimischen Handwerk und Gewerbe anknüpft und möglichst arbeitsintensiv ist. Der Binnenmarkt soll durch Zoll- und Handelsbeschränkungen gesichert werden; Ex- und Import sollen lediglich zur Ergänzung des Binnenmarktangebotes dienen. Als Bedingungen für das Gelingen werden eine Bekämpfung der „**Feminisierung der Armut**" und die Beteiligung der Frauen in politischen Gremien sowie gutes Regierungshandeln (**Good Governance**) genannt.

Kritiker dieses Ansatzes befürchten, dass die Entwicklungszeit hierfür deutlich länger dauert als die zeitgleich ablaufenden globalen Weiterentwicklungen, sodass auf Dauer keine erfolgreiche Integration in das globale Handelsgeschehen stattfinden könne.

6.3 Entwicklungspole, Entwicklungsachsen und Exportdiversifizierung

Eine **dezentralisierte Konzentration** auf wenige ausgesuchte Räume abseits der bereits entwickelten Zentren gestützt auf sogenannte „Leitindustrien" soll nach der Theorie der **Entwicklungs-/Wachstumspole** die Voraussetzung dafür bieten, dass das angestrebte Wirtschaftswachstum an Eigendynamik gewinnen und auf benachbarte Regionen überspringen kann (**Spread-Effekt** = erhoffter Ausbreitungseffekt, der von Wachstumspolen oder Innovationszentren ausgeht, zur Peripherie hin tempomäßig abnehmend). Europäische, japanische und nordamerikanische Unternehmen folgten solchen Entwicklungsansätzen. Sie wurden angelockt von einer entwickelten Infrastruktur, wachsenden heimischen Märkten und der Nähe zu Standorten der Rohstoffgewinnung; deren Aufbereitung und Verarbeitung war häufig das Ziel.

Die bis Ende der 1990er-Jahre zu beobachtenden Ergebnisse waren wenig überzeugend:

- Ausländische Konzerne orientierten sich mehr an eigenen Weltmarktinteressen als an Entwicklungszielen der einzelnen Entwicklungsländer.

- Die Beschäftigungseffekte waren geringer als erhofft, da die Produktion mithilfe modernster Technologien Voraussetzung für Konkurrenzfähigkeit auf dem Weltmarkt war. Dies stand einer Vielbeschäftigung entgegen.

- Eine Leitindustrie-Ausrichtung entspricht einer industriellen Monostruktur – mit den bekannten Risiken und Folgen bei Absatzproblemen auf dem Weltmarkt.

- Die Entgegennahme von ADI mit der Verpflichtung zur Zurückzahlung hat häufig die Auslandsverschuldung steigen lassen.

Der Ausbau von **Entwicklungsachsen** ist ein Planungselement der Raumordnung und Raumplanung bei der Entwicklung eines Landes und beim Aufbau eines Systems zentraler Orte. Entlang von **leistungsfähigen Verkehrsträgern** („Achsen" von Straße, Schiene, Versorgungsleitungen) entstehen Siedlungen in kurzen, regelmäßigen Abständen. Diese weisen gemäß dem Prinzip der Zentralen Orte unterschiedliche Größenordnungen und Ausstattungsstandards auf (vgl. Taaffe-Modell, S. 114).

Hier soll sich die Wirtschaft ansiedeln und entwickeln, von ihnen aus sollen weitere Verkehrs- und Entwicklungsimpulse ins Umland ausgehen. Der Abstand zwischen diesen Entwicklungsachsen darf nicht zu groß sein, damit keine funktions- und infrastrukturlosen Zwischenräume entstehen. Diese könnten ansonsten nicht erschlossen werden bzw. aus ihnen würde nach und nach eine starke Abwanderung erfolgen.

Mit dem Ziel der **wirtschaftlichen Diversifizierung** verbunden ist **eine Diversifizierung bei Produktion und Export** in den Bereichen Landwirtschaft und/oder Industrie. Diese Maßnahme zur Verbesserung und Erweiterung der Produktionsstruktur/-palette dient dazu, die bis dahin zu einseitige, ggf. monostrukturelle Produktionsstruktur zu beseitigen, da diese sehr krisenanfällig und hinsichtlich ihrer Exportmöglichkeiten zu abhängig von Weltmarktentwicklungen/Preisschwankungen war. In der Landwirtschaft beseitigt eine solche Diversifizierung neben den ökonomischen auch ökologische Nachteile, da z. B. die einseitige Inanspruchnahme von Böden abgelöst wird von Fruchtwechselwirtschaft o. a. Besonders in der Industrie bedeutet eine Diversifizierung **neben einer betrieblichen auch eine räumliche Ausweitung:** Produktionsstandorte sollen nicht nur an den bisherigen, sondern gezielt auch an neuen Standorten angesiedelt werden, um bisher benachteiligte und z. B. an der Peripherie liegende Regionen in den allgemeinen Entwicklungsprozess mit einzubeziehen im Sinne eine **dezentralen Raumentwicklung** und Entlastung von Zentralregionen.

6.4 Transregionale und internationale Kooperation in Wirtschaftsräumen

Kooperative Planung und Durchführung von Projekten, die Grenzen und Regionen überschreiten und damit der Förderung der europäischen Integration dienen, haben seit Beginn des Transformationsprozesses eine zunehmende Bedeutung erlangt; die Förderung aus dem EU-Regionalfonds spielt hierbei auch eine Rolle. Im Blick sind besonders jene Regionen, die bis 1990 **an der Peripherie beider Wirtschaftsbündnisse gelegen** haben, nunmehr jedoch eine zentrale Lage besitzen, z. B. Regionen an den deutschen Ostgrenzen.

Zwar handelte es sich zum Zeitpunkt des beginnenden Transformationsprozesses häufig um strukturschwache Passivräume, deren Verkehrsinfrastruktur unterentwickelt war und die eine geringe Industriedichte sowie einen schwach ausgeprägten tertiären Sektor aufwiesen, meist auch ein negatives Wanderungssaldo. Oft verfügen sie jedoch über hinreichendes Raumpotenzial, sodass in Kooperation mit einem weiter entwickelten Regional- und Wirtschaftspartner eine Förderung und Weiterentwicklung möglich sind.

Internationale Kooperationsräume an den Grenzen Deutschlands

Euroregionen (Euregios)

Beispiele für supranationale Kooperationen sind die **Euroregionen (Eure-gios)**. Die erste deutsche Euregio (EUREGIO) wurde 1958 in der Region Gro-nau/Enschede gegründet, weitere entstanden vor 1990 an der deutschen West-, Süd- und Nordgrenze und nach 1990 auch an der Ostgrenze. Heute gibt es sowohl an den Binnen- als auch an den Außengrenzen der EU zahlreiche Euregios. Wichtige Kooperationsbereiche sind Wirtschaft, Tourismus, Verkehrsinfrastruktur, kommunale Entwicklung, Umweltschutz, Steigerung der regionalen Identität sowie die Förderung des europäischen Gedankens.

Der schnellen wirtschaftlichen Entwicklung dieser Grenzgebiete stehen heute **fehlende Normierungen, unterschiedliche nationale Gesetzgebungen** und **unterschiedliche Raumplanungskonzepte** entgegen. Für die Zukunft dürften deshalb die folgenden Ziele eine übergeordnete Rolle spielen:

- Anpassung des allgemeinen Lebensstandards, insbesondere der Arbeitsmarktsituation, an die jeweiligen nationalen und EU-weiten Verhältnisse
- Schaffung integrativer Wirtschaftsregionen durch eine grenzübergreifende Regionalpolitik
- Ausnutzung von Synergieeffekten im Zuge von gemeinsamen Konzepten in den Bereichen Technologie und Entwicklung
- Planung grenzübergreifender Ansiedlungskonzepte für Standorte der industriellen Fertigung und von Dienstleistungen
- Ausbau und Modernisierung der grenzüberschreitenden Verkehrslinien mit Anschluss an das gesamteuropäische Verkehrsnetz
- Verbesserung und Standardisierung der Umweltpolitik
- Einrichtung von gemeinsamen Naherholungsgebieten
- Verstärkte Zusammenarbeit im Bereich der allgemeinbildenden Schulstrukturen, Einrichtung von Schul-, Universitäts- und Städtepartnerschaften
- Unterstützung von Bestrebungen in politischen und kulturellen Bereichen, die letztlich auch ein besseres Völkerverständnis ermöglichen

6.5 Zukunftsvorstellungen vom Wirtschaftsraum Europa

Seit den 1900er-Jahren haben Wissenschaftler versucht, die differenzierten und komplexen Raummerkmale Europas modellhaft darzustellen. Dabei sollten zentrale und periphere, Aktiv- und Passivräume modellhaft abgebildet werden. Auf der Grundlage von 16 Kriterien, die die unterschiedlichen Strukturen der einzelnen europäischen Regionen erfassen sollten, hat der Franzose Roger Brunet 1989 ein Modell entwickelt, das als herausstechendes optisches Merkmal eine zentrale, wachstumsstarke und verstädterte Großregion ausweist, die von der Form her einer Banane gleicht. Da diese in der Originalkarte blau eingefärbt war, ergab sich schnell der metaphorische Begriff der **Blauen Banane**. Auf der Grundlage dieser Kartenaussage haben später Politiker und Raumplaner einzelnen Regionen oder Standorten in Europa positive oder negative Zukunftsaussichten zugeschrieben, je nachdem, ob sie innerhalb oder außerhalb dieser Blauen Banane lagen.

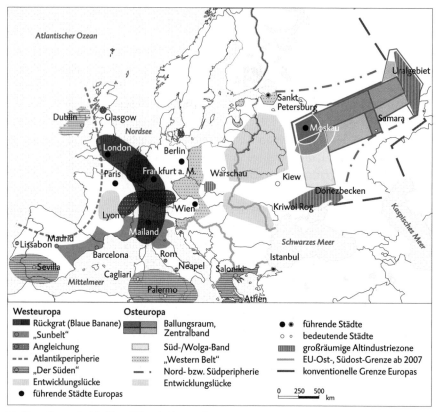

Die Blaue Banane im künftigen Wirtschaftsraum Europa

Im Laufe der Zeit wurde diese modellhafte Darstellung variiert und fortge-
schrieben, u. a. weil die Öffnung Osteuropas ursprünglich ebenso wenig bedacht werden konnte wie Prozesse der Globalisierung zu Beginn des 21. Jh.
Das Modell „**Der Wirtschaftsraum Europa**" aus dem Jahr 2000 (vgl. Abb.
oben) greift die Perspektive Osteuropas auf und modifiziert, ausgehend von
der „Blauen Banane", auch die Bedeutung anderer Teilregionen Europas.

Im Zuge verstärkter Globalisierungsprozesse seit Beginn des 21. Jh. sind
weitere Raumvorstellungen entstanden, die zukünftige Wachstumsregionen
und passive Räume in Europa ausweisen. Im Gegensatz zum zonalen Ansatz
des Brunet-Modells weisen andere Modelle eine stärker an der Entwicklung
einzelner Metropolen ausgerichtete wirtschaftliche Entwicklung aus, die größere Bereiche Europas überdeckt (z. B. das **Modell der „europäischen Trauben"**).

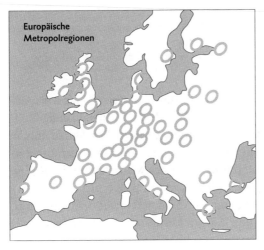

Das Modell der „europäischen Trauben"

Kompetenzcheck

– Erläutern Sie die Erklärungsansätze unterschiedlicher Entwicklungstheorien.
– Vergleichen Sie verschiedene Entwicklungsstrategien miteinander.
– Nennen Sie Zielsetzungen und Kooperationsbereiche von Euregios sowie Gründe für auftretende Probleme.
– Nehmen Sie kritisch Stellung zum Modell der Blauen Banane.

7 Nachhaltige Entwicklung

7.1 Leitbild und Dimensionen der nachhaltigen Entwicklung

Die natürlichen Lebensgrundlagen auf der Erde sind nicht vermehrbar. Durch die wirtschaftlichen Aktivitäten des Menschen werden sie zunehmend belastet und gefährdet. Nur durch ökologisch verträgliches Wirtschaften können die natürlichen Ressourcen auch für künftige Generationen erhalten werden. In Reaktion auf die Ressourcenproblematik hat sich das Leitbild der **Nachhaltigkeit** bzw. der **nachhaltigen Entwicklung** seit den 1990er-Jahren in vielen Bereichen des gesellschaftlichen Lebens als Handlungsprinzip etabliert.

> **Nachhaltige Entwicklung** (engl. **Sustainable Development**): Entwicklung, die es den derzeit lebenden Generationen erlaubt, ihre Bedürfnisse zu befriedigen, ohne die Möglichkeiten künftiger Generationen zu gefährden, deren eigene Bedürfnisse zu befriedigen.

Mit der Ressourcennutzung sind jedoch nicht nur ökologische Probleme verknüpft. Versorgungsunsicherheit sowie hohe und stark schwankende Rohstoffpreise können auch zu ökonomischen und sozialen Problemen führen und das Risiko von Rohstoffkonflikten erhöhen. Die vom Deutschen Bundestag eingerichtete Enquete-Kommission „Schutz des Menschen und der Umwelt – Ziele und Rahmenbedingungen einer nachhaltig zukunftsverträglichen Entwicklung" veröffentlichte 1998 in ihrem Abschlussbericht mit dem „Drei-Säulen-Modell einer nachhaltigen Entwicklung" ein Konzept, das in der Folgezeit weite Verbreitung erlangte.

Das Modell ist als Antwort auf die in Deutschland zumeist einseitig vom Umweltaspekt her geführte Diskussion über eine nachhaltige Entwicklung zu verstehen. Die drei Säulen **Ökologie**, **Ökonomie** und **Soziales** sollen gleichberechtigt nebeneinanderstehen. Mittlerweile hat man hieraus das „**Dreieck der Nachhaltigkeit**" abgeleitet, das als Sinnbild für die enge Verknüpfung und gleichrangige Bedeutung ökologischer, ökonomischer und sozialer Aspekte bekannt geworden

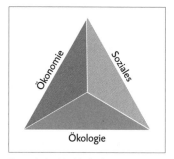

Dreieck der Nachhaltigkeit

ist. Es wird aus unterschiedlichen Perspektiven und für unterschiedliche Zwecke modifiziert, so z. B. durch die Ergänzung einer vierten Dimension, der politischen Umsetzung.

7.2 Entwicklungszusammenarbeit und Entwicklungshilfe

Entwicklungszusammenarbeit

Der Begriff „**Entwicklungshilfe**" ist im politischen Sprachgebrauch ersetzt worden durch „**Entwicklungszusammenarbeit**". Dies verdeutlicht die gleichwertige Position der jeweiligen Partner (Entwicklungsland einerseits, zwei Staaten, internationale Organisation oder Gruppe von Ländern andererseits). Außerdem wird deutlich gemacht, dass es sich nicht um unentgeltliche Unterstützung handelt.

Im Rahmen öffentlicher Entwicklungszusammenarbeit unterstützen Deutschland (**Bundesministerium für Entwicklung und Zusammenarbeit, BMZ**), die Europäische Union, die Weltbankgruppe oder die Internationale Währungsfonds (IWF) sowie weitere unter dem Dach der UN befindliche Organisationen im Rahmen unterschiedlicher Zielsetzungen und Förderschwerpunkte Staaten bei ihrem Bemühen um Weiterentwicklung. Hierzu zählen u. a. finanzielle und technische Zusammenarbeit oder Nahrungsmittel- und Katastrophenhilfe.

Dimensionen nachhaltiger Entwicklung

Nachdem man bis Ende der 1990er-Jahre die Erfahrung gemacht hatte, dass erfolgreiche Entwicklung nur mithilfe der Beteiligung aller, auch der Armen, stattfinden könne, einigte man sich auf die für Industrie- wie Entwicklungsländer gleichermaßen gültige Maxime der **Nachhaltigkeitsförderung**.

Entwicklungshilfe

Neben der öffentlichen Entwicklungszusammenarbeit kommt der Entwicklungshilfe durch **Nichtregierungsorganisationen (NGOs)** eine wichtige Bedeutung zu. Kirchliche Einrichtungen wie Misereor oder Brot für die Welt, politische Stiftungen der im Bundestag vertretenen Parteien und etwa 100 private Organisationen (z. B. Ärzte ohne Grenzen, Welthungerhilfe) leisten Beiträge zur Lösung von Entwicklungsproblemen mit dem Schwerpunkt der **Hilfe zur Selbsthilfe** bei der Bekämpfung der Armut. Im Rahmen von **Public-Private-Partnerships** arbeiten Regierungen und Unternehmen aus Industrie- und Entwicklungsländern nach ökonomischen **Win-Win-Prinzipien** zusammen. Zudem soll die Zusammenarbeit als solche den Menschen in den Entwicklungsländern zugutekommen (z. B. Know-how-Transfer, allgemeine Infrastrukturverbesserung). Unter bestimmten Voraussetzungen erhalten sie finanzielle Zuschüsse vom Bundesministerium für wirtschaftliche Zusammenarbeit und Entwicklung.

Die NGOs genießen in den Entwicklungsländern häufig ein hohes Ansehen, da ihnen keine politische Beeinflussungsabsicht unterstellt wird. Daneben stellen private Unternehmen (ADI) und Banken (Kredite) finanzielle Unterstützung zu kapitalmarktüblichen Bedingungen bereit.

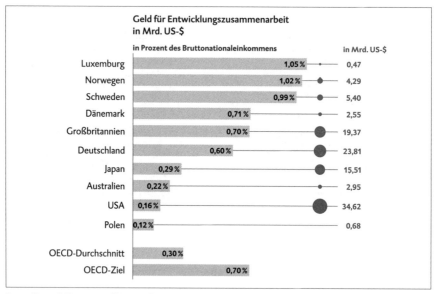

Entwicklungshilfe ausgewählter Länder, Stand 2019

7.3 Millenniumsentwicklungsziele 2015 und Agenda 2030

Im September 2000 wurde von den Staats- und Regierungschefs von 189 Ländern eine Millenniumserklärung verabschiedet, die die **globalen Herausforderungen zu Beginn des 21. Jh.** beschreibt. Acht international vereinbarte Entwicklungsziele wurden in einer Liste zusammengestellt sowie mit 60 konkreten Indikatoren bzw. 21 konkreten Zielvorgaben bis 2015 belegt, den sogenannten **Millenniumsentwicklungszielen.** Die Vereinten Nationen haben deren Umsetzung überwacht.

Da bis zum Jahr 2015 keines der Ziele vollständig, einige Ziele sogar nur ansatzweise erreicht worden sind, wurde nachfolgend die **Agenda 2030** verabschiedet, die **17 Ziele für nachhaltige Entwicklung** (SDGs, Sustainable

Development Goals) enthält. Hierdurch soll sichergestellt werden, dass die Millenniumsentwicklungsziele fortgeführt und zusätzlich neue Ziele (u. a. ökologische) für eine nachhaltige Entwicklung verfolgt werden.

Diese 17 Ziele für nachhaltige Entwicklung sind **politische Zielsetzungen der UN**. Sie sollen weltweit der Sicherung einer nachhaltigen Entwicklung auf ökonomischer, sozialer und ökologischer Ebene dienen. Sie traten am 1. Januar 2016 mit einer Laufzeit von 15 Jahren bis 2030 in Kraft und gelten für alle Staaten.

Die neue Agenda soll es jedem Land stärker als vorher ermöglichen, die Ziele in eigener Regie umzusetzen. Das konkrete Vorgehen soll in **nationalen Aktionsplänen** festgeschrieben werden, die die Beteiligung von Städten, Dörfern, Gemeinden oder Provinzen auf der lokalen Ebene vorsehen (vgl. lokale Agenda 21 in Deutschland).

Die 17 Ziele der Agenda 2030

1. **Armut beenden** – Armut in all ihren Formen und überall beenden

2. **Ernährung sichern** – den Hunger beenden, Ernährungssicherheit und eine bessere Ernährung erreichen und eine nachhaltige Landwirtschaft fördern

3. **Gesundes Leben für alle** – ein gesundes Leben für alle Menschen jeden Alters gewährleisten und ihr Wohlergehen fördern

4. **Bildung für alle** – inklusive, gerechte und hochwertige Bildung gewährleisten und Möglichkeiten des lebenslangen Lernens für alle fördern

5. **Gleichstellung der Geschlechter** – Geschlechtergleichstellung erreichen und alle Frauen und Mädchen zur Selbstbestimmung befähigen

6. **Wasser und Sanitärversorgung für alle** – Verfügbarkeit und nachhaltige Bewirtschaftung von Wasser und Sanitärversorgung für alle gewährleisten

7. **Nachhaltige und moderne Energie für alle** – Zugang zu bezahlbarer, verlässlicher, nachhaltiger und zeitgemäßer Energie für alle sichern

8. **Nachhaltiges Wirtschaftswachstum und menschenwürdige Arbeit für alle** – dauerhaftes, breitenwirksames und nachhaltiges Wirtschaftswachstum, produktive Vollbeschäftigung und menschenwürdige Arbeit für alle fördern

9. **Widerstandsfähige Infrastruktur und nachhaltige Industrialisierung** – eine widerstandsfähige Infrastruktur aufbauen, breitenwirksame und nachhaltige Industrialisierung fördern und Innovationen unterstützen

10. **Ungleichheit verringern** – Ungleichheit in/zwischen Ländern verringern

11. **Nachhaltige Städte und Siedlungen** – Städte und Siedlungen inklusiv, sicher, widerstandsfähig und nachhaltig gestalten

12. **Nachhaltige Konsum- und Produktionsweisen** – nachhaltige Konsum- und Produktionsmuster sicherstellen

13. **Sofortmaßnahmen ergreifen, um den Klimawandel und seine Auswirkungen zu bekämpfen**

14. **Bewahrung und nachhaltige Nutzung der Ozeane, Meere und Meeresressourcen**

15. **Landökosysteme schützen** – Landökosysteme schützen, wiederherstellen und ihre nachhaltige Nutzung fördern, Wälder nachhaltig bewirtschaften, Wüstenbildung bekämpfen, Bodendegradation beenden und umkehren und dem Verlust der biologischen Vielfalt ein Ende setzen

16. **Frieden, Gerechtigkeit und starke Institutionen** – friedliche und inklusive Gesellschaften für eine nachhaltige Entwicklung fördern, allen Menschen Zugang zum Recht ermöglichen und leistungsfähige, rechenschaftspflichtige und inklusive Institutionen auf allen Ebenen aufbauen

17. **Umsetzungsmittel und globale Partnerschaft stärken** – Umsetzungsmittel stärken und die globale Partnerschaft für nachhaltige Entwicklung mit neuem Leben füllen

Zur Konkretisierung der 17 Ziele verabschiedeten die UN einen Katalog von 169 Zielvorgaben. Hierzu gehörten u. a. auch die Beendigung der Subventionen für fossile Energien und für Agrar-Exportsubventionen. Im Januar 2017 verabschiedete die Bundesregierung als Grundlage für die Umsetzung der SDGs in Deutschland die **Deutsche Nachhaltigkeitsstrategie.**

Ende März 2020 veröffentlichten die UN einen Bericht zu den Auswirkungen der **Corona-Pandemie** auf die Zielerreichung. Sie forderten dazu auf, weltweit diese Krise zu nutzen, um die Nachhaltigkeitsziele und die Agenda 2030 konsequenter und schneller umzusetzen. Denn die ärmeren Staaten leiden sehr stark unter den Folgen der Corona-Krise, sowohl in sozialer als auch in wirtschaftlicher Hinsicht. So ist z. B. in Afrika und Lateinamerika binnen kurzer Zeit die Zahl der auf Lebensmittelhilfe Angewiesenen auf das Dreifache gestiegen. Es ist laut UN deshalb unbedingt wichtig, dass die nachhaltigen Entwicklungsziele kurzfristig umgesetzt würden.

Kompetenzcheck

– Erklären Sie unter Verwendung des Dreiecks der Nachhaltigkeit das Prinzip der nachhaltigen Entwicklung.

– Erläutern Sie die Ziele der Agenda 2030 im Kontext internationaler Entwicklungszusammenarbeit.

Eine Welt – unterschiedliche Entwicklungsstände

fgabe 1 Vergleichen Sie den Entwicklungsstand der vier Staaten (M 1).

fgabe 2 Erörtern Sie Möglichkeiten und Probleme der wirtschaftlichen Zusammenarbeit im Zeitalter der Globalisierung (M 2).

M 1 Ausgewählte Indikatoren zum Entwicklungsstand 2017

	Einschulungsrate weiterführender Schulen 2010–16 (m/w in %)	Städtische Bevölkerung (in %)	Lebenserwartung (Jahre)	Stromverbrauch je Einw. (kWh/J.)	BNE je Einw. (in PPP-$)
El Salvador	63/65	68	74	780	7 540
Frankreich	98/100	80	82	6 427	43 720
Kamerun	50/44	55	55	205	3 640
Mexiko	76/79	80	77	1 905	17 740

PPP-$: vgl. S. 210 (KKP)

M 2 Schematische Darstellung der Terms of Trade

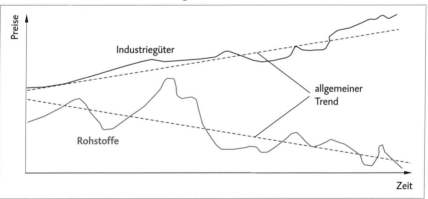

Bedeutung von Dienstleistungen für Wirtschafts- und Beschäftigungsstrukturen

Fensterputzer an einem modernen Bürogebäude

1 Vielfalt des tertiären Sektors

1.1 Von der Industrie- zur Dienstleistungsgesellschaft

Der **tertiäre Sektor** ist neben Landwirtschaft und Industrie der dritte große ökonomische Bereich jeder Volkswirtschaft. Er umfasst neben einfachen Dienstleistungsberufen wie Friseur oder Reinigungskraft auch gehobene Tätigkeiten, z. B. Steuerberater, Manager usw.

1970 trug die Industrie noch 53 % zum bundesdeutschen BIP bei, 1980 waren es nur noch 43 %: Der tertiäre Sektor hatte mit 54 % BIP-Anteil den sekundären von Platz 1 verdrängt. Waren 1970 noch 8,6 Mio. in der Industrie der BRD beschäftigt, sank dieser Wert im folgenden Jahrzehnt um eine Million, also um genau die Zahl, um die die im tertiären Sektor Beschäftigten zunahmen. Man spricht in diesem Zusammenhang von **Tertiärisierung**. In Deutschland werden mittlerweile im tertiären Sektor fast 70 % des BIP erwirtschaftet.

> **Tertiärisierung**
>
> Der Begriff stammt aus der Betriebswirtschaftslehre und bezeichnet dort die Zunahme der Zahl der Beschäftigten in den Betriebsbereichen Verkauf, Lagerhaltung, Transport, Organisation, Marketing und Verwaltung bei gleichzeitiger Abnahme der Zahl der Arbeitsplätze in der Produktion.
> Dieser Prozess hat auch räumliche Auswirkungen, v. a. die Umwandlung von Wohn- und Gewerbegebieten in tertiärwirtschaftlich genutzte Flächen, z. B. für Büros, Dienstleistungen oder Verkauf. Gesamtwirtschaftliche Folge ist die Verlagerung des Schwerpunkts der Beschäftigungsstruktur eines Staats weg vom sekundären und hin zum tertiären Sektor.

1.2 Fourastié und die Entwicklung der Gesellschaft

Nach der in den 1940er-Jahren entwickelten Theorie des französischen Ökonomen Jean Fourastié folgen auf die Phase der **Agrar-** die Phasen der **Industrie-** und schließlich der **Dienstleistungsgesellschaft**.

Ablesbar ist diese Entwicklung sowohl an den Veränderungen innerhalb der von den Wirtschaftssektoren erbrachten Leistung (z. B. BIP, BNE) als auch an den Anteilen der Beschäftigten.

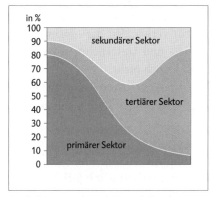

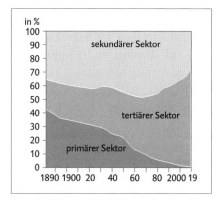

Beschäftigtenanteile nach Wirtschaftssektoren:
Prognose Fourastiés 1949

Tatsächliche Entwicklung in Deutschland
1882–2019

1.3 Personen- und unternehmensorientierte Dienstleistungen

In den Industriestaaten haben insbesondere die **hoch qualifizierten Tätigkeiten** (Management, Organisation und Verwaltung, Forschung und Entwicklung, Beratung) zugenommen, die dem Bereich **produktionsorientierter (unternehmensorientierter) Dienstleistungen** zuzuordnen sind. **Konsumorientierte (personenbezogene) Dienstleistungen** (Friseurbetriebe, Einzelhandel) sind – mit einigen Ausnahmen (Sozialdienste, Fremdenverkehr) – meist von nachgeordneter Bedeutung. Der Dienstleistungssektor wurde so zum Motor des Wirtschaftswachstums in den Industriestaaten.

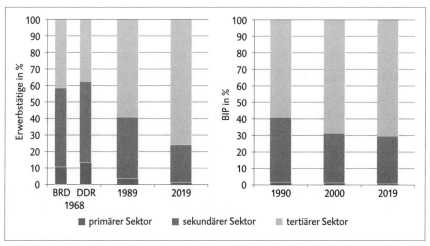

Wirtschaftssektoren: Beschäftigte und Anteil am BIP, Deutschland

Teilweise wird für höherwertige personen- und unternehmensorientierte Dienstleistungen der Begriff **quartärer Sektor** verwendet; dazu rechnet man z. B. FuE, Banken und Versicherungen, Steuer- und Unternehmensberatung. Allgemein durchgesetzt hat sich dieser Begriff jedoch nicht.

Dem Tertiärisierungsprozess und der Zunahme **personen- und unternehmensorientierter Dienstleistungen** liegen vielfältige Entwicklungen zugrunde:

- eine meist im Zuge der Industrialisierung erreichte Kapitalbildung, die das Angebot von technischem Know-how auf hohem Niveau sowie die Finanzierung und Entwicklung grundlegend neuer Angebote ermöglichte;

- die erhöhte Nachfrage nach Dienstleistungen aufgrund steigender Zahl berufstätiger Frauen, kleiner Haushalte sowie steigender Einkommen und damit wachsender Ansprüche der Menschen, z. B. in den Bereichen Freizeit und Unterhaltung;

- der steigende Bedarf an Wartungs-, Reparatur- und Installationsdienstleistungen angesichts zunehmend komplizierterer technischer Geräte;

- die angesichts der zunehmend älter werdenden Bevölkerung wachsende Bedeutung des Gesundheits- und Pflegebereichs;

- die notwendige Aus- und Weiterbildung der durch Rationalisierungsmaßnahmen im primären und sekundären Sektor frei werdenden Arbeitskräfte für Berufe im tertiären Sektor;

- **Outsourcing**, d. h. die Übertragung von nicht zum Kerngeschäft eines Unternehmens gehörenden Bereichen an spezialisierte und daher kostengünstigere Anbieter (Instandhaltung, Verpflegung, EDV, Transport);

- der durch die wachsende Komplexität ökonomischer und sozialer Systeme bedingte erhöhte Bedarf an Steuerung, Vermittlung und Überwachung (Wachdienste; Logistikdienstleistungen; Verwaltung u. a.);

- Bemühungen um **Lean Production** (vgl. S. 118), d. h. das Weglassen aller überflüssigen Produktionsschritte sowie eine intelligent organisierte Verwaltung, mit der Zuweisung komplexerer Aufgaben an den einzelnen, in Teams arbeitenden Mitarbeiter (**Job Enlargement**);

- die parallel zur wachsenden Bedeutung von Dienstleistungen gesteigerte Notwendigkeit, deren Distribution zu organisieren, z. B. durch eine zunehmende Zahl von Personaldienstleistern; diese vermitteln z. B. im Bedarfsfall Leiharbeiter zur Ergänzung der knapp kalkulierten Stammbelegschaft einer Firma.

1.4 Niedrig- und Hochlohnbereiche

In zahlreichen **wirtschaftlich weniger entwickelten Ländern** legen die statistischen Daten auf den ersten Blick die Annahme eines ähnlichen Tertiärisierungsprozesses nahe:

Im tertiären Sektor Beschäftigte (%)	1990	2000	2017
El Salvador	42	50	60
Moldau	37	38	50
Anteil am BIP (%)	1991	2000	2017
Tadschikistan	19	55	53
Uganda	37	38	51

Der tertiäre Sektor in Entwicklungsländern: Beschäftigte und Anteil am BIP

Doch die gesamtwirtschaftlichen Daten deuten eher darauf hin, dass sich hinter den rasant steigenden Werten des tertiären Sektors in diesen Staaten Berufsfelder wie Schuhputzer, Müllsammler, Liftboy oder Straßenkehrer, also niedere Dienstleistungen und geringerwertige Beschäftigungen verbergen: Denn alle vier Staaten gehören zu den jeweils ärmsten der Region oder gar der Erde.

Diese Tatsache verdeutlicht drei Fehlprognosen Fourastiés zur Entwicklung des tertiären Sektors:

* Das Problem der Arbeitslosigkeit werde beseitigt;
* eine höhere Bildung der Arbeitnehmer werde nötig – viele der oben genannten Berufe verdecken nur eine versteckte Unterbeschäftigung;
* die Dominanz des tertiären Sektors werde zu einer Angleichung der Einkommen innerhalb eines Staates auf hohem Niveau führen – das Gegenteil trifft zu. Gerade in Entwicklungsländern liegt zwischen den im **informellen Sektor** (d. h. in den oben genannten Berufen) Beschäftigten und den gut ausgebildeten Angehörigen des eigentlichen tertiären Sektors im Sinne Fourastiés eine große Einkommenskluft.

Diese Differenzierung findet nicht allein in den sogenannten Entwicklungsländern, sondern weltweit im Dienstleistungsbereich statt. Gerade in den hoch entwickelten Staaten gehen durch Rationalisierungs- und Automatisierungsmaßnahmen Arbeitsplätze in Berufen mit geringer Qualifikation verloren (z. B. Tankwart, Fahrkartenverkäufer). Andererseits entstehen neue Berufe, die von qualifizierten Beschäftigten mit einem hohen Berufsabschluss die Übernahme außerordentlicher Verantwortung sowie ein hohes Maß an Spezialisierung verlangen.

Niedriglohnbereiche versus Hochlohnbereiche

In Deutschland überwiegt quantitativ eine gegenläufige Entwicklung: Als **Beschäftigte in atypischen Beschäftigungsverhältnissen** werden Leiharbeiter, sozialversicherungspflichtige Teilzeitarbeiter bis 20 Wochenstunden, Minijobber sowie Beschäftigte in befristeten Arbeitsverhältnissen bezeichnet. Deren Anteil hat seit den 1990er-Jahren deutlich zugenommen (1991: 12,8 %) und stagniert aktuell auf hohem Niveau (vgl. folgende Tabelle).

Indikatoren	2003	2009	2019
Beschäftigte insgesamt (Mio.)	39,2	40,9	45,3
davon im tertiären Sektor beschäftigt (Mio.)	28,0	30,1	33,8
davon im tertiären Sektor beschäftigt (%)	71,5	73,6	74,6
Sozialversicherungspflichtig Beschäftigte (Mio.)	26,9	27,6	33,4
Atypisch Beschäftigte (% aller Beschäftigten)	18,9	19,0	20,6

Beschäftigungssituation in Deutschland

Dabei hat der tertiäre Sektor nicht nur einen deutlich höheren Anteil atypischer Beschäftigung als die anderen Sektoren, sondern auch deutlich höhere absolute wie relative Zuwächse: Über 90 % des absoluten Wachstums atypischer Beschäftigung entfielen seit 1996 auf Dienstleistungsbranchen.

Vielfach sind atypisch Beschäftigte im **Niedriglohnsektor** tätig. Als Niedriglohn definiert die OECD ein Bruttoeinkommen, das weniger als zwei Drittel des mittleren Bruttolohns des jeweiligen Landes beträgt. 2019 lag die Niedriglohngrenze in Deutschland bei 2 203 € monatlich. Zu Niedriglöhnen waren 2019 in Ostdeutschland 32,1 % der Vollzeitbeschäftigten angestellt, in Westdeutschland „nur" 16,5 %. Als Maßnahme gegen niedrige Löhne gilt ein **gesetzlicher Mindestlohn**. In Deutschland soll dieser von 9,35 € je Stunde (2020) bis 2022 schrittweise auf 10,45 € steigen. Unter diesen Werten liegen viele Berufsgruppen aus dem tertiären Sektor, z. B. das Hotel- und Gaststättengewerbe oder der Bereich Gebäudereinigung. Ein gesetzlicher Mindestlohn wirkt sich dann zugunsten der Arbeitnehmer aus, wenn er über dem definierten Niedriglohn liegt.

Berufe aus den Bereichen Forschung, Hochtechnologie, Logistik, Informationsdienstleistungen und Beratungstätigkeiten (Rechtsanwälte, Wirtschafts- und Steuerberater) sind dem sogenannten **Hochlohnsektor** zuzuordnen. Bei großer Bedeutung dieser Berufe spricht man von einem Wandel von der Dienstleistungs- zur **Informationsgesellschaft**. Auch Deutschland wandelt sich zu einer derartigen Informationsgesellschaft, wie die folgende Statistik zeigt:

Bruttowertschöpfung Deutschlands 2019	3,09 Bio. €
Primärer Sektor: Land- und Forstwirtschaft, Fischerei	0,9 %
Sekundärer Sektor: Produzierendes Gewerbe (inkl. Baugewerbe)	29,8 %
Tertiärer Sektor insgesamt davon	69,3
Handel, Verkehr, Gastgewerbe	16,2 %
Information und Kommunikation	4,6 %
Finanz- und Versicherungsdienstleister	3,9 %
Grundstücks- und Wohnungswesen	10,6 %
Unternehmensdienstleistungen (u. a. Rechts- und Steuerberatung, Werbung/Marktforschung, Vermittlung von Arbeitskräften)	11,5 %
Öffentliche und private Dienstleister, Erziehung, Gesundheit	18,7 %
Sonstige Dienstleister (u. a. Unterhaltung, Erholung, häusl. Dienste)	3,8 %

Bruttowertschöpfung Deutschlands nach Wirtschaftsbereichen im Jahr 2019
(blau hinterlegt: wichtige Bereiche des sog. „quartären Sektors")

Kompetenzcheck

- Beschreiben Sie die Vorhersagen Fourastiés zur Entwicklung der Wirtschaft vom Jahr 1800 bis zur Gegenwart.
- Vergleichen Sie aktuelle Entwicklungen im tertiären Sektor der Industrie- und der Entwicklungsländer.
- Nennen Sie Beispiele für Tätigkeiten im Niedriglohn- und Hochlohnsektor und erläutern Sie die Entwicklung beider Bereiche in Deutschland seit der Jahrtausendwende.

2 Einfluss sozioökonomischer und technischer Veränderungen auf den Tertiärisierungsprozess

2.1 Die Bedeutung des Bildungswesens für die soziale und ökonomische Entwicklung einer Region

Schon im UNDP-Bericht zur menschlichen Entwicklung 2014 wurde betont, dass frühzeitige Investitionen in die (Aus-)Bildung die Zukunftsaussichten des Individuums und der Gesellschaft, in der es lebt, positiv beeinflussen – durch ein breiteres Arbeitsplatzangebot, höherwertige Arbeitsplätze, die Einführung sozialer Sicherungssysteme und gesellschaftliche Stabilität.

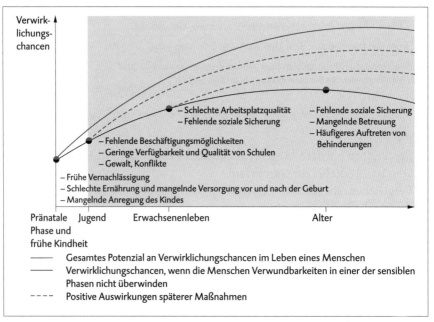

Lebens-/Zukunftschancen in Abhängigkeit von negativen Einflussfaktoren

Im Jahre 2000 hatten sich daher in Dakar mehr als 160 Länder dem **UN-Millenniumsziel** verpflichtet, in den nächsten eineinhalb Jahrzehnten allen Kindern **Zugang zu kostenloser Grundschulbildung** zu verschaffen. Zwar erhielten im Jahr 2018 83 % der Kinder ein Grundmaß an schulischer Bildung, doch 17 % hatten weltweit laut UNESCO keinerlei Zugang zu Bildungseinrichtungen. Rund 258 Mio. Kinder und Jugendliche besuchten keine Schule, neun von zehn der Betroffenen lebten in Afrika und Asien. Die Corona-Pandemie verstärkt die Ungleichheiten weiter und wird die Bildungsungerechtigkeit verstetigen. Das Millenniumsziel „Bildung für alle" ist laut UNESCO nicht mehr planmäßig umzusetzen. Das Ziel des Grundschulbesuchs für alle Kinder wurde nun auf das Jahr 2030 verschoben. Zugleich soll bis zu diesem Datum auch jedes Kind eine Vorschulbildung und sekundäre Bildung erhalten.

Weltweit waren 2018 rund 796 Mio. Erwachsene **Analphabeten**, fast zwei Drittel davon Frauen. Seit den 1990er-Jahren hat sich der Anteil der Menschen mit mindestens grundlegenden Lese- und Schreibkompetenzen an der Gesamtbevölkerung in den meisten Entwicklungs- und Schwellenländern jedoch deutlich verbessert. In Südasien z. B. stieg die Alphabetisierungsrate 1990–2018 von 46 % auf 68 %. Trotz dieser deutlichen Steigerungen lebt allein in Indien weiterhin ein Drittel aller weltweiten Analphabeten. Doch auch in Deutschland gibt es rund 7,5 Mio. Menschen im erwerbsfähigen Alter, die zwar Worte und einzelne Sätze lesen können, nicht aber einen kurzen Text (**funktionale Analphabeten**).

Einige Bildungsforscher betonen, dass Investitionen in Bildung dem Staat hohe Erträge durch wirtschaftliches Wachstum und höhere Steuereinnahmen bringen. Viele Entwicklungsländer hoffen auch auf eine mit der Alphabetisierung einhergehende Verbesserung der Lebensumstände (Hygiene, Familienplanung, Anbautechniken), auf die Schaffung einer oft fehlenden Einheitssprache und ein gemeinsames Nationalgefühl. Daher belegen Entwicklungsländer bei den entsprechenden Ausgaben nicht generell die hinteren Ränge:

Land	Ausgaben (in %)	Land	Ausgaben (in %)
Schweden	7,7	Frankreich	5,2
Lesotho	6,4	Deutschland	4,3
Tansania	6,2	Peru	3,9
Südafrika	6,1	Iran	3,8
USA	5,4	Hongkong	3,3

Anteil der Bildungsausgaben am BIP ausgewählter Länder, Stand 2017

Zu den Ländern mit überdurchschnittlich hohen Bildungsausgaben (globaler Durchschnitt 2017: 4,2 % des BIP) gehört Tansania (vgl. Tabelle oben). Der HDI des Landes lag 1990 bei 0,396; im Jahr 2018 bei 0,528 (Rang 159 von189 Ländern) – das ist derselbe Wert wie Uganda mit aktuell nicht einmal halb so hohen Bildungsausgaben. Einige Kritiker sehen deshalb im Analphabetismus nicht die Ursache, sondern lediglich ein **Symptom von Unterentwicklung** und halten teure Alphabetisierungskampagnen nur dann für sinnvoll, wenn gleichzeitig und im selben Umfang ökonomische Verbesserungen eingeleitet werden. Dazu müssten die hohen Ausgaben für Bildung reduziert (!) werden. Denn nur sehr wenige Schüler (in Tansania ca. 25 %) kommen über die vier- oder sechsjährige Grundschule hinaus, in der vielfach Lehrer mit geringer Ausbildung Klassen mit 60 Schülern oder mehr unterrichten. Nachdem 2014 mehr als 60 % der Schüler bei der zentralen Abschlussprüfung der weiterführenden Schulen durchgefallen waren, beklagte die tansanische Lehrergewerkschaft die schlechte Ausbildung und Bezahlung der Lehrkräfte, ihre schwachen Englischkenntnisse, mangelhafte Lehrmittel und die insgesamt bildungsfeindliche Umgebung: In vielen Familien seien die Kinder gezwungen, zusätzlich zum Schulbesuch zu arbeiten. Die Regierung reagierte hierauf mit einer großzügigen Änderung des Bewertungsrasters. Der Arbeitsmarkt, so die Kritiker, sei außerdem vielfach gar nicht in der Lage, die wachsende Zahl von Schulabgängern aufzunehmen. Die Suche nach **White-Collar-Jobs** (Büro-, Handels-, Dienstleistungs- und ähnliche Berufe; im Gegensatz zu körperlich Arbeitenden) verstärke die Abwanderung vom Land, und ausgebildete Kräfte gingen der Landwirtschaft verloren.

Investitionen in Bildung sind also nur dann zielführend, wenn parallel dazu auch in andere Bereiche (Arbeitsplätze, Armutsbekämpfung usw.) investiert wird.

2.2 Stellenwert von Schul- und Universitätsausbildung

Während in den meisten Industriestaaten 12 bis 13 Schuljahre vorgesehen sind, differiert die **Länge der Schulpflicht** innerhalb der Gruppe der Entwicklungsländer deutlich (vgl. Abb. S. 281). Des Weiteren bestehen deutliche **Geschlechterunterschiede** sowohl hinsichtlich des grundsätzlichen Besuchs einer weiterführenden Schule als auch hinsichtlich der durchschnittlichen Dauer des Schulbesuchs: So gehen Jungen in Entwicklungsländern durchschnittlich mehr als ein Jahr länger zur Schule als Mädchen. Weltweit gingen im Jahr 2019 34 Mio. Mädchen im Grundschulalter nicht zur Schule, im Vergleich zu 29 Mio. Jungen (bei annähernd gleich großen Geburtsjahrgängen). Insgesamt schließen nur 64 % der Kinder in Subsahara-Afrika die Grundschule erfolgreich ab, und weltweit besuchen rund 61 Mio. Jugendliche nach Abschluss der Grundschule keine weiterführende Schule. Das kann unterschiedliche Ursachen haben, z. B. dass es nicht genügend weiterführende Schulen gibt oder die Kinder zum Lebensunterhalt der Familie beitragen müssen. In 89 von 103 Ländern, die darüber Informationen zur Verfügung stellten, wurden laut UNESCO-Weltbildungsbericht 2006 Schulgebühren erhoben. Dank der danach von UNICEF und der Weltbank ins Leben gerufenen School Fee Abolition-Initiative haben inzwischen mehrere Länder die Schulgebühren abgeschafft, darunter Äthiopien, Ghana, Kenia, Malawi und Mosambik. Doch selbst ohne Gebühren bleibt ein Schulbesuch aufgrund der Kosten für Bücher, Transport und Schuluniform teuer, sodass Zugang zum und Dauer des Schulbesuchs häufig nicht nachhaltig verbessert werden konnten.

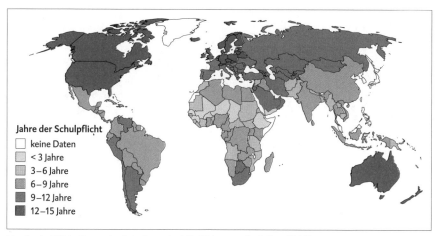

Jahre der Schulpflicht
- ☐ keine Daten
- ☐ < 3 Jahre
- ☐ 3–6 Jahre
- ☐ 6–9 Jahre
- ☐ 9–12 Jahre
- ■ 12–15 Jahre

Durchschnittliche Dauer des Schulbesuchs (alle Bildungsstufen), Stand 2017

In Entwicklungsländern ist die **Akademikerquote**, d. h. der Anteil der Hochschulabsolventen an einer Bevölkerung oder an der Erwerbsbevölkerung, geringer als in Industriestaaten. Vielfach wandern Akademiker aus Entwicklungsländern wegen der in Industriestaaten besseren Verdienstmöglichkeiten ab.

Als **negative Folgen dieses Braindrains** gelten der Verlust von Humankapital, Personalknappheit in wichtigen Sektoren mit nachfolgender Schwächung der Institutionen und der Innovationskraft des Landes, der Verlust zuvor getätigter volkswirtschaftlicher Investitionen sowie Steuereinbußen. Als **positive Auswirkungen** werden Geld-Rücküberweisungen, Bildungsanreize in den Herkunftsländern, der Transfer von Wissen und Technologie, Katalysatorwirkungen für unternehmerische Initiativen und Entwicklungsprojekte – insgesamt als **Braingain** bezeichnet – sowie die Entlastung des Arbeitsmarktes angesehen, falls die Migranten arbeitslos waren.

Ob Braindrain dem Land schadet oder nützt, ist kontextabhängig. Kleine und arme Entwicklungsländer scheinen eher geschwächt zu werden, größere Länder und solche mit mittlerem Einkommen können davon auch profitieren.

Insgesamt wächst in allen OECD-Ländern der Anteil der Hochschulabsolventen, entsprechend dem gesellschaftlichen Wandel hin zu einer Dienstleistungs- oder Informationsgesellschaft. Während ein Studium lange Zeit vor Arbeitslosigkeit schützte und ein höheres Einkommen sicherte, müssen inzwischen rund 10 % der Akademiker im Niedriglohnsektor arbeiten, während die Wirtschaft den **Fachkräftemangel** beklagt.

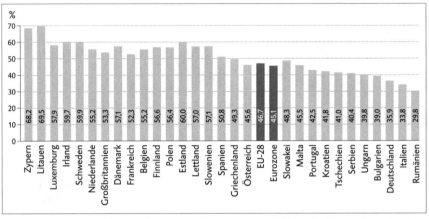

Europäische Union: Anteil der erwachsenen Bevölkerung mit einem Bildungsabschluss im Tertiärbereich, Stand 2019

2.3 Folgen technischer und technologischer Disparitäten

Als zweite entscheidende Basis für Innovationen und internationale Wettbewerbsfähigkeit neben dem (Aus-)Bildungsniveau gilt die **Forschungs- und Entwicklungs-Intensität**, abgekürzt **FuE-Intensität**. Sie gibt Auskunft darüber, wie viel Prozent des BIP für Forschung und Entwicklung ausgegeben werden. Auf einem Sondergipfel der EU-Staats- und Regierungschefs hatten sich die EU-Mitgliedsländer in Lissabon 2000 zum Ziel gesetzt, bis 2010 eine FuE-Intensität von 3 % zu erreichen, um die EU innerhalb dieser zehn Jahre zum wettbewerbsfähigsten und dynamischsten wissensgestützten Wirtschaftsraum der Welt zu machen. Dieses Ziel wurde 2020 für die EU-2020-Strategie bekräftigt, auch 2019 war es noch nicht erreicht (2,07 %).

In Deutschland liegt die FuE-Intensität seit 2017 über 3 % (vgl. folgende Abb.). In der EU geben auch Schweden (nahe 3,5 %), Österreich und Dänemark viel Geld für FuE aus, am wenigsten Zypern, Malta, Lettland und Rumänien (jeweils unter 0,5 %). Damit ist die FuE-Intensität der EU wesentlich niedriger als die Japans, der Schweiz und der USA, aber in etwa ebenso hoch wie die Chinas.

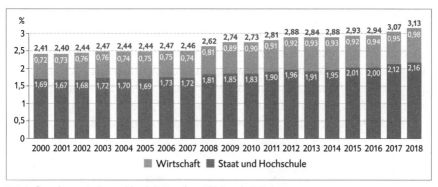

FuE-Aufwendungen in Deutschland als Anteil am BIP, Stand 2019

In Regionen bzw. Ländern mit hoher FuE-Intensität sind Wirtschaftswachstum, Arbeitsproduktivität, der Anteil von Akademikern an der Einwohnerzahl und der Beschäftigten in hoch qualifizierten tertiären Bereichen sowie der Anteil wissensintensiver und technischer Wirtschaftszweige hoch; niedrig sind dagegen Arbeitslosenquote, der Anteil von Beschäftigten im Niedriglohnbereich und die Gefahr sozialer Probleme.

Seit den 1990er-Jahren wird u. a. der **Zugang zum Internet** und den anderen digitalen Informations- und Kommunikationstechniken als Gradmesser der Wirtschaftskraft und des ökonomischen Fortschritts gesehen. Zwar holen die Entwicklungsländer bei der Internetnutzung auf, doch spiegelt sich die traditionelle wirtschaftliche Teilung der Welt noch immer in der digitalen Erschließung und Nutzung der Neuen Medien wider: Im Jahr 2018 nutzten geschätzt rund 3,9 Mrd. Menschen weltweit das Internet, für 2021 werden 4,14 Mrd. prognostiziert. Die meisten Onliner gab es in Asien (2,16 Mrd., davon mehr als ein Drittel in China), gefolgt von Europa (705 Mio.) und Nordamerika (346 Mio.). Nur rund ein Drittel der Nutzer lebte in Entwicklungsländern. Für die ungleiche Verteilung digitaler Technik hat sich der Begriff der **digitalen Kluft** (vgl. S. 116 f.) etabliert. Global drohen großen Teilen Afrikas sowie vielen Ländern Mittelamerikas und Südostasiens Entwicklungsnachteile.

Die unterschiedlich schnelle Umsetzung technologischer Neuerungen trägt auch zu einer Auseinanderentwicklung innerhalb Deutschlands bei. In dünn besiedelten, strukturschwachen Regionen stößt der **Ausbau technischer Infrastrukturen** (Breitbandkabel) kostenbedingt an Grenzen; diese Gebiete erscheinen deshalb für potenzielle Investoren wenig attraktiv. Wichtige Dienstleistungen (z. B. Telekommunikationsnetz, Gesundheitsversorgung, Kultur und Sport) sind hier kaum noch aufrechtzuerhalten; Abwanderung und Überalterung der Bevölkerung sind die Folge. Infrastrukturell gut ausgestattete Zentralregionen und Agglomerationen entwickeln sich wirtschaftlich weiter, ggf. zu Metropolregionen mit immer größerem Bedeutungsüberschuss. Auf EU- wie Bundesebene wurde jahrzehntelang mit hohen Ausgleichszahlungen versucht, Regionen schrittweise technologisch, wirtschaftlich und sozial einander anzugleichen. Wegen der hohen Kosten treten in der raumordnerischen Diskussion jedoch zunehmend an die Stelle einer auf „Gleichwertigkeit" angelegten Politik „Mindeststandards" einer ausreichenden Daseinsvorsorge.

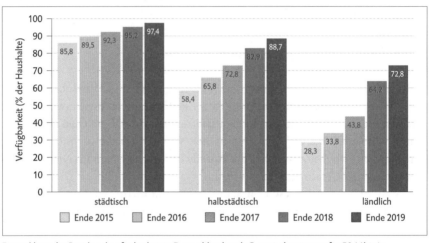

Entwicklung der Breitbandverfügbarkeit in Deutschland nach Gemeindeprägung, für 50 Mbit/s

Kompetenzcheck

– Erläutern Sie den Stellenwert von Bildung als grundlegende Voraussetzung von Entwicklung.
– Diskutieren Sie, ob Analphabetismus als Symptom oder als Ursache von Unterentwicklung anzusehen ist.
– Nennen Sie Indikatoren für das Bestehen technologischer Disparitäten.

3 Global Citys als Ergebnis der globalen Wirtschaftsentwicklung

3.1 Durch Tertiärisierung an die Spitze – Global Citys

Vor allem im Bereich der Triade (vgl. S. 96) liegen Städte, denen wegen der Ausprägung ihres tertiären Sektors eine überragende, ja weltweite Bedeutung zukommt. Sie sind globale Verkehrsknotenpunkte; hier sind Börsen, Rating-Agenturen, Finanzdienstleister und Großbanken ansässig, Holding-Gesellschaften und

Global City New York

multinationale Konzerne haben hier ihren Firmensitz, ebenso internationale Immobilienagenturen und Versicherungen. In diesen Städten findet man kulturelle (Museen, Theater), politische (Behörden, Botschaften) und überstaatliche Einrichtungen (Nichtregierungsorganisationen, engl. NGOs = Non-Governmental-Organizations). Ihr Bedeutungsüberschuss erstreckt sich über die Landesgrenze, manchmal sogar über den Kontinent hinaus. Eine derartige Stadt wird als Global City bezeichnet. Dieser Begriff hat sich zeitgleich mit dem Globalisierungsprozess entwickelt. Während sich der Begriff Weltstadt überwiegend durch die Einwohnerzahl definiert, kommt beim Begriff Global City der Aspekt eines Steuerungszentrums in der globalen Wirtschaft hinzu. In den Städten selbst wird dies nicht nur anhand der Dominanz der oben genannten Dienstleistungen deutlich, sondern auch in einer Uniformität moderner Bauweisen (Hochhausarchitektur, Stahl-Glas-Konstruktionen) sowie einer Internationalisierung von Läden und Bevölkerungsgruppen mit eigenen Kultureinrichtungen.

Indikatoren zur Einordnung in die Hierarchie der Global Citys

- Zahl und Umsatz der Firmensitze der 500 größten transnationalen Konzerne (TNKs)
- Zahl der Hauptverwaltungen der 500 größten Banken nach Umsatz
- Sitz der umsatzstärksten Börsen
- Bedeutendste internationale Flughäfen nach Anzahl der Passagiere und nach Frachtaufkommen
- Führende Seehäfen nach dem Umschlag
- Sitz bedeutender internationaler Institutionen

In ihrer Bedeutung als herausragende Global Citys stehen London und New York als Knotenpunkte der globalisierten Weltwirtschaft an vorderster Stelle. Hier werden die wesentlichen Entscheidungen im Rahmen der globalen Wirtschaft getroffen. Die weiteren wichtigen Zentren sind überwiegend in den Industrieländern zu finden. Dabei spielen die USA sowie Europa, aber auch Südostasien eine bedeutende Rolle. Städte in Deutschland können aufgrund von föderalistischen Strukturen (Verteilung von Funktionen auf mehrere Städte) wie auch aus Lagegründen nur mit einzelnen Indikatoren in die Bewertung eingehen und nehmen deshalb kaum Plätze in den vorderen Rängen ein.

Eine dreistufige, in sich weiter differenzierte Hierarchisierung der Global Citys in Alpha-, Beta- und Gamma-Städte gibt deren weltweite Bedeutung bei einzelnen Indikatoren wieder. Zunehmend erlangen auch Städte in bisher weniger entwickelten Ländern Bedeutung in der globalen Wirtschaft, z. B. Mexiko-City, Jakarta oder Mumbai.

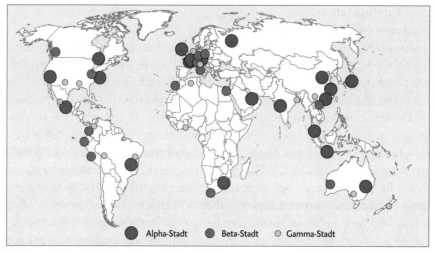

Die Hierarchie der Global Citys (Auswahl), Stand 2020

3.2 Global Citys im Spannungsfeld der Globalisierung

Neben ihrer globalen Bedeutung und Attraktivität zeichnen sich in Global Citys auch eine Reihe von Entwicklungen ab, die im Zusammenhang mit regionalen Stadtentwicklungsprozessen zu **gravierenden Veränderungen** führen. Auffälligstes Merkmal im Stadtbild ist die Herausbildung von Bürohochhaustürmen in der City als Folge der **räumlichen Konzentration** von finanz- und anderen dienstleistungsorientierten Einrichtungen, denn der damit verbundene Büroraumbedarf kann durch die vorhandenen Immobilien nicht abgedeckt werden. In der Folge wird einerseits vorhandene Bausubstanz im Rahmen eines Stadterneuerungsprozesses durch Hochhäuser ersetzt; andererseits ist z. T. eine Ausweitung des Stadtviertels in benachbarte Stadtteile erforderlich. Die Standorte der globalen Steuerungs- und Dienstleistungsfunktionen wachsen über die Grenzen der Kernstadt hinaus. Damit sind enorm steigende Büromieten verbunden.

Strukturelemente einer Global-City-Region

Grundsätzlich ist zu beobachten, dass sich die hochrangigen Intelligenz- und Kontrollfunktionen von Global Citys zunehmend über weiträumige geographische Gebiete verteilen:

- das traditionelle „**downtown center**", basierend auf fußläufigen Distanzen und einem radial verlaufenden ÖPNV-System; es ist Standort der ältesten „informational services" wie Bank- und Versicherungswesen oder von Regierungsfunktionen; Beispiele: City of London (vgl. Foto S. 288), Downtown Manhattan

- ein neueres „**business center**", das sich oftmals in einem älteren, repräsentativen Wohngebiet entwickelt und Standort für neue Dienstleistungsfunktionen ist (z. B. Unternehmens-Headquarter, Medienwirtschaft, neue „business services" wie Werbung, Public Relations oder Design); Beispiele: Londoner West End, Midtown Manhattan

- eine „**internal edge city**", die durch Ansiedlungsdruck auf traditionelle Zentren und durch spekulative Entwicklung auf alten Industrie- oder Verkehrsflächen in der Nähe traditioneller Zentren entstanden ist; Beispiele: Docklands (London), La Défense (Paris)

- eine „**external edge city**", die oftmals an einer Verkehrsachse zum Hauptflughafen, seltener an einem Bahnhof für Hochgeschwindigkeitszüge gelegen ist; Beispiele: London Heathrow, Amsterdam Schiphol

- „**Outermost edge complexes**" für Backoffices sowie Forschung und Entwicklung (FuE), typischerweise an Bahnhöfen von Haupteisenbahnlinien in einer Entfernung von zwanzig bis vierzig Meilen vom Hauptzentrum gelegen; Beispiele: Reading (westl. London), St. Quentin-en-Ivelines (westl. Paris)

- „**Specialized subcenters**" mit Ausbildungs-, Vergnügungs- und Sportfunktionen, Messe- und Kongresszentren; Beispiele: Royal Docks (London), Tokio Waterfront

---

Die Konzentration von hoch qualifizierten und damit überdurchschnittlich hoch bezahlten Arbeitsplätzen führt einerseits zu einer Verlagerung und Verdrängung der ursprünglich vorhandenen mittelständischen Betriebsstruktur, andererseits aber zu einer neuen Bereitstellung von **Arbeitsplätzen im Niedriglohnbereich** (z. B. Reinigungskräfte, Sicherheitsdienste, Taxigewerbe). Gleichzeitig verändert sich auch die Bevölkerungsstruktur. Bezahlbarer Wohnraum wird im Stadtzentrum knapp, überdies entstehen im Zuge der Gentrifizierung (vgl. S. 169) hochpreisige, modernisierte Luxusimmobilien. So ist mit der Global City auch eine **soziale Fragmentierung** verbunden.

Die Mittelschicht wandert in die Stadtrandbereiche ab, die Aufspaltung in einen finanzstarken Stadtkern einerseits sowie Wohngebiete der Mittel- und Unterschicht an der städtischen Peripherie andererseits wird beschleunigt. Die **Schere zwischen Arm und Reich** öffnet sich immer weiter.

In der City beziehen mit steigender Tendenz Firmen, die global operieren, ihren Hauptsitz; untereinander sind sie durch Netzwerke verbunden. Hingegen verlassen einfache Dienstleister und Geschäfte mit Warenangeboten für den täglichen Bedarf nach und nach die City. Traditionelle Handwerks- und Versorgungsbetriebe werden entweder in andere Stadtteile verlagert oder müssen aufgegeben werden. Es erfolgt eine Abkopplung der städtischen Wirtschaft, und die Kernstadt ist insgesamt durch einen deutlichen Arbeitsplatzverlust in den bisherigen traditionellen Branchen gekennzeichnet.

Blick auf die „City of London", eines der führenden globalen Finanzzentren

Kompetenzcheck

– Erläutern Sie den Begriff „Global City".
– Begründen Sie mit Bezug auf den tertiären Sektor, warum Alpha-Städte ausschließlich in Industriestaaten zu finden sind.
– Erläutern Sie die Folgen, die sich aus den Funktionen einer Global City ergeben.

4 Tourismusregionen im Wandel

4.1 Was ist Tourismus?

Zur Definition der Begriffe Tourismus bzw. Fremdenverkehr werden meist drei Kriterien herangezogen, nämlich die **Motive der Reisenden**, die **Dauer des Aufenthalts** und – damit verbunden – die **Lage des Zielorts**:

	touristischer Kernbereich	teilweise dem Tourismus zugeordnet	nicht dem Tourismus zugeordnet
Motiv	Urlaub/Erholung	Geschäft/Beruf, Gesundheit/Kur, Religion, Verwandtenbesuch, Freizeitgestaltung	Studium, Arbeit, Auswanderung; Flucht/Vertreibung; Nomadismus
Dauer	5–30/45 (max. 365) Tage: (Erholungs-) Tourismus, Langzeittourismus	meist 1–4 Tage: Tagesausflug/Kurzzeittourismus (Wochenendtourismus)	Tag, Woche, Monat; über 1 Jahr: Daueraufenthalt
Zielort	Inland und Ausland, kontinental/transkontinental: Ferntourismus	(Heimat-)Ort und nähere Umgebung	Grenzverkehr zum Arbeitsplatz (Berufspendler bis transkontinental)

Tourismus = Fremdenverkehr: Kriterien

Was der einzelne Reisende unter „Erholung" versteht, wie er den „Urlaub" gestaltet, wann und wie er ihn antritt, erlaubt weitere Unterscheidungen (vgl. Tabelle oben). Nach der regionalen Herkunft können **Binnen-** und **Ausländer-Tourismus** unterschieden werden. Unter dem Begriff **Incoming-Tourismus** werden Reisen von In- und Ausländern aus der Perspektive der jeweils Ortsansässigen bezeichnet.

Grundsätzlich ist der Geschäftsreiseverkehr vom Urlaubstourismus zu unterscheiden. Als **Geschäftsreisen** gelten alle beruflich begründeten und nicht privat finanzierten Reisen (Dienstreisen, Reisen zu Kongressen/Messen/Ausstellungen, sog. Incentive-Reisen); Zielorte sind vorrangig Großstädte. Der Geschäftsreiseverkehr hat als Folge der Öffnung internationaler Warenmärkte seit 1990 deutlich zugenommen. Er ist in hohem Maße von der wirtschaftlichen Lage eines Staates abhängig.

Auch **Urlaubsreisen** werden durch die ökonomische Lage eines Landes beeinflusst: Je besser die wirtschaftliche Situation, desto mehr geben die Menschen für ihren Urlaub aus.

Merkmal	Beispiele für entsprechende Reiseformen
Reisezeit	Sommer-, Wintertourismus; Hoch-, Vor-, Nebensaisontourismus
Anzahl d. Teilnehmer	Individual-, Gruppenreise
Unterkunft	Camping-, Hotel-, Hütten-, Kreuzfahrttourismus
Standard	Low-Budget-Tourismus, Luxustourismus
Verkehrsmittel	Fahrrad-, Auto-, Bahn-, Bus-, Flug-, Schiffstourismus
Aktivität	Bade-, Golf-, Sport-, Ski-, Wandertourismus
Motiv	Bildungsreise (Ethnotourismus, Kulturtourismus, Städtereise, …), Erholungstourismus i. e. S. („Strandurlaub"), Shopping, Wellness
Organisationsform	Pauschalreise, individuelle Reise, Gruppenreise

Formen des Fremdenverkehrs

4.2 Entwicklung des Tourismus in Deutschland

Abgesehen von Pilgerfahrten oder Reisen zu Heilorten war bis in die Mitte des 19. Jh. touristisches Reisen dem Adel und den Künstlern bzw. dem wohlhabenden Bildungsbürgertum vorbehalten und stets etwas Außergewöhnliches. Der Ausbau des Schienen-, Hotel- und Restaurantnetzes (in Deutschland wie in vielen anderen Staaten etwa ab 1850), erste Reiseführer (Baedeker 1839), die Gründung von Wander- und Fremdenverkehrsvereinen, erste Seebäder (um 1800) und erste Pauschalreisen (erstes deutsches Reisebüro 1854, erste deutsche Pauschalreise 1869 nach Ägypten) markieren das Ende dieser Frühphase.

Die gesetzliche Verankerung von Urlaubstagen (im Deutschen Reich seit der Jahrhundertwende 19./20. Jh. jährlich 2–12) führte zu einem Aufschwung wohnortnaher „Sommerfrischen". Als 1933 der Jahresurlaub auf bis zu drei Wochen verlängert wurde, setzte eine erste „Reisewelle" ein. Nach einer Unterbrechung durch den Zweiten Weltkrieg und die Phase des Wiederaufbaus lag die **Reiseintensität** (Anteil mehr als 14 Jahre alter Menschen an der Gesamtbevölkerung, die eine Reise von fünf und mehr Tagen pro Jahr unternehmen) in Deutschland Mitte der 1950er-Jahre bereits bei 24 % (auch wenn es sich bei der Hälfte dieser Reisen um Verwandtenbesuche handelte). Bis etwa 1990 stieg die Reiseintensität auf Werte um 75 % und verharrt seitdem ungefähr auf diesem Niveau. Folgende **Ursachen** waren für den Anstieg der Reiseintensität verantwortlich:

• Zunahme der Zahl der arbeitsfreien Tage im Jahr (auf durchschnittlich 29,1 Tage; zum Vergleich: EU 25,9 Tage – Angaben für Dezember 2019);
• gestiegener Wohlstand (monatliches Bruttoeinkommen je abhängig Beschäftigtem 1991: 1 675 €; 2019: 3 994 €);

- höherer Motorisierungsgrad (Ablösung der Bahn durch den Pkw als wichtigstes Reiseverkehrsmittel Mitte der 1960er-Jahre);
- zunehmende Akzeptanz von Pauschalreisen (Anteil an allen Reisen 1970: etwa 10 %, 1990: 35 %, 2019: deutlich über 40 %);
- wachsender Wunsch nach Erholung als Folge zunehmender Verstädterung und Schnelllebigkeit des Alltags;
- die Erleichterung des Reisens, z. B. durch die große Durchlässigkeit der Grenzen und computerbasierte Buchungssysteme.

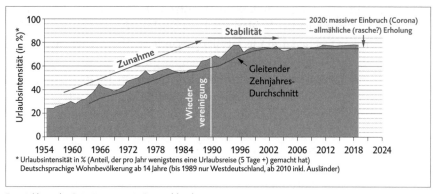

Entwicklung der Reiseintensität in Deutschland

2019, vor Beginn der Corona-Pandemie, zeichneten sich folgende Trends ab:

61 % der Deutschen (2001: 52 %) unternahmen eine Urlaubsreise von mindestens fünf Tagen; im statistischen Mittel verreiste jede(r) Deutsche 1,3-mal. 34,4 % der Reisenden verbrachten ihren Haupturlaub in Deutschland (2013: 37 %), wobei Mecklenburg-Vorpommern (6,7 %), Bayern (5,5 %), Niedersachsen (4,8 %), Schleswig-Holstein (4,0 %) und Baden-Württemberg (2,9 %) bevorzugt wurden. 48,3 % der Reisenden machten Urlaub in Europa, davon 10,6 % in Spanien (2013: 14,4 %), Italien (6,3 %; 2013: 6,9 %), Österreich (4,2 %) und Griechenland (4,1 %). Im Langzeitvergleich zeigt sich eine abnehmende Popularität etlicher klassischer Urlaubsdestinationen, sodass vor allem Spanien und die Türkei (3,5 %; 2013: 6,7 %) deutlich weniger deutsche Urlauber verzeichnen. Gewinner sind die skandinavischen Ferienregionen (3,8 %), die Beneluxstaaten (3,5 %) und Frankreich (2,5 %). Noch nie verbrachten mehr Bundesbürger ihren Haupturlaub außerhalb Europas (17 %; 2013: 11,3 %), besonders in Urlaubsregionen in Fernost sowie in Nordamerika. Die durchschnittliche Reisedauer der Hauptreise ist weiter gesunken (1980: 18,2 Tage; 2009: 13 Tage; 2019: 12,3 Tage). Die Dauer nimmt mit der Entfernung zum Heimatort zu (Inlandsreisen 9,3 Tage, Fernreisen 17,4 Tage). Im 10-Jahres-Vergleich erhöhten sich die Gesamtausgaben für eine Urlaubsreise von 1 038 € auf 1 208 € pro Person (+ 16 %). Ungebrochen ist der Trend zu den von Wetter und dem realen Raum abgekoppelten „künstlichen Freizeit- und Erlebniswelten" wie Themen- und Centerparks mit Spaßbädern, Urban Entertainment Centern und Supermalls.

Tourismusanalyse „Deutschland 2019"

Deutschland war vor Beginn der **Corona-Krise** eines der Länder mit der höchsten Reiseintensität und ein wichtiges Zielgebiet für ausländische Touristen. Zwar war der Anteil ausländischer Übernachtungen an allen Nächtigungen mit 18,1 % (2019) im internationalen Vergleich relativ gering, doch lag Deutschland 2019 mit 39 Mio. ausländischen Besuchern in der Beliebtheitsskala unter den europäischen Staaten auf Platz 5 bzw. weltweit auf Platz 8.

Neben touristischen Highlights wie Schloss Neuschwanstein, der Wartburg oder dem Oberen Mittelrheintal profitieren v. a. die Metropolen wie Berlin, München und Hamburg von den **ausländischen Touristen**. Die meisten Besucher stammen aus den Niederlanden, der Schweiz und Großbritannien. Gäste aus Europa machen drei Viertel aller ausländischen Besucher aus.

Stellt man die Ausgaben deutscher Reisender im Ausland denen ausländischer Besucher in Deutschland gegenüber, ergab sich für Deutschland in den letzten Jahren stets eine negative **Reiseverkehrsbilanz** (2019: −46,2 Mrd. €). Die Corona-bedingten Einschränkungen kehren das Ergebnis um: Deutschlands Reiseverkehrsbilanz war mit ca. +18 Mrd. € Überschuss allein im dritten Quartal 2020 geradezu spektakulär positiv.

Trotz der in der Regel negativen Reiseverkehrsbilanz ist der Fremdenverkehr ein wichtiger **Wirtschaftsfaktor** in Deutschland: 2,92 Mio. oder 6,8 % aller Erwerbstätigen sind in Deutschland direkt in der Tourismuswirtschaft beschäftigt. Die touristische Nachfrage sorgt für eine direkte Bruttowertschöpfung von 105,3 Mrd. € (davon rund zwei Drittel in der Gastronomie, ein Drittel im Beherbergungsgewerbe). Damit hat der Tourismus einen Anteil von 3,9 % an der gesamten Bruttowertschöpfung der deutschen Volkswirtschaft, mehr als Maschinenbau oder Einzelhandel. Der touristische Konsum erreichte im Jahr 2019 287,2 Mrd. €; damit ist der Fremdenverkehr (nach der Automobilindustrie) die zweitwichtigste Branche in Deutschland. Dabei wird vielfach die Rolle des Tagestourismus unterschätzt: 2019 unternahmen die Deutschen 3,5 Mrd. Tagesreisen und generierten dabei einen Umsatz von über 100 Mrd. €. Allein in diesem Bereich führte die Corona-Krise im März/April/Mai 2020 zu Umsatzausfällen von 20 Mrd. € (weitere 15 Mrd. € fehlender Umsätze durch Übernachtungsreisen).

Ostsee	10,1 %	Baden-Württemberg	3,2 %
Bayern	7,7 %	Mecklenburgische Seenplatte	2,4 %
Nordsee	7,4 %	Erzgebirge, Sächsische Schweiz	1,9 %
andere Gebiete in Deutschland	7,0 %	Harz	1,7 %
Berlin	4,5 %	Thüringer Wald	1,5 %
keine Urlaubsreise in den letzten 12 Monaten, keine Angabe			34,1 %

Beliebteste Reiseziele in Deutschland (Urlaubsziele in den letzten 12 Monaten) der deutschsprachigen Bevölkerung ab 14 Jahre

19 regionale Tourismusorganisationen, 43 Städte von A wie Aachen bis W wie Wilhelmshaven sowie rund 40 weitere Verbände und Vereine (u. a. Deutscher Städtetag, ADAC, DB) sind seit 1902 im **Deutschen Tourismusverband** bzw. seinen Vorläuferorganisationen zusammengeschlossen und betreiben Lobbyarbeit für den Tourismus in Deutschland. Rund 2 500 Reiseveranstalter und 11 000 Reisebüros mit 71 000 Beschäftigten gibt es in Deutschland. Doch gewinnt die Buchung über Internetportale zunehmend an Bedeutung.

	vor 1995	2018
Professionell organisiert (über Reisebüros oder Reiseveranstalter)	41 %	36 %
Individuell organisiert (Direktkontakt zu Pension / Hotel oder Fremdenverkehrsamt)	59 %	34 %
Onlinebuchungen	0 %	30 %
davon professionell organisiert		13 %
davon individuell organisiert		17 %

Veränderung von Urlaubsbuchungen durch das Internet

Die **Fremdenverkehrsinfrastruktur** fußt auf 50 685 Beherbergungsbetrieben (mehr als 10 Betten bzw. bei Campingplätzen mehr als 9 Stellplätze) mit 3,7 Mio. Schlafgelegenheiten, darunter 1,2 Mio. Betten in 12 924 Hotels (2018). Darüber hinaus umfasst sie jedoch noch weitaus mehr:

Heilbäder, Kurorte	390	Orte mit UNESCO-Weltkultur- und Naturstätten	46
Museen	6 800	touristische Themenstraßen	180
Theater	807	Radfernwege (in 1 000 km)	40
Freizeit- und Erlebnisparks	136	zertifizierte Qualitätswanderwege (in 1 000 km)	15
Naturparks	106	schiffbare Wasserstraßen (in 1 000 km)	9,6
Golfplätze	730	Nationalparks und Biosphärenreservate	34

Touristische Infrastruktur in Deutschland (Auswahl), Stand 2018–2020

4.3 Das touristische Potenzial eines Raumes

Das Potenzial eines Raumes ist die Summe der sich dort bietenden Möglichkeiten. Der Begriff **touristisches Potenzial** meint also denjenigen Teil der Gesamtausstattung eines Raumes, der für eine Freizeitnutzung wichtig und geeignet ist. Dabei können das touristische Potenzial des Naturraums bzw. das des Kulturraums unterschieden werden.

Ob ein Raum touristisch attraktiv ist, kann nicht objektiv bestimmt werden; entscheidend ist seine **Bewertung** durch den Reisenden. Hinzu kommen gruppenspezifische Präferenzen, z. B. die von Skifahrern, Bergsteigern, Seglern oder Familien mit Kleinkindern.

Touristisches Potenzial eines Raumes

naturgeographische Faktoren

- Relief(energie)
- Strand und Gewässer (Wassertemperatur, Sauberkeit etc.)
- Klima: Temperatur, Regenhäufigkeit, Schnee- und Windsicherheit, Sonnenscheindauer
- (exotische) Tier- und Pflanzenwelt
- beeindruckende Natur (Wüste, Vulkane …) und Vielfalt der Landschaftsformen

im Vergleich mit und im Unterschied zu den Verhältnissen am Wohnort

kultur- und sozialgeographische Einflüsse

- kulturelles Angebot: z. B. historische und archäologische Zeugnisse
- infrastrukturelles Angebot: z. B. Beherbergung (Umfang, Art, Qualität, Preis-Leistungs-Verhältnis), Entertainment (Disko, Freizeitpark, Shopping), Sportanlagen, Dienstleistungsbetriebe (Skischulen, Andenkenläden, Seilbahnen), verkehrsinfrastrukturelle Erschließung und Anbindung
- Image des Ortes (Prestigewert)
- Sicherheit während des Aufenthalts

Aspekte zur Beurteilung des touristischen Potenzials eines Raumes

4.4 Wandel der Raumstruktur unter dem Einfluss touristischer Erschließung – das Beispiel Ko Samui / Thailand

Regionen, die vom Tourismus erfasst werden, verändern sich dauerhaft. Nicht nur ihre Landschaften, sondern auch die traditionellen Lebensweisen erfahren durch positive wie negative Effekte des Tourismus einen zum Teil radikalen Wandel, wie das Beispiel der thailändischen Insel Ko Samui zeigt.

Die Party geht weiter
In Thailand wird deutlich, wie Tourismus ein Land verändern kann.

Positive bzw. negative Aspekte

Vor 30 Jahren war Ko Samui der Geheimtipp. Wer auf die Insel im Golf von Thailand gelangen wollte, musste vom Festland mit einem zur Fähre umgebauten Fischerboot übersetzen. Damals gab es auf der Insel nur eine Straße. Reisende bewegten sich auf Mopeds vorwärts. An die Strände oder ins Innere der Tropeninsel führten nur Trampelpfade, viele von ihnen durch Kokosnussplantagen. Strom gab es nur zeitweise.

Die frühen Rucksacktouristen quartierten sich meist in kleinen Bungalows an einem der Strände ein, viele bei Fischern, die Zimmer vermieteten. Essen und Unterkünfte waren spottbillig.

zusätzliche Einnahmequellen/ kulturelle Begegnungen

Dann begann in den Industrienationen das Einkommensniveau deutlich zu steigen – zugleich wurden Langstreckenflüge billiger.

Besucht man Ko Samui heute, dann wird klar, wie der Tourismus Orte verändern kann.

Dutzende Flugzeuge landen täglich auf dem Ende der 1980er-Jahre fertiggestellten Flughafen. Die Ringstraße, die um die gesamte Insel führt, verläuft nun an einem beinahe nie endenden Band aus Häusern, Geschäf-

Verkehrserschließung/verbesserte Verkehrsanbindung

ten, Restaurants und Hotels. Viele der schönsten Strände kann man nicht mehr betreten, wenn man nicht Gast der dortigen Luxusresorts ist.

Landschafts-zerstörung

Und doch war es für manche der Inselbewohner ein Segen, dass Touristen kamen. Vor allem Fischer, die Land am Wasser besaßen, konnten durch Grundstücksverkäufe profitieren. Für andere ist das Leben schwerer geworden – allein schon durch den Anstieg der Preise für Land und Lebensmittel in den großen Ferienorten.

zusätzliche Einnahmequelle steigende Preise

Der Tourismus ist in Thailand mittlerweile eine der wichtigsten Devisenquellen. Hunderttausende Menschen verdienen Geld in der weiterhin boomenden Tourismusindustrie.

Deviseneinnahmen Schaffung von Arbeitsplätzen

Bei Partys drängeln sich am Strand oft mehr als 30 000 Menschen. Techno-Beats vermischen sich zu einem Lärmteppich. Nach jeder Party werden Dutzende Besucher mit Alkoholvergiftung in Krankenhäuser gebracht, zudem haben sich in den vergangenen Jahren Diebstähle, Vergewaltigungen und Überfälle gehäuft. Daher werden Teile des Strandes von Sicherheitsleuten bewacht. Mit dem Massentourismus hat nicht nur die Kriminalität in Thailand zugenommen, er hat auch eine gewaltige Sexindustrie entstehen lassen, in der geschätzt mehrere Hunderttausend Menschen beiderlei Geschlechts arbeiten. In allen Touristenorten finden sich Rotlichtviertel, eigens für ausländische Touristen.

Emissionen: Lärm Zusammenstöße unterschiedlicher Normen

Kriminalität Prostitution

In vielen Touristenregionen türmt sich der Müll. Auf einigen Ferieninseln herrscht massiver Wassermangel, viele der Korallen in den Tauchrevieren sind abgestorben.

Emissionen: Müll Wassermangel Artensterben

In vielen Touristengegenden des Südens gehören Akha-Souvenirverkäuferinnen aus den Bergregionen im Norden des Landes zum Straßenbild: Sie tragen traditionelle Kleidung und verkaufen an Ständen oder aus Bauchläden Holzfrösche, Taschen, Armbänder und ähnliche Souvenirs.

Touristenkitsch

Der internationale Tourismus könne einen Beitrag dazu leisten, die eigene Kultur aufzuwerten, sagen Tourismusforscher. Wenn selbst hergestellte Kulturprodukte als Souvenirs verkauft und von ausländischen Besuchern geschätzt würden, steigere es das Selbstwertgefühl vieler lokaler Gemeinschaften. Der Tourismus könne so zum Erhalt traditioneller Handwerkskünste beitragen. ∎

Erhalt von Traditionen

Quelle: Sascha Zastiral, http://www.fluter.de/de/137/thema/13103/

Kompetenzcheck

– Definieren Sie den Begriff Tourismus.
– Beschreiben Sie die wesentlichen Phasen der Entwicklung des Tourismus in Deutschland.
– Erläutern Sie das touristische Potenzial eines Ihnen bekannten Urlaubsortes im Hinblick auf
  • Ihre eigenen Wünsche und Erwartungen,
  • die Wünsche und Erwartungen einer Familie mit kleinen Kindern.

5 Entwicklung einer touristischen Destination

5.1 Entwicklung des touristischen Wachstums

Tourismus als Chance und Risiko

Weltweit trug die Tourismusbranche im Jahr 2019 10,3 % zum globalen BIP bei; sie stellte 10 % aller Arbeitsplätze bereit, und 4,3 % aller Investitionen wurden hier getätigt. Für 2020 war ein weiteres Wachstum um 3,5 % prognostiziert worden. Einnahmerückgänge schienen nur regional möglich – als Folge von Unruhen, Naturkatastrophen, Terroranschlägen oder Epidemien. Stets konnten derartige Rückgänge bisher rasch durch andere Destinationen ausgeglichen werden. Selbst weltwirtschaftliche Rezessionen schienen dem generellen Wachstumstrend der Tourismusbranche wenig anhaben zu können. Im Zuge der **Corona-Pandemie** jedoch sank die Zahl internationaler Touristen allein den ersten fünf Monaten des Jahres 2020 um 56 % (Prognose 2020 insgesamt: –78 %). Mit welcher Geschwindigkeit sich die Tourismusbranche wieder erholen wird, ist unsicher, da nun erstmals die gesamte Erde betroffen ist.

Grundsätzlich sind die wirtschaftlichen **Chancen** des Fremdenverkehrs für ein Land wie für den Einzelnen groß, allerdings auch die mit dem Wachstum verbundenen **Risiken:**

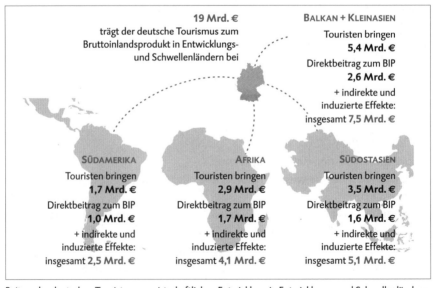

Beitrag der deutschen Touristen zur wirtschaftlichen Entwicklung in Entwicklungs- und Schwellenländern

Wirtschaftliche Folgen des Fremdenverkehrs

- Devisenzufluss
- Beschäftigungseffekte in Berufsfeldern, die direkt mit dem Fremdenverkehr zusammenhängen (1,5–2,5 Arbeitsplätze im Hotel pro Fremdenbett)
- Sekundär-/Multiplikatoreffekte (z. B. Bauwirtschaft, Zulieferindustrie, Transport, informeller Sektor): **Trickle-down-Effekte**
- Ausbau der Infrastruktur (Kläranlage, Trinkwasseraufbereitung etc.)
- Entlastung bestehender wirtschaftlicher Zentren durch Umleitung von Migrantenströmen
- Abbau regionaler Disparitäten durch die Entwicklung abgelegener und damit touristisch interessanter Landesteile

- Preissteigerungen (auch der Bodenpreise → Rückgang der Landwirtschaft)
- Abfluss der Gewinne ins Ausland durch Import z. B. hochwertiger Lebensmittel, Beauftragung ausländischer Dienstleister (Airlines, Baufirmen) oder ortsfremder Eigentümer: **Sickerrate**
- einseitig auf den Tourismus ausgerichtete Wirtschaftsstruktur (Beispiel Seychellen: 72,6 % des BNE) mit der Gefahr der Abhängigkeit
- Infrastrukturausbau ohne oder mit nur geringem Wert für die Einheimischen (Straße zum Flughafen, zum Strand, …)
- vorwiegend einfache, saisonale, entwürdigende (Vergnügungssektor) oder Nicht-Ortsansässigen vorbehaltene Beschäftigung, z. T. mit schlechterer Entlohnung im Vergleich mit Ausländern

Positive und negative wirtschaftliche Folgen des Fremdenverkehrs

In der entwicklungspolitischen Diskussion der 1960er-Jahre hatte man große Hoffnungen auf den Fremdenverkehr, die **„weiße Industrie"**, gesetzt. Man sah im Tourismus einen Stimulus für die gesamte Wirtschaft von Entwicklungsländern, in den durch ihn ausgelösten räumlichen Veränderungen Impulse einer grundlegenden Raumentwicklung. Heute wird die Frage, ob ein unbegrenztes touristisches Wachstum sinnvoll und möglich ist, differenzierter beantwortet.

Nahezu leere Flughafen-Wartehalle während der Corona-Krise

Grenzen des Tourismus – das Beispiel Dubai

Ein geradezu klassisches Beispiel für den raschen Aufstieg eines Landes zur Tourismusdestination von globaler Bedeutung ist **Dubai**,
das seine Touristenzahlen von 3 Mio. im
Jahr 2000 auf 16,7 Mio. im Jahr 2019 steigern konnte (Hotels: 270/712); die Einnahmen aus dem Tourismus konnten in nur
neun Jahren auf 27,9 Mrd. US-$ bzw. 11,5 %
des BIP verdoppelt werden. Die Anziehungskraft von Shopping Malls, Erlebnisparks und
weiteren künstlichen Attraktionen hat die
des Naturraumes längst überholt. Ob deren
Attraktivität ausreicht, die Besucherzahlen
weiterhin ansteigen zu lassen, ist unsicher:
Zwar prognostizierte das Staatsoberhaupt
Dubais 2018, dass sich die Zahl von 10 Mio.
Touristen (2012) bis 2025 auf 25 Mio.
erhöhen werde. Aktuelle Nachrichten wer

Burj Khalifa, mit 828 m derzeit höchstes
Gebäude der Welt, lockt Millionen von
Touristen an

fen jedoch Fragen auf: Schon einmal – nach der Bankenkrise 2008 – musste
Dubai wegen hoher Schulden massive finanzielle Unterstützung aus dem
Nachbaremirat Abu Dhabi erhalten. Seit 2018 wuchs Dubais Wirtschaft erneut nur noch langsam (langsamer als die der EU) und nur noch dank hoher
Investitionen des Staates. Private Verbraucher und Unternehmen verschieben
Käufe und Investitionen in die Zukunft, was die Wirtschaftskrise verschärft.
Die Immobilienpreise sind seit 2014 um ein Drittel gefallen, die Preise für
Hotelübernachtungen eingebrochen und wegen schlechter Belegungsraten so
günstig wie seit 2003 nicht mehr. Und nun drohen durch die **Corona-Krise**
weitere Einbußen: Der Touristenstrom ist wegen des Einreisestopps für Ausländer komplett versiegt. Die Fluggesellschaft Emirates stellte den Personenverkehr ein. Auf die Hilfe des „großen Bruders" Abu Dhabi kann Dubai dieses
Mal nicht hoffen: Das Emirat ist der viertgrößte Ölförderer der OPEC und vom
Ölpreis-Kollaps hart getroffen.

„Alterung" touristischer Ziele – Butlers Destinationslebenszyklus-Modell

In Anwendung der Theorie des Produktlebenszyklus (vgl. S. 84 f.) stellt **Butlers Destinationslebenszyklus-Modell** (1980) einen derartigen „Alterungsprozess" touristischer Destinationen modellhaft dar:

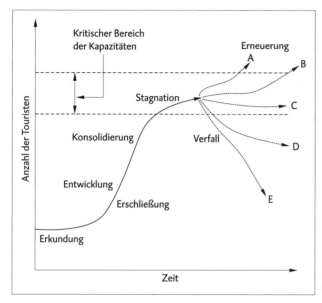

Butlers Destinations-
lebenszyklus-Modell (1980)

Anfangs ist das Zielgebiet unbekannt und schlecht erreichbar, das Beherber-
gungsangebot eingeschränkt. Genau dies reizt Pionier-Touristen (**Erkun-
dungsphase**). In der Folge steigt durch Mundpropaganda der Bekanntheits-
grad. Durch den Ausbau der (Beherbergungs- und Verkehrs-)Infrastruktur
wird die Destination als touristisches Ziel erschlossen (**Erschließungsphase**).
So wächst nach einer weiteren Kommerzialisierung des inzwischen stark be-
worbenen Angebots die ökonomische Bedeutung des Tourismus, aber auch die
ökologische Belastung der Region (**Entwicklungs-/Konsolidierungsphase**).
Die Zahl der Arbeitsplätze im Tourismussektor ist hoch, die Touristenzahlen
steigen, die Zuwachsraten beginnen jedoch bereits zu sinken. Erste Degradie-
rungserscheinungen (Lärm, Enge, unstimmiges Preis-Leistungs-Verhältnis, sinkendes Gästeniveau) leiten die **Stagnationsphase** ein: Eine kritische Phase
hinsichtlich der Tragfähigkeit ist erreicht. Die Destination verliert ihre Attraktivität, Arbeitsplätze werden abgebaut, ältere Hotels weisen Renovierungsrück-
stände auf, es kommen nur noch wenige Erstreisende.

Der Standort erleidet einen Niedergang (**Verfall**), wenn es nicht gelingt,
durch eine nachfrageorientierte Änderung des Angebots eine **Erneuerung** ein-
zuleiten, z. B. durch eine Etablierung als exklusives Reiseziel für ein Publikum
mit hoher Kaufkraft, als gesundheitsorientiertes Reiseziel oder als Ziel mit
ausgesprochenem Event- und Funcharakter.

5.2 Tourismus in Entwicklungsländern

Gerade die Beseitigung wirtschaftlicher Disparitäten zwischen Zentrum und Peripherie wird von vielen Entwicklungsländern als Grund für eine Förderung des Tourismus ins Feld geführt. Der deutsche Geograph Karl **Vorlaufer** hat 1996 versucht, den Ablauf einer Erschließung peripherer Räume durch den sich ausbreitenden Tourismus modellhaft zu fassen:

Vor Beginn eines nennenswerten Ferntourismus **(Phase 0)** konzentriert sich der Aufenthalt der wenigen Reisenden auf die Hauptstadt und einige leicht erreichbare touristische Attraktionen. Durch Berichte einzelner „Entdeckungsreisender" gewinnt das Land an Attraktivität **(Initialphase):** Die Anbindung des einzigen internationalen (i. d. R. hauptstädtischen) Flughafens verbessert sich. Hier entwickeln sich auch Hotellerie und Agenturen, die Reisen in entlegene Landesteile organisieren. Sekundärzentren an Stränden, in der Nähe von Kulturdenkmälern, Nationalparks oder Siedlungen „exotischer" Völker erlangen eine gewisse Bedeutung, ebenso der Andenkenhandel. Individualtouristen bereisen Regionen „abseits der ausgetretenen Pfade".

Die Dominanz der Hauptstadt besteht noch lange fort, auch wenn weitere periphere, touristisch attraktive Landesteile erschlossen werden und sich einzelne Städte zu sekundären mono- oder multifunktionalen Tourismuszentren entwickeln **(Expansionsphase).** Die Hauptstadt wird durch ein negatives Image als Folge wachsender Umweltbelastung und Hyperurbanisierung zur bloßen Durchgangsstation. Im Land entstehen andere internationale Flughäfen, und Linien- und Charterflüge erschließen neue touristische Quellgebiete. Die Phase der **Konsolidierung** setzt ein: Das touristische Potenzial ist vollständig erschlossen; Abenteuertouristen finden nur noch in extremer Randlage Ziele. In einigen Landesteilen kann es zu einer **Stagnation** kommen: Hier sind gemäß dem Destinationslebenszyklus-Modell nach Butler durch Massentourismus, Marktsättigung und Beeinträchtigungen der Umwelt erste Schrumpfungsprozesse zu verzeichnen.

Touristen auf Safari am
Ngorongoro Krater, Tansania

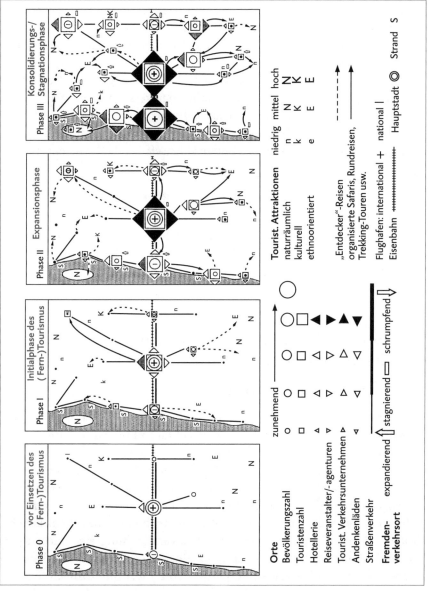

Modell der raumzeitlichen Entfaltung des Tourismus in einem Entwicklungsland nach Vorlaufer

Eine Förderung peripherer, nicht durch Industrie oder Verstädterung überformter, ökologisch intakter und damit touristisch interessanter Regionen haben zahlreiche Staaten wie Kenia, Tansania oder Vietnam in sogenannten **Tourism Master Plans** versucht.

Der Erfolg derartiger Entwicklungsstrategien ist häufig mäßig. Der Tourismus in peripheren Regionen ist hinsichtlich der Versorgung mit Gütern und Dienstleistungen zu sehr vom Zentrum abhängig, und gesamtwirtschaftliche Strukturen – etwa Land-Stadt-Wanderungen – überlagern die kleinräumig durchaus nachweisbaren positiven Entwicklungseffekte des Fremdenverkehrs.

Kompetenzcheck

– Erläutern Sie aktuelle Entwicklungen der globalen Tourismuswirtschaft.
– Kennzeichnen Sie anhand des Modells die Phasen der touristischen Entwicklung einer touristischen Destination nach Butler.

6 Folgen unterschiedlicher Formen des Tourismus im Zusammenhang mit Konzepten der Nachhaltigkeit

6.1 Tourismus und Nachhaltigkeit

Die Auswirkungen des Tourismus sind vielfältig – positiv wie negativ – und am sinnvollsten unter **Nachhaltigkeitsgesichtspunkten** zu bewerten.

Das touristische Potenzial vieler Entwicklungsländer fußt auf ihrer (scheinbar) intakten Natur, der Tier- und Pflanzenwelt in Nationalparks und Reservaten. Häufig war das Interesse der Touristen der Auslöser für die Einrichtung derartiger Schutzgebiete – so in Ostafrika –, und heute tragen die Eintrittsgebühren der Reisenden zum Unterhalt dieser Einrichtungen bei. Der Schutz bedrohter Tierarten und eine verstärkte Umwelterziehung sind nicht selten Folgen der Einsicht, dass der Naturschutz Einkommen sichert. Doch kann der Tourismus auch zu massiven **Schädigungen von Natur und Umwelt** führen:

● Versiegelung und Zerschneidung der Landschaft durch Straßen, Hotels, Start- und Landebahnen, Lifte, Skipisten usw.;
● Beeinträchtigung des Landschaftsbildes;
● Schädigung empfindlicher Ökosysteme (Riff, Hochgebirge, Tundra) durch Taucher, Wanderer, Mountainbiker, Skifahrer usw.;

- Ressourcenverbrauch (z. B. Wasser, Energie);
- Beeinträchtigung der Fauna (z. B. in Bezug auf Tierwanderungen);
- erhöhter CO_2-Ausstoß durch den Reiseverkehr (Auto, Flugzeug);
- erhöhter Müll- und Abwasseranfall, Lärm.

6.2 Soziokulturelle Aspekte des Fremdenverkehrs: Völkerverständigung oder Verstärkung von Vorurteilen?

Zwar führt das Interesse der Reisenden an Traditionen, Festen, Riten und Baudenkmälern vielfach zum Erhalt des so als wertvoll (geldwert) erkannten kulturellen Erbes. Im Idealfall beginnt ein Hinterfragen entwicklungshemmender oder ethisch bedenklicher Wertvorstellungen. Das Kennenlernen des anderen kann auch die eigene Identität der Reisenden stärken. Doch besitzt der Tourismus auch hier zerstörerische Potenziale. Als **soziokulturell bedenkliche Folgen des Tourismus** können genannt werden:

- Abwendung von der traditionellen Kultur durch Kulturkontakte: Identitätsverlust, Akkulturation;
- Zwangsumsiedlung von Menschen für touristische Großprojekte;
- Kriminalität, (Kinder-)Prostitution, Bettelei;
- Tourismuskitsch/„Airport-Art";
- gesellschaftliche Spaltung zwischen Gewinnern und Verlierern im Fremdenverkehr: Verstärkung sozialer Disparitäten;
- Ausbreitung ökonomisch bestimmten Verhaltens bei Begegnungen mit Touristen: „Kommerzialisierung";
- fehlende Bürgerbeteiligung bei relevanten Entscheidungen.

6.3 Massentourismus vs. sanfter Tourismus

Die negativen Folgen des Massentourismus haben seit den 1980er-Jahren zur Entwicklung von Strategien geführt, den Tourismus umwelt- und sozialverträglich als „**sanften**" oder „**nachhaltigen Tourismus**" zu gestalten.

„Kriterienkataloge" wie der auf der folgenden Seite dienen häufig als Vorstufe zu **touristischen Gütesiegeln**, mit denen sich immer mehr Anbieter auch in Erwartung eines Imagevorteils schmücken. Neben Hotelketten („Bio-Hotel") und Regionen (z. B. „Bioregion Ramsau" in Österreich) nutzen inzwischen auch ganze Länder derartige Klassifikationen (z. B. Costa Rica: „Bandera Azul Ecológica").

Unter dem Logo „Bio Hotels" haben sich z. B. mehr als 90 Hotels in Deutschland, Österreich, Italien, der Schweiz, Slowenien, Griechenland und Spanien zusammengeschlossen, die alle dieselben Qualitätsstandards erfüllen müssen.

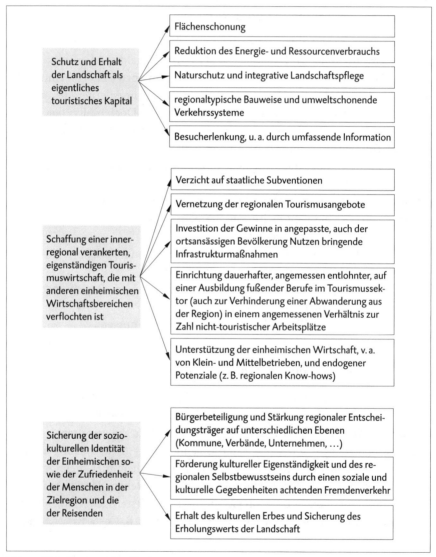

Ziele und Kriterien des sanften Tourismus

Auch wenn objektive Standards und Schwellenwerte nicht aufgestellt werden können, so sensibilisiert der folgende „**Reisestern**" doch für den Grad der Nachhaltigkeit und erlaubt eine Bewertung des eigenen Reiseverhaltens:

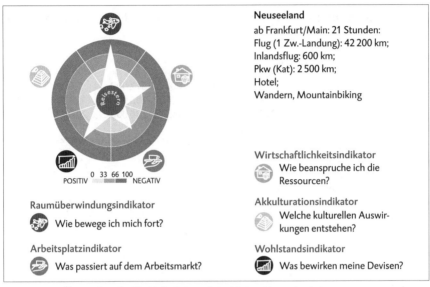

Neuseeland
ab Frankfurt/Main: 21 Stunden:
Flug (1 Zw.-Landung): 42 200 km;
Inlandsflug: 600 km;
Pkw (Kat): 2 500 km;
Hotel;
Wandern, Mountainbiking

POSITIV 0 33 66 100 NEGATIV

Wirtschaftlichkeitsindikator
Wie beanspruche ich die Ressourcen?

Raumüberwindungsindikator
Wie bewege ich mich fort?

Akkulturationsindikator
Welche kulturellen Auswirkungen entstehen?

Arbeitsplatzindikator
Was passiert auf dem Arbeitsmarkt?

Wohlstandsindikator
Was bewirken meine Devisen?

Reisestern zur Überprüfung der Nachhaltigkeit am Beispiel einer Neuseelandreise

Robert Jungk, der Begründer des sanften Tourismus, verlangt vom Reisenden viel Zeit, spontane Entscheidung und Selbststeuerung, landesüblichen Lebensstil, zu Erlebnissen und Erkenntnissen führende Anstrengungen sowie Taktgefühl und Beschäftigung mit der Region vor und nach der Reise.

Kompetenzcheck

– Stellen Sie landschaftsbewahrende und landschaftszerstörende Aspekte des Tourismus gegenüber.
– Erläutern Sie die Nachhaltigkeit Ihrer letzten Urlaubsreise anhand des Reisesterns.

Madagaskar – touristische Entwicklung

Aufgabe 1 Lokalisieren Sie Madagaskar (Atlas) und beschreiben Sie die geplante touristische Entwicklung des Landes gemäß dessen Master Plan von 2005/2014.

Aufgabe 2 Vergleichen Sie die Zielsetzungen des „Tourism Master Plans" mit dem Modell von Vorlaufer.

M 1   Madagaskar: touristische Daten

ausländische Touristen	1991: 33 000	2006: 312 000	2008: 375 000
	2009*: 163 000	2010: 196 000	2011: 225 000
	2012: 256 000	2013**: 196 000	2018**: 291 000

* nach Unruhen
** nach z. T. tödlichen Angriffen auf ausländische Touristen, Pestausbruch

Beitrag des Tourismus zum BIP in Mrd. MGA (Madagassische Ariary, 1 000 MGA = 0,28 Euro; März 2016)	

Hotels	1999: 556 2011: 1 693 2012: 2 010 2016: 2 220

Beschäftigte im Tourismussektor	

räumliche Verteilung der touristischen Übernachtungen	zentrales Hochland 5 %; Süden 35 %; Osten, Westen und Norden je 20 %; im Norden befindet sich die einzige madagassische Ferienregion mit Massentourismus westlicher Prägung (Nosy Be)
Flughäfen (mit Asphaltstartbahn)	26 (von insgesamt 83); Direktflüge von Europa aus nur nach Antananarivo (Flugpreise ab 670–900 €, dreiwöchige Rundreise um 3 400 €); Wiederaufnahme der eingestellten Direktflüge nach Nosy Be in Planung
(Asphalt-)Straßen	6 100 km (von insgesamt 37 480 km)
Human Development Index	2000: 0,399 / 2015: 0,510 / 2018: 0,521 (Rang 162 von 189)

M 2   Tourism Master Plan 2005/2014

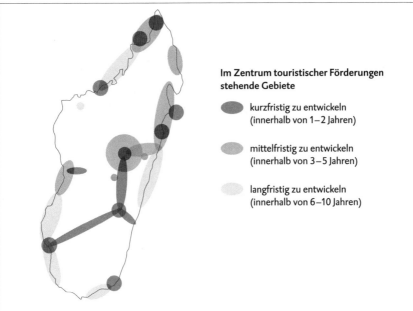

Im Zentrum touristischer Förderungen stehende Gebiete

kurzfristig zu entwickeln
(innerhalb von 1–2 Jahren)

mittelfristig zu entwickeln
(innerhalb von 3–5 Jahren)

langfristig zu entwickeln
(innerhalb von 6–10 Jahren)

Madagassische Planung für 2020:
- Touristen/Jahr: 1 Mio.
- neue Hotels: 800 im Zeitraum 2005–2014, weitere 450 bis 2020 (***/****)
- Zahl der Direktflüge von Europa aus: etwa +15 % gegenüber 2005
- Beitrag des Tourismus zum BIP: jährlich etwa +10 %
- Steigerung der Zahl der im Tourismus direkt Beschäftigten um 50 % gegenüber 2005

durch Investitionen von über 10 Mio. US-$ u. a. für:
- Ausbau der Verkehrsinfrastruktur (Straßen-, Busnetz; Modernisierung d. Flughafens)
- Renovierung historischer Bausubstanz, Aufwertung der Nationalparks, Förderung des Kulturtourismus durch die Schaffung von zwei „Kulturdörfern" unter Einbeziehung der lokalen Bevölkerung
- Einrichtung von Schulungszentren, um das Serviceniveau an internationale Standards anzupassen
- Schaffung eines effizienten nationalen Tourismusbüros und gemeinsame Vermarktung mit Mauritius, Réunion, Südafrika
- Förderung des Surf-Tourismus an ausgewählten Küstenabschnitten

Voraussage des World Travel & Tourism Council für 2024:
- Touristen/Jahr: 392 000
- Beitrag des Tourismus zum BIP: 6 420 Mrd. MGA
- Arbeitsplätze: 318 000 direkt Beschäftigte, weitere 573 000 indirekt Beschäftigte

Lösungen

Sojaanbau in Brasilien – Entwicklungen und Folgen (S. 75 f.)

Aufgabe 1
- Sojaanbau konzentriert sich im Wesentlichen auf Gebiete zwischen 10° und 30° s. Br. (Bereich der wechselfeuchten Tropen)
- Der Schwerpunkt des Anbaus liegt in den südlichen Landesteilen Brasiliens
- Zwischen 1990 und 2019 Ausweitung des Sojaanbaus in den nördlichen Gebieten → landwirtschaftliche Flächen dringen also in den tropischen Regenwald vor
- In allen Bundesstaaten sind die Anbauflächen deutlich angestiegen, am stärksten im Bundesstaat Mato Grosso
- Insgesamt: rapide Steigerung der Soja-Erntefläche seit 1990 bis 2019 auf mehr als das 4-Fache

Aufgabe 2
Sojabohnen werden in Monokulturen angebaut. Da zudem die Anbaugebiete immer weiter in den tropischen Regenwald vordringen, ergibt sich folgende Bewertung:

Positiv:
- Deckung der weltweiten Nachfrage der Nahrungsmittelindustrie
- Handelsüberschuss bringt Devisen
- Erschließung neuer Anbaugebiete schafft grundsätzlich zusätzliche Arbeitsplätze, auch wenn immer weniger Bauern benötigt werden
- Beschluss eines Soja-Moratoriums: Stopp der Vernichtung der Regenwälder sowie Inwertsetzung brachliegender Flächen
- Effizienzsteigerung durch neue Technologien möglich zur Schonung des Regenwaldes

Negativ:
- Rodung des Regenwaldes
- Verdrängung der indigenen Bevölkerung
- Großgrundbesitz vernichtet kleinbäuerliche Betriebe
- Anbau von Cashcrops statt Foodcrops
- Ausdehnung von Monokulturen mit Einsatz von Pestiziden, Herbiziden sowie genmanipuliertem Saatgut
- Soja-Moratorium wird umgangen → weitere Vernichtung des Regenwaldes

Strukturwandel einer Altindustrieregion – Smartville in Hambach (S. 143)

Aufgabe 1
- Wirtschaftliche Situation ist Ende der 1990er-Jahre geprägt durch einen starken Rückgang der Anzahl der Beschäftigten und der Produktion im Kohlen- und Eisenerzbergbau sowie in der Stahlindustrie
- Situation kann mit Kohle- und Stahlkrise erklärt werden
- Lothringen befindet sich in einem tiefgreifenden strukturellen Wandel (Deindustrialisierung)

Aufgabe 2 **Standortfaktoren:**

- Grenznahe Lage zu den lothringischen, elsässischen, luxemburgischen und deutschen Kern- und Agglomerationsräumen im Städtedreieck Metz–Saarbrücken–Straßburg
- Gute Verkehrsanbindung (A 4 von Metz nach Straßburg, Eisenbahnlinie)
- Flächen- und Personalverfügbarkeit aufgrund des Niedergangs der lothringischen Montanindustrie
- Qualifikation und Flexibilität der Arbeitskräfte aufgrund der Ähnlichkeit des Arbeitsplatzprofils in der Eisen-/Stahlindustrie bzw. der Automobilindustrie
- Agglomerationsvorteile, u. a. durch die Nähe zu deutschen und französischen Zulieferern und Logistikunternehmen
- Staatliche Subventionen aufgrund der Strukturschwäche Lothringens

Produktionskonzept:

- Der Produktionsprozess von Smart ist innovativ, sehr produktiv und senkt die in der Herstellung auftretende Fehleranfälligkeit durch: geringe Fertigungstiefe, Just-in-time-Produktion, Teamarbeit, Eigenverantwortung, modulare Produktion, Outsourcing
- Die Produktivitätssteigerung bedeutet aber auch einen Rückgang der Beschäftigtenzahlen, da durch die oben genannten Veränderungen im Produktionsprozess Arbeitskräfte eingespart werden können
- Seit 2019/2020: Standort Hambach in Gefahr, da trotz des innovativen Produktionskonzepts die Herstellung der Benzin- und Dieselvarianten des Smart eingestellt, die des Elektrosmart nach China verlagert und das Werk zum Verkauf angeboten wurde

Die HafenCity Hamburg – Hamburgs Zukunft am Hafen? (S. 204)

Aufgabe 1
- Umwandlung ehemaliger Hafenflächen zu einer Mischnutzung aus Wohnen, Arbeit und Erholen
- Einteilung in Quartiere mit unterschiedlichen vorrangigen Nutzungen
- Zentrale Lage in Innenstadtnähe
- Lage an Elbe und Kanälen (ehemalige Hafenanlagen), die den Wohnwert steigern
- Eigener Stadtteil mit mehr als 7 500 Wohnungen für über 15 000 Einwohner und bis zu 45 000 Arbeitsplätzen im tertiären Sektor
- Funktional voll ausgebautes Viertel mit Angeboten des Einzelhandels, für Freizeitgestaltung, Bildung und Kultur sowie Standort der Wissenschaft
- Touristischer Hotspot aufgrund der Nähe zur Innenstadt, der Attraktivität sowie der Angebote aus Kultur und Gastronomie

Aufgabe 2
- Es wird angestrebt, in möglichst vielen Aspekten dem Leitbild der nachhaltigen Stadtentwicklung zu entsprechen
- Nutzung der innerstädtischen Brachfläche ist im Sinne des Leitbilds kompakte Stadt, indem Wohnen, Arbeiten, Versorgen, Erholen und Bilden im eigenen Stadtviertel ermöglicht wird
- Verzicht auf Einzelhausbebauung ist ressourcenschonend, Förderung klimaausgleichender Grünflächen umweltgerecht
- Verringerung des privaten Verkehrs ist aufgrund des Ausbaus von öffentlichen Verkehrsmitteln und der damit verbundenen Anbindung an die verschiedenen Stadtteile möglich: stadtverträgliche Verkehrsplanung
- Förderung des Einzelhandels als Leitfunktion nicht nur im neuen Stadtviertel, sondern im gesamten Innenstadtbereich
- Berücksichtigung umweltschonender und -verträglicher Branchen durch Ausweisung von Arbeitsplätzen im Dienstleistungsgewerbe
- Funktionale Mischung statt Trennung entlastet von weiten Wegen und fördert damit eine umweltverträgliche Mobilität

Eine Welt – unterschiedliche Entwicklungsstände (S. 269)

Aufgabe 1
- Kriterien aus den Bereichen Soziales, Ökonomie und Ökologie, drei davon sind Parameter der HDI-Berechnung: Einschulungsrate als Bildungsindikator, Lebenserwartung als Indikator für Gesundheit und BNE pro Kopf für Lebensstandard
- Hohe Korrelation aller fünf Indikatoren untereinander wird deutlich: Industrie- bzw. Dienstleistungsnation Frankreich mit den jeweils höchsten Werten bei allen fünf Indikatoren, Entwicklungsland Kamerun mit den jeweils fünf niedrigsten
- Zwischen diesen beiden Staaten mit dem höchsten bzw. niedrigsten Entwicklungsstand einzuordnen: Schwellenland Mexiko (zweithöchste Werte) und als weiteres Entwicklungsland El Salvador, das jedoch im Vergleich mit Kamerun bereits deutlich stärker entwickelt ist

Aufgabe 2
- Terms of Trade verdeutlichen das Wirtschafts- und Handelsverhältnis zwischen Rohstofflieferanten (= unterentwickelte Staaten ohne eigene industrielle Weiterverarbeitung dieser Rohstoffe vor deren Export) und Industrienationen, die mit Halbfertigwaren und Industriegütern handeln
- Entwicklung der Terms of Trade im Lauf der Zeit macht deutlich, dass die Wertigkeit von Rohstoffen im Vergleich mit Industriegütern immer niedriger war/ist/sein wird
- Weltmarktpreis für Industriegüter mit durchgängig deutlich geringeren Schwankungen als bei Rohstoffen
- Trend: Werteverhältnis von Industriegütern zu Rohstoffen entwickelt sich immer weiter zugunsten von Industriegütern
- Folge für Entwicklungsländer ohne eigene Industrie bzw. mit nur einfacher industrieller Verarbeitung: zunehmende Handelsdefizite, Einnahmeverluste, Abhängigkeiten und Verschuldungen
- Ohne Entwicklungszusammenarbeit, Nachteilsausgleich bei Ressourcen, Höherbewertung agrarischer und mineralischer Rohstoffe sowie weiterer Nachhaltigkeitsansätze im Zuge eines gerechteren Welthandels werden die Entwicklungsländer ihren Rückstand niemals aufholen können; eher sogar gegenteilige Entwicklung: Schere zwischen reichen Industrieländern und armen Entwicklungsländern droht immer weiter aufzugehen

Madagaskar – touristische Entwicklung (S. 306 f.)

Aufgabe 1
- Lokalisierung der Insel im Indischen Ozean vor der Küste von Südafrika und Mozambique, unter dem südlichen Wendekreis
- Ziele des Masterplans:
  - Verdreifachung der Touristenankünfte (des Jahres 2006), des Beitrags des Tourismus zum BIP (von 2005), der Zahl der Hotels (von 1999) bis 2020
  - Entwicklung der touristischen Infrastruktur, ausgehend von den Regionen um Antananarivo und Nosy Be (mit den einzigen internationalen Flughäfen), dann in die durch überregionale (Asphalt-)Straßen an die Hauptstadt angebundenen Küstenregionen des Nordens und Nordostens (vgl. Atlas), schließlich in weitere Küstenregionen
  - Zusammenschluss mit anderen (etablierten) Tourismusdestinationen zu einem Verbund

Aufgabe 2 Weitgehende Analogie zu Vorlaufers Modell:
- Expansionsphase:
  - Ausbreitung des Tourismus zur gebotenen wirtschaftlichen Entwicklung (vgl. niedriger HDI-Wert) des Landes (Erhöhung der Deviseneinnahmen, Schaffung neuer Arbeitsplätze)
  - Ausgehend von der Hauptstadt Antananarivo kontinuierliches Vordringen des Fremdenverkehrs in andere Landesteile
  - Entstehung sekundärer Zentren im Norden (z. B. Nosy Be) und im Süden mit kurzfristigem Ausbau (M 2)
- Konsolidierungsphase: mittel- und langfristig Ausweitung des Tourismus auf weitere Landesteile durch Ausbau der Verkehrs- und Beherbergungsinfrastruktur, effektiveres Marketing, die weitere Erschließung des Marktes
- Touristische Planungen überwiegend zu optimistisch, und zwar mit Blick auf:
  - die geplanten Steuerentlastungen und hohen Investitionen in den Tourismussektor, die angesichts des konstant niedrigen Entwicklungsstandes des Staates sehr fraglich sind und teure Vorhaben wie die Renovierung historischer Bausubstanz oder den Flughafenausbau unwahrscheinlich wirken lassen;
  - das deutliche Hinterherhinken der Entwicklung der Touristenzahlen gegenüber der Planung – 2018: tatsächlich 291 000, Planung für das Corona-Jahr 2020: 1 Mio.;
  - die Verunsicherung potenzieller Touristen durch die Instabilität des Landes (politische Unruhen, Angriffe auf Touristen, lokale Epidemien);

– die erwartbaren Einbußen und Rückgänge aufgrund der Corona-Krise mit deutlichen Konsequenzen für die Entwicklung der Beschäftigten- und Hotelzahlen, den Beitrag des Tourismus zum BIP und die geplante Erhöhung von Flugverbindungen (deren Zahl zudem bereits vor dem Ausbruch der Corona-Pandemie reduziert wurde – Einstellung der Direktflugverbindungen nach Nosy Be);

– selbst die moderateren Voraussagen des World Travel & Tourism Council sind von daher wohl zu optimistisch

Stichwortverzeichnis

Quellennachweis

1: Photo courtesy of USDA Natural Resources Conservation Service; **3:** Denis Dore. Shutterstock; **4:** nach Kümmerle, U./v. d. Ruhren, N.: Fundamente Kursthemen Dritte Welt, Entwicklungsräume in den Tropen. Stuttgart: Klett 1990, S. 41; **5:** IAASTD/UNEP/GRID-Arendal, K. Berger; **8:** Foto: J. Neumann; **9:** FAO and OECD (2015): OECD-FAO Agricultural Outlook 2015–2024. Paris, OECD Publishing; Fundort: FAO: The State of Agricultural Commodity Markets 2015–2016, S. 2; **11:** Darstellung nach Statistisches Bundesamt, Genesis-Online Datenbank – 51000-0016; **15:** Richter, D.: Geographie 1 kurz und klar. Auer, Wolfenbüttel 1991, S. 133; **16:** Cluster Agribusiness – ein starkes Stück der deutschen Volkswirtschaft! Kurzfassung 2011; FH SWF, Soest; **20:** picture alliance/Sodapix AG/Neubert, Jens; **22:** USDA, NASS: Agricultural Statistics, verschiedene Jahrgänge; USDA, NASS: Quick Stats, aktualisiert; **23:** Foto: J. Neumann; **24:** nach Daten von NASS; **25:** Barandat, Jörg: Wasser. Regionaler Konfliktstoff weltweiter Bedeutung. Hamburger Beiträge zur Friedensforschung und Sicherheitspolitik. Heft 96. Hamburg: Institut für Friedensforschung und Sicherheitspolitik 1995 (Zahlen bis 2000); **26:** eigene Zusammenstellung, Daten nach: FAO 2020, AQUASTAT Database, EU Commission, USDA; **28:** Fouad Ibrahim, Institut für Geowissenschaften der Universität Bayreuth; **29:** Darstellung nach Daten von CAPMAS, Statistical Yearbooks and Census, Arab Republic of Egypt, Cairo und Schätzung ab 2006 nach Ibrahim, F., Ägypten, Darmstadt: WBG 2006; **30:** Ohne Quelle; **31:** Darstellung nach NASA Earthobservatory Images; **34:** Darstellung nach FAO – Aquastat 2015, **34:** Peter J. Paschold: Bewässerung im Gartenbau, Verlag Eugen Ulmer; Stuttgart 2010; **35:** übersetzt und vereinfacht nach http://www.zonneterp.nl/water/drinkwaterzuivering.html; **37:** eigene Darstellung, Datengrundlage: FAO; **38:** eigene Darstellung nach Nature 489/Sept. 2012, S. 217 f.; **40:** Sunny Forest. Shutterstock; **43:** nach Bender, H.-U./Kümmerle, U./v. d. Ruhren, N./Thierer, M./Wallert, W.: Fundamente Landschaftszonen, Stuttgart 1986, S. 70, verändert; **46:** Fouad Ibrahim, Institut für Geowissenschaften der Universität Bayreuth; **47:** picture alliance/Photoshot; **49:** nach Daten der FAO in: Grethe, H./Dembélé, A./Nuray, D. (Institute of Agricultural Policy and Markets Food Security Center, Universität Hohenheim): How to feed the world's growing billions? Understanding FAO world food projections and their implications. Studie im Auftrag von WWF Deutschland und der Heinrich-Böll-Stiftung, 2011, S. 23; **50:** FAOSTAT © FAO Statistics; **52:** Darstellung nach FAS, Oil World; **54:** zusammengestellt nach Peters, Christian J./Wilkins, Jennifer L./Fick, Gary W. 2007; In: Renewable Agriculture and Food Systems. 22(2), S. 145–153; **55:** pigurdesign/www.transgen.de, Quelle: OVID 2019 (Karte); Frontpage. Shutterstock; **56:** The Land Matrix 2018, Lizenz: Creative Commons by-nc-nd/3.0/de, bpb/BICC, 2018, sicherheitspolitik.bpb.de; **60:** Bundesministerium für Ernährung und Landwirtschaft (Hrsg.): Statistisches Jahrbuch über Ernährung, Landwirtschaft und Forsten der Bundesrepublik Deutschland, Münster-Hiltrup, verschiedene Jahrgänge, BMEL 2015, http://www.bmel.de (Zahlen bis 2014); Thünen-Institut, BLE (Zahlen ab 2016); **61:** nach Daten von FiBL, IFOAM and SOEL, aktualisiert; **62:** nach Agrarmarkt Informations-Gesellschaft (AMI); **64:** nach Daten von GEPA (März 2020); **65:** TransFair e. V.; **66:** zusammengestellt nach www.fairtrade-deutschland.de/ueber-fairtrade/fairtrade-standards.html; **67:** Trans-Fair – Fairtrade Deutschland (Hg.): Fairtrade bewegt – TransFair-Jahresbericht 2010/11, S. 4; **68:** TransFair Jahres- und Wirkungsbericht 2019, S. 9; **69:** Darstellung nach IBP Fraunhofer Institut für Bauphysik; **70:** nach Daten des Bundesumweltamtes 2015; **71:** Matthias Böhning; DGVN; http://www.dgvn.de/meldung/15000-liter-wasser-fuer-ein-kilo-fleisch/; **72/73:** © 2021 Global Footprint Network. National Footprint and Biocapacity Accounts, 2021 Edition, www.footprintnetwork.org; **75:** eigene Darstellung nach Daten von IBGE; **76:** Lambert, T./Forschungs- und Dokumentationszentrum Chile-Lateinamerika e. V., http://land-grabbing.de/triebkraefte/futtermittel/sojaproduktion-in-lateinamerika (M2); Heike Kampe: Der Preis des grünen Goldes, ZALF vom 01/2018, https://www.zalf.de/de/aktuelles/Feld-Magazin/1-2018/Seiten/Gold.aspx (M3); **77:** © imago images/blickwinkel; **80:** Busso Grabow; Dietrich Henckel; Beate Hollbach-Grömig, Kontinuum der harten und weichen Standortfaktoren; W. Kohlhammer Verlag, Stuttgart, 1995; **82:** Schätzl, L.: Wirtschaftsgeographie 1 Theorie. Paderborn: Schöningh 2003, S. 40–42; **85:** Schätzl, L.: Wirtschaftsgeographie 1 Theorie. Paderborn: Schöningh 2003, S. 28; **87:** © 2011 Stadt Bocholt, Fachbereich Grundstücks- und Bodenwirtschaft; **90:** Statistisches Bundesamt, Wiesbaden; **92:** RAG AG, www.rag.de; **93:** Gatzweiler Hans Peter; Berlin Institut; Projektorientierte Planung – Das Beispiel IBA

EMSCHER PARK; 04/1999; **93:** Quelle: IBA; **94:** MKM (l.) im Duisburger Innenhafen (Perspektive vor Beginn der Baumaßnahmen zur MKM-Erweiterung), Foto: Edwin Juran, Oberhausen (Foto rechts), duisport, Duisburger Hafen AG, Duisburg (Foto links); **95:** Thomas, H./Nefiodow, L./Dostal, W. Kondratieffs Zyklen der Wirtschaft. Herford Busse & Seewald 1998, S. 156; **97:** zusammengestellt nach Daten von EUROSTAT; **100:** © Wirtschaftsförderung Dortmund; **101:** zusammengestellt nach Daten von Statistik der Kohlenwirtschaft, Köln (Tabelle); BDI zum 25. Jahrestag der Deutschen Einheit, 28.09.2015, http:// bdi.eu/artikel/news/re-industrialisierung-in-ostdeutschland-ist-ein-erfolg/ (Text); **105:** Kohäsionspolitik der EU 2014–2020, Vorschläge der Europäischen Kommission; **106:** World Trade Organization (WTO): World Trade Statistical Review 2020; eigene Berechnungen, Lizenz: cc by-nc-nd/3.0/de/; **107:** Busse, M.: HWWA Discussion Paper Nr. 116. BDI: Außenwirtschafts-Report 04/2002. CC-by-nc-nd/3.0/de, Bundeszentrale für politische Bildung (2009), http://www.bpb.de/files/YFCXFT.pdf, ergänzt nach Daten von UNCTAD; **108:** Nobis, C. (2019): Mobilität in Deutschland – MiD Analysen zum Radverkehr und Fußverkehr. Studie von infas, DLR, IVT und infas 360 im Auftrag des Bundesministeriums für Verkehr und digitale Infrastruktur (FE-Nr. 70.904/15), Bonn/Berlin, S. 19; **110:** verändert nach H. Nuhn: Strukturwandlungen im Seeverkehr und ihre Auswirkungen auf die europäischen Häfen. GR 46/1994, H. 5; **111:** nach Centre for Aviation, 06/ 2020; **112:** Darstellung nach Coyle, J. J./Bardi, E. J./Novack, R. A.: Transportation, West Publishing Company, New York 1994, 4. Aufl., S. 402; **113:** eigene Darstellung nach Daten von DIW Berlin, Statistisches Bundesamt (oben); nach Daten von IFEU, Institut für Energie und Umweltplanung (unten rechts); Wasser- und Schifffahrtsverwaltung des Bundes, www.wsv.de/ Schifffahrt/Binnenschiff_und_Umwelt/index.html (unten links); **114:** Heineberg, H.: Einführung in die Anthropogeographie/Humangeographie, 3., überarb. und akt. Auflage 2007, Paderborn: Schöningh, UTB 2445; **116:** eigene Darstellung, Daten nach Miniwatts Marketing Group 2020; **120:** Weltbank 2019; **122:** Daten nach IMF staff estimates 2020; **123:** DIHK: Auslandsinvestitionen steigen weiter – Inland profitiert. Auslandsinvestitionen der Industrie 2018, S. 12; **124:** Darstellung nach Kulke, E.: Räumliche Aspekte der wirtschaftlichen Globalisierung, in: Geographie und Schule 122, 199, S. 12, Aulis Verlag in der Stark Verlagsgesellschaft GmbH & Co. KG; **125:** Daten nach UNCTAD; **126:** Text nach Umweltinstitut München e. V., Foto: Karkas. Shutterstock; **128:** nach picture-alliance/dpa-infografik; **130:** Karl Engelhard (Hrsg.). Welt im Wandel. Omnia-Verlag Stuttgart, 2007, S. 5; **131:** Die Handelspolitik der EU, Europäische Kommission vom 25. 01. 2021, https://ec.europa.eu/germany/handelspolitik_der_eu_de (Text), niroworld. shutterstock (Foto); **134:** Redaktion Ökonomie AG, Heinrich-Heine-Gymnasium Ostfildern; www.e-globalisierung.org/kapitel4/6/; **137:** übersetzt nach www.kooperation-international.de/innovationsportal/clusterportal/cluster-cambridge.html; **138:** nach http://eb.virtuelle-fabrik.com; **140:** nach Bundesministerium für Verkehr und digitale Infrastruktur: Quo Vadis Deutschland? Leitbilder der Raumentwicklung. Kurzüberblick über die Leitbilder und Handlungsstrategien für die Raumentwicklung in Deutschland, verabschiedet von der Ministerkonferenz für Raumordnung am 9. März 2016 (Texte); **142:** Bundesinstitut für Bau-, Stadt- und Raumforschung (BBSR) 2016, https://www.bbsr.bund.de/BBSR/ DE/themen/_alt/Raumentwicklung/RaumentwicklungDeutschland/Leitbilder/leitbildbroschuere-deutsch. pdf?__blob=publicationFile&v=1); **143:** Pletsch, A.: Frankreich; WBG, Darmstadt, 2003, S. 290 (M 1); eigene Zusammenstellung (M 2); **145:** Foto: Dr. Ulrich Theißen; **148:** Gerson Repreza. Shutterstock ; **149:** Stewig, R.: Die Stadt in Industrie- und Entwicklungsländern. Paderborn: Schöningh 1983, S. 233; **151:** Datenlizenz Deutschland – Land NRW/Stadt Münster (2014) – Version 2.0; **152:** W. Korby, TERRA global – Das Jahrtausend der Städte. Stuttgart: Klett Verlag, S. 17; **153:** ullstein bild/dpa; **154:** Darstellung nach Stewig, R.: Die Stadt in Industrie- und Entwicklungsländern. Paderborn: Schöningh, 1983; **156:** Darstellung nach Lichtenberger, E.: The Nature of European Urbanism, 1970; **157:** Lichtenberger, E.: Stadtgeographie 1 – Begriffe, Konzepte, Modelle, Prozesse. Teubner Verlag, 3. Aufl. 1998, S. 390; **158:** Hahn, R.: USA. Perthes Länderprofile, Klett Perthes 2002, S. 44; **159:** eigener Entwurf nach Holzner, L.: Stadtland USA, Petermanns Geographische Mitteilungen, Ergänzungsheft 2918, Gotha: Perthes 1996; **160:** nach topografischen Karten des U.S. Geological Survey. In: Klohn, W./Windhorst, H.-W.: Bevölkerung und Siedlung in den USA (VMG 4), Vechta 2002, S. 188; **161:** © cartomedia, Karlsruhe, erstellt nach www.novaipanema.net und Martin Pöhler in Geographics; **162:** Borsdorf, A./Bähr, J./Janoschka, M., 2002: Die Dynamik stadtstrukturellen Wandels in Lateinamerika im Modell der lateinamerikanischen Stadt. In: Geographica Helvetica 57/4 (2002), S. 300–310; **163:** Mikadun. Shutterstock; **165:** nach Ehlers, E.: Die Stadt des Islamischen Orients. Modell und Wirklichkeit. In: GR 45, H. 1/1993, S. 32–39 (oben);

165: Taubmann, W.: Die chinesische Stadt. In: Geographische Rundschau, Heft 7/8, 1993, S. 423–427 (unten); **166:** Taubmann, W.: Die chinesische Stadt. In: Geographische Rundschau, Heft 7/8, 1993, S. 423–427; **169:** nach S. Dangschat: Gentrification. Der Wandel innenstadtnaher Wohnviertel. In: Friedrichs, J. (Hrsg.), Soziologische Stadtforschung. Sonderheft 29 der Kölner Zeitschrift für Soziologie und Sozialpsychologie. Opladen 1988; **171:** eigene Zusammenstellung, überwiegend nach den Internetauftritten der genannten Firmen; **172:** © imago images/Hans Blossey; **174:** © 2001 Spektrum Akademischer Verlag Heidelberg; **175:** nach HDE Online-Monitor 2019, aktualisiert; **176:** Planungsgruppe MWM Aachen; **177:** © cartomedia, Karlsruhe; **179:** © Scotttnz/Dreamstime.com; **180:** Datenbasis: laufende Raumbeobachtung des BBSR, geometrische Grundlage: Kreise (generalisiert), 31.12.2017, © GeoBasis-DE/BKG, Bearbeitung: P. Kuhlmann; © BBSR Bonn 2019; **181:** Darstellung nach Christaller, W.: Die zentralen Orte in Süddeutschland, Jena: WBG 1933, S. 71; **184:** Darstellung nach Daten des Population Reference Bureau, www.prb.org (oben); Darstellung nach Vereinte Nationen: World Urbanization Prospects: The 2018 Revision (unten); **185:** eigene Zusammenstellung nach statistischen Ämtern der jeweiligen Länder; **186:** Entwurf: J. Neumann; **187:** eigene Darstellung, Daten: UN DESA: World Urbanization Prospects: The 2018 Revision; **189:** snehit. 123rf.com; **190:** Fred Scholz, Globalisierung versus Fragmentierung; NORD-SÜD, 2000, S. 254–271; **191:** © Youssouf Cader/Dreamstime.com; **191:** N. Erdmann; **192:** Fred Scholz: Geographische Entwicklungsforschung. Gebr. Bornträger, Berlin/Stuttgart 2004, S. 225; **193:** © Statistisches Bundesamt (Destatis), 2019; **194:** Datenbasis: Laufende Raumbeobachtung des BBSR, Geometrische Grundlage: BKG, Kreise, 31.12.2012 Bearbeitung: C. Schlömer, © BBSR Bonn 2014; **195:** R. Koch; **196:** Bundesministerium des Innern, für Bau und Heimat (BMI): Vielfalt im Städtebau. Statusbericht 2018 (Text); **198:** © fancyfocus/fotolia.de (links unten), Bundesarchiv, Bild 183-1987-0128-310/Fotograf: Link, Hubert/1. Januar 1987/CC-BY-SA 3.0 (rechts unten); **203:** eigene Darstellung nach elenabsl/AdobeStock; **204:** Das Projekt HafenCity, HafenCity Hamburg GmbH vom 25. 09. 2020, https://www.hafencity.com/de/ueberblick/das-projekt-hafencity.html (M 1), eigene Darstellung, Daten nach HafenCity Hamburg GmbH (M 2), HafenCity Hamburg GmbH (vereinfacht) (M 3); **205:** © picture alliance/imageBROKER/Florian Kopp; **206:** nach Daten von International Labour Organization 2020; **210:** nach Daten der Weltbank; **211:** zusammengestellt nach Destatis, jeweilige Länderprofile; **212:** Fischer Weltalmanach 2019; **213:** Andersen, U.: Entwicklung und Entwicklungspolitik. Informationen zur politischen Bildung H. 286, Bonn 2005, S. 18; **214:** eigene Darstellung; Datengrundlage: UNDP, Human Development Report 2019; **217:** BGR (2020): BGR Energiestudie 2019 – Daten und Entwicklungen der deutschen und globalen Energieversorgung (23), S. 17, Hannover; **219:** nach: www.materialflows.net; **220:** nach D. Meadows u. a.: Grenzen des Wachstums – das 30-Jahre-Update, Hirzel, Stuttgart 2009; **221:** eigene Darstellung nach Pure Earth/Green Cross Switzerland: The World's Worst Pollution Problems 2016: The Toxics Beneath Our Feet, S. 14 (oben), BGR (2020): BGR Energiestudie 2019 – Daten und Entwicklungen der deutschen und globalen Energieversorgung (23), S. 44, Hannover (unten); **222:** AFP/Welt am Sonntag 16. Januar 2016 (Text); **224:** nach: Lexikon der Nachhaltigkeit, https://www.nachhaltigkeit. info/artikel/ressourcengerechtigkeit_1886.htm; **226:** Grafik: Stiftung Weltbevölkerung, Daten: Vereinte Nationen, World Population Prospects: The 2015 Revision, Fundort: http://www.weltbevoelkerung.de/ uploads/pics/Historische_Entwicklung_Weltbevoelkerung_01.jpg; **227:** Fischer Weltalmanach 2016 (Daten 2014); Population Division of the Department of Economic and Social Affairs of the UN Secretariat: World Population Prospects: The 2012 Revision, New York: UN 2013 (Daten 2050) (oben); http:// www.laenderdaten.de/bevoelkerung/bevoelkerungsdichte.aspx, Zugriff 29. 01. 2016 (unten); **227:** Population Reference Bureau (2020): World Population Data Sheet 2020, Washington, DC (oben); eigene Berechnungen nach Population Reference Bureau (2020): World Population Data Sheet 2020. Washington, DC (unten); **228:** eigene Darstellung, Datengrundlage: Population Reference Bureau (2020): World Population Data Sheet 2020. Washington, DC; **230:** Bundesinstitut für Bevölkerungsforschung (2020): Altersaufbau der Bevölkerung in Deutschland nach demografischen Ereignissen (2018), https://www.bib. bund.de/DE/Fakten/Fakt/B07-Alters¬auf¬bau-Bevoelkerung-Ereignisse.html, CC BY-ND 4.0; **231:** Tatyana Gladskikh/dreamstime.com; **233:** eigene Darstellung, Datengrundlage: Population Reference Bureau (2020): World Population Data Sheet 2020. Washington, DC; **234:** eigene Darstellung, Datengrundlage: Population Reference Bureau (2020): World Population Data Sheet 2020. Washington, DC; **236:** WPDS 2012, Entwurf: N. de Lange, Grafik: A. Trittin, Fundort: de Lange, N./Geiger, M./Hanewinkel, V./Pott, A.: Bevölkerungsgeographie. Schöningh, Paderborn 2014, S. 167; **237:** © Statistisches Bundesamt (Destatis),

2020; **238:** Haggett 1983, Fundort: Bähr, J./Jentsch, C./Kuls, W: Bevölkerungsgeographie, Berlin: de Gruyter 1992; **241:** nach E. Lee, 1966, 1972; **242:** eigene Darstellung nach World Migration Report 2020; **243:** eigene Darstellung nach World Migration Report 2020; **248:** zusammengestellt nach Fischer Weltalmanach 2019; **249:** Fischer Weltalmanach 2019, S. 625; **250:** eigene Darstellung, Daten: Arbeitskreis Volkswirtschaftliche Gesamtrechnungen der Länder, Veröffentlichungsdatum März 2020; **251:** Datenquelle: Statistisches Bundesamt, Berechnungen: BiB; **253:** nach Weltbank, Weltentwicklungsbericht 1991, S. XII; **254:** nach Weltbank, Weltentwicklungsbericht 1991, S. XII (oben); **260:** nach IFL 2006, aktualisiert; **262:** Darstellung nach Werner, F.: Zur wirtschaftsräumlichen Struktur Osteuropas, Berliner Osteuropa Info Nr. 14, S. 16–18; **263:** Darstellung nach Prof. Kunzmann, K.; in: Kleine Atlas van de Metropool Ruhr, RVR Essen 2011, S. 16; **265:** von der Ruhren, N.: Entwicklungsländer. In: Geographie & Schule H. 185/2010, hg. vom Aulis Verlag in der Stark Verlagsgesellschaft; **266:** eigene Darstellung nach Angaben der OECD; **269:** Fischer Weltalmanach 2019 (M1), eigene Darstellung (M2); **271:** © environmantic/istockphoto.com; **273:** aktualisiert nach Fourastié, J.: Le Grand Espoir du XXe siècle. Progrès technique, progrès économique, progrès social. Presses Universitaires de France, Paris 1949 (links oben); Kulke, E. (Hrsg.): Wirtschaftsgeographie Deutschlands. Springer Heidelberg (rechts oben); eigene Darstellung, Datengrundlage: Statistisches Bundesamt, Wiesbaden (unten); **275:** zusammengestellt nach CIA World Factbook und Fischer Weltalmanach 2019; **276:** zusammengestellt nach https://www.haufe.de/personal/hr-management/atypische-beschaeftigung-in-deutschland_80_493218.html, https://www.boeckler.de/pdf/p_wsi_pb_34_2019.pdf, Statistisches Bundesamt, Bundesagentur für Arbeit; **277:** Statistisches Bundesamt, Wiesbaden 2020, https://www.destatis.de/DE/Presse/Pressekonferenzen/2020/BIP2019/pressebroschuere-bip.pdf?__blob=publicationFile; **278:** nach Human Development Report 2014 und Berechnungen des HDR-Büros; **279:** zusammengestellt nach OECD 2020 und UNESCO, **281:** Lee-Lee (2016); Barro-Lee (2018) und UNDP HDR (2018), CC BY 4.0; **282:** Eurostat 2020; **283:** Stifterverband Wissenschaftsstatistik, Destatis, eigene Berechnungen; **284:** Bundesministerium für Verkehr und digitale Infrastruktur: Aktuelle Breitbandverfügbarkeit in Deutschland, Stand Ende 2019; **285:** Songquang Deng. Shutterstock; **286:** eigene Darstellung nach Globalization and World Rankings Research Institute, https://www.lboro.ac.uk/gawc/world2020t.html; **287:** Engelhard, Karl & Otto, Karl-Heinz (Hrsg.). (2005): Globalisierung. Eine Herausforderung für Entwicklungspolitik und entwicklungspolitische Bildung (Schriften der Arbeitsstelle Eine-Welt-Initiative, Bd. 8). Münster: Waxmann, Münster, S. 88; **288:** stephane lalevee. Shutterstock; **291:** eigene Darstellung nach FUR; N.I.T.; Ipsos: RA ReiseAnalyse 2020, S. 2 (oben), zusammengestellt nach Ulrich Reinhardt: Tourismus Analyse 2020, Stiftung für Zukunftsfragen, Eine Initiative von British American Tobacco, Hamburg 2020 (unten); **292:** zusammengestellt nach IfD Allensbach, Allensbacher Markt- und Werbeträger-Analyse – AWA 2020; **293:** zusammengestellt nach Forschungsgemeinschaft Urlaub und Reisen (FUR) (oben), eigene Zusammenstellung (Mitte); **294/295:** Sascha Zastiral, http://www.fluter.de/de/137/thema/13103/; 4.8.2014; **296:** Darstellung nach BTW-Studie „Entwicklungsfaktor Tourismus", Oktober 2015; **297:** © Dmitry Marchenko – Dreamstime.com; **298:** Ilona Ignatova. Shutterstock; **299:** nach Butler, R. W.: Concept of a tourism area cycle of evolution: Implications for a management of resources. In: Canadian Geographer 24, 1980 (verändert); **300:** BlueOrange Studio. Shutterstock; **301:** Vorlaufer, K.: Tourismus in Entwicklungsländern. WBG, Darmstadt, 1996, S. 198 f.; **304:** © Biohotels.de; **305:** Job und Lanbrecht 1995; in: Becker, C./Job, H./Witzel, A.: Tourismus und nachhaltige Entwicklung, WBG, Darmstadt, 1996, S. 144; **306:** zusammengestellt nach WTTC Country Report Madagascar 2014; **307** Zusammenstellung aus Tourism Masterplan for Madagascar with focus on eco-tourism by ITO (Switzerland), Government Republic of Madagascar, World Travel & Tourism Council